D1704818

Markt+Technik

von Elizabeth Castro

Die Deutsche Bibliothek - CIP-Einheitsaufnahme

Ein Titeldatensatz für diese Publikation ist bei der Deutschen Bibliothek erhältlich.

Die Informationen in diesem Produkt werden ohne Rücksicht auf einen eventuellen Patentschutz veröffentlicht. Warennamen werden ohne Gewährleistung der freien Verwendbarkeit benutzt. Bei der Zusammenstellung von Texten und Abbildungen wurde mit größter Sorgfalt vorgegangen. Trotzdem können Fehler nicht vollständig ausgeschlossen werden. Verlag, Herausgeber und Autoren können für fehlerhafte Angaben und deren Folgen weder eine juristische Verantwortung noch irgendeine Haftung übernehmen. Für Verbesserungsvorschläge und Hinweise auf Fehler sind Verlag und Herausgeber dankbar.

Autorisierte Übersetzung der amerikanischen Originalausgabe:
XML – Visual Quick Start Guide © 2001 by Peachpit Press

Fast alle Hardware- und Softwarebezeichnungen, die in diesem Buch erwähnt werden, sind gleichzeitig auch eingetragene Warenzeichen oder sollten als solche betrachtet werden.

Umwelthinweis:
Dieses Buch wurde auf chlorfrei gebleichtem Papier gedruckt. Die Einschrumpffolie – zum Schutz vor Verschmutzung – ist aus umweltverträglichem und recyclingfähigem PE-Material.

10 9 8 7 6 5 4 3 2 1

04 03 02 01

ISBN 3-8272-5994-0

© 2001 by Markt+Technik Verlag,
ein Imprint der Pearson Education Deutschland GmbH,
Martin-Kollar-Straße 10–12, 81829 München/Germany
Alle Rechte vorbehalten
Einbandgestaltung: helfer grafik design, München
Übersetzung: Christine Kränzler
Lektorat: Birgit Ellissen, bellissen@pearson.de
Korrektorat: Jutta Alfes, Siegen
Herstellung: Anna Plenk, aplenk@pearson.de
Satz: mediaService, Siegen
Druck und Verarbeitung: Kösel, Kempten

Printed in Germany

Inhaltsverzeichnis

Einführung

Es ist offensichtlich: Das Internet verändert die Welt. In den letzten zehn Jahren, seit Tim Berners-Lee das World Wide Web konzipiert (1991) und Marc Andreesen mit seiner Firma den Browser Netscape – ursprünglich Mosaic (1993) – entwickelt hat (Webinhalte waren nun auf jedem PC oder Mac anzeigbar), hat sich das Internet vom nur Interessanten zum Unentbehrlichen, vom Nebensächlichen zu einer Sache von zentraler Wichtigkeit gemausert. Webseiten sind inzwischen ein notwendiger Teil der Infrastruktur eines Unternehmens und häufig auch Teil des eigenen Privatlebens. Die Menge an Informationen, die über das Internet zugänglich sind, ist praktisch unzählbar geworden. Niemand weiß genau, wie viele Webseiten es da draußen gibt, vermutlich sind es ca. zwei Milliarden.

Nahezu alle diese Seiten sind in HTML (HyperText Markup Language, HyperText-Auszeichnungssprache) geschrieben, eine einfache aber elegante Art der Datenformatierung mithilfe spezieller Marken *(Tags)*, die auf sozusagen jeder Computerplattform dargestellt werden kann. Zwar hat die Einfachheit von HTML dazu beigetragen, die Popularität des Web voranzutreiben – *jeder* kann eine Webseite erstellen –, doch konfrontiert es einen auch mit echten Einschränkungen hinsichtlich der gewaltigen und wachsenden Menge an Informationen.

XML (Extensible Markup Language, Erweiterte Auszeichnungssprache) basiert auf derselben Muttertechnologie wie HTML. Es ist jedoch dafür konzipiert, die Aufgabe einer verbesserten Informationsverwaltung – wie Sie das Wachstum des Internet heute notwendig macht – zu bewältigen. Zwar erfordert XML anfänglich etwas mehr Aufwand, doch liefert es letztlich die höhere Dividende.

Kurz: HTML bietet allen einiges, während XML einige Leute praktisch alles machen lässt. In diesem Buch lernen Sie, wie Sie das angehen.

Das Problem mit HTML

Der Erfolg von HTML beruht auf seiner Einfachheit, leichten Anwendbarkeit und Fehlertoleranz. HTML macht es einem leicht: Es kümmert sich nicht um die Groß-/Kleinschreibung, ist flexibel im Hinblick auf Anführungszeichen und ist nicht überempfindlich beim Vergessen abschließender Tags. Seine Toleranz macht es für jeden zugänglich.

Doch schränkt die Einfachheit von HTML gleichzeitig seine Leistung ein. Da HTML-Tags in erster Linie Format-orientiert sind, liefern sie fast keine Informationen über den Inhalt einer Webseite und machen es somit schwer, die enthaltenen Informationen in einem anderen Kontext wieder zu verwerten. Da HTML hinsichtlich der Schreibung und Zeichensetzung keine festen Regeln hat, müssen Browser doppelt so viel arbeiten, um den HTML-Inhalt richtig darzustellen.

Und da HTML im Hinblick auf Formatierung und dynamische Inhalte eingeschränkt ist, wurden zahlreiche Erweiterungen geschaffen, meist eben mal auf die Schnelle. Leider funktionieren solche Erweiterungen für gewöhnlich nur in einigen Browsern und somit sind Seiten, in denen sie verwandt werden, auf Besucher beschränkt, die diesen speziellen Browser einsetzen.

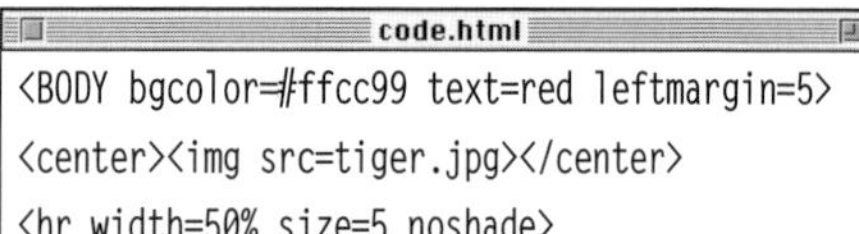

code.html

```
<BODY bgcolor=#ffcc99 text=red leftmargin=5>
<center><img src=tiger.jpg></center>
<hr width=50% size=5 noshade>
Animal species are disappearing from the earth
at a frightening speed.
<P>According to the World Wildlife Federation,
at present rates of extinction, as much as a
third of the world's species could be gone in
the next 20 years.
```

Abbildung e.1: Hier ein Stück vollkommen ausreichender HTML-Code. Beachten Sie, dass öffnende HTML- oder HEAD-Tags fehlen (ebenso TITLE). Einige der Tags sind großgeschrieben, andere klein. Ein Tag ist nicht einmal Teil der HTML-Standardspezifikationen (leftmargin). Keiner der Werte ist in Anführungszeichen gesetzt. Das Tag P besitzt kein zugehöriges Ende-Tag </P>, und es kommt ein Attribut ohne Wert vor (bzw. ein Wert ohne Attribut – wie immer Sie es betrachten wollen): noshade (im Tag hr).

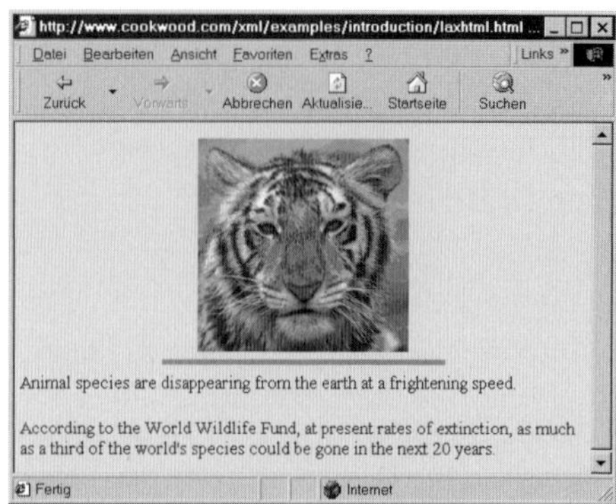

Abbildung e.2: Trotz des nachlässigen HTML-Codes wird die Seite korrekt angezeigt.

```
code.xml
<?xml version="1.0" encoding="UTF-8"?>
<endangered_species>
<animal>
<name language="English">Tiger</name>
<name language="Latin">panthera tigris</name>
<threats>
<threat>poachers</threat>
<threat>habitat destruction</threat>
<threat>trade in tiger bones for traditional
    Chinese medicine (TCM)</threat>
</threats>
<weight>500 pounds</weight>
<length>3 yards from nose to tail</length>
<source sectionid="101" newspaperid="21"/>
<picture filename="tiger.jpg" x="200" y="197"/>
<subspecies>
<name language="English">Amur or
    Siberian</name>
<name language="Latin">P.t. altaica</name>
<region>Far East Russia</region>
<population year="1999">445</population>
</subspecies>
...
</endangered_species>
```

Abbildung e.3: Auf den ersten Blick unterscheidet sich XML nicht allzu sehr von HTML: Es verwendet Tags, Attribute und Werte. Beachten Sie insbesondere, wie die Tags den Inhalt, den sie umschließen, beschreiben. Allerdings müssen beim Schreiben von XML die Regeln, die in Kapitel 1 erläutert werden, rigoros eingehalten werden.

Die Stärke von XML

Die Antwort auf das nachsichtige, aber eingeschränkte HTML ist XML (Extensible Markup Language, Erweiterte Auszeichnungssprache). Von außen betrachtet sehen sich XML und HTML sehr ähnlich, einschließlich der Tags, Attribute und Werte (**vgl. Abbildung e.3**). Doch ist XML nicht nur eine Sprache zum Erstellen von Webseiten, sondern vielmehr eine Sprache zum *Erstellen anderer Sprachen*. Sie setzen XML ein, um Ihre eigene Auszeichnungssprache zu entwerfen, und verwenden dann diese Sprache zur Formatierung der Dokumente. Ihre eigene Auszeichnungssprache, die man offiziell eine *XML-Applikation* nennt, enthält dann Tags, die die enthaltenen Daten umschreiben.

Und darin liegt die Stärke von XML: Identifiziert ein Tag Daten, so stehen künftig diese Daten dadurch auch für andere Aufgaben zur Verfügung. Ein Softwareprogramm kann so konzipiert sein, dass es genau die Informationen extrahiert, die es benötigt, und beispielsweise mit Daten aus einer anderen Quelle verbindet, und schließlich die resultierende Kombination in anderer Form für einen anderen Zweck ausgibt. Anstatt nun auf einer HTML-gestützten Webseite verloren zu sein, lassen sich diese *etikettierten* Informationen beliebig oft wieder verwerten.

Doch wie immer zahlt man für diese Leistung auch einen Preis. XML ist nicht annähernd so nachsichtig wie HTML. Um die Arbeit für *XML-Parser* – Software, die XML-Daten entweder eigenständig oder innerhalb eines Browsers lesen und interpretieren kann – zu erleichtern, verlangt XML unbedingte Sorgfalt im Hinblick auf die Groß-/Kleinschreibung, Anführungszeichen, Ende-Tags und andere, von HTML-Autoren leichtfertig ignorierte Kleinigkeiten.

Und obwohl ich denke, dass dieser pingelige Charakter von XML vielleicht verhindert, dass es zu einem Tool für die private Webseitenerstellung wird, bietet es Webdesignern ganz sicher die Leistungsstärke, Informationen in großem Umfang zu verwalten.

Die XML-Helfer

XML an sich ist recht simpel. Es sind seine Schwestertechnologien, die seine Stärke erst zur Geltung bringen.

Ein *Schema* definiert die Auszeichnungssprache, die Sie mit XML selbst erstellt haben. Schemata – als DTD (Document Type Definition, Dokumententypdefinition) oder mit der Sprache XML Schema geschrieben – bestimmen, welche Tags im Dokument zulässig sind und welche Attribute und weitere Tags sie enthalten dürfen. DTDs werden in Teil 2 erörtert (*siehe Seite 33*) und XML-Schemata in Teil 3 (*siehe Seite 67*).

Die vielleicht leistungsfähigsten Tools für das Herstellen von XML-Dokumenten sind *XSLT* (Extensible Stylesheet Language Transformations, Erweiterte Formatvorgabensprache für die Umwandlung von XML-Dokumenten) und *XPath*. Anhand von XSLT lassen sich die Informationen extrahieren und in jede beliebige Form umwandeln. Sie können XSLT etwa dazu verwenden, aus ein- und demselben Dokument eine Zusammenfassung und eine Vollversion zu erstellen. Und was vielleicht am Wichtigsten ist: Mithilfe von XSLT können Sie XML in HTML konvertieren. XPath ist ein System zur Identifizierung verschiedener Teile eines Dokuments. XSLT und XPath werden in Teil 4 ausführlich erläutert (*siehe Seite 133*).

Da Sie Ihre XML-Tags von Grund auf neu erstellen, sollte es nicht erstaunen, dass diese Tags keine zugehörige Formatierung besitzen. Woher weiß ein Browser z.B., wie er das Tag `<Tier>` zu formatieren hat? Die Antwort lautet: „Er weiß es nicht." Es gibt momentan zwar zwei Systeme zur Formatierung von XML-Dokumenten – XSL-FO (XSL-Formatierungsobjekte) und CSS (Cascading Style Sheets, Mehrfach verwendbare Formatvorgaben) – doch nur CSS hat eine starke, wenn auch unvollständige, Unterstützung seitens der Browser. Mehr zu CSS erfahren Sie in Teil 5 (*siehe Seite 175*).

Schließlich erweitern XLink und XPointer XML um Links und eingebettete Bilder. Obwohl die Spezifikationen beider Methoden als abgeschlossen betrachtet werden, wurde bisher keine in einen der wichtigen Browser integriert. Oder anders ausgedrückt: Sie funktionieren noch nicht. Da sie jedoch einen integralen Bestandteil von XML darstellen, wird Ihnen in Teil 6 (*siehe Seite 223*) schon mal ein kleiner Vorgeschmack präsentiert.

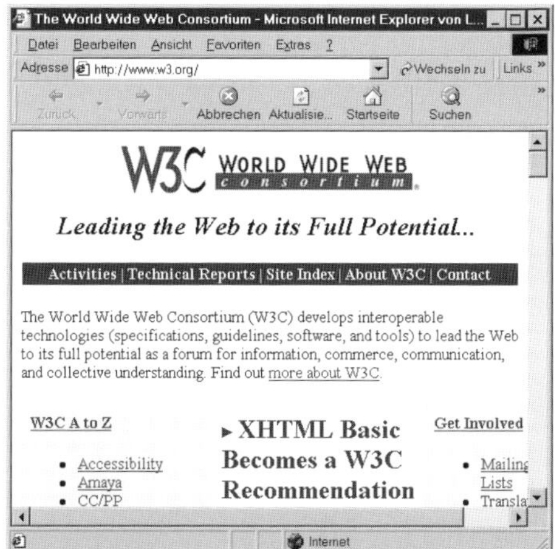

Abbildung e.4: Das World Wide Web Consortium (http://www.w3.org) ist das Hauptgremium für Standards im Web. Sie finden dort die offiziellen Spezifikationen für alle in diesem Buch besprochenen Sprachen, einschließlich XML (und DTDs), XML Schema und Namespaces (Namensräume), XSLT und XPath, CSS, XLink und XPointer sowie natürlich HTML und XHTML.

XML im wirklichen Leben

In der Realität entspricht der Einsatz von XML leider noch nicht so ganz den Wunschvorstellungen. Während einige Browser zur Zeit XML-Dokumente lesen können – nämlich Internet Explorer 5 (sowohl für den Macintosh als auch für Windows) und die Beta-Versionen von Netscape 6 (auch Mozilla genannt) – behandeln ältere Browser XML-Dateien einfach als merkwürdige Bruchstücke von Text.

Das größte Hindernis beim Umgang mit XML-Seiten bleibt jedoch, dass kein Browser XLink oder XPointer unterstützt. Und das bedeutet, dass kein Browser Links oder Bilder auf einer XML-Seite anzeigen kann. Bis das gelöst ist, wird keiner XML-Seiten direkt anbieten.

Als Übergangslösung wird XML dafür eingesetzt, Informationen zu verwalten und zu organisieren, und dann werden diese XML-Dokumente mithilfe von XSLT für die Anzeige auf einem Browser in das weithin akzeptierte HTML konvertiert. Auf diese Weise ziehen Sie Nutzen aus der Stärke von XML, während Sie gleichzeitig von der Universalität von HTML profitieren.

Das World Wide Web Consortium (W3C) empfiehlt den Einsatz von XHTML – ein System zum Schreiben von HTML-Tags mit den strengen Regeln von XML – als Zwischenschritt zwischen HTML und XML. Ich persönlich finde XHTML problematisch: Sie verzichten auf die Leichtigkeit von HTML ohne von der Informationsetikettierung von XML zu profitieren. Dennoch bespreche ich Erstellung und Einsatz von XHTML-Code in Anhang A.

Theoretisch könnten Sie für die Anzeige von XML-Seiten Explorer 5 für Windows' angebliche Unterstützung von XSLT verwenden und im Besucher-Browser die Seiten auf die Schnelle umwandeln. Aber leider unterstützt der Explorer nicht die Standardversion von XSLT (kommt Ihnen das bekannt vor?), sondern die Kombination einer älteren Version mit einigen Erweiterungen, von denen Microsoft entschied, dass sie recht praktisch wären. Ich empfehle daher, dass Sie zwischenzeitlich, wie in Kapitel 10 besprochen, einen externen XSLT-Prozessor verwenden, um XML-Dokumente in HTML zu transformieren (*siehe Seite 246*).

Zu diesem Buch

Dieses Buch gliedert sich in sechs Hauptteile: Schreiben von XML, DTDs, XML-Schemata, XSLT und XPath, CSS sowie XLink und XPointer. Jeder Teil umfasst eines oder mehrere Kapitel mit schrittweisen Anleitungen, die erklären, wie spezifische XML-bezogene Aufgaben durchzuführen sind. Wo immer möglich, wurde der besprochene Code abgebildet und gezeigt, wie er jeweils in einem Browser aussieht.

Dies ist eine Übersetzung des Buchs *XML for the World Wide Web* der Bestseller-Autorin Elizabeth Castro. Da einige der Code-Beispiele Bezüge auf die nützliche Webseite zum Buch beinhalten (*siehe Seite 18*) – etwa auf die DTD-Definition zu den hier erstellten Beispielen –, wurden sämtliche Beispiele in Englisch belassen. Selbstverständlich können Sie für Ihre eigenen XML-Sprachen die Tags genauso gut in Deutsch erstellen (*siehe auch Seite 24* und *38*).

Oft werden auf einer Seite zwei oder mehr unterschiedliche Dokumente besprochen, etwa ein XSLT-Dokument und zudem die XML-Datei, die dadurch umgewandelt wird. Welcher Dokumenttyp gerade gemeint ist, können Sie in der Titelleiste ablesen. Achten Sie insbesondere auch auf Text und Bilder, die Rot hervorgehoben sind; in der Regel stellen sie den Kern der aktuellen Diskussion dar.

Es empfiehlt sich auch, die Beispieldateien von der Webseite der Autorin herunterzuladen (*siehe Seite 18*) und diese für die Ausführung der verschiedenen Teile bereitzuhalten. Häufig ist es unmöglich, ein ganzes Dokument auf einer Seite darzustellen, selbst wenn es hilfreich wäre. Oft ist ein Ausdruck auf Papier auch recht praktisch.

Die meisten Browser-Abbildungen in diesem Buch wurden im Internet Explorer 5 für Windows aufgenommen, und zwar aus dem einfachen Grund, dass dieser Browser die besprochenen Leistungsmerkmale am besten unterstützt. Seien Sie sich im Klaren darüber, dass Ihre Besucher möglicherweise andere Browser und andere Plattformen benutzen.

Es ist extrem wichtig, sich vor Augen zu halten, für wen Sie eine Site entwerfen und welche Browser das Zielpublikum vermutlich verwendet. Testen Sie Ihre Seiten auf allen diesen Browsern, um eine akzeptable Anzeige sicherzustellen.

Sie sollten zumindest ein bisschen mit HTML vertraut sein, auch wenn Sie nicht gleich Experte sein müssen. Ansonsten sind keine Vorkenntnisse erforderlich.

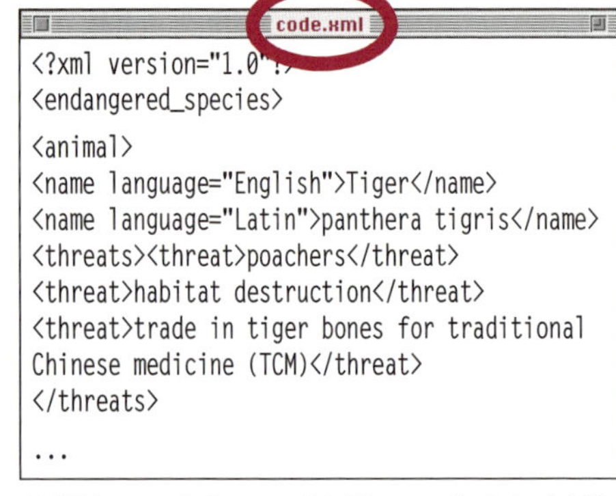


```
<?xml version="1.0" ?>
<endangered_species>
<animal>
<name language="English">Tiger</name>
<name language="Latin">panthera tigris</name>
<threats><threat>poachers</threat>
<threat>habitat destruction</threat>
<threat>trade in tiger bones for traditional
Chinese medicine (TCM)</threat>
</threats>
...
```

Abbildung e.5: Dass es sich hier um ein Beispiel für XML-Code handelt, erkennen Sie an der Titelleiste. (Das erkennen Sie ohnehin leicht – doch hier ein Extrahinweis.)

Was Sie hier nicht finden werden

XML ist ein unglaublich leistungsfähiges System für die Informationsverwaltung. Sie können es zusammen mit vielen, vielen anderen Technologien einsetzen. Sie sollten wissen, dass dieses Buch keinen vollständigen XML-Führer darstellt – noch einer sein will. Es ist vielmehr eine Anleitung für Anfänger zur Erstellung von Webseiten mittels XML.

Nicht abgedeckt sind DOM, SAX, SOAP oder XML-RPC. Auch lernen Sie nichts über JavaScript, Java oder ASP, die häufig zusammen mit XML eingesetzt werden. Viele dieser Themen verdienen eigene Bücher (und es gibt sie auch). Zwar gibt es zahlreiche Nebentechnologien, die mit XML-Dokumenten zusammen funktionieren, doch konzentriert sich dieses Buch auf die Kernelemente von XML: XML selbst, Schemata, Transformationen, Arbeiten mit Formaten (Styles) und Links. Dies sind die Grundthemen, die Sie für die Erstellung erster, XML-gestützter Webseiten benötigen.

Manchmal, insbesondere zu Beginn, ist es hilfreicher, klar umrissenes, spezifisches und leicht verständliches Wissen über eine eingeschränkte Anzahl von Themen zu besitzen als allgemeine, übergreifende Kenntnisse über jedes Detail. Meine Hoffnung ist es, dass Ihnen dieses Buch solide Grundlagen in XML und seinen Kerntechnologien vermittelt, die Sie in die Lage versetzen, zu weiteren Teilen des Puzzles voranzuschreiten, sobald Sie soweit sind.

Die Webseite zum Buch

Dieses Buch ist eine Übersetzung der erfolgreichen US-Buchreihe *Visual QuickStart Guide.* Auf ihrer Webseite *XML for the World Wide Web: Visual QuickStart Guide (http://www.cookwood.com/xml/)* hat die Autorin alle Beispiele aus diesem Buch zur Ansicht und zum Download bereitgestellt. Diese Site ist zwar auf Englisch, doch da sie ständig aktuelle Informationen zu XML und praktische Tipps bietet, sollten Sie dort ruhig einmal vorbeischauen.

Sie finden auf dieser Webseite auch Links zu verschiedenen empfehlenswerten Tools wie XML-Parser, XSLT-Prozessoren und Schema-Validatoren. Zudem umfasst sie weiteres Support-Material: Online-Inhaltsverzeichnis und -Index, ein Frage-und-Antwort-Forum, Aktualisierungen und vieles anderes mehr.

Die angeführten Druckfehler und Code-Aktualisierungen *(Errata)* wurden im deutschen Buch bereits berücksichtigt, soweit sie bis zur Drucklegung bekannt waren.

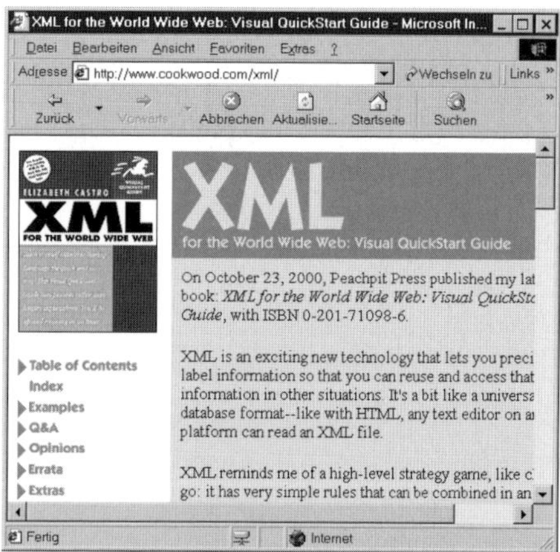

Abbildung e.6: Auf ihrer Webseite zum Buch hat die Autorin Elizabeth Castro alle im Buch verwendeten Beispiele zusammengetragen und vollständig aufgeführt. Unter *Q&A* finden Sie ein Frage-und-Antwort-Forum zu XML und unter *Opinions* können Sie Ihre Meinung loswerden. Die Rubrik *Errata* schließlich führt Fehler auf, die vor Drucklegung nicht mehr entdeckt wurden.

Die Begleit-Site des Peachpit-Verlags

Peachpit Press, der Verleger des Originalbuchs, bietet ebenfalls eine Begleit-Webseite zu diesem Buch an mit vollständigem Inhaltsverzeichnis, allen Beispieldateien, einem Auszug aus dem Buch sowie eine Liste von (hoffentlich wenigen) Druckfehlern. Sie finden sie unter der Adresse *http://www.peachpit.com/vqs/xml/.*

Fragen?

Fragen und Kommentare können Sie jederzeit in dem speziellen XML-Frage-und-Antwort-Forum der Autorin absetzen (unter *http://www.cookwood.com/xml/qanda/*). Von einer öffentlichen Beantwortung von Fragen können mehrere Leser profitieren (und zudem können sich die Leser in einem solchen Forum gegenseitig helfen). Auf der Site wird zudem beschrieben, wie Sie sich mit der Autorin persönlich in Verbindung setzen können, sollte dies notwendig sein.

Teil 1
XML

1

Schreiben von XML-Code

XML ist ein grammatisches System für die Konstruktion eigener Auszeichnungssprachen. Mit XML können Sie etwa eine Sprache zur Beschreibung genealogischer, mathematischer, chemischer oder auch betriebswirtschaftlicher Daten erstellen.

Da jede mit XML erstellte Sprache von der zugrunde liegenden XML-Grammatik abhängt, beginnt dieses Kapitel damit. Sie lernen hier die Grundregeln zum Schreiben von Dokumenten in XML und somit in jeder mit XML erstellten, selbst definierten Sprache.

Eine mit XML erstellte, selbst definierte Auszeichnungssprache heißt zwar offiziell auch *XML-Applikation,* doch da für mich der Begriff „Applikation" ein ausgewachsenes Software-Programm, wie etwa Photoshop, bezeichnet, halte ich ihn für unpräzise und werde generell versuchen, ihn zu vermeiden.

Tools zum Schreiben von XML

XML kann, wie HTML, mit jedem beliebigen Texteditor oder jeder Textverarbeitung geschrieben werden, einschließlich dem ganz grundlegenden TeachText oder SimpleText auf Macintosh-Systemen sowie Notepad oder WordPad auf Windows-Systemen. Es gibt auch einige spezialisierte Texteditoren, mit denen Sie den XML-Code beim Schreiben testen lassen können. Und schließlich gibt es verschiedene Mainstream-Programme mit Filtern zur Konvertierung anderer Dokumenttypen (aus Layout-, Kalkulations-, Datenbank-Programmen u. a.) in XML.

Es wird vorausgesetzt, dass Sie wissen, wie man neue Dokumente anlegt, alte öffnet und bearbeitet und die Dokumente speichert. Speichern Sie auf jeden Fall alle XML-Dokumente mit der Erweiterung .xml.

Elemente, Attribute und Werte

XML verwendet dieselben Erstellungsblöcke wie HTML: Elemente, Attribute und Werte. Ein *XML-Element* ist die grundlegendste Einheit eines Dokuments. Es kann praktisch alles enthalten, einschließlich anderer Elemente und Text. Ein Element besitzt ein in spitze Klammern (< und >) gesetztes Start-Tag mit einem Namen und manchmal auch Attributen (**siehe Abbildung 1.1**). Der Name, den Sie sich selbst ausdenken, sollte den Zweck des Elements beschreiben und insbesondere den Inhalt, der gegebenenfalls auf das Start-Tag folgt. Ein Element wird in der Regel mit einem Ende-Tag abgeschlossen, das sich aus dem gleichen Namen und einem vorangesetzten Schrägstrich (/) zusammensetzt sowie den bereits bekannten spitzen Klammern .

Attribute, die sich im Start-Tag eines Elements befinden, besitzen durch Anführungszeichen getrennte Werte, die Zweck und Inhalt (wenn vorhanden) des betreffenden Elements näher beschreiben (**vgl. Abbildung 1.2**). Informationen in einem Attribut werden im Allgemeinen als Metadaten angesehen, d.h. sie beinhalten Informationen *über die Daten* im XML-Dokument, im Gegensatz zu den Daten selbst. Ein Element kann beliebig viele Attribute umfassen, solange jedes einen eindeutigen Namen erhält.

Der Rest dieses Kapitels beschäftigt sich mit der Syntax von Elementen, Attributen und Werten.

Leerräume

Sie können um die Elemente im XML-Code herum extra Leerräume definieren, um die Anzeige übersichtlicher zu gestalten und die Bearbeitung zu erleichtern (**siehe Abbildung 1.3**). Während der Extra-Leerraum an den Parser weitergereicht wird, wird er – wie auch bei HTML – sowohl von IE5 als auch von Mozilla (die Betaversion von Netscape 6) ignoriert.

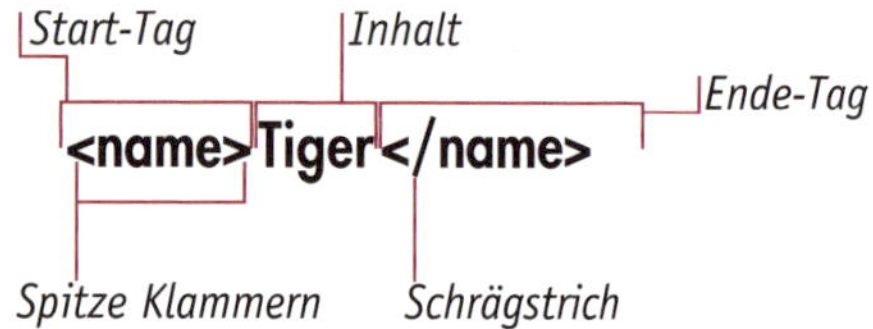

Abbildung 1.1: Ein typisches Element besteht aus einem Start-Tag, dem Inhalt und einem Ende-Tag. Das Element `name` in diesem Beispiel beinhaltet Text.

Abbildung 1.2: Das Element `name` in diesem Beispiel besitzt jetzt das Attribut `language`, dessen Wert *English* ist. Beachten Sie, dass das Wort *English* nicht Teil des Inhalts vom Element `Name` ist. Der Name lautet nicht etwa *English* oder gar *English Tiger*. Vielmehr beschreibt das Attribut diesen Inhalt, der eben in englischer Sprache verfasst ist.

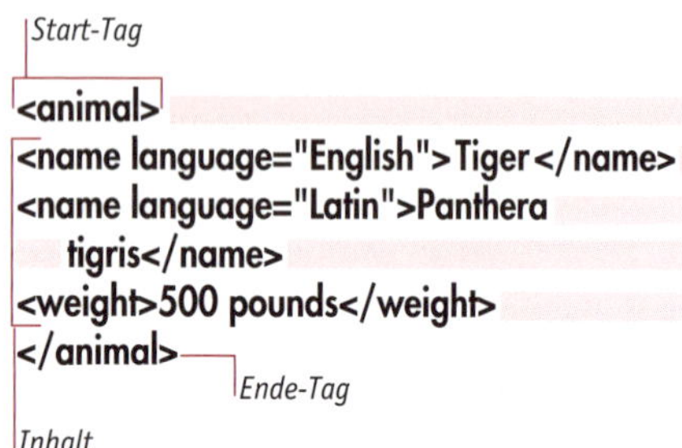

Abbildung 1.3: Das hier gezeigte Element `animal` umfasst drei weitere Elemente (zweimal ein Element `name` und einmal das Element `weight`), doch keinen Text. Die Elemente `name` und `weight` enthalten Text, aber keine anderen Elemente. Beachten Sie auch die Extra-Leerräume (in der Abbildung Rosarot), die die Lesbarkeit des Codes verbessern.

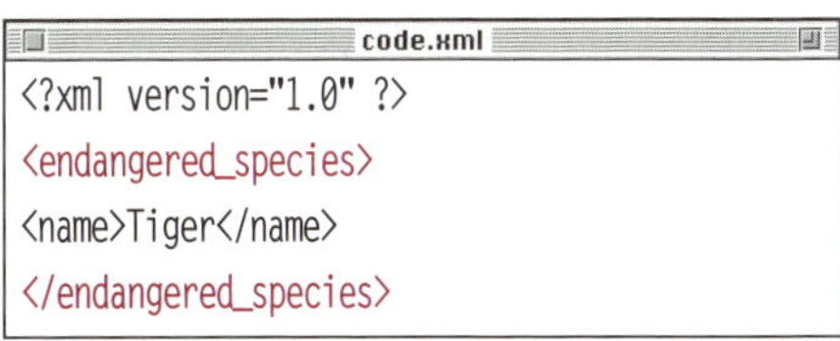

```
code.xml
<?xml version="1.0" ?>
<endangered_species>
<name>Tiger</name>
</endangered_species>
```

Abbildung 1.4: In einem „wohlgeformten" Dokument muss es ein Element geben (hier `endangered_species`), das alle anderen Elemente umfasst. Die erste Zeile ist eine Verarbeitungsdirektive, die sich außerhalb der Wurzel befinden darf.

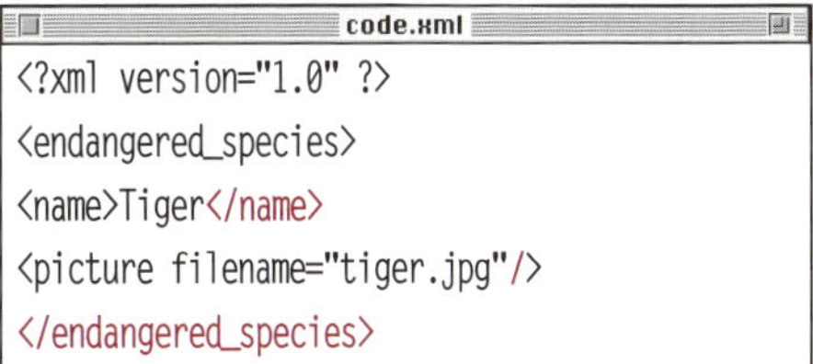

```
code.xml
<?xml version="1.0" ?>
<endangered_species>
<name>Tiger</name>
<picture filename="tiger.jpg"/>
</endangered_species>
```

Abbildung 1.5: Jedes Element muss abgeschlossen werden. Leere Elemente können ein Tag haben, das gleichzeitig als Start- und Ende-Tag dient, wenn der Abschlussschrägstrich gesetzt wird. Achten Sie darauf, dass die Elemente korrekt verschachtelt werden, d.h. überlappende Elemente dürfen nicht vorkommen.

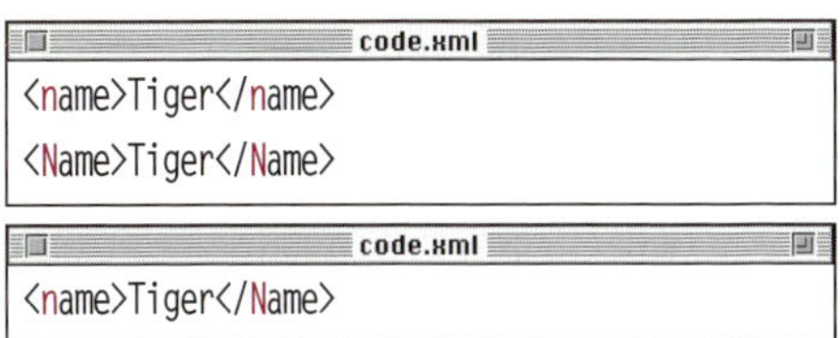

```
code.xml
<name>Tiger</name>
<Name>Tiger</Name>

code.xml
<name>Tiger</Name>
```

Abbildung 1.6: Das obere Beispiel ist zulässig, wenn auch verwirrend. Die beiden Elemente werden als vollkommen unabhängig betrachtet. Das untere Beispiel ist falsch, da Start- und Ende-Tag nicht zusammenpassen.

```
code.xml
<picture filename="tiger.jpg"/>
```

Abbildung 1.7: Diese Anführungszeichen sind obligatorisch. Es können reguläre oder halbe Anführungszeichen verwendet werden, solange sie zusammenpassen.

Regeln der XML-Syntax

Um möglichst flexibel – und leistungsfähig – zu bleiben, besitzt XML eine Struktur, die extrem regelmäßig und voraussagbar ist. Diese definiert sich aus einem Satz an Regeln, von denen die wichtigsten nachfolgend erläutert werden. Entspricht Ihr Dokument diesen Regeln, so wird es als *wohlgeformt* bezeichnet, also *korrekt strukturiert*. Erfüllt ein Dokument diese „Wohlgeformtheitsbeschränkungen", kann es in einem Browser angezeigt werden.

Es ist ein Wurzelelement vorgeschrieben

Jedes XML-Dokument muss ein Wurzelelement umfassen, das alle anderen Elemente in dem Dokument beinhaltet. Außerhalb des Wurzelelements (davor) dürfen nur Kommentare oder Verarbeitungsdirektiven (Processing Instructions, PIs) stehen (**siehe Abbildung 1.4**).

Ende-Tags sind erforderlich

Jedes Element muss ein Ende-Tag besitzen. Leere Tags können entweder ein Tag benutzen, das gleichzeitig das Start- und das Ende-Tag darstellt (mit einem Schrägstrich vor dem abschließenden >, **siehe Abbildung 1.5**), oder ein separates Ende-Tag.

Elemente müssen korrekt verschachtelt sein

Wenn Sie mit Element A beginnen, dann mit Element B, müssen Sie zunächst Element B abschließen und dann erst Element A (**siehe Abbildung 1.5**).

Groß-/Kleinschreibung

Bei XML wird zwischen Groß- und Kleinschreibung unterschieden. Die Elemente `animal`, `ANIMAL` und `Animal` werden als völlig eigenständig betrachtet und haben nichts miteinander zu tun (**siehe Abbildung 1.6**).

Werte müssen in Anführungszeichen eingeschlossen sein

Der Wert eines Attributs muss immer in gewöhnliche oder halbe Anführungszeichen gesetzt werden (**siehe Abbildung 1.7**).

SCHREIBEN VON XML-CODE

Entity-Referenzen müssen deklariert werden

Im Gegensatz zu HTML müssen alle in XML verwendeten Entity-Referenzen (auch *Zeichenreferenzen*) in einer DTD deklariert werden, bevor sie verwendet werden – mit Ausnahme der fünf integrierten Entity-Referenzen *(siehe Seite 31)*.

Deklarieren der XML-Version

Normalerweise sollten Sie jedes XML-Dokument mit einer Deklaration beginnen, die angibt, welche XML-Version Sie verwenden. Diese Zeile nennt man die *XML-Deklaration (siehe Abbildung 1.8)*.

Abbildung 1.8: Da es sich bei der XML-Deklaration nicht um ein Element, sondern um eine Verarbeitungsdirektive handelt, ist kein Ende-Tag erforderlich.

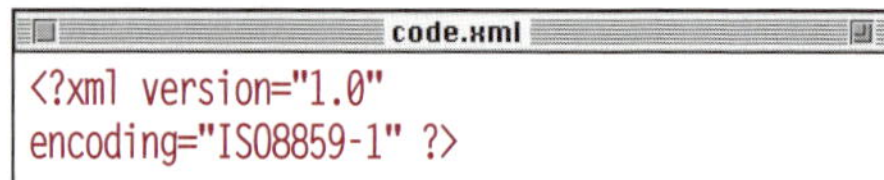

Abbildung 1.9: Damit in den Tags und im Inhalt eines Dokuments spezielle Zeichen wie deutsche Umlaute korrekt angezeigt werden, müssen Sie es entweder im UTF-8-Format speichern (das in gewöhnlichen Texteditoren meist noch nicht verfügbar ist) oder anhand der Verarbeitungsdirektive den gültigen Zeichensatz angeben, z. B. ISO8859-1 für westeuropäische Sprachen.

So deklarieren Sie die verwendete XML-Version:

1. Am Anfang des Dokuments, bevor Sie irgend etwas anderes eingeben, schreiben Sie **<?xml**.
2. Schreiben Sie **version="1.0"** (welches die bisher einzige Version ist).
3. Schreiben Sie **?>**, um die Deklaration abzuschließen.

✔ Tipps

- Tags, die mit **<?** beginnen und mit **?>** enden, nennt man *Verarbeitungsdirektiven* oder *Processing Instructions (PIs)*. Neben der Deklarierung der XML-Version dienen Verarbeitungsdirektiven u. a. auch dazu, das zu verwendende Stylesheet festzulegen. Stylesheets werden ausführlich in Teil 5, ab *Seite 175*, behandelt.
- Setzen Sie die Versionsnummer auf jeden Fall in reguläre oder halbe Anführungszeichen (egal welche).
- Die XML-Deklaration ist optional. Wird sie jedoch verwendet, muss sie die erste Zeile im Dokument darstellen.
- Sie haben auch die Möglichkeit, das Dokument als abhängig von einem beliebigen anderen Dokument auszuweisen *(siehe Seite 39–40)*.
- Möglicherweise benötigen Sie diese anfängliche XML-Verarbeitungsdirektive zur Angabe der für das Dokument verwendeten Zeichenkodierung, wenn diese von UTF-8 oder UTF-16 abweicht, etwa ISO8859-1 für westeuropäische Sprachen einschließlich Deutsch *(siehe Abbildung 1.9)*. (Zwar umfassen auch die UTF-Kodierungen spezielle Zeichen, wie etwa deutsche Umlaute, doch muss ein Dokument dann entweder in einem UTF-Format gespeichert oder durch ein spezielles Konvertierungsprogramm in UTF umgewandelt werden).

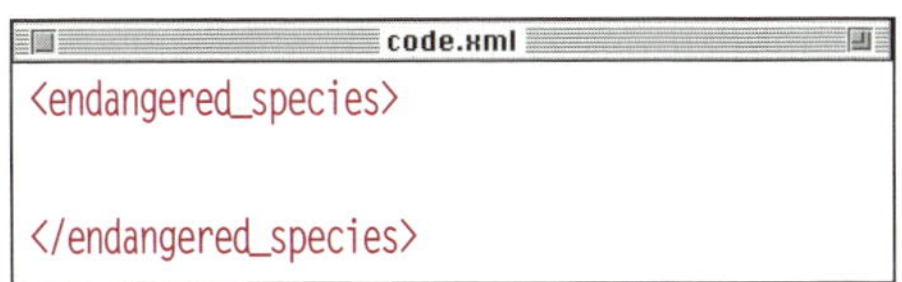
code.xml

```
<endangered_species>

</endangered_species>
```

Abbildung 1.10: In HTML ist das Wurzelelement immer HTML. In XML können Sie als Wurzelelement jeden zulässigen Namen verwenden, einschließlich endangered_species, wie hier im Beispiel. Weder Inhalt noch andere Elemente sind vor dem Start- bzw. nach dem Ende-Tag der Wurzel erlaubt.

Das Wurzelelement

Jedes XML-Dokument muss ein Element besitzen, das alle anderen Elemente vollständig beinhaltet. Dieses alles umfassende Element nennt man das *Wurzelelement.*

So erstellen Sie das Wurzelelement:

1. Geben Sie am Anfang des XML-Dokuments **<Wurzel>** ein, wobei *Wurzel* für den Namen des Elements steht, das alle anderen Elemente im Dokument enthält.
2. Lassen Sie einige Zeilen leer, um den Rest des Dokuments zu erstellen (anhand der weiteren Anleitungen in diesem Buch).
3. Geben Sie **</Wurzel>** ein, wobei *Wurzel* exakt dem in Schritt 1 gewählten Namen entsprechen muss.

✔ Tipps

- Es wird zwischen Groß- und Kleinschreibung unterschieden. <NAME> ist nicht das gleiche wie <Name> oder <name>.
- Ein Element- (oder Attribut-)name ist nur gültig, wenn er mit einem Buchstaben, einem Unterstrich (_) oder einem Doppelpunkt (:) beginnt. Danach sind beliebig viele weitere Buchstaben, Ziffern, Unterstriche, Bindestriche, Punkte oder Doppelpunkte zulässig.
- Beachten Sie, dass Doppelpunkte auf die Angabe von Leerräumen beschränkt sind (*siehe Seite 113*) und Namen, die mit den Buchstaben x, m oder l (ungeachtet der Groß-/Kleinschreibung) beginnen, für das W3C reserviert sind.
- Das Ende-Tag des Wurzelelements ist obligatorisch.
- Außerhalb des Start- und Ende-Tags der Wurzel sind keine anderen Elemente erlaubt. Vor dem Wurzel-Start-Tag sind ausschließlich Verarbeitungsdirektiven zulässig (*siehe Seite 24*) oder Schemata (*siehe Seite 67*).

Nicht leere Elemente

In einem XML-Dokument können Sie jedes gewünschte Element erstellen. Der Gedanke dahinter ist, dass Sie Namen verwenden, die den Inhalt identifizieren, sodass sich die Informationen zu einem späteren Zeitpunkt weiterverarbeiten lassen.

So schreiben Sie ein nicht leeres Element:

1. Geben Sie **<Name>** ein, wobei *Name* für den Begriff steht, der den Inhalt identifiziert, der an der Stelle erscheinen soll.
2. Erstellen Sie den Inhalt.
3. Geben Sie **</Name>** ein, wobei *Name* exakt dem in Schritt 1 gewählten Namen entsprechen muss.

✔ Tipps

- Das Ende-Tag ist niemals optional (wie das manchmal bei HTML der Fall ist).
- Die Regeln zum Benennen regulärer Elemente sind dieselben wie für Wurzelelemente: Es wird zwischen Groß- und Kleinschreibung unterschieden. Namen müssen mit einem Buchstaben, Unterstrich (_) oder Doppelpunkt (:) beginnen und dürfen sonst Buchstaben, Ziffern, Unterstriche, Bindestriche, Punkte oder Doppelpunkte enthalten. Namen, die (ungeachtet der Schreibung) mit den Buchstaben xml beginnen, sind für das W3C reserviert.
- Namen brauchen nicht in Englisch und nicht einmal in lateinischer Schrift geschrieben sein. Für die Darstellung spezieller Zeichen, wie z. B. deutscher Umlaute, muss jedoch in der Verarbeitungsdirektive ein entsprechender Zeichensatz angegeben sein (*siehe Seite 24*) oder Sie verwenden die entsprechende Zeichenreferenz (*siehe Anhang C*).
- Informationen zum Schreiben von Attributen und ihren Werten werden auf *Seite 28* erläutert.
- Anhand eines Schemas definieren Sie, welche Tags in einem XML-Dokument gestattet sind. Weitere Erläuterungen zu Schemen finden Sie in Teil 3, ab *Seite 67*.
- Wenn Sie für Ihre Elemente aussagekräftige Namen verwenden, lassen sich Ihre Daten auch für andere Zwecke leichter einsetzen.

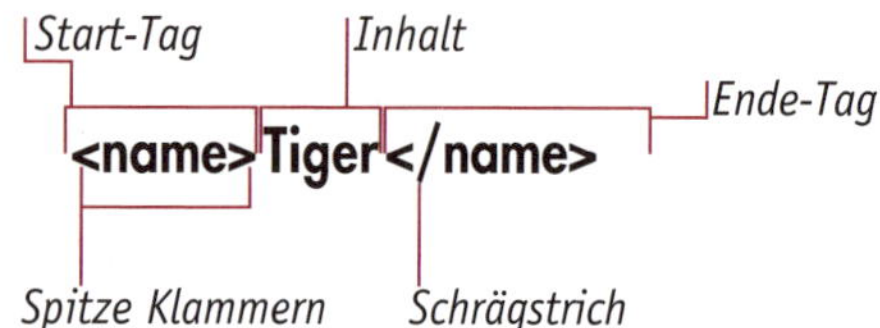

Abbildung 1.11: Ein einfaches XML-Element besteht aus einem Start-Tag, dem Inhalt (der Text und andere Elemente umfasst, aber auch leer sein kann) und einem Ende-Tag (das sich vom Start-Tag nur durch den Schrägstrich unterscheidet).

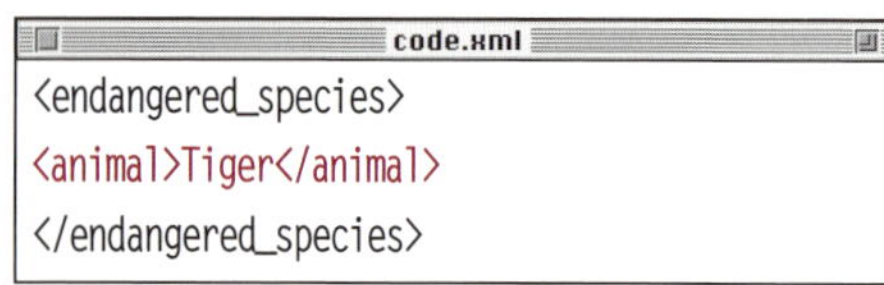


```
<endangered_species>
<animal>Tiger</animal>
</endangered_species>
```

Abbildung 1.12: Jedes Element im XML-Dokument muss sich zwischen Start- und Ende-Tag des Wurzelelements befinden.

Richtig (kein Überlappen der Linien

<name>Tiger <baby>cub</baby></name>

<name>Tiger <baby>cub</name></baby>

Falsch (die Tag-Paare überkreuzen sich)

Abbildung 1.13: Um sicherzustellen, dass Ihre Tags korrekt verschachtelt sind, verbinden Sie jedes Paar mit einer Linie: Keine der Paar-Linien darf sich mit der eines anderen Tag-Paares überkreuzen. Jedes innere Paar sollte vollständig vom übergeordneten umschlossen sein.

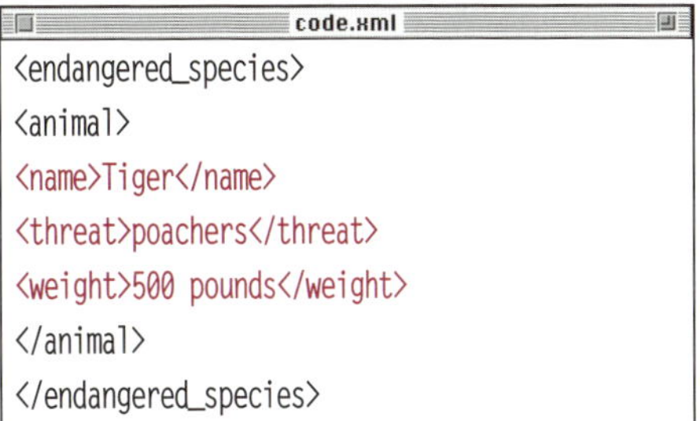

code.xml

```
<endangered_species>
<animal>
<name>Tiger</name>
<threat>poachers</threat>
<weight>500 pounds</weight>
</animal>
</endangered_species>
```

Abbildung 1.14: Jetzt enthält das Element `animal` drei weitere Elemente, jeweils mit beschreibenden Informationen, auf die man zugreifen und die man weiterverarbeiten kann.

Verschachteln von Elementen

Oft ist es besser, umfangreiche Daten in kleinere Stücke aufzugliedern, um sie einzeln identifizieren und verarbeiten zu können.

So verschachteln Sie Elemente:

1. Erstellen Sie das Start-Tag des äußeren Elements (*vgl. Schritt 1 auf Seite 26*).
2. Schreiben Sie **<inneres>**, wobei *inneres* für den Namen des ersten Datenstücks steht.
3. Erstellen Sie den Inhalt des Tags `<inneres>`, falls vorhanden.
4. Geben Sie **</inneres>** ein, wobei *inneres* exakt dem in Schritt 2 gewählten Namen entsprechen muss.
5. Wiederholen Sie Schritt 2–4, so oft wie nötig.
6. Erstellen Sie das Ende-Tag des äußeren Elements (*vgl. Schritt 3 auf Seite 26*).

✔ Tipps

- Es ist wesentlich, dass jedes Element vollständig in einem anderen enthalten ist. Anders ausgedrückt: Sie dürfen das Ende-Tag des äußeren Elements nicht einfügen, bevor das innere Element geschlossen wurde. Andernfalls wird das Dokument nicht als wohlgeformt (korrekt strukturiert) betrachtet.
- Sie können beliebig viele Verschachtelungsebenen erstellen.
- Ein in ein anderes Element verschachteltes Element nennt man auch *untergeordnetes* oder *Child-Element.* Das äußere Element ist entsprechend das *übergeordnete* oder *Parent-Element.*

Attribute hinzufügen

Ein Attribut erstellt zusätzliche Informationen ohne den Inhalt des Elements zu ergänzen.

So fügen Sie ein Attribut hinzu:

1. Geben Sie vor dem schließenden > des Start-Tags **Attribut=** ein, wobei *Attribut* für den Begriff steht, der die zusätzlichen Daten identifiziert.
2. Geben Sie dann **"Wert"** ein, wobei *Wert* die zusätzliche Information darstellt. Die Anführungszeichen sind obligatorisch.

✓ Tipps

- Für Attributnamen gelten dieselben Regeln wie für Elementnamen (*siehe Seite 26*).
- Im Gegensatz zu HTML müssen bei XML Attributwerte unbedingt in Anführungszeichen gesetzt sein. Es ist unerheblich, ob Sie normale oder halbe Anführungszeichen benutzen, solange Sie innerhalb eines Attributs konsistent bleiben.
- Enthält der Wert selbst reguläre Anführungszeichen, verwenden Sie halbe Anführungszeichen, um den Wert zu begrenzen, zum Beispiel **comments='Sie sagte: "Fast alle Tiger sind verschwunden!"'**. Kommen im Wert selbst sogar beide Arten von Anführungsstrichen vor, so folgen Sie bitte dem letzten Tipp auf *S.31*.
- Innerhalb eines bestimmten Elements darf ein Attributname nur einmal verwendet werden.
- Ein Attribut darf weder eine Referenz auf eine externe Entity (*vgl. Seite 58*) noch das Zeichen < enthalten. Gehört das Zeichen < zum Wert, geben Sie statt dessen **<** ein.
- In der Regel werden die Informationen in Attributen als weniger zentral betrachtet als der Inhalt des Elements. Häufig handelt es sich dabei um Meta-Informationen, also Informationen über den Inhalt.
- Eine weitere Möglichkeit zum Kennzeichnen und Identifizieren verschiedener Informationen ist das Verschachteln von Elementen (*siehe Seite 27*).

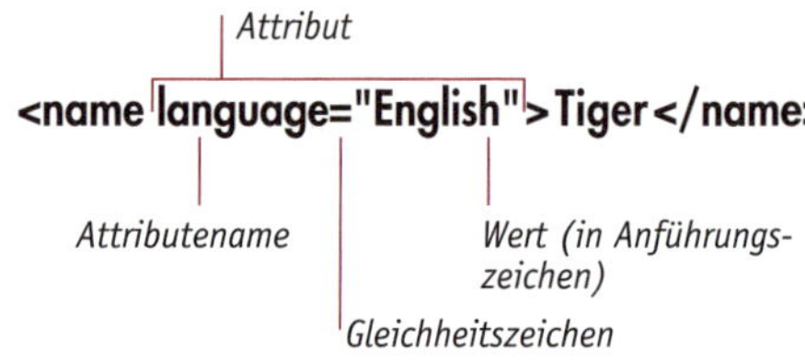

Abbildung 1.15: Attribute sind Paare aus Name und Wert innerhalb des Start-Tags eines Elements. Der Wert muss in (reguläre oder halbe) Anführungszeichen gesetzt sein.

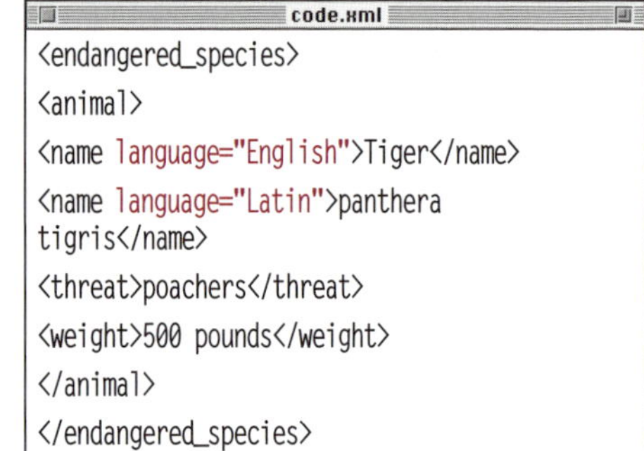

```
code.xml
<endangered_species>
<animal>
<name language="English">Tiger</name>
<name language="Latin">panthera
tigris</name>
<threat>poachers</threat>
<weight>500 pounds</weight>
</animal>
</endangered_species>
```

Abbildung 1.16: Anhand von Attributen lassen sich Informationen über den Inhalt eines Elements hinzufügen.

Öffnende spitze Klammer

```
<picture filename="tiger.jpg"/>
```

Schrägstrich und schließende spitze Klammer

Abbildung 1.17: Für leere Elemente reicht, wie hier zu sehen ist, ein einziges Start- und Ende-Tag aus. Es ist aber ebenso möglich, zunächst das Start-Tag zu schreiben und gleich darauf das zugehörige separate Ende-Tag.

code.xml

```
<endangered_species>
<animal>
<name language="English">Tiger</name>
<name language="Latin">panthera tigris</name>
<threat>poachers</threat>
<weight>500 pounds</weight>
<source sectionid="120"
newspaperid="21"></source>
<picture filename="tiger.jpg"
x="200" y="197"/>
</animal>
</endangered_species>
```

Abbildung 1.18: Typische leere Elemente sind Elemente wie source, die nur in ihren Attributen Daten umfassen, oder wie picture, die auf externe (außerhalb des Dokuments befindliche), binäre Daten verweisen.

Leere Elemente

Manche Elemente besitzen gar keinen Inhalt, der als Text ausgeschrieben werden kann. Ein Beispiel ist etwa ein Bildelement, das mithilfe eines Attributs auf die Quelle eines Bilds verweist, aber überhaupt keinen Text beinhaltet.

So schreiben Sie ein leeres Element mit nur einem Start- und Ende-Tag:

1. Geben Sie **<Name>** ein, wobei *Name* für den Begriff steht, der das leere Element identifiziert.
2. Erstellen Sie etwa benötigte Attribute gemäß der Anleitung auf *Seite 28*.
3. Schreiben Sie **/>**, um das Element abzuschließen.

So schreiben Sie ein leeres Element mit separatem Start- und Ende-Tag:

1. Geben Sie **<Name>** ein, wobei *Name* für den Begriff steht, der das leere Element identifiziert.
2. Erstellen Sie etwa benötigte Attribute gemäß der Anleitung auf *Seite 28*.
3. Schreiben Sie **>**, um das Start-Tag abzuschließen.
4. Geben Sie **</Name>** ein, um das Element abzuschließen, wobei *Name* exakt dem in Schritt 1 gewählten Namen entsprechen muss.

✔ Tipps

- In XML sind beide Methoden gleichwertig.
- Im Gegensatz zu HTML ist es jedoch nicht gestattet, ein Start-Tag ohne zugehöriges Ende-Tag zu verwenden. Ein Dokument mit einem solchen Tag wird nicht als wohlgeformt betrachtet und führt beim XML-Parser zu einem Fehler.

Kommentare

Oft ist es hilfreich, Anmerkungen in Ihre XML-Dokumente einzufügen, sodass Sie später noch wissen, warum Sie ein bestimmtes Element verwendet haben oder wann eine bestimmte Information aktualisiert werden muss. Sie können Kommentare in Ihr Dokument einfügen, die für den Besucher fast unsichtbar sind.

So schreiben Sie Kommentare:

1. Geben Sie **<!--** ein.
2. Schreiben Sie den betreffenden Kommentar.
3. Geben Sie **-->** ein.

✔ Tipps

- Zwischen den zweifachen Bindestrichen und dem Kommentar selbst sind keine Leerzeichen erforderlich. Anders ausgedrückt: **<!--Dies ist ein Kommentar-->** ist bestens.
- Innerhalb eines Kommentares sind keine zweifachen Bindestriche erlaubt, d.h. es ist nicht möglich, einen Kommentar in einen anderen einzubinden.
- Sie können Kommentare auch dazu verwenden, während der Entwicklungs- bzw. Debug-Phase einen Teil des XML-Codes auszublenden. Man nennt das auch „auskommentieren" eines Abschnitts. Die Elemente innerhalb eines auskommentierten Abschnitts sind für den Parser nicht mehr sichtbar und somit werden mögliche Fehler temporär ausgeklammert.
- Kommentare eignen sich auch zum Dokumentieren der Struktur eines XML-Dokuments (einschließlich der Stylesheets) und vereinfachen somit künftige Änderungen und Updates.
- Kommentare werden im Browser nicht angezeigt. Allerdings bleiben sie im XML-Code selbst sichtbar.

Spitze Klammer auf, Ausrufezeichen und zwei Bindestriche

Kommentar

<!--Aktualisiert am 3.Mai 2001-->

Zwei Bindestriche und spitze Klammer zu

Abbildung 1.19: Für XML-Kommentare gilt dieselbe Syntax wie für HTML-Kommentare.

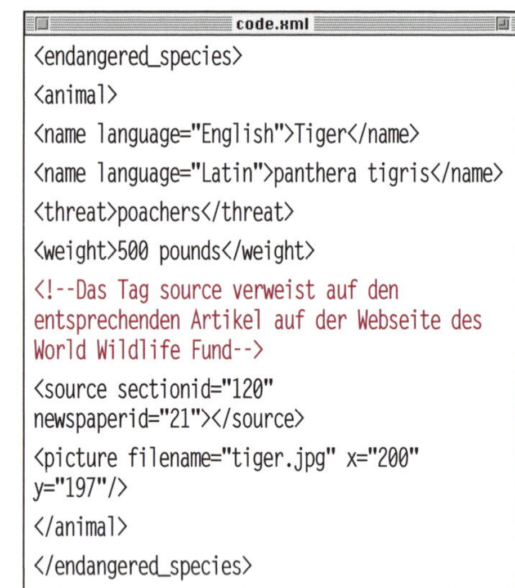

code.xml

```
<endangered_species>
<animal>
<name language="English">Tiger</name>
<name language="Latin">panthera tigris</name>
<threat>poachers</threat>
<weight>500 pounds</weight>
<!--Das Tag source verweist auf den
entsprechenden Artikel auf der Webseite des
World Wildlife Fund-->
<source sectionid="120"
newspaperid="21"></source>
<picture filename="tiger.jpg" x="200"
y="197"/>
</animal>
</endangered_species>
```

Abbildung 1.20: Anhand von Kommentaren lassen sich Informationen über den Code eintragen. Das kann unglaublich nützlich sein, wenn Sie selbst (oder jemand anders) auf das Dokument zurückgreifen und erneut verstehen müssen, wie es aufgebaut ist.

code.xml

```
<endangered_species>
<animal>
<name language="English">Tiger</name>
<name language="Latin">panthera tigris</name>
<threat>poachers</threat>
<weight>&lt;500 pounds</weight>
<!--Das Tag source verweist auf den
entsprechenden Artikel auf der Webseite des
World Wildlife Fund-->
<source sectionid="120"
newspaperid="21"></source>
<picture filename="tiger.jpg" x="200"
y="197"/>
</animal>
</endangered_species>
```

Abbildung 1.21: Beim Parsen dieses Dokuments wird die Entity < als < dargestellt.

Fünf Sonderzeichen

Es gibt einen großen Vorrat an Sonderzeichen, die mithilfe von Namens-Entities in ein HTML-Dokument eingefügt werden können: Die Basis dafür ist ein Et-Zeichen gefolgt von einem Namen und anschließendem Semikolon. In XML sind standardmäßig nur fünf solcher Entities erlaubt. Andere Entities müssen in einer DTD vordefiniert werden, bevor sie verwendet werden dürfen.

So schreiben Sie die fünf Sonderzeichen:

- Für ein Et-Zeichen (&) geben Sie **&** ein.
- Für eine öffnende spitze Klammer bzw. ein Kleiner-als-Zeichen (<) geben Sie **<** ein.
- Für eine schließende spitze Klammer bzw. ein Größer-als-Zeichen (>) geben Sie **>** ein.
- Für ein reguläres Anführungszeichen (") geben Sie **"** ein.
- Für ein halbes Anführungszeichen bzw. einen Apostroph (') geben Sie **'** ein.

✔ Tipps

- Andere Entities dürfen nur verwendet werden, wenn sie zuvor in einer DTD definiert wurden (*siehe Seite 55*).
- < oder & dürfen Sie in einem XML-Dokument nur direkt schreiben, um ein Tag bzw. eine Entity einzuleiten. Wenn Sie nicht ein Tag oder eine Entity schreiben wollen, müssen Sie, wie oben beschrieben, die Entity für das betreffende Sonderzeichen verwenden.
- ", ' und > können Sie im Dokument direkt verwenden, wenn ihre Bedeutung eindeutig ist (siehe den nächsten Tipp sowie den letzten Tipp auf *Seite 32*).
- Ein guter (wenn auch nicht ganz einsichtiger) Grund anstelle von " oder ' **"** bzw. **'** zu schreiben besteht im Falle eines Attributwerts, der sowohl halbe als auch normale Anführungszeichen enthält. Die Regel lautet einfach: Das Attributszeichen und das Zeichen innerhalb des Werts müssen unterschiedlich sein. Um sicherzugehen können Sie jedoch als Anführungszeichen innerhalb des Werts die Entity verwenden.

Elemente als Text anzeigen

Wenn Sie über Elemente und Attribute in Ihren XML-Dokumenten schreiben und dabei Code-Beispiele nennen, sollen diese vom Parser nicht interpretiert, sondern einfach als normaler Text angezeigt werden. Dazu müssen Sie solche Informationen in einen CDATA-Abschnitt einfügen.

So zeigen Sie Tags als Text an:

1. Geben Sie **<![CDATA[** ein.
2. Erstellen Sie die Elemente, Attribute und inhaltlichen Bereiche, die nur angezeigt, aber nicht analysiert werden sollen.
3. Geben Sie **]]>** ein.

✔ Tipps

- Eine gute Anwendung für den CDATA-Abschnitt (von Abhandlungen über XML selbst einmal abgesehen) ist das Einschließen von Cascading Style Sheets (*siehe Seite 187*).
- CDATA-Abschnitte dürfen nicht verschachtelt werden.
- Da der Sinn eines CDATA-Abschnitts darin besteht, die Symbole ihrer besonderen Bedeutung zu entledigen, schreiben Sie öffnende Klammern und Et-Zeichen als < und &. Sie brauchen, ja dürfen nicht **<** und **&** schreiben.
- CDATA-Abschnitte können an jeder Stelle hinter dem Start-Tag des Wurzelelements und vor dem Ende-Tag des Wurzelelements vorkommen.
- Wenn Sie aus irgendeinem Grund **]]>** schreiben wollen ohne damit einen CDATA-Abschnitt zu schließen, müssen Sie das > als **>** schreiben. Weitere Erläuterungen zum Schreiben von Sonderzeichen erhalten Sie auf *Seite 31* und in Anhang C.

code.xml

```
<xml_book>
<tags><appearance>
<![CDATA[<endangered_species>
<animal>
<name language="English">Tiger</name>
<name language="Latin">panthera tigris</name>
<threat>poachers</threat>
<weight>500 pounds</weight>
<!--Das Tag source verweist auf den
entsprechenden Artikel auf der Webseite des
World Wildlife Fund-->
<source sectionid="120"
newspaperid="21"></source>
<picture filename="tiger.jpg" x="200"
y="197"/>
</animal>
</endangered_species>
]]>
</appearance></tags></xml_book>
```

Abbildung 1.22: In diesem Beispiel wird CDATA dazu verwendet, den eigentlichen Code anzuzeigen ohne dass er vorher interpretiert wird.

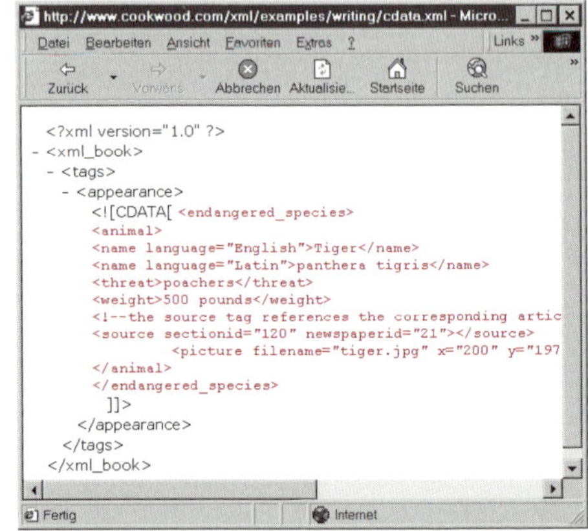

Abbildung 1.23: Hier wurde dieser Code vom Parser des Internet Explorer 5 für Windows umgesetzt. Die Tags innerhalb des CDATA-Abschnitts wurden als Text behandelt, während die Tags `xml_book`, `tags` und `appearance` interpretiert wurden.

Teil 2
DTDs

2

ERSTELLEN EINER DTD

Wie bereits erwähnt, werden Dokumente nicht wirklich in XML geschrieben. Sie verwenden XML vielmehr, um Ihre eigenen, spezifischen Auszeichnungssprachen (offiziell *XML-Applikationen* genannt) zu erstellen.

Sie definieren eine solche Sprache, indem Sie die Elemente und Attribute festlegen, die in einem vorschriftsmäßigen Dokument zulässig oder erforderlich sind. Einen solchen Satz an Regeln nennt man ein *Schema*. So möchte ein Naturschützer vielleicht EndML anlegen, die (fiktive) Auszeichnungssprache für die Katalogisierung von Daten über bedrohte Tierarten (endangered species). EndML könnte Elemente umfassen wie `animal` (Tier), `subspecies` (Unterarten), `population` (Population) und `threats` (Gefahren).

Schemata sind zwar nicht obligatorisch, doch sind sie wichtig für eine konsistente Dokumenthaltung. Sie vergleichen ein bestimmtes Dokument mit dem entsprechenden Schema in einem Vorgang, den man *Validierung* nennt (*siehe Seite 244–245*). Entspricht ein Dokument allen Regeln eines Schemas, so wird es als *gültig* angesehen – d.h. die Daten besitzen die vorgeschriebene Struktur.

Es gibt zwei prinzipielle Systeme für das Schreiben von Schemata: DTDs und XML-Schemata. Eine DTD (Document Type Definition, Dokumententypdefinition) ist ein altmodisches, doch weit verbreitetes System mit einer besonderen, eher eingeschränkten Syntax. Die nächsten drei Kapitel widmen sich dem Schreiben von Schemata im DTD-Stil. Das neuere System – das vom W3C entwickelte XML-Schema – wird in Teil 3 (*ab Seite 67*) ausführlich besprochen.

Interne DTD deklarieren

Für einzelne XML-Dokumente ist es am einfachsten, die DTD innerhalb des XML-Dokuments selbst zu erstellen.

So deklarieren Sie eine interne DTD:

1. Geben Sie am Anfang Ihres XML-Dokuments, gleich nach der XML-Deklaration (*siehe Seite 24*), **<!DOCTYPE Wurzel [** ein, wobei *Wurzel* für das Wurzelelement in dem XML-Dokument steht, auf das diese DTD angewendet wird.
2. Lassen Sie etwas Platz für den Inhalt der Dokumententypdefinition (den Sie mithilfe der Erläuterungen in den Kapiteln 3 und 4 erstellen).
3. Geben Sie **]>** ein, um die DTD abzuschließen.

✔ Tipps

- Zunächst etwas Begriffsentwirrung: Die Codezeilen, die auf die DTD verweisen, nennt man die *Dokumententypdeklaration.* Selbstverständlich nennt man die Regeln selbst eine DTD oder *Dokumententypdefinition.* Damit Sie beide Begriffe leichter auseinander halten können, denken Sie daran, dass die Dokumententypdeklaration immer mit <!DOCTYPE beginnt und mit > endet. Die DTD hingegen ist ein Satz an Regeln, der zwischen eckigen Klammern [ ] steht. (Eine DTD kann sich auch in einer separaten (*externen*) Datei befinden; mehr dazu auf *Seite 37.*)
- Ein Dokument ist *gültig,* wenn es die Regeln der zugehörigen DTD (intern oder extern) erfüllt.

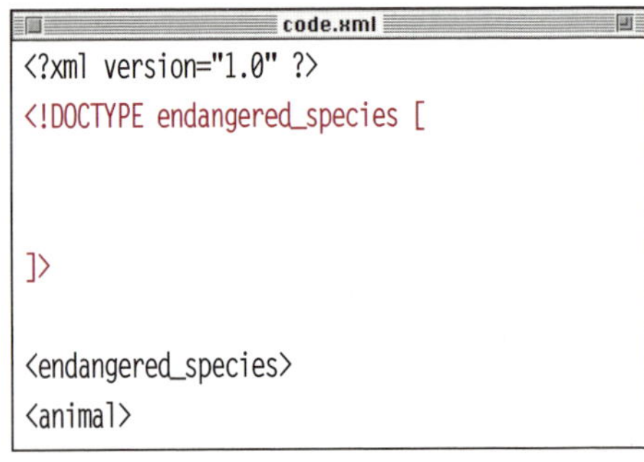

Abbildung 2.1: Dies ist der Anfang einer internen DTD. Er steht direkt nach der XML-Deklaration und vor den eigentlichen Tags im Haupttext des XML-Dokuments.

code.dtd

```
<!ELEMENT endangered_species (animal*)>
<!ELEMENT animal (name+, threats, weight?,
length?, source, picture,
subspecies+)>
<!ELEMENT name (#PCDATA)>
<!ATTLIST name language
(English | Latin)#REQUIRED>
...
```

Abbildung 2.2: Kümmern Sie sich zunächst nicht darum, wie Sie die einzelnen Deklarationen schreiben. Das ist Thema der nächsten beiden Kapitel. Im Moment ist es nur wichtig zu wissen, dass die Regeln in einer externen DTD direkt am Anfang eines leeren Textdokuments beginnen und dass sie eine unabhängige Datei bilden, die nicht Teil des XML-Dokuments ist. Speichern Sie eine externe DTD mit der Erweiterung *.dtd*.

Externe DTD schreiben

Bei einem Satz verwandter Dokumente empfiehlt es sich, für alle dieselbe DTD zu verwenden. In einem solchen Fall brauchen Sie die DTD nicht in jedes Dokument zu kopieren, sondern Sie erstellen vielmehr eine externe Datei, die die DTD enthält und verweisen einfach von jedem XML-Dokument, das sie benötigt, auf seine URL.

So schreiben Sie eine externe DTD:

1. Erstellen Sie mit einem Texteditor eine neue Textdatei.
2. Definieren Sie die Regeln der DTD gemäß der Erläuterungen in den Kapiteln 3 und 4.
3. Speichern Sie die Datei als reinen Text und mit der Erweiterung .dtd.

✔ Tipp

- Weitere Erläuterungen zum Benennen und Verwenden externer DTDs erhalten Sie auf *Seite 38–40*.

Externe DTD benennen

Wird Ihre DTD auch von anderen eingesetzt, sollten Sie sie nach einem Standardverfahren, dem FPI (Formal Public Identifier, formeller öffentlicher Identifikator), benennen. Dahinter steht die Idee, dass ein XML-Parser mithilfe der FPI auf einem öffentlichen Server im Web nach der neuesten Version der externen DTD sucht.

Abbildung 2.3: Hier der offizielle Name der DTD, die die XML-Dokumente über bedrohte Tierarten beschreibt.

So deklarieren Sie eine externe DTD:

1. Geben Sie Folgendes ein:

   +, wenn Sie eine DTD eines Standardisierungsgremiums wie der ISO verwenden.

   -, wenn Ihre DTD kein anerkannter Standard ist.
2. Geben Sie **//Besitzer//DTD** ein, wobei *Besitzer* für die Person oder Organisation steht, die die DTD geschrieben hat und unterhält.
3. Geben Sie ein Leerzeichen ein, dann ein **Label**, wobei *Label* für eine Beschreibung der DTD steht.
4. Geben Sie **//XX//**, ein, wobei *XX* eine Abkürzung aus zwei Buchstaben für die Sprache der XML-Dokumente ist, für die die DTD gilt. Verwenden Sie *DE* für Deutsch (für andere Sprachen siehe den Tipp unten).

✔ Tipps

- Eine vollständige, offizielle Liste der Zwei-Zeichen-Sprachenkürzel gemäß ISO 639 finden Sie im Internet unter *http://www.unicode.org/ unicode/onlinedat/languages.html.*
- Anhand von DTD-Namen können Sie eine DTD durch ein Label identifizieren anstelle einer spezifischen, statischen URL. Das bedeutet, in einer Applikation, die nach einer DTD sucht, brauchen Sie nicht auf eine bestimmte, vielleicht schon veraltete Datei auf einem bestimmten Server zu verweisen, sondern auf die neuste Version oder auf die mit dem leichter erreichbaren Standort (oder beides).

```
code.xml
<?xml version="1.0" standalone="no"?>
<!DOCTYPE endangered_species SYSTEM
    "http://www.cookwood.com/xml/examples
    /dtd_creating/end_species.dtd">

<endangered_species>
<animal>
```

Abbildung 2.4: In diesem Beispiel wird zur Definition des XML-Dokuments eine externe DTD verwendet, die unter einer bestimmten URL zu finden ist. (Es ist die in diesem Buch erstellte DTD für Dokumente über bedrohte Tierarten).

```
code.xml
<?xml version="1.0" standalone="no"?>
<!DOCTYPE endangered_species SYSTEM
"http://www.cookwood.com/xml/examples
/dtd_creating/end_species.dtd"
[
<!ELEMENT continent (Asia | Europe | Africa)>
]
>

<endangered_species>
<animal>
```

Abbildung 2.5: Bei Bedarf können Sie am Ende der DOCTYPE-Deklaration zusätzliche interne DTD-Deklarationen verwenden. Setzen Sie die zusätzlichen Regeln auf jeden Fall in Klammern. Lokal definierte Regeln haben immer Vorrang vor Regeln, die aus einer externen Datei bezogen wurden.

Persönliche externe DTD deklarieren

Wenn Sie für Ihren eigenen Gebrauch eine persönliche DTD erstellt haben, so können Sie in Ihrem XML-Dokument nur durch eine URL darauf verweisen.

1. Fügen Sie in die XML-Deklaration ganz oben im Dokument das Attribut **standalone="no"** ein.
2. Geben Sie **<!DOCTYPE Wurzel** ein, wobei *Wurzel* für den Namen des Wurzelelements in dem XML-Dokument steht, auf das diese DTD angewendet wird.
3. Geben Sie **SYSTEM** ein. Dadurch zeigen Sie an, dass es sich bei der externen DTD um eine persönliche, nicht standardisierte DTD handelt (z.B. eine, die Sie selbst geschrieben haben).
4. Geben Sie **"datei.dtd"** ein, wobei *datei.dtd* für die (absolute oder relative) URL steht, die den Standort der DTD bezeichnet.
5. Geben Sie **>** ein, um die Dokumententypdeklaration abzuschließen.

✔ Tipp

- Wenn notwendig, können Sie sowohl eine interne als auch eine externe DTD verwenden, indem Sie nach dem Verknüpfen der externen DTD (oben also nach Schritt 4) die zusätzlichen internen DTD-Deklarationen hinzufügen. Sie müssen in Klammern eingeschlossen werden. Weitere Erläuterungen über interne DTDs erhalten Sie im Abschnitt *Deklarieren einer internen DT* auf *Seite 36*. Die Regeln in einer internen DTD haben Vorrang vor denen aus der externen.

Öffentliche externe DTD deklarieren

Wenn meine DTD für bedrohte Tierarten zunehmend an Beliebtheit gewinnt und Kopien davon in aller Welt verteilt werden, so ist irgendwann vielleicht der Zeitpunkt erreicht, ab dem man anhand des FPI auf die DTD verweist, dessen Namen auf *Seite 28* erstellt wurde. Wenn ein XML-Parser einen solchen öffentlichen Identifikator antrifft, kann er versuchen, ihn von der bestmöglichen Quelle zu kopieren, z.B. von dem Standort, der am nächsten gelegen ist oder der die neuste Version besitzt. Kann die DTD mithilfe des FPI nicht gefunden werden, kann sie wieder anhand der URL gesucht werden.

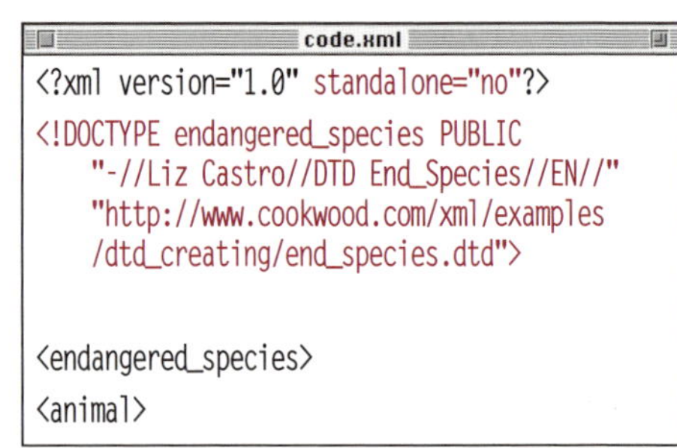

```
code.xml
<?xml version="1.0" standalone="no"?>
<!DOCTYPE endangered_species PUBLIC
   "-//Liz Castro//DTD End_Species//EN//"
   "http://www.cookwood.com/xml/examples
   /dtd_creating/end_species.dtd">


<endangered_species>
<animal>
```

Abbildung 2.6: Dieses Mal verwendet der XML-Parser den FPI für die Suche nach der DTD, möglicherweise in einem öffentlichen Repository. Ist das nicht erfolgreich, wird die in der angegebenen URL genannte DTD verwendet.

So verweisen Sie auf eine öffentliche externe DTD:

1. Fügen Sie in die XML-Deklaration ganz oben im Dokument das Attribut **standalone="no"** ein.
2. Geben Sie **<!DOCTYPE Wurzel** ein, wobei *Wurzel* für den Namen des Wurzelelements in dem XML-Dokument steht, auf das diese DTD angewendet wird.
3. Geben Sie **PUBLIC** ein. Dadurch zeigen Sie an, dass es sich bei der DTD um einen standardisierten, öffentlich zugänglichen Satz an Regeln zum Erstellen von XML-Dokumenten zum betreffenden Thema handelt.
4. Geben Sie **"DTD-Name"** ein, wobei *DTD-Name* für den offiziellen Namen der DTD steht (*siehe Seite 38*), auf die Sie verweisen wollen.
5. Geben Sie **"datei.dtd"** ein, wobei *datei.dtd* für die URL der öffentlichen DTD steht, die den (vermutlich) entfernten Server bezeichnet.
6. Geben Sie **>** ein, um die Dokumententypdeklaration abzuschließen.

✔ Tipp

- Wie bereits erwähnt ist es möglich, vor die Regeln einer externen DTD diejenigen einer internen zu setzen. Weitere Informationen dazu finden Sie in dem Tipp auf *Seite 39*.

3 Definieren der Elemente und Attribute in einer DTD

In Kapitel 2 haben Sie gelernt, wie Sie eine DTD strukturieren. In diesem Kapitel geht es um den Inhalt. Ob Sie nun eine interne oder externe DTD erstellen, die Regeln darüber, welche Elemente und Attribute in den XML-Dokumenten erlaubt sein sollen, schreiben Sie immer auf dieselbe Weise.

Eine DTD muss Regeln für jedes einzelne Element und Attribut definieren, das im XML-Dokument erscheint. Andernfalls wird das XML Dokument nicht als wohlgeformt betrachtet. Wenn Sie irgendwann einmal ein XML-Dokument um neue Elemente erweitern müssen, müssen Sie die zugehörige DTD auch um die entsprechenden Definitionen erweitern (oder eine neue DTD erstellen, wenn Sie das bevorzugen).

Elemente definieren

Um Ihre Dokumente auf einen bestimmten Inhalt und eine bestimmte Struktur zu beschränken, definieren Sie den Inhalt und die Struktur jedes einzelnen Elements im XML-Dokument.

So definieren Sie ein Element:

1. Schreiben Sie **<!ELEMENT Tag**, wobei *Tag* für das zu definierende Element steht.
2. Geben Sie dann **EMPTY** ein, wenn das Element keinen Inhalt hat.

   Oder geben Sie **(Inhalt)** ein, wobei *Inhalt* für die Elemente und/oder den Text steht, die das Element enthalten wird. Vergessen Sie die Klammern nicht. Die verschiedenen Möglichkeiten für diese Variable werden auf *Seite 44–48* erörtert.

   Oder geben Sie **ANY** ein, wenn für das Element eine beliebige Kombination nicht festgelegter Elemente und Text erlaubt sein soll.
3. Schreiben Sie schließlich **>**, um die Elementdeklaration abzuschließen.

✔ Tipps

- Attribute werden nicht als Inhalt betrachtet. Auch leeren Elementen können Attribute zugewiesen werden (*siehe Seite 49*).
- Mit der Verwendung von ANY sollten sie sparsam vorgehen. Das Eigentliche einer DTD besteht darin, Regeln zu definieren, die den Inhalt eines Elements vorschreiben. Wenn Sie nun für alle Elemente einen beliebigen Inhalt definieren, können Sie die DTD gleich weglassen. DTDs sind nicht notwendig; sie helfen nur dabei, die Daten konsistent zu halten.
- Auch ANY gestattet einem Element nicht den Inhalt von Elementen, die gar nicht in der DTD definiert sind.

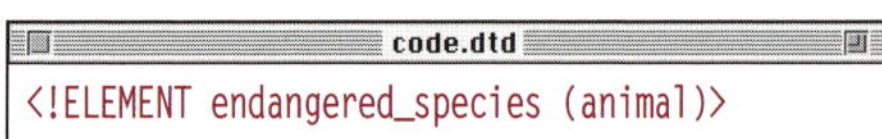

Abbildung 3.1: Sie müssen jedes einzelne Element definieren, das im XML-Dokument erscheinen soll. Hier wurde das Element `endangered_species` so definiert, dass es nur ein weiteres Element umfasst, nämlich `animal`, und sonst nichts.

Abbildung 3.2: Elemente, die auf Binärdaten verweisen werden in der Regel als leer deklariert (`EMPTY`) – denn sie enthalten ja keine XML-Daten. Meist werden auch diesen Attribute zugewiesen (*siehe Seite 49*).

Abbildung 3.3: Der Wert `ANY` ist so unbestimmt, dass er praktisch nutzlos ist. Wenn Sie Ihr XML-Dokument lieber gar nicht einschränken wollen, können Sie die DTD gleich ganz weglassen. Das Element `endangered_species` kann hier einen beliebigen Inhalt haben: Text und/oder andere Elemente (diese anderen Elemente müssen jedoch immer noch in der DTD definiert sein).

- Ein Element kann in beliebig viele andere Elemente eingebunden sein. Dennoch muss jedes Element genau einmal definiert sein. In einem gültigen XML-Dokument dürfen keine Elemente erscheinen, die nicht in der DTD definiert worden sind.
- Sie können bestimmen, wie oft ein bestimmtes Element an einer bestimmten Position vorkommen darf *(siehe Seite 48)*.
- Es ist unerheblich, in welcher Reihenfolge Sie die Elemente deklarieren. Selbst wenn Sie ein Element vor dem Element deklarieren, in dem es enthalten ist, wird das keinen Schaden anrichten.
- Anhand einer Sequenz lässt sich die Reihenfolge festlegen, in der die Elemente im XML-Dokument erscheinen müssen *(siehe Seite 46)*.
- In XML wird immer zwischen Groß- und Kleinschreibung unterschieden. Das Wort **<!ELEMENT** muss so und nicht anders geschrieben werden. **<!Element** gibt es ganz einfach nicht. Und vergessen Sie nicht das Ausrufezeichen. Sie können in einem Element Groß- und Kleinbuchstaben verwenden, solange Sie es immer genau gleich schreiben. Oft ist es am einfachsten, einfach alles in Kleinbuchstaben zu schreiben. Dann verlieren Sie keine Zeit, um sich an die richtige Schreibweise zu erinnern.
- DTD-Deklarationen sind keine XML-Elemente und erfordern daher keinen Abschlussschrägstrich vor dem >.

Reine Textelemente

Einige Elemente in Ihrem XML-Dokument werden vermutlich nur Text enthalten. So kann eine Adresse zwar Straßen, Stadt-, Land- und Postleitzahlen-Elemente enthalten, das Element `Land` wird jedoch reinen Text umfassen.

So definieren Sie, dass ein Element nur Text enthält:

1. Schreiben Sie **<!ELEMENT Tag**, wobei *Tag* für das zu definierende Element steht.
2. Schreiben Sie als Nächstes **(#PCDATA)** (mit den Klammern!). Dadurch wird festgelegt, dass als Inhalt für dieses Element nur Text zugelassen wird.
3. Schreiben Sie schließlich **>**, um die Elemententypdeklaration abzuschließen.

✔ Tipps

- PCDATA steht für *Parsed Character Data* (analysierte Zeichendaten) und bezieht sich auf alles außer Auszeichnungstext, einschließlich Ziffern, Buchstaben, Sonderzeichen und Einheiten (*siehe auch Seite 55*).
- Ein Element, das als PCDATA-Typ definiert ist, kann keine Elemente anderen Typs aufnehmen.
- Sie können #PCDATA auch als eine von mehreren Möglichkeiten angeben (*siehe Seite 47*). Es darf jedoch nicht in einer Sequenz vorkommen.
- Eine der größten Einschränkungen von DTDs ist, dass Sie nicht festlegen können, dass es sich bei den einzugebenden Daten um eine Zahl, Datum, Text oder einen sonstigen Datentypen handelt. Anders ausgedrückt, ein XML-Dokument mit der Angabe **<JAHR>Drachen</JAHR>** ist genauso zulässig wie mit der Angabe **<JAHR>2005</JAHR>**. Diese so genannte *Datentypisierung* ist jedoch bei XML-Schemata möglich (*siehe Seite 67*).

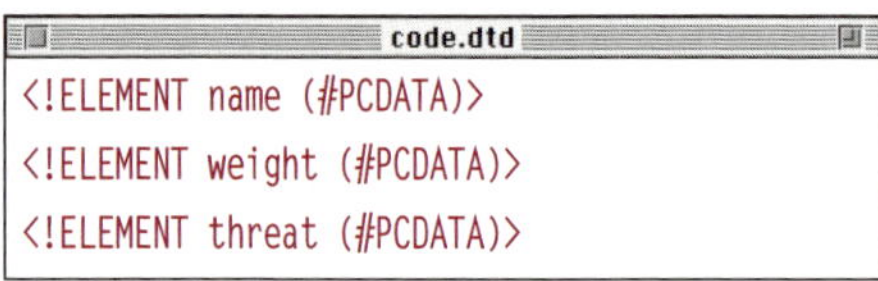

code.dtd

```
<!ELEMENT name (#PCDATA)>
<!ELEMENT weight (#PCDATA)>
<!ELEMENT threat (#PCDATA)>
```

Abbildung 3.4: Fast jede DTD enthält Elemente, die als reine Textelemente definiert sind.

code.xml

```
<endangered_species >
<animal>
<name language="English">Tiger</name>
<name language="Latin">panthera tigris</name>
<threats>
<threat>poachers</threat>
<threat>habitat destruction</threat>
<threat>trade in tiger bones for traditional
   Chinese medicine (TCM)</threat>
</threats>
<weight>500 pounds</weight>
```

Abbildung 3.5: Beachten Sie, dass in diesem Auszug aus einem XML-Dokument das Element `name` als reiner Text definiert ist, und das trotz seines Attributs (dass auf *Seite 50* definiert wird). Die einzelnen `threat`-Elemente sind ebenfalls als reiner Text definiert, nicht jedoch `threats` (denn es enthält ja `threat`-Elemente und keinen Text).

```
code.dtd
<!ELEMENT endangered_species (animal)>
```

Abbildung 3.6: Mit dieser Definition darf das Element `endangered_ species` nur ein einziges `animal`-Element aufnehmen.

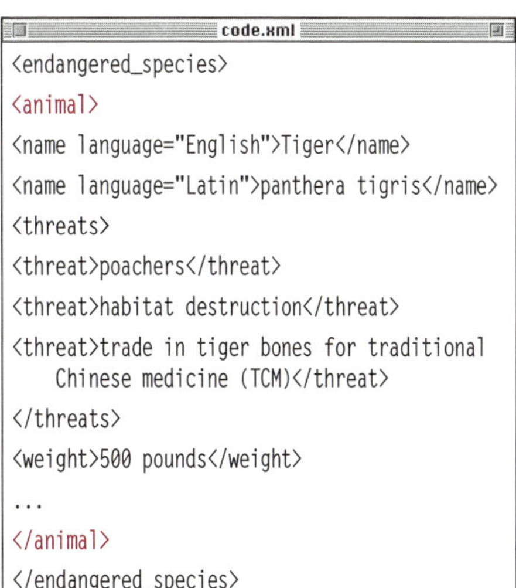

```
code.xml
<endangered_species>
<animal>
<name language="English">Tiger</name>
<name language="Latin">panthera tigris</name>
<threats>
<threat>poachers</threat>
<threat>habitat destruction</threat>
<threat>trade in tiger bones for traditional
    Chinese medicine (TCM)</threat>
</threats>
<weight>500 pounds</weight>
...
</animal>
</endangered_species>
```

Abbildung 3.7: Obwohl das Element `endangered_species` nur Elemente vom Typ `animal` enthalten darf, hängt der Inhalt des Elements `animal` ausschließlich von seiner eigenen Deklaration ab (und wird von der Elementdeklaration von `endangered_species` in keinster Weise beeinflusst).

Untergeordnete Elemente

Wenn Sie Ihre Daten in kleinere Stücke aufteilen, ergeben sich meist Elemente, die andere Elemente umfassen, so genannte *untergeordnete* oder *Child-Elemente*

So definieren Sie, dass ein Element ein untergeordnetes Element enthält:

1. Schreiben Sie **<!ELEMENT Tag**, wobei *Tag* für das zu definierende Element steht.
2. Geben Sie **(Child)** ein, wobei *Child* für das Element steht, das in das aktuelle eingebunden wird.
3. Schreiben Sie **>**, um die Deklaration abzuschließen.

✔ Tipps

- Wenn Sie einmal festgelegt haben, dass ein Element ein anderes Element enthalten muss, so muss es dieses Element in jedem XML-Dokument enthalten, auf das Ihre DTD angewendet wird. Andernfalls wird das Dokument nicht als gültig betrachtet.
- Wurde ein Tag so definiert, dass es ein anderes Element enthalten soll, so darf es nichts außer diesem Element umfassen. Es darf beispielsweise weder ein anderes Element noch Text enthalten.
- Sie können festlegen, dass ein untergeordnetes Element nur optional einzubinden ist oder auch mehrmals vorkommen kann. Weitere Erläuterungen hierzu erhalten Sie im Abschnitt *Die Anzahl der Einheiten* auf *Seite 48*.
- Ein untergeordnetes Element kann in beliebig viele übergeordnete Elemente eingebunden sein. Unabhängig davon sollte jedes übergeordnete (oder untergeordnete) Element nur einmal definiert werden.

DEFINIEREN DER ELEMENTE UND ATTRIBUTE IN EINER DTD

Sequenzen

Oft soll ein Element eine Reihe anderer Elemente in einer bestimmten Reihenfolge umfassen. Sie haben die Möglichkeit, eine Sequenz an untergeordneten Elementen zu definieren, die in einem bestimmten Element enthalten sein sollen.

So definieren Sie ein Element mit einer Sequenz:

1. Schreiben Sie **<!ELEMENT Tag**, wobei *Tag* für das zu definierende Element steht.
2. Geben Sie, **Child1** ein, wobei *Child1* für das erste Element steht, das im übergeordneten Element erscheinen soll.
3. Geben Sie, **Child2** ein, wobei *Child2* für das nächste Element steht, das im übergeordneten Element erscheinen soll. Trennen Sie die einzelnen, untergeordneten Elemente mit einem Komma und Leerzeichen voneinander.
4. Wiederholen Sie Schritt 3 für jedes untergeordnete Element, das im übergeordneten erscheinen soll.
5. Schreiben Sie **)** um die Sequenz abzuschließen.

✔ Tipps

- Das wichtigste Zeichen in einer Sequenz ist das Komma. Denn es ist das Zeichen, das die einzelnen Elemente (bzw. Elementgruppen) in einer Sequenz voneinander abtrennt.
- #PCDATA muß in einem Teil der Sequenz vorkommen.
- Die in einer Sequenz enthaltenen Elemente dürfen selbstverständlich andere Elemente enthalten. In **Abbildung 3.9** enthält das Element `threats` verschiedene `threat`-Elemente.
- Sie können auch eine Sequenz an *Einheiten* erstellen, wobei jede Einheit entweder ein Element, eine (in Klammern gesetzte) Elementauswahl oder eine (in Klammern gesetzte) Elementsequenz darstellt.
- Jede Einheit in einer Sequenz kann auch so definiert werden, dass sie beliebig oft vorkommt (*siehe Seite 48*).

```
code.dtd
<!ELEMENT animal (name, threats, weight,
   length, source, picture, subspecies)>
```

Abbildung 3.8: Das Element `animal` muss eines von jedem der aufgelisteten Elemente umfassen, und zwar in der vorgeschriebenen Reihenfolge. Es darf sonst nichts enthalten.

```
code.xml
<endangered_species >
<animal>
<name language="English">Tiger</name>
<threats>
   <threat>poachers</threat>
   <threat>habitat destruction</threat>
   <threat>trade in tiger bones for
   traditional Chinese medicine
   (TCM)</threat>
   </threats>
<weight>500 pounds</weight>
<length>3 yards from nose to tail</length>
<source sectionid="101" newspaperid="21"/>
<picture filename="tiger.jpg" x="200"
y="197"/>
<subspecies>
   <name language="English">Amur or
   Siberian</name>
   <name language="Latin">P.t. altaica</name>
   <region>Far East Russia</region>
   <population year="1999">445</population>
   </subspecies>
</animal>
</endangered_species>
```

Abbildung 3.9: Beachten Sie, dass in diesem gültigen Beispiel eines XML-Dokuments jedes Element nur einmal vorkommt. Das Element `name` darf (noch nicht) zweimal vorkommen, und auch vom Element `subspecies` darf es (bisher) nicht mehr als eines geben. Das kommt aber noch (*auf Seite 48*).

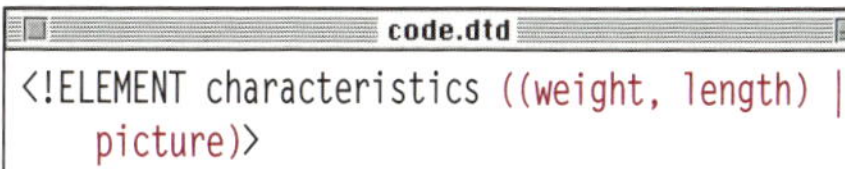

code.dtd

```
<!ELEMENT characteristics ((weight, length) |
   picture)>
```

Abbildung 3.10: In diesem Beispiel kann das Element `characteristics` entweder die Sequenz der Elemente `weight` und dann `length` enthalten oder als Alternative das Element `picture`.

code.xml

```
<characteristics>
<weight>500 pounds</weight>
<length>3 yards from nose to tail</length>
</characteristics>
```

code.xml

```
<characteristics>
<picture filename="tiger.jpg" x="200"
y="197"/>
</characteristics>
```

Abbildung 3.11: Beide dieser XML-Beispiele sind zulässig.

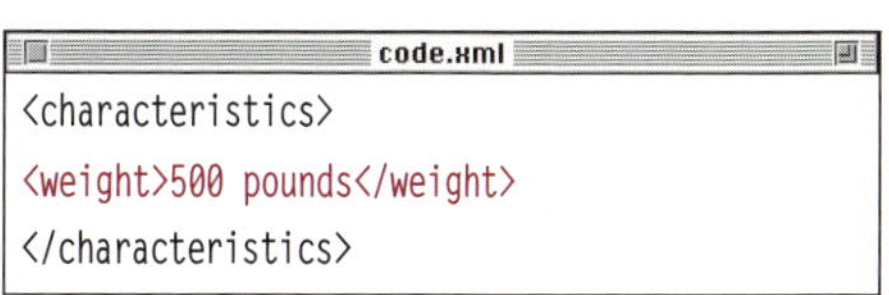

code.xml

```
<characteristics>
<weight>500 pounds</weight>
</characteristics>
```

code.xml

```
<characteristics>
<weight>500 pounds</weight>
<length>3 yards from nose to tail</length>
<picture filename="tiger.jpg" x="200"
y="197"/>
</characteristics>
```

Abbildung 3.12: Keines dieser XML-Beispiele ist gültig. Das erste ist falsch, weil es nur das Element `weight` umfasst (die Vorschrift lautet: „erst `weight`, dann `length`"). Die zweite ist unzulässig, weil beide Optionen verwendet wurden (die Vorschrift heißt: „entweder ... oder").

Eine Auswahl an Elementen

Es ist nicht ungewöhnlich, für ein Element anzubieten, dass es entweder den einen oder den anderen Inhalt annehmen kann.

So definieren Sie die Optionen für den Inhalt eines Elements:

1. Schreiben Sie **<!ELEMENT Tag**, wobei *Tag* für das zu definierende Element steht.
2. Geben Sie **(Child1** ein, wobei *Child1* für das erste Element steht, das vorkommen darf (wenn das andere nicht erscheint).
3. Geben Sie **|** ein. Dadurch geben Sie an, dass bei Anzeige des ersten Elements das nächste nicht vorkommen darf (und umgekehrt).
4. Geben Sie **Child2** ein, wobei *Child2* für das zweite Element steht, das vorkommen darf (wenn das andere nicht erscheint).
5. Wiederholen Sie Schritt 3–4 für jede weitere Auswahlmöglichkeit.
6. Schreiben Sie **)**, um die Auswahlliste abzuschließen.
7. Schreiben Sie **>**, um die Deklaration abzuschließen.

✔ Tipps

- Wenn Sie nach Schritt 6 ein * einfügen, dürfen für das Element beliebig viele Optionen ausgewählt werden. Dies ist eine Möglichkeit, eine ungeordnete Liste an Elementen im übergeordneten Element zu definieren. (Eine zweite finden Sie auf *Seite 48*.)
- Die erste Option kann vom Typ #PCDATA sein – und ein Element mit gemischtem Inhalt erzeugen, doch ist es erforderlich, dass Sie, wie im vorigen Tipp beschrieben, das Sternchen einfügen.
- Sie können auch eine Auswahl zwischen Einheiten anbieten, wobei die Einheiten entweder Elemente, (in Klammern gesetzte) Elementoptionen oder (in Klammern gesetzte) Elementsequenzen darstellen.

DEFINIEREN DER ELEMENTE UND ATTRIBUTE IN EINER DTD

Die Anzahl der Einheiten

In DTDs können Sie anhand drei spezieller Zeichen festlegen, wie viele Einheiten in einem Element vorkommen dürfen. Eine Einheit ist ein einzelnes Element, eine (in Klammern gesetzte) Auswahl zwischen mehr als zwei Elementen oder eine (in Klammern gesetzte) Sequenz an Elementen.

So definieren Sie die Anzahl der Einheiten:

1. Geben Sie in den Inhaltsteil der Elementdeklaration **Einheit** ein, wobei *Einheit* ein einzelnes Element, eine (in Klammern gesetzte) Auswahl zwischen mehr als zwei Elementen oder eine (in Klammern gesetzte) Sequenz an Elementen ist.
2. Geben Sie **?** ein. Dadurch legen Sie fest, dass die Einheit im zu definierenden Element, wenn überhaupt, nur einmal vorkommen darf.

   Oder geben Sie **+** ein. Dadurch legen Sie fest, dass die Einheit im zu definierenden Element mindestens einmal vorkommen muss bzw. so oft wie gewünscht.

   Oder geben Sie ***** ein. Dadurch legen Sie fest, dass die Einheit im zu definierenden Element so oft vorkommen darf, wie es notwendig ist, oder überhaupt nicht.

✔ Tipps

- Es gibt keine wirklich gute Methode, um eine bestimmte Menge einer bestimmten Einheit (etwa 3) vorzugeben. Ein etwas umständlicher Workaround ist **(Einheit, Einheit, Einheit+)** wofür aber mindestens drei Einheiten benötigt werden; nach oben hin ist keine Grenze gesetzt.
- Ein Sternchen in einer in Klammern gesetzten Auswahlliste bedeutet, dass das betreffende Element eine beliebige Anzahl jeder möglichen Option enthalten kann, und das in beliebiger Reihenfolge.

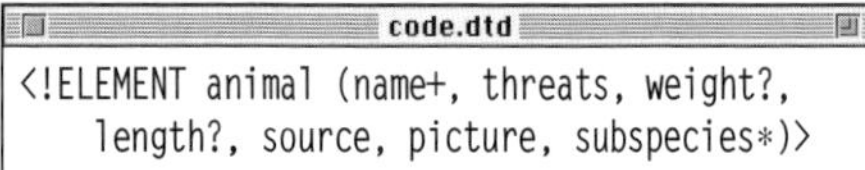

```
code.dtd
<!ELEMENT animal (name+, threats, weight?,
    length?, source, picture, subspecies*)>
```

Abbildung 3.13: Die speziellen Zeichen für die Mengenangaben machen die Deklaration sehr viel flexibler. Jetzt muss das Element `animal` mindestens ein Namenselement (oder beliebig viele) enthalten; die Elemente `weight` und `length` können ganz weggelassen (oder höchstens einmal verwendet) werden und es darf eine beliebige Anzahl des Elements `subspecies` (einschließlich keines) vorkommen. Die Elemente `threats`, `source` und `picture` müssen jeweils genau einmal (der Standard) vorkommen.

```
code.dtd
<!ELEMENT threats (threat, threat, threat+)>
```

Abbildung 3.14: Das Element `threats` muss mindestens drei (darf aber auch beliebig viel mehr) Elemente vom Typ `threat` enthalten.

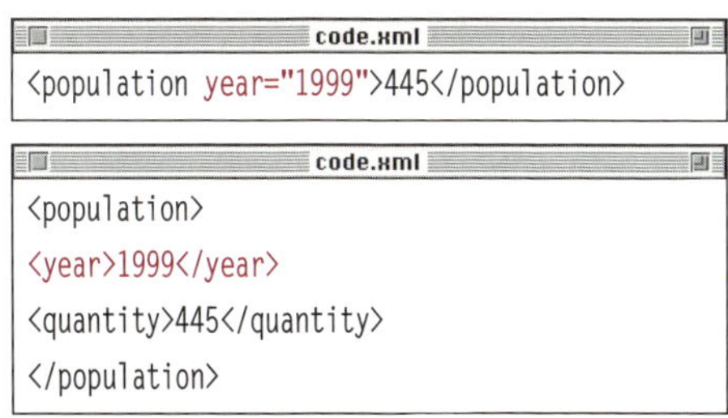

Abbildung 3.15: Sowohl der obere als auch der untere XML-Beispielcode enthält dieselben Informationen: 1999 gab es 445 sibirische Tiger in freier Wildbahn. Der Unterschied liegt darin, wie die Informationen organisiert sind. Im oberen Beispiel ist 1999 der Wert eines Attributs. Im unteren Beispiel zählen sowohl 1999 als auch 445 als einzelne Elemente zum Inhalt. Beide Methoden sind in Ordnung; die Entscheidung liegt bei Ihnen. Es gibt nicht einen „richtigen" Weg.

Grundsätzliches zu Attributen

Es ist zwar möglich, ein Element in immer kleinere Datenstücke zu unterteilen, doch macht es manchmal mehr Sinn, zusätzliche Daten nicht an den Inhalt, sondern an das Element selbst zu knüpfen. Mit einem Attribut erreichen Sie genau das.

Informationen in Attributen *beschreiben* meist den Inhalt der XML-Seite, sind aber nicht *Teil* des Inhalts. In der Beispieldatenbank über bedrohte Tierarten (Endangered Species) besitzt das Element `name` das Attribut `language`, das die Sprache beschreibt, in der der Inhalt des Elements `name` geschrieben ist.

Es wäre auch denkbar, dieselben Informationen in einzelne Elemente einzubinden. Das Element `name` enthielte dann ein Element `language` sowie ein Element `local_name`. Beide Methoden sind in Ordnung. Elemente eignen sich vielleicht besser für Informationen, die Sie anzeigen wollen, und Attribute besser für Informationen über Informationen.

Attribute werden häufig bei leeren Elementen eingesetzt, da sie den Inhalt des Elements (etwa eines Bildes) beschreiben können.

Definieren der Elemente und Attribute in einer DTD

Einfache Attribute definieren

In einem XML-Dokument dürfen keine Attribute erscheinen, die nicht (genau einmal) in der DTD deklariert worden sind.

So definieren Sie ein Attribut:

1. Schreiben Sie **<!ATTLIST Tag**, wobei *Tag* für das Element steht, in dem das Attribut erscheinen wird.
2. Schreiben Sie **Attribut**, wobei *Attribut* ein Name für die zusätzliche Information ist, die Sie dem Tag hinzufügen wollen.
3. Geben Sie **CDATA** ein (ohne Klammern oder #P!), wenn sich der Wert des Attributs aus einer Kombination von Zeichen (allerdings keine Tags) zusammensetzt.

   Oder geben Sie **(Option_1 | Option_2)** ein, wobei *Option_n* für die einzelnen Werte steht, die das Attribut annehmen kann, von denen aber nur einer im XML-Dokument verwendet wird. Jede Option muss durch einen senkrechten Strich von der vorigen abgetrennt werden und der gesamte Ausdruck muss in Klammern eingeschlossen werden.
4. Geben Sie dann **"Standard"** ein, wobei *Standard* den Standardwert darstellt. Dieser wird verwendet, wenn für das Attribut kein Wert gesetzt wird.

   Oder geben Sie **#FIXED "Standard"** ein, wobei *Standard* für den Standardwert steht und das Attribut immer auf diesen Wert gesetzt werden soll.

   Oder geben Sie **#REQUIRED** ein, wenn die Angabe eines (nicht vorher festgelegten) Werts obligatorisch sein soll.

   Oder geben Sie **#IMPLIED** ein, wenn das Attribut keinen Standardwert besitzt und zudem bei Bedarf ganz weggelassen werden kann.
5. Wiederholen Sie Schritt 2–4 für jedes Attribut des Elements.
6. Schreiben Sie **>**, um die Deklaration abzuschließen.

```
code.dtd
<!ELEMENT population (#PCDATA)>
<!ATTLIST population year CDATA #IMPLIED>
```

Abbildung 3.16: Diese Attributdefinition besagt, dass das Element population ein (aufgrund von #IMPLIED) optionales Attribut year enthalten soll, das (aufgrund von CDATA) eine beliebige Kombination von Zeichen umfasst.

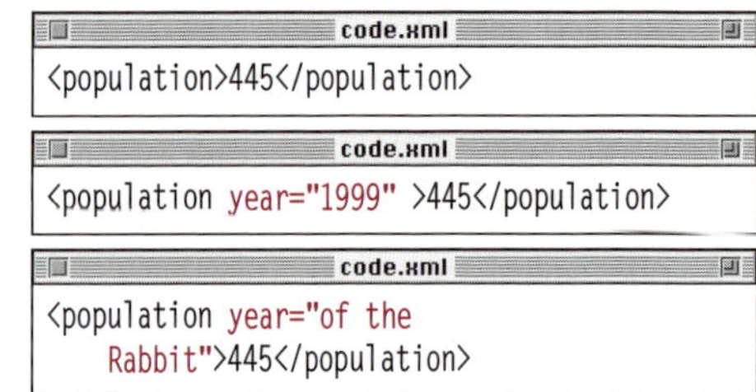

```
code.xml
<population>445</population>
```

```
code.xml
<population year="1999" >445</population>
```

```
code.xml
<population year="of the
    Rabbit">445</population>
```

Abbildung 3.17: Gemäß der DTD in Abbildung 3.16 sind alle diese drei XML-Dokumente gültig, denn das Attribut year ist optional (#IMPLIED) und für seinen Inhalt ist jede beliebige Zeichenkombination zulässig. Beachten Sie, dass man nicht sicherstellen kann, dass es sich bei dem Wert eines Attributs tatsächlich um eine Jahresangabe handelt. Dazu brauchen Sie ein XML-Schema (*siehe Seite 69*).

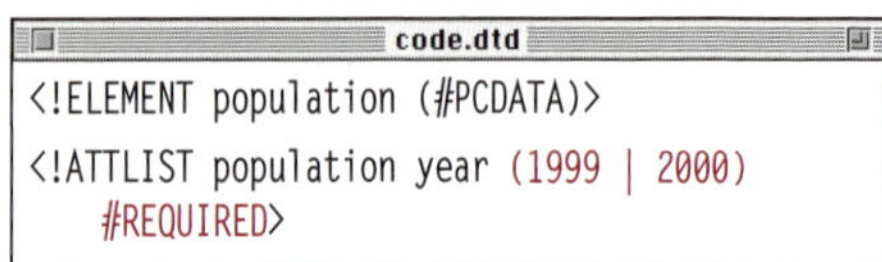

```
code.dtd
<!ELEMENT population (#PCDATA)>
<!ATTLIST population year (1999 | 2000)
    #REQUIRED>
```

Abbildung 3.18: In diesem Beispiel sollen für den Wert des Attributs year nur zwei Möglichkeiten eingeräumt werden: 1999 und 2000. Die Auswahlliste erscheint in Klammern, mit senkrechten Strichen als Trennzeichen. Beachten Sie, dass eine Wertangabe für das Attribut obligatorisch ist (aufgrund von #REUIRED).

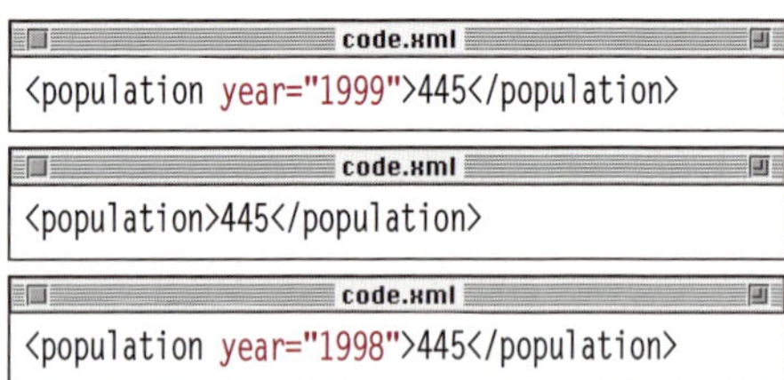

```
code.xml
<population year="1999">445</population>
```

```
code.xml
<population>445</population>
```

```
code.xml
<population year="1998">445</population>
```

Abbildung 3.19: Von diesen drei XML-Beispielen ist in Bezug auf die DTD-Deklaration in Abb3ildung 3.18 nur das oberste gültig. Das mittlere Beispiel ist unzulässig, weil das Attribut year trotz der Vorschrift #REQUIRED fehlt. Das untere Beispiel ist unzulässig, weil 1998 keiner der als Attributinhalt vorgesehenen Optionen entspricht.

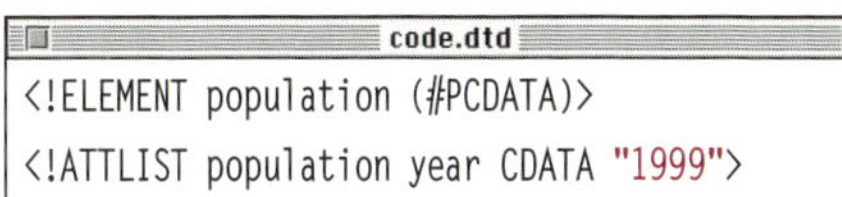

```
code.dtd
<!ELEMENT population (#PCDATA)>
<!ATTLIST population year CDATA "1999">
```

Abbildung 3.20: Dieses Mal wird für das Attribut `year` der Standardwert 1999 vorgegeben.

```
code.xml
<population year="1999">445</population>
```

```
code.xml
<population year="1998">445</population>
```

```
code.xml
<population>445</population>
```

Abbildung 3.21: Alle drei dieser XML-Beispiele sind gültig. Denn das Jahr kann auf einen beliebigen Wert gesetzt oder auch weggelassen werden. Das Interessante daran ist: Ohne Wertangabe verhält sich der Parser als wäre das Attribut `year` vorhanden und sein Wert auf 1999 gesetzt.

```
code.dtd
<!ELEMENT population (#PCDATA)>
<!ATTLIST population year CDATA #FIXED "1999">
```

Abbildung 3.22: Durch einen festgelegten Wert kann sichergestellt werden, dass ein Attribut einen bestimmten Wert besitzt, ob es nun im XML-Dokument vorkommt oder nicht.

```
code.xml
<population year="1999">445</population>
```

```
code.xml
<population year="1998">445</population>
```

```
code.xml
<population>445</population>
```

Abbildung 3.23: Die drei Beispiele stimmen mit denen in Abbildung 3.21 überein. Werden Sie jedoch aufgrund der DTD in Abbildung 3.22 validiert, so ist das mittlere Beispiel nicht mehr gültig: Ist das Attribut gesetzt, so muss es den Wert 1999 enthalten (und nicht 1998 oder irgendwelche andere Zeichen). Beachten Sie, das im unteren Beispiel der Parser so agiert, als wäre das Attribut `year` auf 1999 gesetzt.

✔ Tipps

- Für die Namen von Listenoptionen gelten dieselben Regeln wie für Elementnamen (*siehe Seite 26*).
- Sie können entweder alle Attribute in einer einzigen Attributdeklaration deklarieren (wie in Schritt 5 beschrieben) oder für jedes Attribut eine eigene Attributdeklaration erstellen.
- Es gibt verschiedene Arten von Attributen: ID, IDREF und IDREFS werden auf *Seite 52–53* erläutert; NMTOKEN und NMTOKENS auf *Seite 54*. Ausführlich werden die ENTITY-Attribute erst in Kapitel 4 besprochen.
- Wenn Sie ein Attribut mit einem Standardwert definieren, fügt der XML-Parser diesen Standardwert automatisch ein, wenn das Attribut im XML-Dokument nicht gesetzt wurde (**Abbildung 3.21**).
- Wenn Sie ein Attribut mit **#FIXED "Standard"** definieren, muss der Wert des Attributs im XML-Dokument, wenn überhaupt, auf den Standardwert gesetzt werden. Wird das Attribut gar nicht gesetzt, stellt der Parser automatisch den Standardwert ein (**Abbildung 3.23**).
- Ein korrekt funktionierender Parser gibt einen Fehler aus, wenn die DTD ein Attribut enthält, das als **#REQUIRED** definiert wurde, das zugehörige XML-Dokument aber keinen Wert für das Attribut enthält.
- Ein Parser soll auch Informationen über Attribute liefern, die als **#IMPLIED** definiert worden sind, aber im XML-Dokument nicht gesetzt wurden.
- Beachten Sie, dass bei allen Teilen einer Attributdefinition zwischen Groß- und Kleinschreibung unterschieden wird. Schreiben Sie sie daher genauso wie in den Beispielen. Ein Ausdruck wie **#Required** hat in einer DTD überhaupt keine Bedeutung.
- Es ist nicht zulässig, einen Standardwert mit **#REQUIRED** oder **#IMPLIED** zu kombinieren.

Attribute mit eindeutigen Werten

Es gibt einige besondere Arten von Attributen: ID-Attribute werden definiert, um im gesamten XML-Dokument einen eindeutigen (d.h. nicht wiederholbaren) Wert zu erhalten. Ein ID-Attribut ist ideal für Schlüssel und andere Identifikationsdaten (Produktnummern, Kundennummern, usw.) geeignet.

So definieren Sie ID-Attribute:

1. Beginnen Sie die Attributdefinition, indem Sie Schritt 1 und 2 auf *Seite 50* ausführen.
2. Geben Sie **ID** ein, wenn der Wert innerhalb des gesamten XML-Dokuments eindeutig und nicht wiederholbar sein soll. Anders ausgedrückt: Kein anderes Element darf ein Attribut mit demselben Wert haben.
3. Vervollständigen Sie die Attributdefinition gemäß der Schritte 4–6 auf *Seite 50.*

✔ Tipps

- Ein Dokument wird nicht als gültig betrachtet, wenn zwei Elemente mit ID-Attributen den gleichen Wert für diese Attribute besitzen.
- Für den Wert eines ID-Attributs gelten dieselben Regeln wie für gültige XML-Namen: Er muss mit einem Buchstaben oder Unterstrich beginnen, danach dürfen Buchstaben, Ziffern, Unterstriche, Punkte und Bindestriche vorkommen. (Das heißt, ein ID-Attribut darf keine rein numerischen Werte wie Telefonnummern oder die Nummer der Sozialversicherung enthalten, es sei denn Sie setzen einen Buchstaben oder einen Unterstrich voran.
- Die Verwendung des Attributtyps ID ist wie die Verwendung eindeutiger NMTOKENs (*siehe Seite 54*).

code.dtd

```
<!ELEMENT animal (name+, threats, weight?,
   length?, source, picture, subspecies+)>
<!ATTLIST animal code ID #REQUIRED>
```

Abbildung 3.24: Wenn Sie ein ID-Attribut für die Identifikation bestimmter Elemente innerhalb des XML-Dokuments erstellen, empfiehlt sich die Verwendung von #REQUIRED.

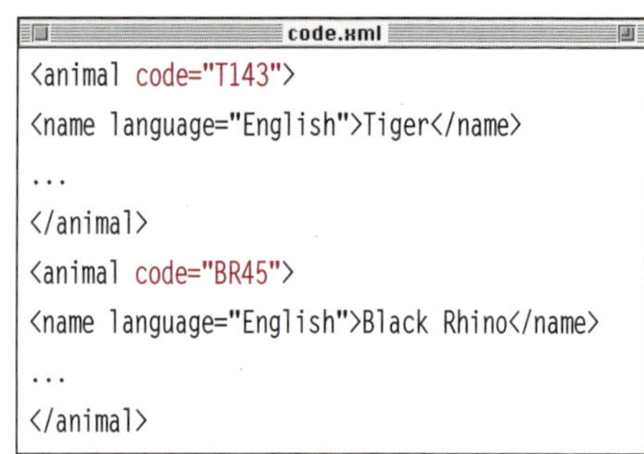

code.xml

```
<animal code="T143">
<name language="English">Tiger</name>
...
</animal>
<animal code="BR45">
<name language="English">Black Rhino</name>
...
</animal>
```

code.xml

```
<animal code="T143">
<name language="English">Tiger</name>
...
</animal>
<animal code="T143">
<name language="English">Black Rhino</name>
...
</animal>
```

Abbildung 3.25: Da gemäß der DTD in Abbildung 3.24 das Attribut code einen eindeutigen Wert innerhalb des gesamten XML-Dokuments besitzen muss, ist das erste Beispiel gültig, das zweite jedoch nicht.

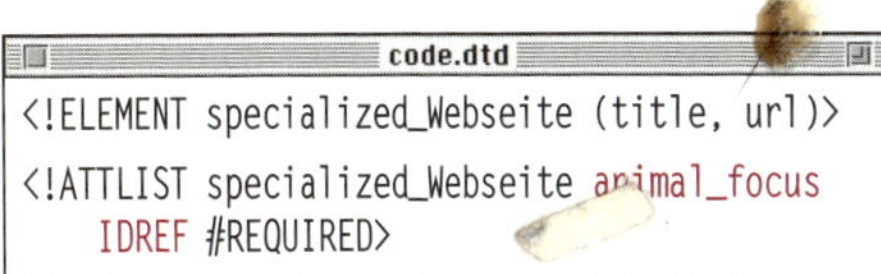

```
code.dtd
<!ELEMENT specialized_Webseite (title, url)>
<!ATTLIST specialized_Webseite animal_focus
    IDREF #REQUIRED>
```

Abbildung 3.26: Stellen Sie sich ein Element im XML-Dokument vor, das auf Webseiten verweist, die einem bestimmten Tier gewidmet sind. Mit IDREF können Sie die Webseiten mit dem Code des Tieres verbinden.

```
code.xml
<resources>
<specialized_Webseite animal_focus="T143">
    <title>Tigers in Crisis</title>
    <url>http://www.tigersincrisis.com/</url>
</specialized_Webseite>
<specialized_Webseite animal_focus="T143">
    <title>Tigers!</title>
    <url>http://www.geocities.com/RainForest/
    6612/</url>
</specialized_Webseite>
<specialized_Webseite animal_focus="0735">
    <title>International Otter Survival
    Fund</title>
    <url>http://www.otter.org/</url>
</specialized_Webseite>
```

Abbildung 3.27: Ein IDREF-Attribut muss einen Wert enthalten, der in einem ID-Attribut irgendwo im Dokument vorkommt (etwa das obere Beispiel in Abbildung 3.25 auf *Seite 52*). Beachten Sie, dass mehrere `specialized_Webseite`-Elemente für das Attribut `animal_focus` denselben Wert besitzen können.

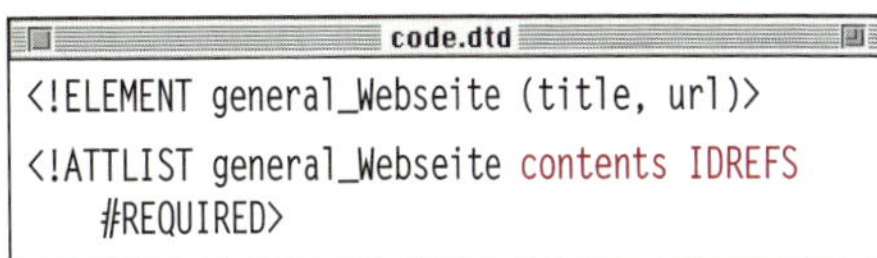

```
code.dtd
<!ELEMENT general_Webseite (title, url)>
<!ATTLIST general_Webseite contents IDREFS
    #REQUIRED>
```

Abbildung 3.28: Verwenden Sie IDREFS-Attribute, um eine Reihe von ID-Werten abzudecken.

```
code.xml
<general_Webseite contents="T143 0735 BR45">
<title>World Wildlife Fund</title>
<url>http://www.worldwildlife.org/</url>
</general_Webseite>
```

Abbildung 3.29: Ein IDREFS-Attribut muss eines oder mehrere, durch Leerzeichen getrennte Werte enthalten, von denen jeder in ID-Attributen irgendwo auf derselben Seite vorkommt.

Verweise auf Attribute mit eindeutigen Werten

Ein Attribut, dessen Wert auf ein wie auf *Seite 52* definiertes ID-Attribut *verweist,* nennt man ein IDREF-Attribut. Und ein IDREFS-Attribut umfasst darüber hinaus eine durch Leerzeichen getrennte Liste an Werten, die in den ID-Attributen des Dokuments vorgefunden wurden.

So verweisen Sie auf Attribute mit eindeutigen Werten:

1. Beginnen Sie die Attributdefinition, indem Sie Schritt 1 und 2 auf *Seite 50* ausführen.
2. Geben Sie **IDREF** ein. Dadurch definieren Sie ein Attribut, das einen Wert enthält, der mit dem ID-Wert eines anderen Attributs übereinstimmt. (Das ID-Attribut haben Sie bereits gemäß der Anleitung auf *Seite 52* definiert).

   Oder geben Sie **IDREFS** ein (mit s) für Attribute, die mehrere, durch Leerzeichen getrennte ID-Werte enthalten können.
3. Vervollständigen Sie die Attributdefinition gemäß der Schritte 4–6 auf *Seite 50.*

✔ Tipps

- Es macht nur Sinn, IDREF-Attribute zu definieren, wenn die DTD auch Definitionen der ID-Attribute besitzt (*siehe Seite 52*), auf die verwiesen wird.
- Beachten Sie, dass es mehrere IDREF-Attribute geben kann, die auf dieselbe ID verweisen (**Abbildung 3.27**). Das ist vollkommen in Ordnung. Es ist nur die ID, die für ein Element eindeutig sein muss.
- Es gibt keine Möglichkeit, wiederholte Posten aus einem IDREFS-Attribut herauszuhalten. Ein Ausdruck wie ="T143 T143 T143" ist für den Parser vollkommen korrekt, auch wenn Sie vielleicht ein anderes Ergebnis wünschten. Wenn Sie eine genauere Kontrolle über den Inhalt von Elementen und Attributen wünschen, müssen Sie die DTDs zugunsten von XML-Schemata aufgeben (*siehe Seite 67*).

DEFINIEREN DER ELEMENTE UND ATTRIBUTE IN EINER DTD

Attribute auf gültige XML-Namen beschränken

Mit DTDs ist keine sehr differenzierte Datentypisierung möglich; eine Einschränkung jedoch können Sie auf Attribute anwenden, nämlich dass der Wert den Regeln für einen gültigen XML-Namen entsprechen muss. D.h. er muss mit einem Buchstaben oder Unterstrich beginnen, danach dürfen nur Buchstaben, Ziffern, Unterstriche, Punkte und Bindestriche vorkommen.

So stellen Sie sicher, dass die Attributwerte den Regeln für XML-Namen entsprechen:

1. Beginnen Sie die Attributdefinition, indem Sie Schritt 1 und 2 auf *Seite 50* ausführen.
2. Geben Sie **NMTOKEN** ein, wenn der Wert ein XML-Name gemäß der Definition auf *Seite 26* sein soll.

   Oder geben Sie **NMTOKENS** ein, wenn der Wert des Attributs eine durch Leerzeichen getrennte Liste an XML-Namen sein soll.
3. Vervollständigen Sie die Attributdefinition gemäß der Schritte 4–6 auf *Seite 50.*

✔ Tipps

- NMTOKEN-Attribute dürfen keine Leerzeichen enthalten – oft ein guter Grund gerade diesen Attributtyp zu verwenden.
- Soll der Wert eines Attributs nicht nur ein zulässiger XML-Name, sondern auch innerhalb des gesamten XML-Dokuments eindeutig sein, verwenden Sie ID anstelle von NMTOKEN (*siehe Seite 52*).

code.dtd

```
<!ELEMENT appearance (#PCDATA)>
<!ATTLIST appearance most_prominent_color
    NMTOKEN #IMPLIED>
```

Abbildung 3.30: In diesem Beispiel sind umfassende, einfache Beschreibungen der Tiere gewünscht, einschließlich eines Werts aus nur einem Wort für `most_prominent_color`. Um den Wert des Attributs `most_prominent_color` auf nur ein Wort zu beschränken (ohne Leerzeichen) weisen Sie ihm den Typ NMTOKEN zu.

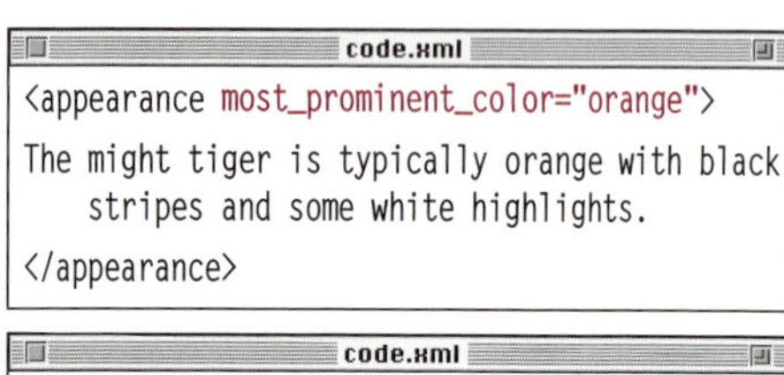

code.xml

```
<appearance most_prominent_color="orange">
The might tiger is typically orange with black
    stripes and some white highlights.
</appearance>
```

code.xml

```
<appearance most_prominent_color=
    "dark orange">
The might tiger is typically dark orange with
    black stripes and some white highlights.
</appearance>
```

Abbildung 3.31: Nur das erste Beispiel ist gültig, da im zweiten das Attribut `most_prominent_color` einen Wert mit einem Leerzeichen enthält. Leerzeichen sind in einem NMTOKEN-Attribut nicht erlaubt.

4

Entities und Notationen in DTDs

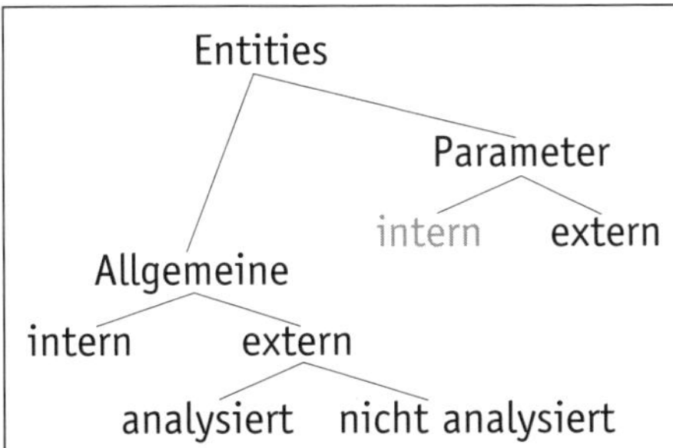

Abbildung 4.1: In DTDs werden fünf verschiedene Entity-Arten verwendet. Allgemeine Entities werden in den Hauptteil eines XML-Dokuments eingebunden. Parameter-Entities werden nur innerhalb einer DTD verwendet. (Interne Parameter-Entities sind so eingeschränkt, dass von ihrem Einsatz abzuraten ist.)

Entities sind wie kleine, flache Schwämme, die erst auf ihre normale Größe anwachsen, wenn Sie Wasser dazuschütten. Mit einer Entity definieren Sie eine Abkürzung (die Entity-Referenz) sowie die Daten, auf die sie expandieren soll, wenn sie in Ihrem XML-Dokument aufgerufen wird. Wenn Sie die Entity-Referenz in eine DTD oder ein XML-Dokument eingeben, erhalten Sie den aufgegangenen Schwamm.

Es gibt verschiedene Arten von Entities, doch funktionieren sie im Prinzip alle gleich. Der Unterschied liegt darin, wo eine Entity definiert ist und welche Art von Informationen sie enthält.

Entities lassen sich in zwei Hauptgruppen untergliedern: Allgemeine Entities und Parameter-Entities. Allgemeine Entities laden Daten in das XML-Dokument selbst, Parameter-Entities verweisen auf Daten, die Teil einer DTD werden.

Allgemeine Entities lassen sich weiter in interne und externe Entities untergliedern, abhängig davon, ob Sie innerhalb der DTD oder in einer externen Datei definiert sind. Schließlich gibt es analysierte (parsed) und nicht analysierte (unparsed) Entities. Analysierte Entities werden vom XML-Parser bei der Verarbeitung des XML-Dokuments analysiert. Nicht analysierte Entities – die meist auf binäre, nicht textuelle Daten verweisen – bleiben vom Parser unberührt.

Parameter-Entities werden immer analysiert. Es gibt zwar interne und externe Entities, doch sind die internen recht eingeschränkt, daher werden hier insbesondere externe behandelt (*siehe Seite 60*).

Textkürzel erstellen

Die einfachste Art von Entities wird innerhalb der DTD definiert und repräsentiert Text. Die offizielle Bezeichnung ist *interne allgemeine Entities*. Hier wird dieser Entity-Typ *Textkürzel* genannt.

Abbildung 4.2: Mithilfe interner allgemeiner Entities können Sie sich das mühsame Tippen langer Ausdrücke ersparen.

So erstellen Sie Textkürzel:

1. Geben Sie in die DTD **<!ENTITY** ein.
2. Geben Sie **Kürzel** ein, wobei *Kürzel* für den textuellen Teil der Entity-Referenz steht (d.h. der Code, den Sie eingeben, um die Entity zu verwenden).
3. Geben Sie **"Inhalt"** ein, wobei *Inhalt* für den Text steht, der erscheinen soll, wenn Sie die Entity in Ihrem XML-Dokument verwenden.
4. Schreiben Sie **>**, um die Entity-Definition abzuschließen.

✔ Tipps

- Wie Sie diese Kürzel anwenden, wird im nächsten Abschnitt erläutert.
- Auch für die Namen von Entity-Referenzen (die Kürzel in Schritt 2) gelten die Regeln für XML-Namen (*siehe Seite 26*).
- Es gibt fünf integrierte interne allgemeine Entities: **&**, **<**, **>**, **"**, **'** (*siehe Seite 31*). Alle anderen Entities müssen in der DTD deklariert werden, bevor Sie angewendet werden können.
- Eine Entity kann auch andere Entities enthalten, solange keine Kreisreferenz entsteht.
- Zeichenreferenzen – die zum Einfügen von Sonderzeichen dienen – sehen zwar ähnlich aus, sind aber keine Entities und müssen nicht in der DTD deklariert werden (*siehe Seite 247*).
- Viele häufig vorkommende Entities wurden bereits definiert. Weitere Erläuterungen hierzu erhalten Sie auf *Seite 60–61*.

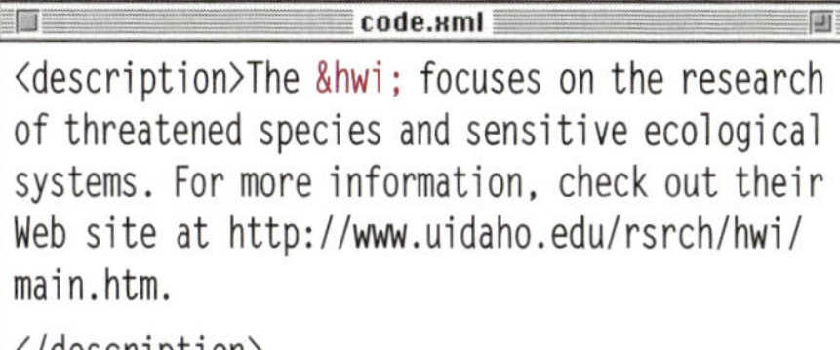

code.xml

```
<description>The &hwi; focuses on the research
of threatened species and sensitive ecological
systems. For more information, check out their
Web site at http://www.uidaho.edu/rsrch/hwi/
main.htm.
</description>
```

Abbildung 4.3: Es ist viel einfacher, `&hwi;` zu schreiben als `Hornocker Wildlife Institute`.

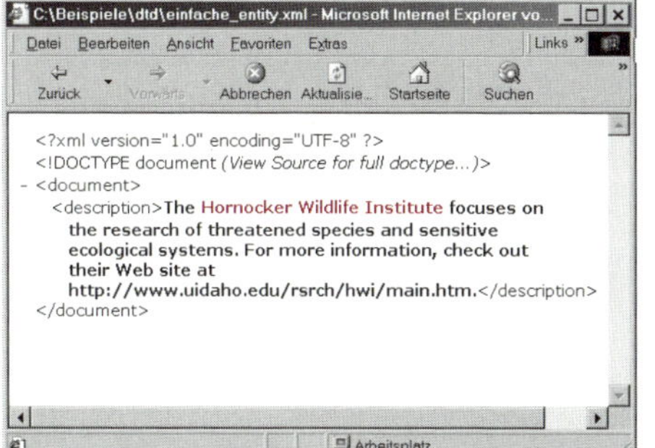

Abbildung 4.4: Die Entity „expandiert", wenn Sie mit dem Parser angezeigt wird (in diesem Fall der Parser des Internet Explorer 5 für Windows). Denken Sie daran, dass sich eine Seite erst dann im Browser „richtig" anzeigen lässt, nachdem Styles (Formatvorlagen) zugewiesen worden sind. Dazu mehr in Teil 5 ab *Seite 175*.

Textkürzel anwenden

Nachdem Sie eine Entity einmal definiert haben, können Sie sie in jedem XML-Dokument verwenden, das auf die entsprechende DTD verweist.

So wenden Sie Textkürzel an:

1. Geben Sie in das XML-Dokument **&** (das Et-Zeichen) ein.
2. Schreiben Sie **Kürzel**, wobei *Kürzel* für den Identifikationsnamen Ihrer Entity steht und dem in Schritt 2 auf *Seite 56* bzw. Schritt 4 auf *Seite 58* verwendeten entspricht.
3. Geben Sie **;** (ein Semikolon) ein.

✔ Tipps

- Sie können in einer Entity-Definition auch jegliche andere Entity verwenden, solange keine Kreisreferenz entsteht.
- Sie dürfen eine Entity erst verwenden, nachdem sie in der DTD des Dokuments definiert worden ist. Andernfalls gibt der Parser eine Fehlermeldung aus.
- Eine allgemeine Entity (wie die auf *Seite 56* und *58* beschriebene) darf in einer DTD verwendet werden, vorausgesetzt der Inhalt erscheint *im Hauptteil* des XML-Dokuments. Entities, die ausschließlich DTD-Codes erweitern und ergänzen, nennt man *Parameter-Entities*, die eine etwas andere Syntax besitzen (*siehe Seite 60*).

ENTITIES UND NOTATIONEN IN DTDs

Textkürzel in externen Dateien

Bei einer größeren Entity ist es manchmal praktischer, sie in einem separaten externen Dokument zu speichern. Diese Methode hat auch den Vorteil, dass Sie Ihre Entities mit anderen austauschen können.

So erstellen Sie ein Kürzel in einem externen Dokument:

1. Erstellen Sie den Inhalt für die Entity in einer externen Datei. Speichern Sie die Datei als reinen Text. Die Erweiterung ist unwichtig.
2. Fügen Sie im XML-Dokument **standalone="no"** in die ursprüngliche XML-Deklaration ein (*siehe Seite 24*), denn das Dokument muss ja die externe Datei mit der Entity-Definition zu Rate ziehen.
3. Geben Sie in die DTD für das XML-Dokument, das die Entity benutzt, **<!ENTITY** ein, um die Entity-Definition zu beginnen.
4. Geben Sie **Kürzel** ein, wobei *Kürzel* für den Identifikationsnamen der externen Entity steht.
5. Geben Sie **SYSTEM** ein. Dadurch wird angezeigt, dass das Kürzel in einem anderen Dokument definiert ist.
6. Geben Sie **"entity.url"** ein, wobei *entity.url* für die URL-Adresse der in Schritt 1 erstellten Datei steht.
7. Geben Sie **>** ein.

```
code.xml
<description>The Hornocker Wildlife Institute
focuses on the research of threatened species
and sensitive ecological systems. For more
information, check out their Web site at
http://www.uidaho.edu/rsrch/hwi/main.htm.
</description>
```

Abbildung 4.5: Dieses Mal bildet das gesamte XML-Codestück den Inhalt der zu definierenden Entity. Die Textdatei wird als `hwi.ent` gespeichert.

```
code.dtd
<!ENTITY hwi_descrip SYSTEM "hwi.ent">
```

Abbildung 4.6: Die Entity `hwi_descrip` verweist auf die URL der Datei mit ihrem Inhalt (Abbildung 4.5).

```
code.xml
<?xml version="1.0" standalone="no" ?>
...
<organizations>
<org_name>Hornocker Wildlife
Institute</org_name>
&hwi_descrip;
</organizations>
<organizations>
...
```

Abbildung 4.7: Vergessen Sie nicht, `standalone="no"` in die XML-Deklaration einzufügen. Dann können Sie die externe allgemeine Entity – `&hwi_descrip;` – verwenden.

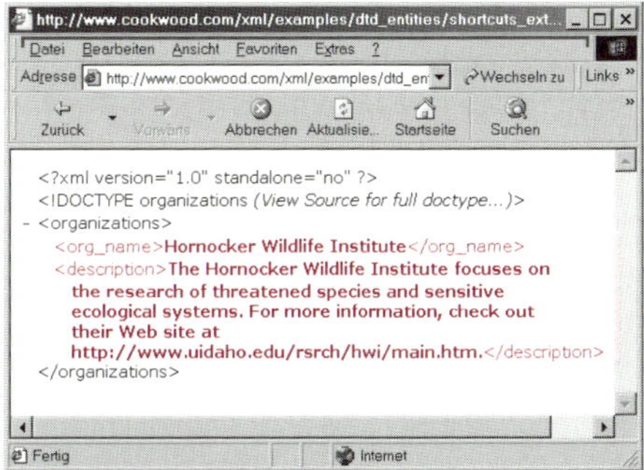

Abbildung 4.8: Diesmal umfasst die externe Entity zusätzlich zum Text auch Elemente. Das Prinzip ist dasselbe: Sie geben eine Abkürzung ein und der Parser ersetzt sie durch den dadurch bezeichneten Inhalt. Denken Sie jedoch daran, dass Elemente, die aus einer externen Entity bezogen werden, dennoch in der DTD definiert sein müssen.

✔ Tipps

- Wie Sie die neue Entity anwenden, erfahren Sie im Abschnitt *Textkürzel anwenden* auf *Seite 57.*
- Dies ist eine Methode, um ein Dokument aus mehreren anderen zusammenzustellen.
- Entities mit XML-Code oder Text als Inhalt, die jedoch außerhalb der DTD des XML-Dokuments definiert sind, nennt man offiziell *externe allgemeine Entities.*

DTD-Kürzel erstellen und anwenden

Die bisher besprochenen Entities verweisen durchweg auf Text, der im XML-Dokument als Inhalt verwendet wird. Sie können aber auch Kürzel für die DTD-Codestücke selbst erstellen. Diese Art von Abkürzungen nennt man *externe Parameter-Entities.*

So erstellen Sie DTD-Kürzel:

1. Erstellen Sie den Inhalt für die Entity in einer externen Datei. Speichern Sie die Datei als reinen Text. Die Erweiterung ist unwichtig.
2. Fügen Sie im XML-Dokument **standalone="no"** in die ursprüngliche XML-Verarbeitungsdirektive ein (*siehe Seite 24*), denn das Dokument muss ja die externe Datei mit der Entity-Definition zu Rate ziehen.
3. Geben Sie in die DTD für das XML-Dokument, das die Entity benutzt, **<!ENTITY** ein, um die Entity-Definition zu beginnen.
4. Geben Sie **%** ein. Dadurch wird angezeigt, dass es sich um ein Kürzel für eine DTD handelt.
5. Geben Sie ein Leerzeichen ein.
6. Geben Sie **Kürzel** ein, wobei *Kürzel* für den Namen der externen Entity steht.
7. Geben Sie **SYSTEM** ein. Dadurch wird angezeigt, dass das Kürzel in einem anderen Dokument definiert wird.

   Oder geben Sie **PUBLIC "Name"** ein, wobei *Name* für den offiziellen Namen einer offiziellen Auflistung öffentlich verfügbarer, standardisierter Entities steht.
8. Geben Sie **"entity.url"** ein, wobei *entity.url* für die URL-Adresse der in Schritt 1 erstellten Datei steht.
9. Geben Sie **>** ein.

```
code.dtd
<!ELEMENT picture EMPTY>
<!ATTLIST picture filename CDATA #REQUIRED
x CDATA #REQUIRED
y CDATA #REQUIRED>
```

Abbildung 4.9: Hier ein DTD-Codestück, das in mehreren DTDs eingesetzt werden soll. Es enthält Deklarationen für das Element `picture` und seine Attribute und wird in einer eigenen Datei mit dem Namen `pic.dtd` gespeichert.

```
code.dtd
<?xml version="1.0" standalone="no" ?>
<!DOCTYPE endangered_species [
<!ELEMENT endangered_species (animal*)>
<!ELEMENT animal (name+, picture)>
<!ELEMENT name (#PCDATA)>
<!ATTLIST name language (English | Latin)
#REQUIRED>
<!ENTITY % full_pic SYSTEM "pic.dtd">
```

Abbildung 4.10: In jeder DTD, in der das Element `picture` und seine Attribute deklariert werden sollen, muss die Entity (wie hier gezeigt) definiert werden.

```
code.dtd
<?xml version="1.0" standalone="no" ?>
<!DOCTYPE endangered_species [
<!ELEMENT endangered_species (animal*)>
<!ELEMENT animal (name+, picture)>
<!ELEMENT name (#PCDATA)>
<!ATTLIST name language (English | Latin)
#REQUIRED>
<!ENTITY % full_pic SYSTEM "pic.dtd">
%full_pic;
]>
```

Abbildung 4.11: Sobald die Entity definiert ist, können Sie sie verwenden, indem Sie ihre Referenz eingeben, in diesem Fall `%full_pic;`.

code.dtd

```
<?xml version="1.0" standalone="no" ?>
<!DOCTYPE endangered_species [
<!ELEMENT endangered_species (animal*)>
<!ELEMENT animal (name+, picture)>
<!ELEMENT name (#PCDATA)>
<!ATTLIST name language (English | Latin)
#REQUIRED>
<!ELEMENT picture EMPTY>
<!ATTLIST picture filename CDATA #REQUIRED
x CDATA #REQUIRED
y CDATA #REQUIRED>
]>
```

Abbildung 4.12: Der XML-Parser ersetzt die Entity-Referenz durch den Inhalt der verknüpften Datei. (In der DTD oben wurde nur veranschaulicht, was passiert, wenn Sie eine Parameter-Entity-Referenz verwenden. Tatsächlich ändert sich in der DTD selbst nichts.)

Sobald Sie die Parameter-Entity definiert haben, können Sie sie verwenden.

So wenden Sie ein DTD-Kürzel an:

Geben Sie **%Kürzel;** ein, wobei *Kürzel* für den Namen steht, den Sie in Schritt 6 auf *Seite 60* zum Definieren der Entity verwendet haben.

✓ Tipps

- Parameter-Entities müssen definiert sein, bevor Sie in der DTD verwendet werden. In diesem Fall ist die Reihenfolge wichtig.
- Sie können auch interne Parameter-Entities erstellen (innerhalb einer internen DTD), doch müssen diese vollständige Deklarationen enthalten – nicht nur Teile daraus – und sind daher nicht besonders nützlich.
- Seien Sie hinsichtlich der Zeichensetzung besonders aufmerksam: Es gibt so viele Doppelpunkte, spitze Klammern und andere Klammern, die man vergessen kann!
- Diese Technik eignet sich, um zusätzlich zu Ihrer eigenen DTD die Standard-DTD eines anderen zu benutzen. So können Sie beispielsweise auf die XHTML DTD verweisen, damit Sie die darin definierten Elemente verwenden können (die den vertrauten HTML-Elementen sehr ähnlich sind) ohne sie selbst definieren zu müssen.
- Oder Sie können einen Verweis auf eine standardisierte Entities-Auflistung einfügen. Eine solche Auflistung ist etwa unter *http://www.schema.net* verfügbar. Dadurch könnten Sie die leicht memorierbaren Sonderzeichen benutzen ohne selbst für jedes Zeichen eine Entity definieren zu müssen.
- Denken Sie daran, dass Sie beliebig viele DTDs verwenden können.

Entities für nicht analysierte Inhalte erstellen

Bislang wurden nur Entities behandelt, deren Inhalt Text war. Entities mit Text werden *analysierte Entities* genannt, weil der XML-Parser sie beim Verarbeiten des XML-Dokuments analysiert. *Nicht analysierte Entities,* das Thema dieses Abschnitts, können zwar auch Text enthalten, müssen aber nicht, doch was am wichtigsten ist: Sie werden vom XML-Parser vollständig ausgelassen. Sie dienen dazu, Inhalte, die weder Text noch XML-Code darstellen, in ein XML-Dokument einzubetten.

So erstellen Sie den nicht analysierten Inhalt:

Erstellen Sie die Daten, die Sie in das XML-Dokument einbetten wollen. Das kann so gut wie alles sein: Einfacher Text, eine Bilddatei, ein Video-Clip, eine PDF-Datei u. v. a. m.

So definieren Sie eine Entity für den nicht analysierten Inhalt:

1. Geben Sie in die DTD des Dokuments, in das Sie die Daten einbetten wollen, **<!ENTITY** ein, um die Definition der nicht analysierten Entity zu beginnen.
2. Geben Sie **Kürzel** ein, wobei *Kürzel* für den Namen der externen Entity steht.
3. Geben Sie **SYSTEM** ein. Dadurch wird angezeigt, dass die Entity in einem anderen Dokument definiert wird.
4. Geben Sie **"entity.url"** ein, wobei *entity.url* für die URL-Adresse der Datei mit dem nicht analysierten Inhalt steht.
5. Geben Sie **NDATA id** ein, wobei *id* für den Begriff steht, der die Notation identifiziert, die die nicht analysierten Daten beschreibt. (Diese Notation wird in der nächsten Anleitung erstellt.)
6. Schreiben Sie **>**, um die Entity-Deklaration abzuschließen.

Abbildung 4.13: Hier ein typisches Beispiel für nicht analysierte Daten: ein JPEG-Bild. Sein Name ist tiger.jpg.

code.dtd

```
<?xml version="1.0" encoding="UTF-8"
standalone="no"?>
<!DOCTYPE endangered_species [
<!ELEMENT endangered_species (animal*)>
<!ELEMENT animal (name+, photo)>
<!ELEMENT name (#PCDATA) >
<!ATTLIST name language (English | Latin)
#REQUIRED>
<!ENTITY tiger_pic SYSTEM "tiger.jpg"
NDATA jpg>
```

Abbildung 4.14: Die Entity mit dem Namen tiger_pic verweist auf eine externe SYSTEM-Datei, tiger.jpg. Weitere Informationen über die Datei erhalten Sie, wenn Sie die NOTATION-Deklaration namens jpg einsehen.

code.dtd

```
<?xml version="1.0" encoding="UTF-8"
standalone="no"?>
<!DOCTYPE endangered_species [
<!ELEMENT endangered_species (animal*)>
<!ELEMENT animal (name+, photo)>
<!ELEMENT name (#PCDATA) >
<!ATTLIST name language (English | Latin)
#REQUIRED>
<!ENTITY tiger_pic SYSTEM "tiger.jpg"
NDATA jpg>
<!NOTATION jpg SYSTEM "image/jpeg">
```

Abbildung 4.15: Der Name des Notationselements muss mit dem Wert hinter NDATA in der Entity-Deklaration übereinstimmen.

So definieren Sie Informationen über die Art des Inhalts:

1. Geben Sie in eine neue Zeile der DTD, nach der zugehörigen Entity-Deklaration, **<!NOTATION id** ein, wobei *id* für den Namen der Notation steht und dem Begriff entspricht, den Sie in der vorigen Anleitung in Schritt 5 verwendet haben.
2. Geben Sie **SYSTEM** ein.
3. Geben Sie **"Inhaltsinformationen"** ein, wobei *Inhaltsinformationen* die einzubettenden Daten identifiziert. Es gibt kein offizielles Format für diese Informationen!
4. Schreiben Sie schließlich **>**, um die Notationsdeklaration abzuschließen.

✔ Tipps

- Eine nicht analysierte Entity kann einen beliebigen Inhalt haben. Oft ist es eine Bild-, Sound-, Movie- oder sonstige Multimedia-Datei. Es kann aber auch reiner Text sein. Das Format ist deswegen unerheblich, weil es vom XML-Parser gar nicht betrachtet wird.
- Nicht analysierte Entities können nur in den Hauptteil des XML-Dokuments eingebettet werden. Sie können nicht Teil der DTD werden. Anders ausgedrückt: Alle nicht analysierten Entities sind allgemeine und keine Parameter-Entities.
- Der Inhalt einer Notationsdeklaration kann vom Typ MIME sein oder eine URL auf eine externe Applikation, die die nicht analysierten Daten verarbeiten kann oder sonst irgendwas. Es gibt kein offizielles Format. Jede XML-Anwendung kann die Notationsdeklaration auf ihre eigene Weise benutzen.

Nicht analysierte Inhalte einbetten

Nachdem Sie eine Entity für den nicht analysierten Inhalt definiert haben (*siehe Seite 62*), können Sie sie in Ihr XML-Dokument einbetten. Nicht analysierte Entities besitzen keine Entity-Referenzen (wie die weiter vorne beschriebenen analysierten Entities). Stattdessen rufen Sie sie über speziell deklarierte Attribute auf.

So deklarieren Sie das Attribut mit der Referenz auf den nicht analysierten Inhalt:

1. Definieren Sie in der DTD das Element, das das Attribut mit der Referenz auf die nicht analysierten Daten enthalten wird (*siehe Seite 42*).
2. Geben Sie **<!ATTLIST Elementname** ein, wobei *Elementname* für das in Schritt 1 deklarierte Element steht.
3. Geben Sie **Attributname** ein, wobei *Attributname* das Attribut bezeichnet, das die Referenz auf die nicht analysierten Daten enthalten wird.
4. Geben Sie **ENTITY** ein, um es als ein Attribut zu identifizieren, das Referenzen auf nicht analysierte Datendateien enthalten kann.

   Oder geben Sie **ENTITIES** ein, wenn das Attribut mehrere, durch Leerzeichen getrennte Referenzen auf nicht analysierte Datendateien enthalten kann.
5. Geben Sie den Standardwert für das Attribut ein. Weitere Erläuterungen hierzu erhalten Sie im Abschnitt *Definieren einfacher Attribute* auf *Seite 50.*
6. Schreiben Sie **>**, um die Deklaration abzuschließen.

code.dtd

```
<?xml version="1.0" encoding="UTF-8"
standalone="no"?>
<!DOCTYPE endangered_species [
<!ELEMENT endangered_species (animal*)>
<!ELEMENT animal (name+, photo)>
<!ELEMENT name (#PCDATA) >
<!ATTLIST name language (English | Latin)
#REQUIRED>
<!ENTITY tiger_pic SYSTEM "tiger.jpg"
NDATA jpg>
<!NOTATION jpg SYSTEM "image/jpeg">
<!ELEMENT photo EMPTY>
<!ATTLIST photo source ENTITY #REQUIRED>
]>
```

Abbildung 4.16: Zunächst wird das Element photo definiert, das das Attribut mit der Referenz auf die nicht analysierten Daten enthalten wird. Anschließend wird das Entity-Attribut selbst definiert, die so genannte source.

code.xml
```
<?xml version="1.0" encoding="UTF-8"
standalone="no"?>
<!DOCTYPE endangered_species [
<!ELEMENT endangered_species (animal*)>
<!ELEMENT animal (name+, photo)>
<!ELEMENT name (#PCDATA) >
<!ATTLIST name language (English | Latin)
#REQUIRED>
<!ENTITY tiger_pic SYSTEM "tiger.jpg"
NDATA jpg>
<!NOTATION jpg SYSTEM "image/jpeg">
<!ELEMENT photo EMPTY>
<!ATTLIST photo source ENTITY #REQUIRED>
]>

<endangered_species>
<animal>
<name language="English">Tiger</name>
<photo source="tiger_pic"/>
</animal>
</endangered_species>
```

Abbildung 4.17: Der Wert des Attributs source entspricht dem Namen der Entity mit der Referenz auf die nicht analysierten Daten.

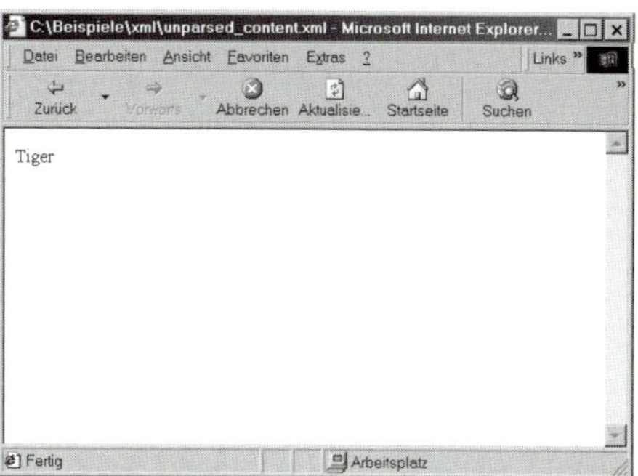

Abbildung 4.18: Die Ergebnisse sind deprimierend, – und das sowohl im Explorer (siehe die Abbildung) als auch in Mozilla (der Betaversion von Netscape 6), den bislang einzigen XML-fähigen Browsern. Zwar würde das System durchaus die Einbettung binärer Dateien erlauben, doch wissen die Browser – noch – nicht, wie sie diese Möglichkeiten nutzen.

So betten Sie nicht analysierten Inhalt in ein XML-Dokument ein:

Geben Sie in den Hauptteil des XML-Dokuments, an der Stelle für Attribute, **Attributname="Wert"** ein, wobei *Attributname* das Attribut identifiziert, das Sie (in der vorigen Anleitung) mit einem Entity-Typ deklariert haben, und *Wert* für das Kürzel steht, das Sie (in Schritt 2 auf *Seite 62*) für die Aufnahme der nicht analysierten Daten erstellt haben.

✔ Tipps

- XML-Parser sollten zwar theoretisch in der Lage sein, anhand der Informationen in der Notation die nicht analysierten Daten anzuzeigen, auf die die Entity (mit dem Attribut) verweist, doch sind weder der Explorer noch die Betaversion von Netscape 6 (die einzigen Browser, die momentan XML-Dateien unterstützen) so ausgestattet, dass sie die Notationsinformationen effektiv auswerten. Langer Rede, kurzer Sinn: Sie zeigen die eingebetteten Daten nicht an (**vgl. Abbildung 4.18**).
- Sie können auch Attribute des Typs NOTATION erstellen, um direkt auf die in einer Notationsdeklaration angegebenen Daten zu verweisen (*siehe Seite 63*). Die Syntax lautet **<!ATTLIST Elementname Attributname NOTATION Standardwert>**.

ENTITIES UND NOTATIONEN IN DTDS

Teil 3

XML-Schemata und Namensräume

5

XML Schema

Wichtiger Hinweis!

XML Schema war bei Redaktionsschluss noch im „nahezu abgeschlossenen *Entwurfsstadium*". Daher ist es möglich (wenn auch unwahrscheinlich), dass das W3C noch einige Syntaxänderungen vornimmt. Sollte dies der Fall sein, werde ich die Aktualisierungen auf meiner Webseite veröffentlichen (*siehe Seite 18*). Zudem können Sie die neusten Spezifikationen für XML Schema jederzeit unter *http://www.W3C.org/XML/Schema* nachschlagen.

In einem *Schema* wird, wie in einer DTD, definiert, wie ein Satz an XML-Dokumenten aussehen kann: Welche Elemente diese Dokumente in welcher Reihenfolge enthalten, welcher Art der Inhalt sein kann und welche Attribute sie enthalten können. (Im Prinzip sind auch DTDs Schemata. In diesem Kapitel jedoch wird der Begriff *Schema* nur für Schemata verwendet, die in der XML-Schemasprache (*XML Schema*) abgefasst wurden.)

DTDs haben mehrere Nachteile gegenüber in XML Schema geschriebenen Schemata. Erst einmal sind DTDs in einer Syntax abgefasst, die nur wenig mit XML gemein hat und sich somit mittels XML-Parser nicht analysieren lässt. Dann sind alle Deklarationen in einer DTD global, d.h. es ist nicht möglich, zwei unterschiedliche Elemente mit dem gleichen Namen zu definieren, selbst wenn sie in verschiedenen Zusammenhängen auftauchen.

Der letzte und vielleicht wichtigste Nachteil ist, dass man anhand von DTDs nicht kontrollieren kann, welche *Art* von Informationen ein bestimmtes Element oder Attribut beinhalten darf.

Mit dem vom W3C entwickelten XML Schema wurde versucht, jedes dieser Probleme in den Griff zu bekommen. In XML geschriebene XML-Schemata erlauben die Definition sowohl globaler Elemente (die innerhalb des gesamten XML-Dokuments in gleicher Weise verwendet werden müssen) als auch lokaler Elemente (die in einem bestimmten Zusammenhang eine spezielle Bedeutung haben können). Zudem umfasst XML Schema ein System an *Datentypen*, anhand derer Sie etwa festlegen können, dass ein bestimmtes Element einen ganzzahligen Wert enthalten soll, während ein anderes für einen Zeitraum und ein letztes für eine Zeichenkette vorgesehen ist. Kurz: XML Schema gibt Ihnen mehr Kontrolle über den Inhalt eines XML-Dokuments.

Einfache und komplexe Inhalte

In einem Schema ist der Inhalt eines Dokuments in zwei Typen aufgeteilt: Einfache und komplexe. Elemente, die nur Text enthalten, gehören zum *einfachen Typus*. Elemente hingegen, die Attribute oder andere Elemente enthalten, nennt man *komplex*. (Attribute – da sie nur Text enthalten – besitzen immer den einfachen Typ.)

Zunächst sei der einfache Typ etwas näher betrachtet. In einer DTD können Sie für ein Element vorschreiben, dass es nur Text enthalten soll, indem Sie seinen Inhalt als #PCDATA spezifizieren. Dabei kann es sich um einen Namen, eine Zahl, ein Datum – im Grunde genommen alles – handeln. Im XML Schema legen Sie genau fest, welche Art von Text ein Element enthalten soll, indem Sie ihm eine spezifische, einfache Typendefinition zuweisen. Es gibt verschiedene, integrierte einfache Typen wie *date* (Datum), *integer* (ganze Zahl) und *string* (Zeichenkette), die Sie ohne weitere Modifikationen einsetzen können. Sie haben aber auch die Möglichkeit, selbst einfache Typen zu erstellen und somit noch genauer zu regeln, wie der Inhalt eines Elements beschaffen sein soll. Informationen über die Definition und den Einsatz einfacher Typen finden Sie in Kapitel 6.

Elemente des Typs *komplex* beschreiben häufig die Struktur eines Dokuments. Es gibt vier Grundtypen komplexer Elemente: Elemente, die nur andere Elemente enthalten, Elemente, die sowohl Elemente als auch Text enthalten, Elemente, die nur Text enthalten, und Elemente, die leer sind. Jedes komplexe Element kann auch Attribute enthalten. Sie definieren die für Ihr XML-Dokument erforderlichen, speziellen komplexen Typen. Ausführliche Erläuterungen erhalten Sie in Kapitel 7.

Sowohl einfache als auch selbst definierte Typen können entweder *benannt* werden, sodass sie an anderer Stelle innerhalb des Schemas wieder eingesetzt werden können, oder *anonym* sein, wobei sie nur innerhalb des Elements mit der Definition verwendet werden.

code.xsd

```
<xsd:element name="weight" type="xsd:string"/>
<xsd:element name="population"
type="xsd:integer"/
```

Abbildung 5.1: Diese beiden Elemente wurden mit integrierten, einfachen Typen definiert. Das Element `weight` wurde auf eine Zeichenkette beschränkt (`string`) und `population` muss eine Ganzzahl (`integer`) sein.

code.xsd

```
<xsd:simpleType name="zipcodeType">
    <xsd:restriction base="xsd:string">
    <xsd:pattern value="\d{5}(-\d{4})?"/>
    </xsd:restriction>
</xsd:simpleType>
```

Abbildung 5.2: Dieser selbst definierte, einfache Typ beschränkt den Inhalt von Elementen des Typs `zipcodeType` auf ein Muster mit fünf Ziffern, einem optionalen Bindestrich und vier weiteren Ziffern.

code.xsd

```
<xsd:complexType name="endType">
    <xsd:sequence>
    <xsd:element name="animal"
    type="animalType" minOccurs="1"
    maxOccurs="unbounded"/>
    </xsd:sequence>
</xsd:complexType>
```

Abbildung 5.3: Nach dieser komplexen Typendefinition muss `endType` ein anderes Element enthalten (mit dem Namen `animal`, das wiederum durch einen weiteren komplexen Typ namens `animalType` definiert ist). Sie können den komplexen Typ `endType` für die Definition eines bestimmten Elements verwenden (welches das Element `animal` enthalten wird).

```
code.xsd
<?xml version="1.0" ?>
<xsd:schema xmlns:xsd="http://www.w3.org
    /2000/10/XMLSchema">
<xsd:element name="endangered_species"
    type="endType"/>
<xsd:element name="name" type="xsd:string"/>
<xsd:complexType name="endType">
    <xsd:sequence>
    <xsd:element name="animal">
        <xsd:complexType>
            <xsd:sequence>
            <xsd:element ref="name"
            minOccurs="2"/>
            <xsd:element name="source"
                type="sourceType"/>
    ...
    </xsd:complexType>
<xsd:complexType name="habitatType">
    <xsd:sequence>
    <xsd:element name="river">
        <xsd:complexType>
            <xsd:sequence>
            <xsd:element ref="name"
            minOccurs="1"
            maxOccurs="unbounded"/>
            <xsd:element name="source"
            type="xsd:string"/>
    ...
    </xsd:complexType>
...
```

Abbildung 5.4: In diesem Auszug aus einem Schema gibt es vier global deklarierte Komponenten. Leicht zu erkennen, weil sie in der ersten Ebene des Elements xsd:schema erscheinen. Auf das Wurzelelement (endangered_species) wird automatisch verwiesen, aber auf das Element name muss, wie Sie sehen, speziell verwiesen werden (da es keine Wurzel ist).

Die fett ausgezeichneten Komponenten zeigen, dass zwei lokal deklarierte Elemente mit dem gleichen Namen, aber verschiedenen Definitionen vorkommen können. Unterscheiden lassen sie sich aus dem Kontext heraus. Globale Elementdeklarationen müssen hingegen eindeutige Namen besitzen.

Lokale und globale Deklarationen

In einer DTD wird jedes Element global deklariert. Das bedeutet, dass jedes einzelne Element einen eindeutigen Namen besitzt und genau einmal definiert wird. Auf ein Element kann durch eine beliebige Anzahl anderer Elemente verwiesen werden, sodass es möglicherweise an mehreren Stellen in einem XML-Dokument erscheinen muss und dennoch, ungeachtet von Position und Kontext, immer genau dieselbe Definition besitzt.

Im XML Schema ist der Kontext sehr wichtig. Schemakomponenten, einschließlich Elemente, Attribute und benannte einfache und komplexe Typen (sowie Gruppen und Attributgruppen, die noch behandelt werden), die in der obersten Ebene eines Schemas – direkt unter dem Element xsd:schema - deklariert werden, werden *global deklariert* und sind im gesamten Rest des Schemas verfügbar. Beachten Sie jedoch, dass globale Elementdeklarationen nicht festlegen, an welcher Stelle im XML-Dokument ein Element erscheinen darf – sie bestimmen vielmehr nur, wie das Element auszusehen hat. Auf eine globale Elementdeklaration müssen Sie ausdrücklich *verweisen*, damit es im zugehörigen XML-Dokument erscheint.

Einzige Ausnahme zu dieser Regel bildet das Wurzelelement, auf das automatisch verwiesen wird, wo immer es (global) deklariert ist.

Beim Definieren eines komplexen Typs können Sie entweder auf bereits vorhandene, global deklarierte Elemente verweisen oder Sie können neue Elemente an Ort und Stelle deklarieren und definieren. Diese neuen *lokal deklarierten* Elemente sind auf die komplexe Typendefinition beschränkt, in der sie deklariert wurden und dürfen an keiner anderen Stelle im Schema verwendet werden. Zudem müssen ihre Namen nur innerhalb des Kontexts, in dem sie vorkommen, eindeutig sein. Auf solche lokal deklarierten Elemente wird automatisch verwiesen – d.h. die Position, an der sie definiert werden bestimmt auch, wo im XML-Dokument das Element erscheinen muss.

Beginn eines einfachen Schemas

Ein Schema ist ein XML-Dokument (im reinen Textformat) mit der Erweiterung .xsd. Es beginnt mit einer XML-Standarddeklaration gefolgt von einer Deklaration des XML-Schema-Namensraumes.

So beginnen Sie ein Schema:

1. Geben Sie, falls gewünscht, am Anfang des Schemadokuments **<?xml version="1.0" ?>** ein. Weitere Erläuterungen zu den XML-Deklarationen erhalten Sie im Abschnitt *Deklarieren der XML-Version* auf *Seite 24*.
2. Geben Sie **<xsd:schema** ein.
3. Geben Sie **xmlns:xsd="http://www.w3.org/2000/10/XMLSchema"** ein, um den Namensraum des „Schemas aller Schemata" zu deklarieren. Von jetzt wird jedes Element und jeder Typ mit vorangestelltem xsd: als aus diesem Namensraum stammend erkannt.
4. Schreiben Sie **>**, um das Element zum Eröffnen des Schemas abzuschließen.
5. Lassen Sie einige Zeilen für die Regeln des Schemas frei. Wie Sie Schemaregeln definieren, lernen Sie in Kapitel 6 und 7.
6. Schreiben Sie schließlich **</xsd:schema>**, um das Schemadokument abzuschließen.
7. Speichern Sie Ihr Schema als reinen Text und mit der Erweiterung .xsd.

✔ Tipp

- Sie können weitere Namensräume deklarieren und/oder das XML-Schema als den Standardnamensraum deklarieren; das wird jedoch erst auf *Seite 126–128* besprochen. An diesem Punkt soll das Schema erst einmal einfach und übersichtlich gehalten werden, damit Sie sich auf die Erstellung des Schemas selbst konzentrieren können.

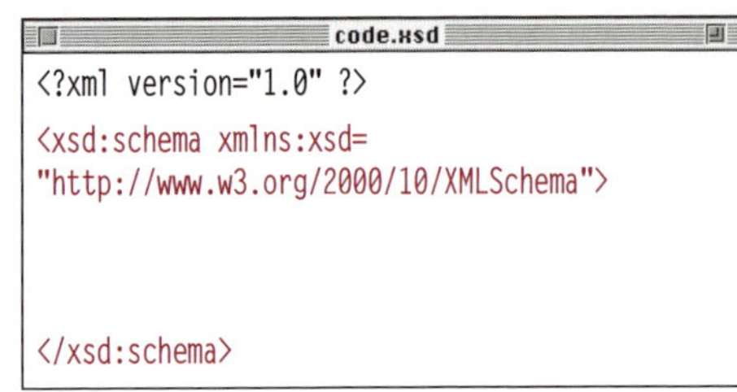

Abbildung 5.5: Im Wurzelelement des Schemas deklarieren Sie den Namensraum für das „Schema aller Schemata".

```
code.xml
<?xml version="1.0" ?>
<endangered_species
xmlns:xsi="http://www.w3.org/2000/10/
XMLSchema-instance"
xsi:noNamespaceSchemaLocation=
"http://www.cookwood.com/ns/end_species/
end_species.xsd">
```

Abbildung 5.6: Sie können Prozessoren die Position der Schemadatei angeben, die Ihr Dokument definiert. Dazu verwenden Sie im Wurzelelement des XML-Dokuments das Attribut `xsi:schemaLocation`.

Die Position eines einfachen Schemas

Je nach Validator, den Sie zum Überprüfen eines XML-Dokuments auf Einhaltung eines bestimmten Schemas verwenden, kann es notwendig sein, im XML-Dokument anzugeben, wo sich das zugehörige Schema befindet.

So deklarieren Sie die Position eines Schemas:

1. Geben Sie im Wurzelelement des XML-Dokuments **xmlns:xsi="http://www.w3.org/2000/10/XMLSchema-instance"** ein, um die Elemente verfügbar zu machen, mit denen Sie die Position des Schemas anzeigen. (Dieses so genannte *Deklarieren eines Namensraums* wird auf *Seite 116* ausführlich erläutert.)
2. Geben Sie **xsi:noNamespaceSchemaLocation=** ein.
3. Und geben Sie schließlich **"file.xsd"** ein, wobei *file.xsd* für die URL der (in Schritt 7 auf *Seite 72* erstellten) eigentlichen Schemadatei steht, die Sie zur Validierung dieser XML-Datei verwenden wollen.

✔ Tipps

- Zur Validierung eines Dokuments an einem Schema gibt es verschiedene Programme. Das meiner Erfahrung nach zuverlässigste ist XML Schema Validator (*siehe Seite 245*). Sie können auch XML Spy ausprobieren, ein XML-Editor, den Sie unter *http://www.xmlspy.com* finden.
- Das Attribut `xsi:noNamespaceSchemaLocation` funktioniert nur, wenn im Schema kein Zielnamensraum deklariert ist. (Zielnamensräume wurden bisher noch nicht behandelt; dazu mehr in Kapitel 9.)

Anmerkungen zu Schemata

Sie haben die Möglichkeit, zu Ihrem Schema oder seinen Elementen Informationen zu hinterlassen, um die Arbeit damit für andere (oder irgendwann später für Sie selbst) zu erleichtern.

So nehmen Sie Anmerkungen zu einem Schema vor:

1. Geben Sie **<xsd:annotation>** ein.
2. Geben Sie als Nächstes **<xsd:documentation>** ein, um eine Notiz zu starten, die nicht vom Prozessor, aber von Menschen gelesen werden soll.
3. Geben Sie Ihren Kommentar ein.
4. Geben Sie **</xsd:documentation>** ein, um die Notiz abzuschließen.
5. Schreiben Sie schließlich **</xsd:annotation>**, um die Anmerkung abzuschließen.

✔ Tipp

- Sie können Anmerkungen auch gleich nach dem Element `xsd:schema` erstellen (um das gesamte Schema zu dokumentieren) oder nach einzelnen Elementdeklarationen (um sie näher zu erläutern).

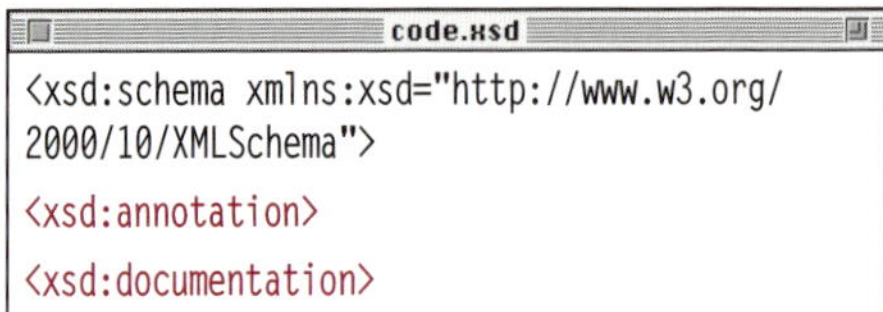

code.xsd

```
<xsd:schema xmlns:xsd="http://www.w3.org/
2000/10/XMLSchema">
<xsd:annotation>
<xsd:documentation>
Dieses Schema dient zur Validierung eines
Satzes an XML-Dokumenten zum Projekt über
bedrohte Tierarten.</xsd:documentation>
</xsd:annotation>
```

Abbildung 5.7: Eine Anmerkung hilft Ihnen bei der Dokumentation des Schemas selbst. Es kann spätere Überarbeitungen einfacher machen.

Definieren einfacher Typen

Ein Element einfachen Typs kann nur Text enthalten. Es darf keine anderen Elemente enthalten und auch keine Attribute besitzen. Nun ist „Text“ ein recht allgemeiner Begriff. Anstatt aber den Inhalt eines Elements einfach auf „Text“ zu beschränken, können Sie anordnen, dass es eine bestimmte Art von Text enthält. Sie definieren diese Einschränkung, indem Sie entweder eine der vordefinierten einfachen Typendefinitionen verwenden oder indem Sie eigene Typen definieren.

XML Schema umfasst eine Reihe integrierter einfacher Typen für die am häufigsten vorkommenden Texttypen. Dazu gehören Zeichenketten (strings), logische Werte (booleans), URLs, verschiedene Datumsformate und Zahlen verschiedenster Art. Für die Definition eines eigenen einfachen Typs können Sie auch Einschränkungen *(Facetten)* bestimmen und die Auswahl so weiter begrenzen. Zum Beispiel kann man dadurch festlegen, dass ein Element eine Zeichenkette enthalten soll, die einem bestimmten Muster entspricht (etwa eine Telefon- oder ein Artikelnummer). Oder Sie benötigen ein Element, das nur eines aus einem spezifischen Satz an Daten aufnehmen kann.

Einfaches Element deklarieren

Ein Element einfachen Typs darf nur Text und keine anderen Elemente und Attribute besitzen. Es gibt viele unterschiedliche integrierte einfache Typen; zudem können Sie neue Typen definieren, die auf diesen vordefinierten Typen basieren.

So deklarieren Sie ein Element einfachen Typs:

1. Schreiben Sie **<xsd:element**, um die Deklaration zu eröffnen.
2. Geben Sie dann **name="Label"** ein, wobei *Label* für das Element steht, das Sie deklarieren. Im XML-Dokument wird das in etwa so aussehen: <Label>.
3. Geben Sie **type="** ein.

   Geben Sie **xsd:string** ein, wenn das Element eine Zeichenkette enthalten soll.

   Oder geben Sie **xsd:decimal** ein, wenn das Element eine Dezimalzahl enthalten soll. Weitere zulässige Zahlentypen sind auf *Seite 80* aufgeführt.

   Oder geben Sie **xsd:boolean** ein, wenn das Element die Werte *true* (wahr) oder *false* (unwahr) (bzw. *1* oder *0*) enthalten soll.

   Oder geben Sie **xsd:date** ein, wenn das Element eine Datumsangabe umfasst. Weitere Datumstypen finden Sie auf *Seite 78*.

   Oder geben Sie **xsd:time** ein, wenn das Element eine Uhrzeit umfasst. Weitere zulässige Zeittypen sind auf *Seite 78* aufgeführt.

   Oder geben Sie **xsd:uriReference** ein (*uri*, nicht *url*), wenn das Element eine URL aufnehmen soll.

   Oder geben Sie **xsd:language** ein, wenn das Element eine der in ISO639 aufgelisteten Sprachkürzel aus zwei Buchstaben enthalten soll.

   Oder geben Sie **eigener** ein, wobei *eigener* für den Namen eines selbst definierten einfachen Typs steht (*siehe Seite 81*).
4. Schreiben Sie **"**, um den Typ abzuschließen.
5. Schreiben Sie schließlich **/>**, um das Tag abzuschließen.

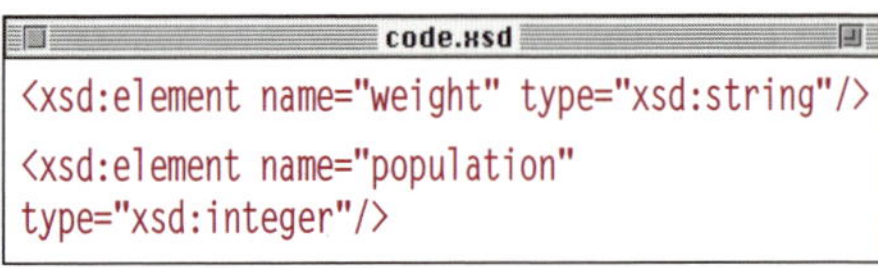

```
code.xsd
<xsd:element name="weight" type="xsd:string"/>
<xsd:element name="population"
type="xsd:integer"/>
```

Abbildung 6.1: Beim Deklarieren eines Elements bestimmen Sie seinen Namen und den Inhalt, den es aufnehmen soll.

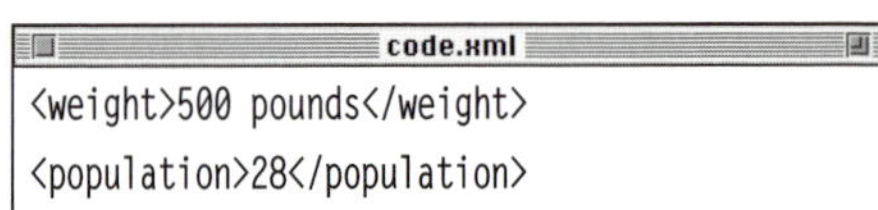

```
code.xml
<weight>500 pounds</weight>
<population>28</population>
```

Abbildung 6.2: Eine Zeichenkette (string) ist eine Folge von Buchstaben, Ziffern und/oder Sonderzeichen. Ein Integerwert ist eine ganze Zahl. Daher ist sowohl das Element `weight` als auch `population` im Hinblick auf die Deklarationen in Abbildung 6.1 gültig.

```
code.xml
<weight>500</weight>
<population>not very many</population>
```

Abbildung 6.3: In diesem Beispiel sieht das Element `weight` auf den ersten Blick nicht richtig aus, doch ist es de facto richtig, da eine Zahl auch als Zeichenkette zählt (wenn auch umgekehrt nicht jede Zeichenkette eine Zahl ist). Das Element `population` ist selbstverständlich ungültig. Der Ausdruck „not very many" ist keine Ganzzahl.

code.xsd

```
<xsd:element name="last_modified"
type="xsd:date"/>
```

Abbildung 6.4: In diesem Beispiel soll das Element last_modified einen Datumswert aufnehmen.

code.xml

```
<last_modified>1999-05-16</last_modified>
```

Abbildung 6.5: Das Element muss ein Datum in der Form JJJJ-MM-TT enthalten, um gültig zu sein: Eine vierstellige Jahreszahl, gefolgt von einem Bindestrich, einer zweistelligen Monatsangabe, einem weiteren Bindestrich und schließlich einer zweistelligen Angabe für den Tag. Es sind noch viele weitere integrierte Datumsformate verfügbar (*siehe Seite 78*).

code.xml

```
<last_modified>May 16, 1999</last_modified>
```

Abbildung 6.6: Dieser Wert für last_modified ist ungültig, weil das Datum nicht in der korrekten Form angegeben wurde.

✔ Tipps

- Es gibt noch einige weitere integrierte einfache Typen. Die vollständige Liste finden Sie unter *http://www.w3.org/TR/xmlschema-2/#built-in-datatypes.*
- Erläuterungen zum Selbstdefinieren einfacher Typen aufgrund von integrierten Typen erhalten Sie im Abschnitt *Eigene einfache Typen ableiten* auf *Seite 81.*
- Integrierte einfache Typen beginnen in der Regel mit *xsd:*. (Eine Ausnahme finden Sie auf *Seite 128.*) Dadurch lassen sie sich leichter von den selbst definierten einfachen Typen unterscheiden (*siehe Seite 81*).
- Attribute sind immer einfachen Typs (da sie ja keinen Inhalt oder eigene Attribute haben können) und werden wie die Elemente einfachen Typs deklariert. Doch macht es Sinn, sie erst dann zu deklarieren, wenn ein Element bereitsteht, in dem sie deklariert werden können (*siehe nächstes Kapitel, Seite 108*).
- Wenn ein Element Attribute und Elemente enthalten darf, nennt man es einen komplexen Typ. Weitere Erläuterungen erhalten Sie in Kapitel 7.
- Ein gültiger Elementname muss mit einem Buchstaben oder Unterstrich beginnen, danach dürfen Buchstaben, Ziffern, Unterstriche, Punkte und Bindestriche vorkommen. Weitere Erläuterungen hierzu erhalten Sie im Abschnitt *Nicht leere Elemente* auf *Seite 26.*
- Elemente einfachen Typs können global deklariert werden (in der ersten Ebene unter dem Element xsd:schema), in diesem Fall müssen sie in einer komplexen Typendeklaration aufgerufen werden. Oder sie können lokal innerhalb einer komplexen Typendeklaration deklariert werden, in diesem Fall werden sie als automatisch verwiesen betrachtet. Ausführliche Erläuterungen dazu erhalten Sie in Kapitel 7.

Datums- und Zeittypen

XML Schema besitzt mehrere integrierte Datentypen für Datumsangaben. Verwenden Sie (wie in Schritt 3 auf *Seite 76* erläutert) den Datentyp, der für Ihren Zweck am besten passt, oder leiten Sie aus den integrierten Ihren eigenen Datentyp ab *(siehe Seite 81)*.

So verwenden Sie Datums- und Zeittypen

1. Wählen Sie **xsd:timeDuration**, wenn der Inhalt eine bestimmte Zeitspanne repräsentieren soll, etwa 2 Stunden, 12 Minuten oder 45.3 Sekunden.

   Die Zeitspanne sollte im Format **PnYnMnDTnHnMnS** angegeben werden, wobei *P* immer erforderlich ist (es steht für Period = Dauer), das *T* (für Time = Zeit) beginnt den optionalen Zeitabschnitt und jedes *n* (immer eine nicht negative Ganzzahl) zeigt an, wie viele der nachfolgenden Einheiten es gibt (Y für Years = Jahre, M für Monate, D für Days = Tage, H für Hours = Stunden, M für Minuten, S für Sekunden). Durch die Angabe eines optionalen führenden Bindestriches zeigen Sie an, dass die Dauer rückwärts gerichtet ist (nicht vorwärts).

2. Wählen Sie **xsd:time**, wenn der Inhalt eine bestimmte Uhrzeit repräsentieren soll, die täglich wiederkehrt, etwa 4:15pm.

   Eine Uhrzeit muss im Format **hh:mm:ss.sss** angegeben werden (z. B. 02:12:45.3); optional ist auch die Angabe eines Zeitzonenindikators möglich (**Z** für UTC oder entweder **-hh:mm** oder **+hh:mm**, um die Differenz zur UTC anzugeben).Beachten Sie, dass im Englischen – und somit auch in XML Schema – als Dezimaltrennzeichen nicht ein Komma, sondern der Punkt verwendet wird (also *45.3* Sekunden anstelle von *45,3*).

3. Wählen Sie **xsd:timeInstant**, wenn sich der Inhalt auf einen bestimmten Zeitpunkt bezieht, also z. B. 16:15 am 6. Mai 1935. Es muss im Format **JJJJ-MM-TTThh:mm:ss.sss** (z. B. *1935-05-06T*02:12:45.3) angegeben werden, mit einem optionalen Zeitzonenindikator.

4. Wählen Sie **xsd:date**, wenn der Inhalt einen bestimmten Tag repräsentiert, z. B. 6. Mai 1935. Das erforderliche Format ist **JJJJ-MM-TT** (z. B. *1935-05-06*).

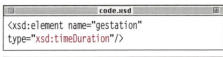

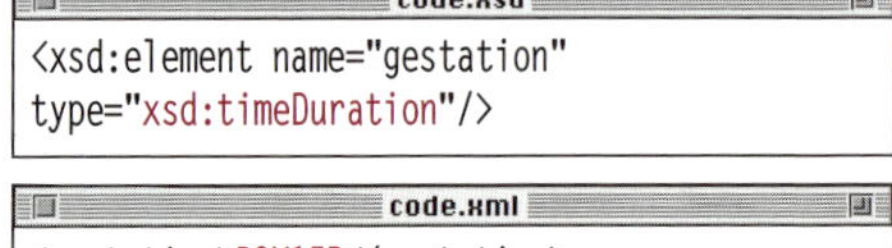

code.xsd
```
<xsd:element name="gestation"
type="xsd:timeDuration"/>
```

code.xml
```
<gestation>P3M15D</gestation>
```

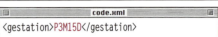

Abbildung 6.7: Der Tiger hat eine Tragezeit von ca. dreieinhalb Monaten. Beachten Sie, dass nicht alle Einheiten angegeben werden müssen. Nur das P am Anfang ist obligatorisch. Umfasst `period` auch eine Zeitangabe, müssen Sie das T ergänzen.

code.xsd
```
<xsd:element name="bedtime" type="xsd:time"/>
```

code.xml
```
<bedtime>20:15:05-05:00</bedtime>
```

Abbildung 6.8: Beachten Sie, dass die Uhrzeit im „militärischen" oder universellen Format anzugeben ist. Der Inhalt des Elements `bedtime` steht für 8:15pm EST (keine Sommerzeit).

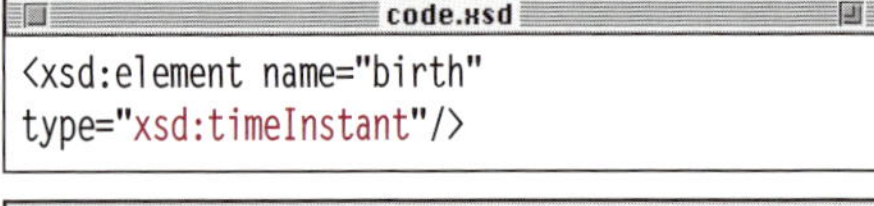

code.xsd
```
<xsd:element name="birth"
type="xsd:timeInstant"/>
```

code.xml
```
<birth>1999-03-14T18:27:46.2398Z</birth>
```

Abbildung 6.9: Der Inhalt dieses Elements notiert die Geburt eines Tigers um genau 18:27und 46,2398 Sekunden am 14. März 1999 (nach Universalzeit).

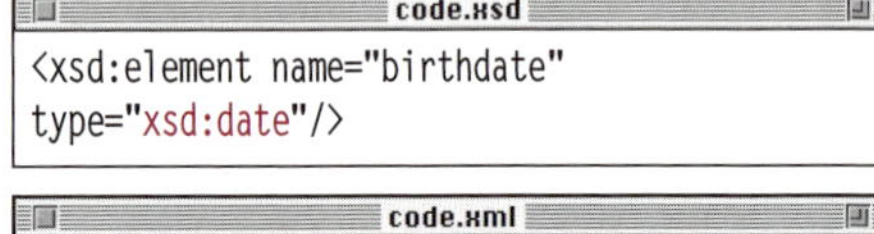

code.xsd
```
<xsd:element name="birthdate"
type="xsd:date"/>
```

code.xml
```
<birthdate>1999-03-14</birthdate>
```

Abbildung 6.10: Ein Element vom Typ `xsd:date` ähnelt dem Typ `xsd:timeInstant`, es besitzt nur keine Zeitangabe.

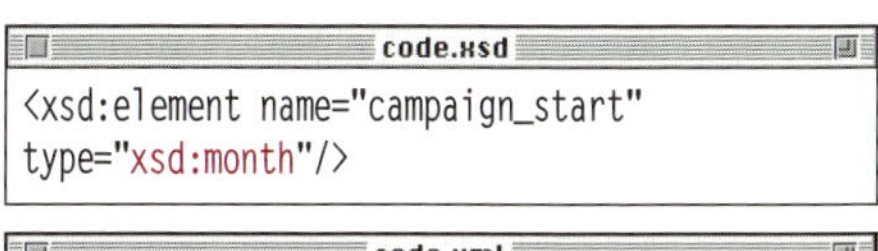

```
code.xsd
<xsd:element name="campaign_start"
type="xsd:month"/>
```

```
code.xml
<campaign_start>1999-03</campaign_start>
```

Abbildung 6.11: Ist der Tag irrelevant, können Sie in einem Element vom Typ `xsd:month` auch nur das Jahr und den Monat angeben.

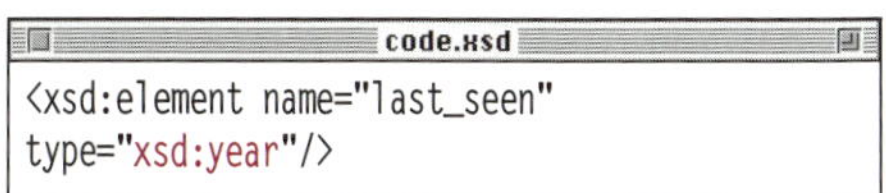

```
code.xsd
<xsd:element name="last_seen"
type="xsd:year"/>
```

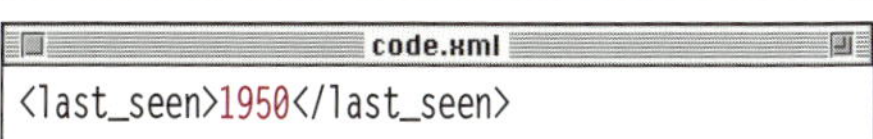

```
code.xml
<last_seen>1950</last_seen>
```

Abbildung 6.12: Der letzte kaspische Tiger wurde 1950 gesichtet, Tag und Monat sind unbekannt. Daher macht es Sinn, ein Element zu verwenden, das nur eine Jahresangabe verlangt.

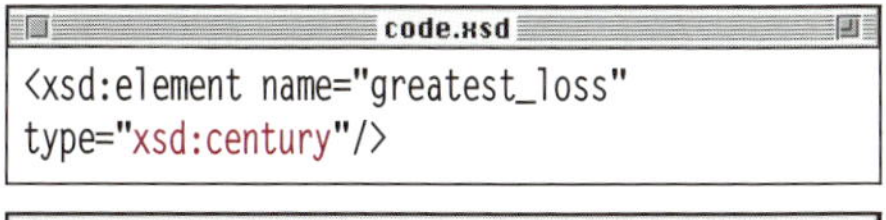

```
code.xsd
<xsd:element name="greatest_loss"
type="xsd:century"/>
```

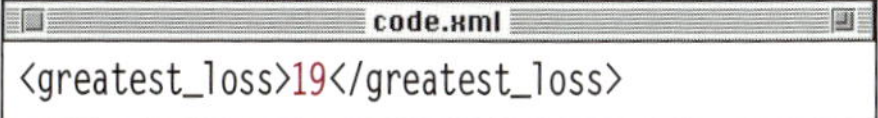

```
code.xml
<greatest_loss>19</greatest_loss>
```

Abbildung 6.13: Erinnern Sie sich daran, dass die Angabe 19 hier das 20. Jahrhundert bezeichnet, d.h. die Jahre von 1900–1999 (während derer 96 % der Tiger von der Welt verschwunden sind).

```
code.xsd
<xsd:element name="birthday"
type="xsd:recurringDate"/>
```

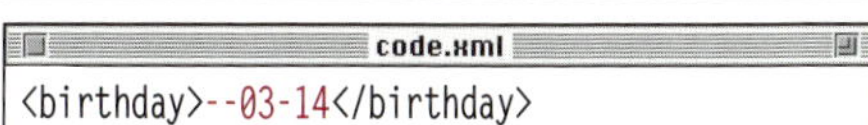

```
code.xml
<birthday>--03-14</birthday>
```

Abbildung 6.14: Spielt das Jahr keine Rolle, Monat und Tag aber durchaus, verwenden Sie den Typ `xsd:recurringDate`.

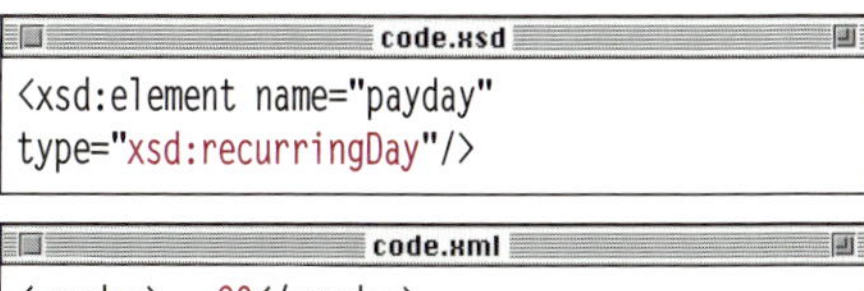

```
code.xsd
<xsd:element name="payday"
type="xsd:recurringDay"/>
```

```
code.xml
<payday>---30</payday>
```

Abbildung 6.15: Für ein Ereignis, das immer am gleichen Tag jedes Monats stattfindet, verwenden Sie `xsd:recurringDay`.

5. Wählen Sie **xsd:month**, wenn der Inhalt einen bestimmten Monat repräsentiert, z.B. Mai 1935. Das erforderliche Format ist **JJJJ-MM** (z.B. *1935-05*).
6. Wählen Sie **xsd:year**, wenn der Inhalt ein bestimmtes Jahr repräsentiert, beispielsweise 1935. Das erforderliche Format ist **JJJJ** (z.B. *1935*).
7. Wählen Sie **xsd:century**, wenn der Inhalt ein bestimmtes Jahrhundert repräsentiert, z.B. das 20. Jahrhundert. Das erforderliche Format ist **JJ** (Achtung: *19* für das 20. Jahrhundert).
8. Wählen Sie **xsd:recurringDate**, wenn der Inhalt einen bestimmten Tag eines bestimmten Monats, ungeachtet des Jahres repräsentieren soll, z.B. 1. Januar. Das Eingabeformat ist **--MM-TT**. (Anfangs also zwei Bindestriche: Einer für das „fehlende“ Jahr, einer als Trennstrich.)
9. Wählen Sie **xsd:recurringDay**, wenn der Inhalt einen bestimmten Tag des Monats repräsentieren soll, ungeachtet des Monats oder Jahres , also z.B. der 6. jedes Monats. Das Eingabeformat ist **---TT**. (Die drei Bindestriche am Anfang bedeuten hier: Einer für jedes „fehlende“ Stück und einer als Trennstrich.)

✔ Tipp

- Die UTC (Coordinated Universal Time) wird vom International Time Bureau (Bureau International de l'Heure) gesetzt und entspricht der Greenwich Mean Time, der Londoner (und selbstverständlich auch Greenwicher!) Lokalzeit. Die Eastern Standard Time (EST) in den U.S. ist UTC-5 und die Pacific Standard Time (PST) ist UTC-8. Die Mitteleuropäische Zeit (MET) ist UTC+1. In Russland gilt UTC+3, in Japan UTC+9 und in Australien UTC+10. Eine Tabelle der Weltzeiten finden Sie auf meiner Webseite (*siehe Seite 18*).

Zahlentypen

XML Schema besitzt mehrere integrierte Zahlentypen. Diese verwenden Sie (wie in Schritt 3 auf *Seite 76* erläutert), um den Inhalt Ihrer Elemente und Attribute einzuschränken. Diese Datentypen lassen sich auch als Grundlage für die Erstellung eigener Zahlentypen verwenden (*siehe Seite 81*).

So verwenden Sie Zahlentypen:

1. Wählen Sie **xsd:decimal** für Inhalte, die entweder positive oder negative Zahlen mit einer endlichen Anzahl an Stellen vor oder hinter dem Dezimalzeichen enthalten sollen, wie z.B. 4,26, -100 oder 0.
2. Wählen Sie **xsd:integer**, um den Inhalt auf positive oder negative ganze Zahlen zu beschränken, d.h. Zahlen ohne Brüche oder Nachkommastellen wie 542 oder -7.
3. Verwenden Sie **xsd:positiveInteger** (1, 2, etc.), **xsd:negativeInteger** (-1, -2, etc.), **xsd:nonPositiveInteger** (0, -1, -2, etc.) und **xsd:nonNegativeInteger** (0, 1, 2, etc.), um den Inhalt auf die jeweiligen Zahlentypen zu beschränken.
4. Verwenden Sie **xsd:float** für 32-Bit-Gleitkommazahlen mit einfacher Genauigkeit, wie 43e-2. Dazu gehört auch die positive und negative Null (0 und -0), positives und negatives Unendlich (INF und -INF) und keine Zahl (NaN).
5. Verwenden Sie **xsd:double** für 64-Bit-Gleitkommazahlen mit doppelter Genauigkeit.

✔ Tipp

- Einige weitere (meiner Meinung nach obskure) Zahlentypen sowie genauere Erläuterungen zu den hier bereits erwähnten finden Sie unter *http://www.w3.org/TR/xmlschema-2/*.

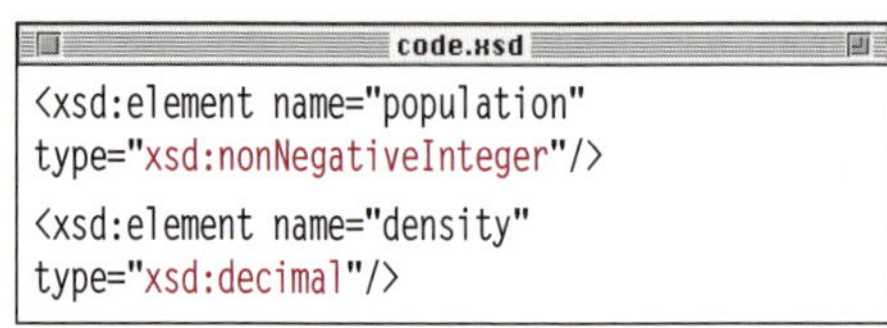
```
code.xsd
<xsd:element name="population"
type="xsd:nonNegativeInteger"/>
<xsd:element name="density"
type="xsd:decimal"/>
```

Abbildung 6.16: Für `population` ist es genauer, eine nicht negative Ganzzahl zu verwenden. (Eine positive Ganzzahl wäre nicht angebracht, da dieses Element leider auch den Wert Null annehmen kann, was mit `xsd:positiveInteger` nicht möglich ist.) Das Element `density` (das angibt, wie viele Tiere auf einem Quadratkilometer des Habitats leben) benötigt die Genauigkeit einer Dezimalzahl.

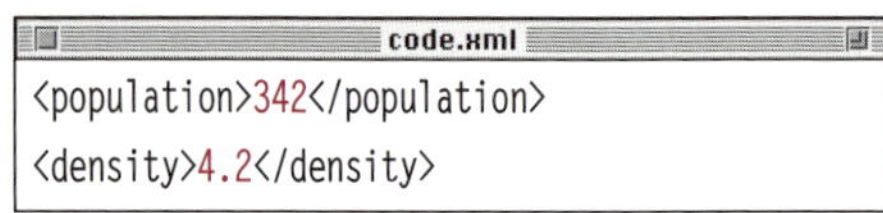
```
code.xml
<population>342</population>
<density>4.2</density>
```

Abbildung 6.17: Solange die `population` bei 0 oder höher liegt, ist das Element gültig. Das Element `density` darf einen Dezimalteil und einen ganzzahligen Teil besitzen.

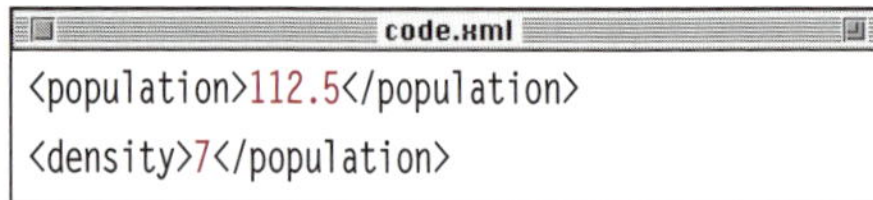
```
code.xml
<population>112.5</population>
<density>7</population>
```

Abbildung 6.18: Das `population`-Element hier ist ungültig, da eine Ganzzahl keinen Dezimalteil besitzen darf. Das `density`-Element ist gültig, da eine Dezimalzahl einen Dezimalteil besitzen darf, aber nicht muss.

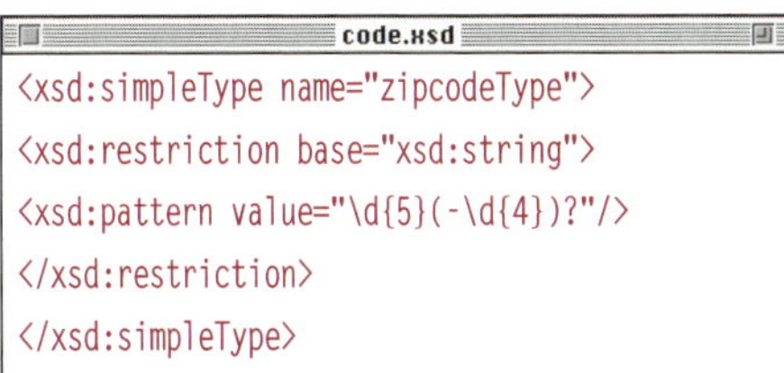

```
code.xsd
<xsd:simpleType name="zipcodeType">
<xsd:restriction base="xsd:string">
<xsd:pattern value="\d{5}(-\d{4})?"/>
</xsd:restriction>
</xsd:simpleType>
```

Abbildung 6.19: Hier wurde ein neuer Typ mit der Bezeichnung `zipcodeType` erstellt. Er basiert auf dem Typ `xsd:string`, beinhaltet jedoch ein Muster, das den Inhalt dieses Elements auf fünf Ziffern, optional gefolgt von einem Bindestrich und vier weiteren Ziffern, einschränkt.

```
code.xsd
<xsd:element name="zipcode"
type="zipcodeType"/>
```

Abbildung 6.20: Sie können den neuen Typ in Elementdeklarationen verwenden (*siehe Seite 76*).

```
code.xml
<zipcode>45632</zipcode>
```

```
code.xml
<zipcode>42398-0987</zipcode>
```

Abbildung 6.21: Diese `zipcode`-Elemente sind beide gültig.

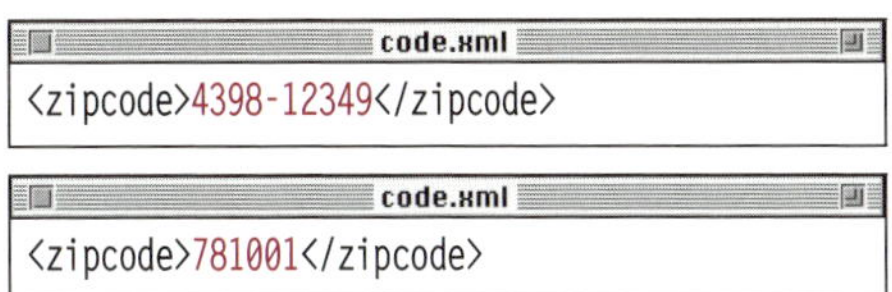

```
code.xml
<zipcode>4398-12349</zipcode>
```

```
code.xml
<zipcode>781001</zipcode>
```

Abbildung 6.22: Diese `zipcode`-Elemente sind beide ungültig. Das erste, weil es vier Ziffern umfasst, gefolgt von einem Bindestrich und fünf weiteren Ziffern (anstatt umgekehrt). Das zweite Element ist ungültig, weil es das Muster überhaupt nicht befolgt, wenngleich es sich um eine echte Postleitzahl handelt (in Guwahati, Indien, neben dem Manas Tiger Reserve). Vielleicht muss für Nicht-US-Postleitzahlen noch ein eigenes Element erstellt werden.

Eigene einfache Typen ableiten

Die Sprache XML Schema besitzt zwar viele integrierte einfache Typen, doch können Sie diese für besondere Zwecke erweitern.

So leiten Sie ein Element einfachen Typs ab:

1. Geben Sie **<xsd:simpleType** ein, um die Definition eines eigenen einfachen Typs zu beginnen.
2. Geben Sie **name="Label">** ein, wobei *Label* den neuen einfachen Typ identifiziert (aber nicht dem Namen des Elements entspricht, da der Typ für mehrere Elemente verwendet werden kann).
3. Geben Sie **<xsd:restriction base="Grundlage">** ein, wobei *Grundlage* für den einfachen Typ steht, von dem Sie Ihren eigenen Typ ableiten.
4. Geben Sie so viele Einschränkungen (oder *Facetten*) an, wie zur Definition des neuen Typs erforderlich sind (*siehe Seite 84–90*).
5. Geben Sie **</xsd:restriction>** ein.
6. Geben Sie **</xsd:simpleType>** ein, um die Definition des eigenen einfachen Typs abzuschließen.

✔ Tipps

- Sobald Sie Ihren eigenen Typ definiert und benannt haben, können Sie ihn auch verwenden (wie im letzten Absatz von Schritt 3 auf *Seite 76* erläutert). Beachten Sie, dass Sie auf diesen Typ nicht mit **xsd:Label** verweisen, sondern einfach mit **Label** (**Abbildung 6.20**).
- Sie können auch anonyme einfache Typen erstellen, wenn sie nur in einer einzigen Elementdeklaration verwendet werden (*siehe Seite 82*).
- Sie können auch einfache Listentypen erstellen. Weitere Erläuterungen hierzu erhalten Sie im Abschnitt *Listentypen erstellen* auf *Seite 90*.

Anonyme eigene Typen

Nicht jeden selbst definierten Typ brauchen Sie auch zu benennen. Wenn Sie einen Typ nur einmal für ein bestimmtes Element brauchen, können Sie den Querverweis zwischen Element und Typ weglassen.

So definieren und verwenden Sie anonyme eigene Typen:

1. Beginnen Sie die Deklaration, indem Sie **<xsd:element name="Label">** eingeben, wobei *Label* für das Element steht, das Sie deklarieren. Im XML-Dokument wird das in etwa so aussehen: <Label>.
2. Geben Sie **<xsd:simpleType>** ein.
3. Geben Sie **<xsd:restriction base="Grundlage">** ein, wobei *Grundlage* für den einfachen Typ steht, von dem Sie Ihren eigenen Typ ableiten.
4. Geben Sie so viele Einschränkungen (oder *Facetten*) an, wie zur Definition des neuen Typs erforderlich sind (*siehe Seite 84–90*).
5. Geben Sie **</xsd:restriction>** ein.
6. Geben Sie **</xsd:simpleType>** ein, um die Definition des neuen einfachen Typs abzuschließen.
7. Geben Sie schließlich **</xsd:element>** ein, um die Deklaration des Elements mit dem anonymen einfachen Typ abzuschließen.

✔ Tipps

- Selbstverständlich macht das nur Sinn bei eigenen Typen. Bei integrierten Typen verweisen Sie einfach mit dem Attribut `type` auf den Typ.
- Der einzige Unterschied zwischen einem anonymen Typ und einem benannten besteht darin, dass der benannte mehrmals verwendet werden kann (einfach indem das Attribut `type` auf den Namen gesetzt wird) während der anonyme Typ nur für das Element verwendet werden kann, in dem er enthalten ist.

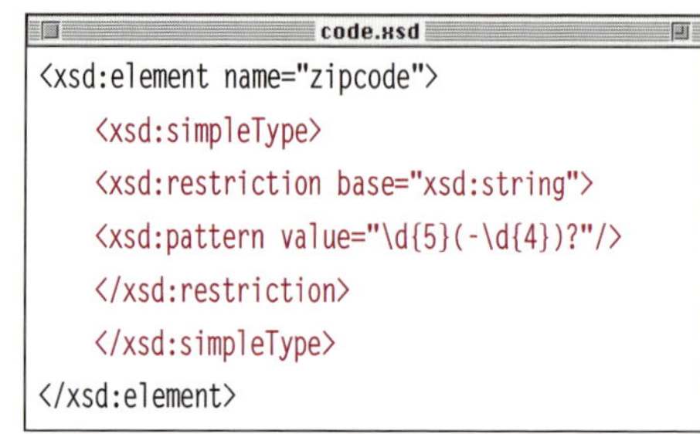
code.xsd

```
<xsd:element name="zipcode">
    <xsd:simpleType>
    <xsd:restriction base="xsd:string">
    <xsd:pattern value="\d{5}(-\d{4})?"/>
    </xsd:restriction>
    </xsd:simpleType>
</xsd:element>
```

Abbildung 6.23: Vergleichen Sie diese Elementdeklaration mit der kombinierten Typendefinition und Elementdeklaration in Abbildung 6.19 und 6.20 auf *Seite 81*. Die Definition des Elements `zipcode` ist in beiden Beispielen identisch. Der hauptsächliche Unterschied besteht darin, dass der oben gezeigte selbst definierte Typ für kein anderes Element mehr verwendet werden kann. (Beachten Sie, dass das Element `xsd:simpleType` keinen Namen besitzt, durch das es referenziert werden könnte).

```
code.xsd
<xsd:element name="continent">
<xsd:simpleType>
    <xsd:restriction base="xsd:string">
    <xsd:enumeration value="Asia"/>
    <xsd:enumeration value="Africa"/>
    <xsd:enumeration value="Australia"/>
    <xsd:enumeration value="Europe"/>
    <xsd:enumeration value="North America"/>
    <xsd:enumeration value="South America"/>
    <xsd:enumeration value="Antarctica"/>
    </xsd:restriction>
</xsd:simpleType>
</xsd:element>
```

Abbildung 6.24: Das Element `continent` kann jetzt jeden einzelnen dieser Werte enthalten.

```
code.xml
<continent>Asia</continent>
```

Abbildung 6.25: In diesem Beispiel ist das Element `continent` gültig, da es einer der Optionen entspricht.

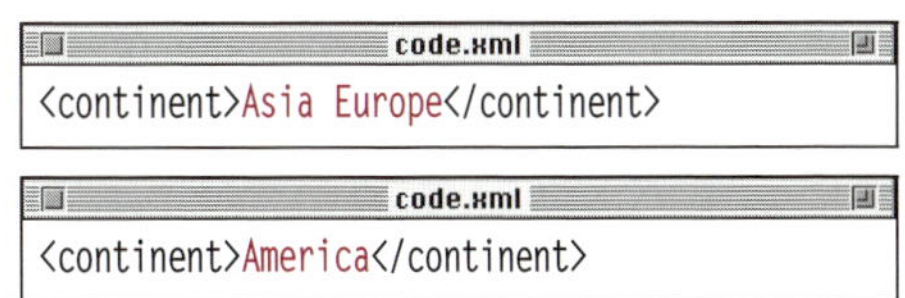

```
code.xml
<continent>Asia Europe</continent>
```

```
code.xml
<continent>America</continent>
```

Abbildung 6.26: Keines dieser Elemente ist gültig. Das erste umfasst zwei der Optionen, es ist aber nur eine erlaubt. Das zweite enthält nur einen Teil einer Option. (Zwar wird in vielen Teilen der Welt Amerika als ein einziger Kontinent betrachtet, doch erscheint es in der Optionenliste nur als ein Teil von zwei der Optionen und ist damit als eigenständiger Wert ungültig.)

Einen Satz akzeptierbarer Werte bestimmen

Damit zusammengehörige XML-Dokumente konsistent bleiben, empfiehlt es sich, den Inhalt eines Elements oder Attributs auf einen Satz an akzeptierbaren Werten zu beschränken.

So legen Sie einen Satz an akzeptierbaren Werten fest:

1. Geben Sie als Teil der Definition eines eigenen Typs (genauer gesagt in Schritt 4 der *Seite 81*) **<xsd:enumeration** ein.
2. Geben Sie **value="Option"** ein, wobei *Option* einen akzeptierbaren Wert für den Inhalt des Elements oder Attributs darstellt.
3. Schreiben Sie **/>**, um das Element `xsd:enumeration` abzuschließen.
4. Wiederholen Sie Schritt 1–3 für jeden weiteren Wert, der für das Attribut oder Element zugelassen ist.

✔ Tipps

- Sie können die Facette `xsd:enumeration`, abgesehen von logischen, auf alle einfachen Typen anwenden.
- Jeder „Enumeration-Wert“ muss eindeutig sein.
- „Enumeration-Werte“ dürfen auch Leerräume enthalten.

DEFINIEREN EINFACHER TYPEN

Ein Muster für einen einfachen Typ bestimmen

Mithilfe einer speziellen Sprache für reguläre Ausdrücke *(regex)* können Sie ein Muster zusammenstellen, mit dem ein gültiger Inhalt übereinstimmen muss. Die regex-Sprache im XML Schema basiert auf Perls Sprache für reguläre Ausdrücke und könnte für sich genommen ein Kapitel füllen. Hier nur ein leichter Vorgeschmack.

So legen Sie ein Muster für einen einfachen Typ fest:

1. Geben Sie als Teil der Definition eines eigenen Typs (genauer gesagt in Schritt 4 der *Seite 81*) **<xsd:pattern** ein.
2. Geben Sie als Nächstes **value="regex"** ein, wobei *regex* für einen regulären Ausdruck steht, der dem für den Inhalt vorgeschriebenen Muster entspricht und sich aus folgenden Symbolen zusammensetzt:

   Spezifische Buchstaben, Zahlen und Sonderzeichen in der Reihenfolge, in der diese Buchstaben, Zahlen und Sonderzeichen im Inhalt erscheinen sollen.

   . (Punkt) bedeutet: Überhaupt kein Zeichen.

   \d steht für beliebige Ziffern; **\D** für ein Zeichen, das keine Ziffer ist.

   \s steht für Leerräume (einschließlich Leerzeichen, Tabulator, neue Zeile und Wagenrücklauf); **\S** für jedes Zeichen, das kein Leerraum ist.

   x* steht für *null oder mehr x*-Zeichen; **(xy)*** für null oder mehr xy-Folgen.

   x? steht für *ein oder null x*-Zeichen; **(xy)?** für eine oder keine xy-Folge.

   x+ steht für *ein oder mehr x*-Zeichen; **(xy)+** für ein oder mehr xy-Folgen.

   [abc] steht für einen aus einer Gruppe von Werten (*a*, *b* oder *c*).

   [0-9] steht für einen *Wertebereich* von 0 bis 9.

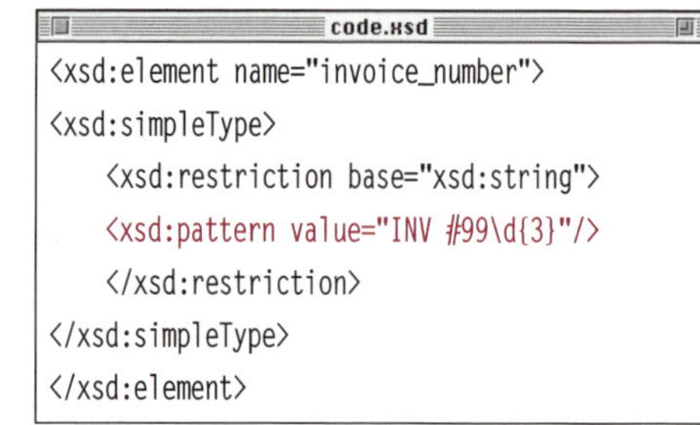

```
code.xsd
<xsd:element name="invoice_number">
<xsd:simpleType>
    <xsd:restriction base="xsd:string">
    <xsd:pattern value="INV #99\d{3}"/>
    </xsd:restriction>
</xsd:simpleType>
</xsd:element>
```

Abbildung 6.27: Dieses Muster beschränkt den Inhalt des Elements `invoice_number` auf Zeichenketten, die mit `INV #99` beginnen und danach drei weitere Ziffern umfassen. Jedes Zeichen, das in dem regulären Ausdruck erscheint, muss im Element an derselben Stelle erscheinen, soll der Inhalt gültig sein.

```
code.xml
<invoice_number>INV #99426</invoice_number>
```

Abbildung 6.28: Hier ein gültiges Beispiel für den Schemaauszug in Abbildung 6.27. Es müssen einfach die Zeichen „INV #99" eingegeben werden, gefolgt von drei beliebigen Ziffern.

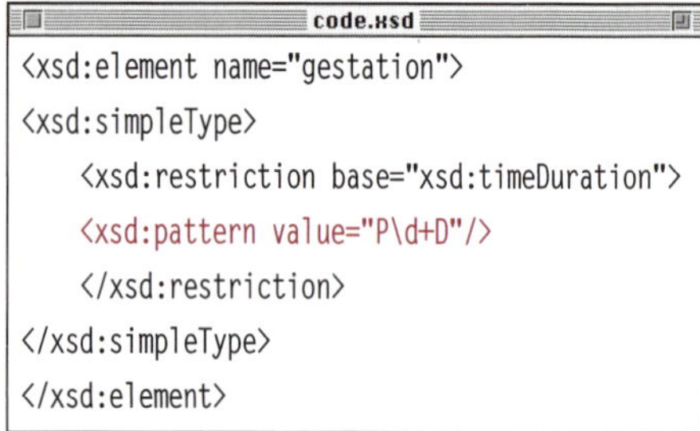

```
code.xsd
<xsd:element name="gestation">
<xsd:simpleType>
    <xsd:restriction base="xsd:timeDuration">
    <xsd:pattern value="P\d+D"/>
    </xsd:restriction>
</xsd:simpleType>
</xsd:element>
```

Abbildung 6.29: Sie können auch Muster eingeben, die den Inhalt von Elementen von anderen Typen abhängig machen. Angenommen, im Element `gestation` soll die Tragezeit des Tigers in Tagen (und nicht in Wochen oder Monaten) angegeben werden, so können Sie das Muster wie hier festsetzen. Denken Sie daran, dass dieses Muster nicht „versteht", was der Typ benötigt. Es verlangt vom Inhalt nur, dass er zuerst ein großes `P`, dann eine oder mehrere Ziffern und schließlich ein großes `D` beinhalten muss.

```
code.xml
<gestation>P108D</gestation>
```

Abbildung 6.30: Hier ein gültiges Beispiel für den Schemaauszug in Abbildung 6.29.

code.xsd
```
<xsd:element name="language">
<xsd:simpleType>
    <xsd:restriction base="xsd:string">
    <xsd:pattern value="English|Latin"/>
    </xsd:restriction>
</xsd:simpleType>
</xsd:element>
```

Abbildung 6.31: Anhand eines Musters können Sie auch eine Auswahl an Optionen für den Elementinhalt anbieten. (Eine üblichere Methode jedoch ist die Bereitstellung von Optionen anhand einer Aufzählung (enumeration) (*siehe Seite 83*)).

code.xml
```
<language>English</language>
```

Abbildung 6.32: Und hier ein gültiges Beispiel für den Schemaauszug in Abbildung 6.31.

dies | das bedeutet, *dies* oder *das* muss im Inhalt vorkommen. Weitere Optionen werden durch weitere senkrechte Striche ergänzt.

x{5} heißt, das *x* muss *genau* fünfmal vorkommen (in einer Zeile).

x{5,} heißt, das *x* muss *mindestens* fünfmal vorkommen (in einer Zeile).

x{5,8} heißt, das *x* muss *mindestens* fünfmal und darf *höchstens* achtmal vorkommen (in einer Zeile).

(xyz){2} heißt, *xyz* muss *genau* zweimal vorkommen (in einer Zeile). Die Klammern kontrollieren, was durch die geschweiften Klammern oder Modifikatoren (?, + und *) beeinflusst wird.

3. Schreiben Sie **/>**, um das Element `xsd:pattern` abzuschließen.

✔ Tipps

- Ein wichtiger Unterschied bei regulären Ausdrücken in XML Schema und Perl ist, dass der reguläre Ausdruck immer mit dem gesamten Inhalt des Elements verglichen wird. Es gibt nicht (wie in Perl) die Möglichkeit, anhand der Zeichen ^ und $ die Übereinstimmung auf den Anfang oder das Ende der Zeile zu beschränken.
- Es schien etwas übertrieben, in diesem bereits umfangreichen Kapitel reguläre Ausdrücke bis ins kleinste Detail zu erörtern. Stattdessen sei auf ein anderes meiner Bücher verwiesen: *Perl and CGI for the World Wide Web, Visual QuickStart Guide,* erschienen bei Peachpit Press (ist leider nur auf Englisch erhältlich). Dort finden Sie einige weitere Beispiele sowie Hintergrundinformationen. Informationen über reguläre Ausdrücke bei Perl finden Sie auch unter *http://www.perl.com/pub/doc/manual/html/pod/perlfaq6.html.*

Einen Bereich akzeptierbarer Werte bestimmen

Sie können den Inhalt eines Attributs oder Elements auch beschränken, indem Sie den höchsten oder niedrigsten zulässigen Wert (oder beides) angeben.

So legen Sie den höchsten zulässigen Wert fest:

1. Geben Sie als Teil der Definition eines eigenen Typs (genauer gesagt in Schritt 4 der *Seite 81*) **<xsd:maxInclusive** ein (übersehen Sie nicht das große *I* bei *Inclusive*).
2. Geben Sie **value="n"** ein, wobei der Inhalt kleiner oder gleich *n* sein muss, damit er gültig ist.
3. Schreiben Sie **/>**, um das Element `xsd:maxInclusive` abzuschließen.

Eine weitere Methode, um den höchsten zulässigen Wert festzulegen:

1. Geben Sie als Teil der Definition des eigenen Typs (genauer gesagt in Schritt 4 der *Seite 81*) **<xsd:maxExclusive** ein (übersehen Sie nicht das große *E* bei *Exclusive*).
2. Geben Sie **value="n"** ein, wobei der Inhalt kleiner (aber nicht gleich) *n* sein muss, damit er gültig ist.
3. Schreiben Sie **/>**, um das Element `xsd:maxExclusive` abzuschließen.

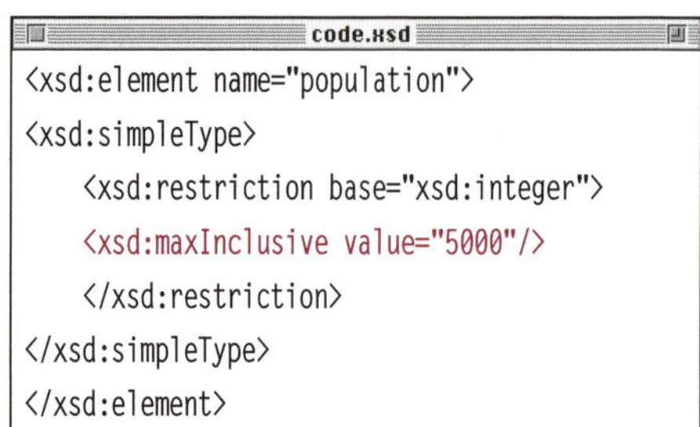

code.xsd

```
<xsd:element name="population">
<xsd:simpleType>
    <xsd:restriction base="xsd:integer">
    <xsd:maxInclusive value="5000"/>
    </xsd:restriction>
</xsd:simpleType>
</xsd:element>
```

Abbildung 6.33: Die Facette `xsd:maxInclusive` legt den höchsten zulässigen Wert für ein Element fest.

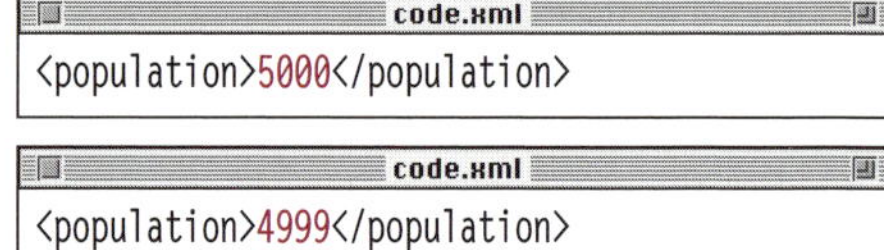

code.xml

```
<population>5000</population>
```

code.xml

```
<population>4999</population>
```

Abbildung 6.34: Das Element `population` ist in beiden Beispielen gültig, da der Wert im ersten gleich dem `xsd:maxInclusive`-Wert ist und der Wert im zweiten Beispiel kleiner als der `xsd:maxInclusive`-Wert ist.

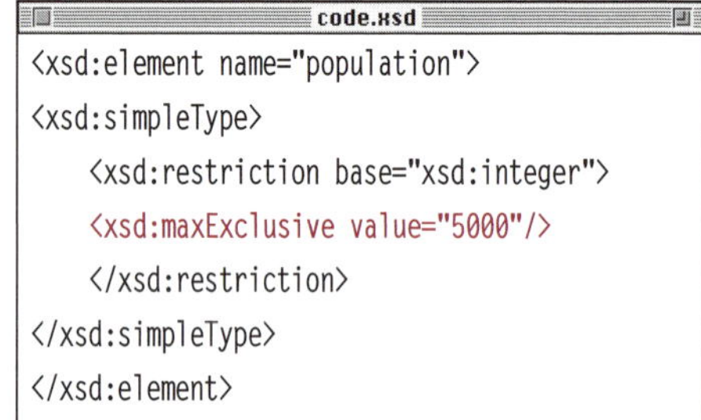

code.xsd

```
<xsd:element name="population">
<xsd:simpleType>
    <xsd:restriction base="xsd:integer">
    <xsd:maxExclusive value="5000"/>
    </xsd:restriction>
</xsd:simpleType>
</xsd:element>
```

Abbildung 6.35: Die Facette `xsd:maxExclusive` legt den niedrigsten nicht akzeptierbaren Wert fest, d.h. der Elementinhalt muss kleiner, darf aber nicht gleich dem `xsd:maxExclusive`-Wert sein.

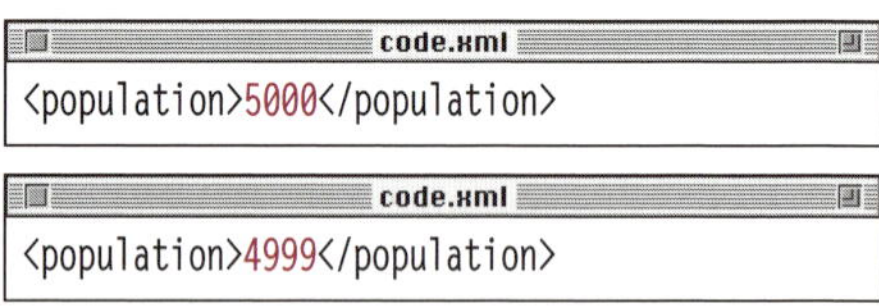

code.xml

```
<population>5000</population>
```

code.xml

```
<population>4999</population>
```

Abbildung 6.36: Jetzt ist das Element `population` im ersten Beispiel ungültig, im zweiten aber gültig.

```
code.xsd
<xsd:element name="start_date">
<xsd:simpleType>
    <xsd:restriction base="xsd:date">
    <xsd:minInclusive value="1999-07-25"/>
    </xsd:restriction>
</xsd:simpleType>
</xsd:element>
```

Abbildung 6.37: Die Facette `xsd:minInclusive` legt den niedrigsten zulässigen Wert für ein Element fest, d.h. das Anfangsdatum (`start_date`) muss dem 25. Juli 1999 oder einem späteren Datum entsprechen.

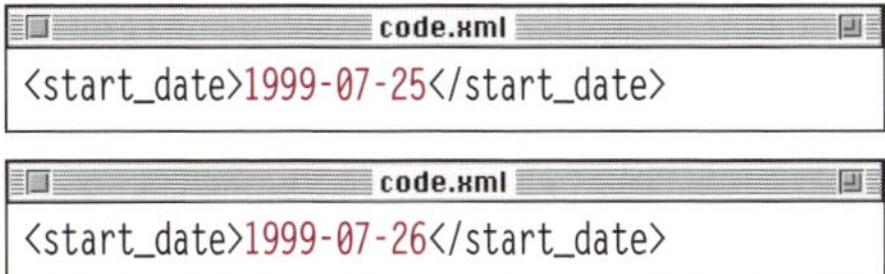

```
code.xml
<start_date>1999-07-25</start_date>
```

```
code.xml
<start_date>1999-07-26</start_date>
```

Abbildung 6.38: Das Element `start_date` ist in beiden Beispielen gültig, da der Wert im ersten gleich dem `xsd:minInclusive`-Wert ist und der Wert im zweiten Beispiel größer (also später) als der `xsd:minInclusive`-Wert ist.

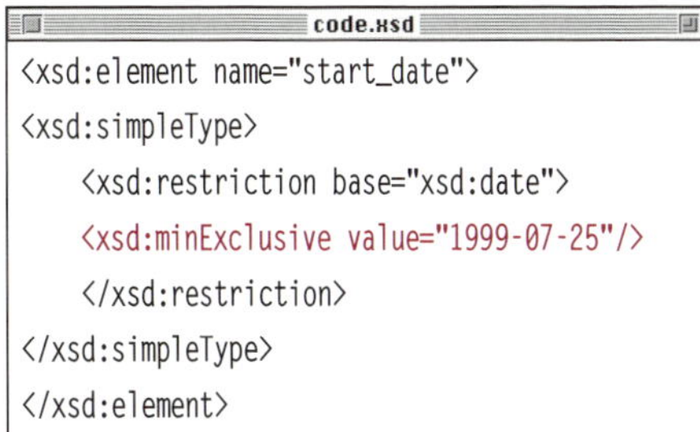

```
code.xsd
<xsd:element name="start_date">
<xsd:simpleType>
    <xsd:restriction base="xsd:date">
    <xsd:minExclusive value="1999-07-25"/>
    </xsd:restriction>
</xsd:simpleType>
</xsd:element>
```

Abbildung 6.39: Die Facette `xsd:minExclusive` legt den höchsten nicht akzeptierbaren Wert fest, d.h. der Elementinhalt muss größer, darf aber nicht gleich dem `xsd:minExclusive`-Wert sein.

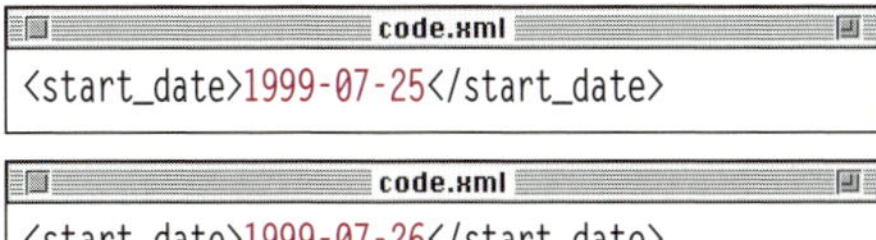

```
code.xml
<start_date>1999-07-25</start_date>
```

```
code.xml
<start_date>1999-07-26</start_date>
```

Abbildung 6.40: Jetzt ist das Element `start_date` im ersten Beispiel ungültig (es darf nicht gleich dem Wert von `xsd:minExclusive` sein), während das zweite Beispiel gültig bleibt, denn der Zeitpunkt liegt später, ist also größer als der Wert von `xsd:minExclusive`.

So legen Sie den niedrigsten zulässigen Wert fest:

1. Geben Sie als Teil der Definition eines eigenen Typs (genauer gesagt in Schritt 4 der *Seite 81*) **<xsd:minInclusive** ein (übersehen Sie nicht das große *I* bei *Inclusive*).
2. Geben Sie **value="n"** ein, wobei *n* kleiner oder gleich dem Inhalt sein muss, damit er gültig ist.
3. Schreiben Sie **/>**, um das Element `xsd:minInclusive` abzuschließen.

Eine weitere Methode, um den niedrigsten zulässigen Wert festzulegen:

1. Geben Sie als Teil der Definition des eigenen Typs (genauer gesagt in Schritt 4 der *Seite 81*) **<xsd:minExclusive** ein (übersehen Sie nicht das große *E* bei *Exclusive*).
2. Geben Sie **value="n"** ein, wobei *n* kleiner (aber nicht gleich) dem Inhalt sein muss, damit er gültig ist.
3. Schreiben Sie **/>**, um das Element `xsd:minExclusive` abzuschließen.

✔ Tipps

- Sie können die Mindest- und Maximalbegrenzungen (jeweils eine) nach Bedarf kombinieren. Allerdings ist es nicht möglich, für denselben Typ die beiden Mindestbegrenzungen (bzw. die beiden Maximalbegrenzungen) zusammen einzusetzen (das würde ja auch keinen Sinn machen).
- Bei einer Zahl ist es unmissverständlich, welche größer oder kleiner ist. Eine Datums- oder Zeitangabe jedoch ist größer, wenn sie einen späteren Zeitpunkt repräsentiert und kleiner, wenn sie einen früheren Zeitpunkt repräsentiert.

DEFINIEREN EINFACHER TYPEN

Die Länge eines einfachen Typs begrenzen

Elemente, die von einem einfachen Zeichenketten- oder URL-Typ abgeleitet wurden, lassen sich in ihrer Länge begrenzen.

So legen Sie die genaue Länge eines Elements fest:

Geben Sie als Teil der Definition eines eigenen Typs (genauer gesagt in Schritt 4 der *Seite 81*) **<xsd:length value="x"/>** ein, wobei *x* für die Anzahl der Zeichen steht, die das Element haben muss.

So legen Sie die Mindestlänge eines Elements fest:

Geben Sie als Teil der Definition eines eigenen Typs (genauer gesagt in Schritt 4 der *Seite 81*) **<xsd:minLength value="m"/>** ein, wobei *m* angibt, wie viele Zeichen das Element mindestens haben muss.

So legen Sie die maximale Länge eines Elements fest:

Geben Sie als Teil der Definition eines eigenen Typs (genauer gesagt in Schritt 4 der *Seite 81*) **<xsd:maxLength value="n"/>** ein, wobei *n* angibt, wie viele Zeichen das Element höchstens haben darf.

✔ Tipps

- Wenn Sie die Länge angeben, können Sie das Maximum oder Minimum nicht angeben (und umgekehrt). Es wäre nicht nur falsch, sondern würde auch keinen Sinn machen.
- Für `xsd:length`, `xsd:minLength` und `xsd:maxLength` müssen stets nicht negative Ganzzahlen angegeben werden.
- Basiert das Element auf einem binären Typ, beschreibt die Länge die Anzahl der Oktetts an Binärdaten. Wird das Element in Form einer Liste abgeleitet (*siehe Seite 90*), so bezeichnet die Länge die Anzahl der Listeneinträge.

code.xsd

```
<xsd:element name="animal_code">
<xsd:simpleType>
    <xsd:restriction base="xsd:string">
    <xsd:length value="4"/>
    </xsd:restriction>
</xsd:simpleType>
</xsd:element>
```

Abbildung 6.41: Sie können die Länge einer Zeichenkette vorschreiben, wenngleich sich das vielleicht besser mit einem Muster realisieren lässt.

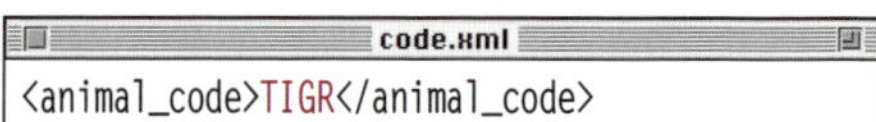

code.xml

```
<animal_code>TIGR</animal_code>
```

Abbildung 6.42: Das Element `animal_code` hier ist gültig, weil es 4 Zeichen enthält (vgl. Abbildung 6.41).

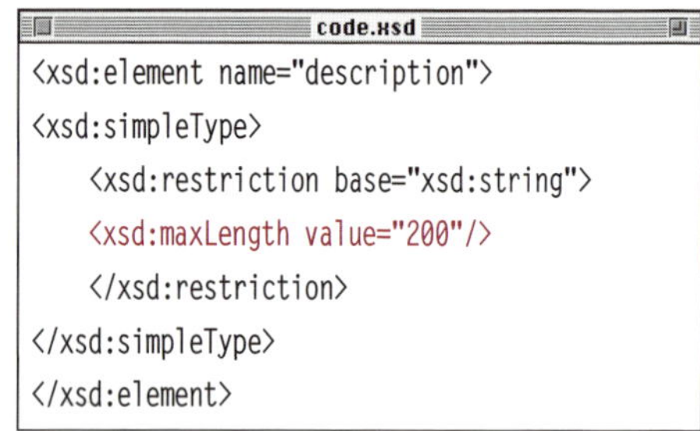

code.xsd

```
<xsd:element name="description">
<xsd:simpleType>
    <xsd:restriction base="xsd:string">
    <xsd:maxLength value="200"/>
    </xsd:restriction>
</xsd:simpleType>
</xsd:element>
```

Abbildung 6.43: Sie können die Länge eines Zeichenkettenelements begrenzen, damit es nicht überhand nimmt.

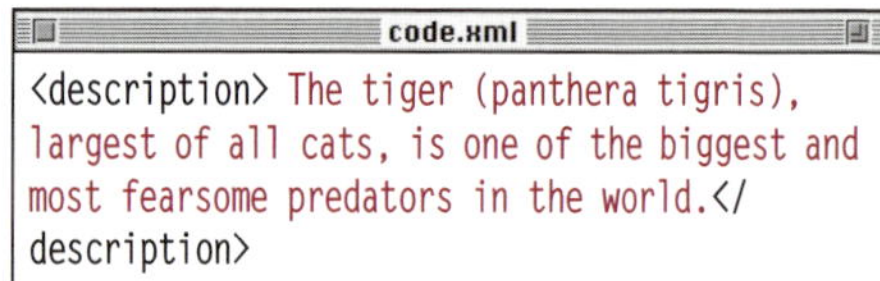

code.xml

```
<description> The tiger (panthera tigris),
largest of all cats, is one of the biggest and
most fearsome predators in the world.</
description>
```

Abbildung 6.44: Das Element `description` in diesem Beispiel ist gültig, weil seine Länge mit 113 Zeichen gut innerhalb des 200-Zeichen-Limits liegt.

```
<description> The tiger (panthera tigris), largest of all cats, is one of the biggest and most fearsome predators in the world.Power-fully built with fierce retractile claws (they can be pulled into the paw, like a house cat's), the tiger's distinctive gold coloring with black stripes allows it to melt unseen into its environment. </description>
```

Abbildung 6.45: Hier ist das Element `description` ungültig, weil es mit 317 zu viele Zeichen enthält.

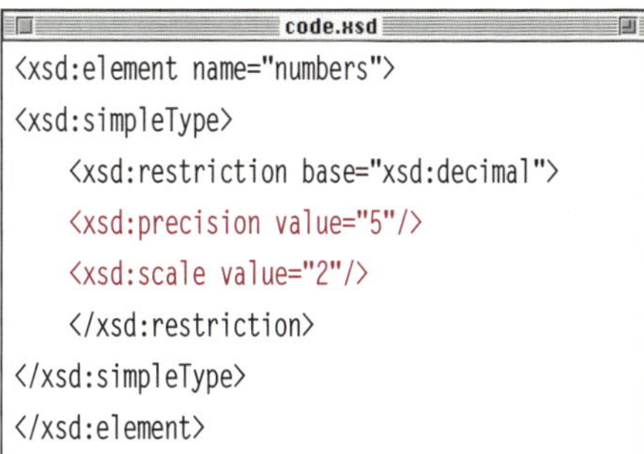

```
<xsd:element name="numbers">
<xsd:simpleType>
    <xsd:restriction base="xsd:decimal">
    <xsd:precision value="5"/>
    <xsd:scale value="2"/>
    </xsd:restriction>
</xsd:simpleType>
</xsd:element>
```

Abbildung 6.46: Der Wert im Element `precision` bestimmt die Anzahl der Stellen insgesamt. `Scale` bestimmt, wie viele Stellen hinter dem Dezimalzeichen erscheinen müssen.

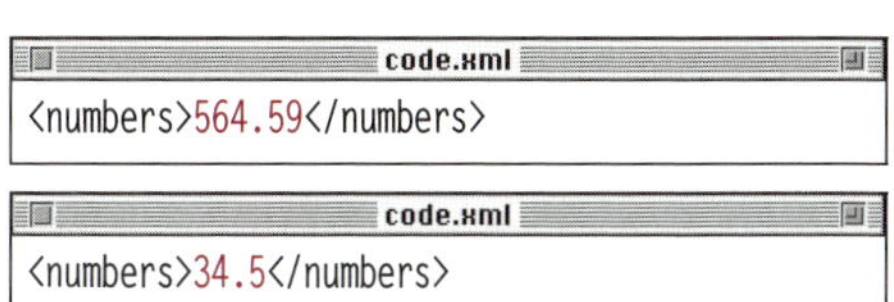

```
<numbers>564.59</numbers>
```

```
<numbers>34.5</numbers>
```

Abbildung 6.47: Hier sind beide Elemente gültig, da sie nicht mehr als fünf Stellen insgesamt und nicht mehr als zwei Nachkommastellen (bzw. „Nachpunktstellen", wegen der englischen Notation in den Beispielen) haben.

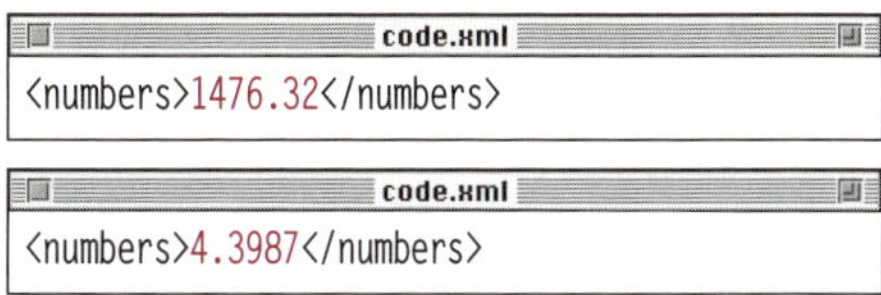

```
<numbers>1476.32</numbers>
```

```
<numbers>4.3987</numbers>
```

Abbildung 6.48: Diese beiden Zahlenelemente sind ungültig: Das erste, weil die Gesamtzahl der Stellen zu hoch ist (6); das zweite, weil hinter dem Dezimalzeichen zu viele Stellen vorkommen (4 anstelle von 2).

Die für eine Zahl zulässigen Stellen begrenzen

Für eine Zahl können Sie vorschreiben, wie viele Stellen rechts und links vom Dezimalzeichen zulässig sind.

So legen Sie die Anzahl der Stellen in einer Zahl fest:

1. Geben Sie als Teil der Definition eines eigenen Typs (genauer gesagt in Schritt 4 der *Seite 81*) **<xsd:precision** ein.
2. Geben Sie **value="n"** ein, wobei *n* angibt, wie viele Stellen in der Zahl vorkommen dürfen.
3. Schreiben Sie **/>**, um das Tag abzuschließen.

So legen Sie die Anzahl der Stellen rechts vom Dezimalzeichen fest:

1. Geben Sie als Teil der Definition eines eigenen Typs (genauer gesagt in Schritt 4 der *Seite 81*) **<xsd:scale** ein.
2. Geben Sie **value="n"** ein, wobei *n* angibt, wie viele Stellen rechts vom Dezimalzeichen maximal vorkommen dürfen.
3. Schreiben Sie **/>**, um das Tag abzuschließen.

✔ Tipps

- Die Facette `xsd:precision` muss eine positive Zahl sein (1, 2, 3 oder höher). Sie darf jedoch nicht gleich Null sein. Und sie darf nicht kleiner sein, als der Wert im Element `xsd:scale`.
- Die Facette `xsd:scale` muss eine nicht negative Zahl sein (0, 1, 2 oder höher).
- Sowohl `xsd:precision` als auch `xsd:scale` geben den jeweils maximal zulässigen Wert an. Die Zahl wird auch dann als gültig betrachtet, wenn weniger Stellen vorhanden sind.
- `xsd:precision` und `xsd:scale` können für jeden nummerischen Typ gesetzt werden (nicht jedoch für Zeichenketten, Datumsangaben oder andere Typen).

Listentypen erstellen

Bisher konnte ein Element jeweils nur eine Einheit umfassen. Wenn Sie etwa ein Element als Datum definieren, so kann es nur ein Datum enthalten. Doch wenn Sie ein Element mit einer ganzen Liste von Daten benötigen, gibt es eine Lösung: Sie können vom Datumstyp einen Listentyp ableiten.

So erstellen Sie einen Listentyp:

1. Geben Sie **<xsd:simpleType** ein, um die Definition des Listentyps zu beginnen.
2. Geben Sie dann **name="Label">** ein, wobei *Label* für das Element steht, das Sie deklarieren. Im XML-Dokument wird das in etwa so aussehen: <Label>.
3. Geben Sie **<xsd:list itemType="Einzelwert">** ein, wobei *Einzelwert* für den einfachen Typ steht, der die einzelnen Werte der Liste definiert.
4. Bei Bedarf können Sie den Umfang der Liste mithilfe der Facetten `xsd:length`, `xsd:minlength`, `xsd:maxLength` (*siehe Seite 88*) und `xsd:enumeration` (*siehe Seite 83*) einschränken.
5. Geben Sie **</xsd:list>** ein, um die Listendefinition abzuschließen.
6. Geben Sie schließlich **</xsd:simpleType>** ein, um die Definition des einfachen Typs abzuschließen.

✔ Tipps

- Wenn Sie Ihre Liste nicht weiter einzuschränken haben, lassen Sie Schritt 4–5 aus und geben stattdessen einfach **/>** ein, um das Element `xsd:list` abzuschließen (**Abbildung 6.49**).
- Listen lassen sich nur von einfachen Typen ableiten (nicht von komplexen, die im nächsten Kapitel erörtert werden).
- Da die Leerräume die Anzahl der Listeneinträge bestimmen, sollten diese auch berücksichtigt werden, wenn Sie die Länge einer Zeichenkettenliste festlegen.

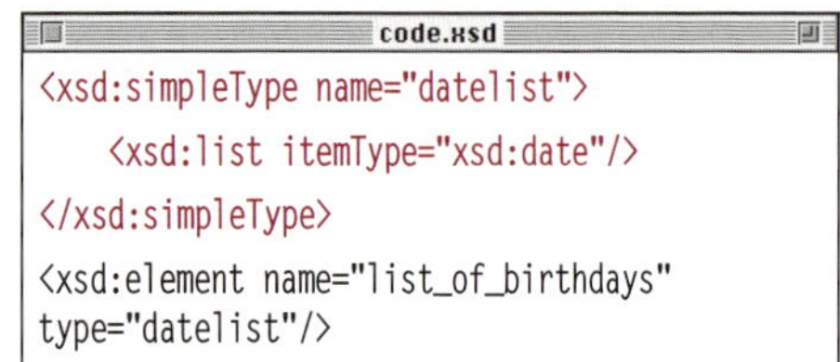

code.xsd

```
<xsd:simpleType name="datelist">
    <xsd:list itemType="xsd:date"/>
</xsd:simpleType>
<xsd:element name="list_of_birthdays"
type="datelist"/>
```

Abbildung 6.49: Eine Liste muss von einem vorhandenen integrierten oder selbst definierten einfachen Typ abgeleitet werden. Der Listentyp `datelist` basiert `xsd:date type`. Beachten Sie, dass beim Deklarieren des Elements `list_of_birthdays` der neue selbst definierte einfache Listentyp gleich verwendet wird.

code.xml

```
<list_of_birthdays>1893-04-20 1904-05-11
</list_of_birthdays>
```

Abbildung 6.50: Eine Liste sollte null oder mehr Werte von dem im Attribut `itemType` festgelegten Typ besitzen. Wie in diesem gültigen Beispiel sind die einzelnen Werte durch Leerräume voneinander getrennt.

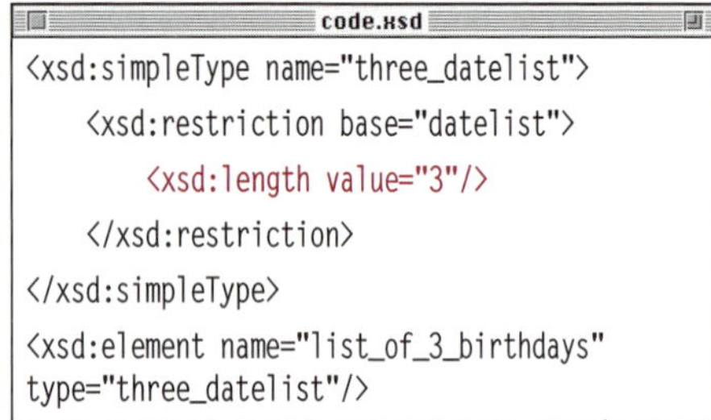

code.xsd

```
<xsd:simpleType name="three_datelist">
    <xsd:restriction base="datelist">
        <xsd:length value="3"/>
    </xsd:restriction>
</xsd:simpleType>
<xsd:element name="list_of_3_birthdays"
type="three_datelist"/>
```

Abbildung 6.51: Mithilfe der Facetten `xsd:length`, `xsd:minlength`, `xsd:maxLength` (*siehe Seite 88*) und `xsd:enumeration` (*siehe Seite 83*) können Sie einen Listentyp weiter einschränken.

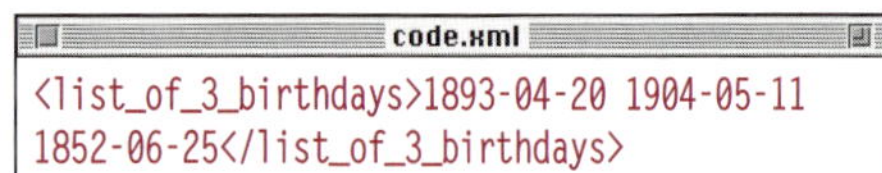

code.xml

```
<list_of_3_birthdays>1893-04-20 1904-05-11
1852-06-25</list_of_3_birthdays>
```

Abbildung 6.52: Die Liste `list_of_3_birthdays` muss jetzt drei Datumsangaben besitzen, um gültig zu sein.

code.xsd
```
<xsd:element name="status" type="xsd:string"
fixed="endangered"/>
```

Abbildung 6.53: Das Element `status` muss, solange es im XML-Dokument erscheint, die Zeichenkette „endangered" enthalten (oder leer sein, in welchem Fall als Inhalt die Zeichenkette „endangered" vorausgesetzt wird).

code.xml
```
<status>endangered</status>
```

Abbildung 6.54: Dieses Beispiel für das Element `status` ist gültig im Hinblick auf die Schemadaten in Abbildung 6.53. Es wäre auch in Ordnung, wenn das Element `status` gar nicht vorkäme.

code.xml
```
<status>vulnerable</status>
```

Abbildung 6.55: Diese Angabe für das Element `status` ist ungültig im Hinblick auf die Deklaration in Abbildung 6.53.

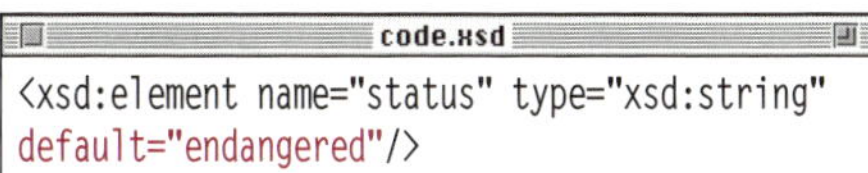

code.xsd
```
<xsd:element name="status" type="xsd:string"
default="endangered"/>
```

Abbildung 6.56: Wenn Sie das Element `status` mit einem Standardwert belegen, so wird dieser Wert als ursprünglicher Inhalt gesetzt, und zwar unabhängig davon, ob das Element `status` im XML-Dokument ausdrücklich erscheint oder nicht.

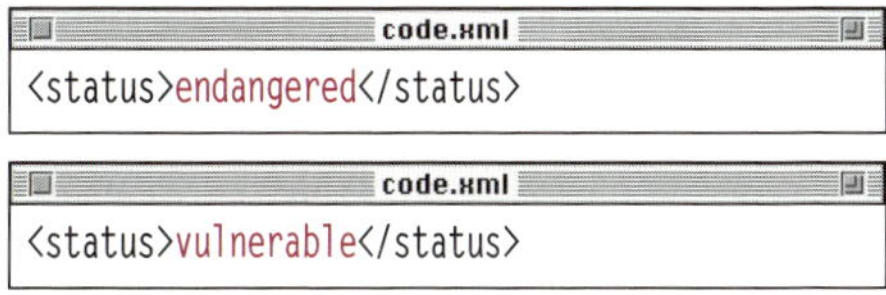

code.xml
```
<status>endangered</status>
```

code.xml
```
<status>vulnerable</status>
```

Abbildung 6.57: Diese `status`-Elemente sind beide gültig. Das Attribut `default` bestimmt nur einen ursprünglichen Wert, jeder andere Wert ist ebenso akzeptierbar.

Den Inhalt eines Elements im Voraus definieren

Es gibt zwei Methoden, um mithilfe eines Schemas den Inhalt eines Elements vorher zu definieren. Entweder Sie schreiben den Inhalt des Elements vor oder Sie setzen einen Wert für das Element für die Fälle, in denen im XML-Dokument kein Wert angegeben wird. Ersteres nennt man einen *festen Wert;* zweites einen *Standardwert.*

So schreiben Sie einen Elementinhalt vor:

1. Geben Sie innerhalb des Tags `element` **fixed=** ein.
2. Geben Sie dann **"Wert"** ein, wobei *Wert* den beabsichtigten Inhalt des Elements angibt (es sei denn das Element ist leer).

So stellen Sie einen Standardwert für ein Element ein:

1. Geben Sie innerhalb des Tags `element` **default=** ein.
2. Geben Sie dann **"Wert"** ein, wobei *Wert* angibt, welchen Inhalt das Element automatisch annehmen soll, wenn es ausgelassen wird.

✓ Tipps

- Das Attribut `fixed` bestimmt den Inhalt eines Elements nur, wenn es im XML-Code erscheint. Wird es ausgelassen, wird auch kein Inhalt eingestellt.
- Wurde das Attribut `fixed` gesetzt und das Element ist leer, so wird es automatisch auf den festgesetzten Wert eingestellt.
- Wurde das Attribut `default` gesetzt und das Element kommt im XML-Code nicht vor, so wird es automatisch auf den Standardwert eingestellt.
- Wurde das Attribut `default` gesetzt und das Element kommt im XML-Code vor, so gibt es keine Vorschriften für den Inhalt.
- Die Attribute `default` und `fixed` dürfen nicht gleichzeitig gesetzt werden.

7

Definieren komplexer Typen


```
code.xml
<subspecies>
<name language="English">Amur</name>
<name language="Latin">P.t. altaica</name>
<region>Far East Russia</region>
<population year="1999">445</population>
</subspecies>
```

Abbildung 7.1: Das Element subspecies enthält andere Elemente, aber keinen losen Text. Dieses spezielle Element besitzt keine Attribute, könnte es aber. Diese Art von Elementen nennt man „reine Elemente".

```
code.xml
<source sectionid="101" newpaperid="21"/>
<picture filename="tiger.jpg" x="200" y="197"/
```

Abbildung 7.2: Sowohl das Element source als auch picture sind „reine Elemente", denn sie haben keinen Inhalt. Die leeren Elemente hier besitzen Attribute (müssen es aber nicht, um dem Typ zu entsprechen).

```
code.xml
<description length="short">The <name
language="English">tiger</name> (panthera
tigris), largest of all cats, is one of the
biggest and most fearsome predators in the
world.</description>
```

Abbildung 7.3: Das Element description in diesem Beispiel enthält Text und ein Namenselement (sowie ein Attribut). Ein solches Element wird als „Kombinationselement" bezeichnet.

```
code.xml
<name language="Latin">panthera tigris</name>
```

Abbildung 7.4: Das Element name umfasst nur Text (und ein Attribut) und wird somit als „reines Textelement" betrachtet.

Ein Element, das andere Elemente und Attribute enthalten darf, besitzt einen *komplexen Typ*. Da viele XML-Dokumente Elemente umfassen, die andere Elemente enthalten, ist es recht wahrscheinlich, dass Sie in Ihrem Schema komplexe Typen erstellen müssen.

Es gibt vier Arten komplexer Elemente: *Reine Elemente*, die nur andere Elemente oder Attribute und keinen Text enthalten (**Abbildung 7.1**), *leere Elemente*, die Attribute, aber niemals Elemente oder Text enthalten (**Abbildung 7.2**), *Kombinationselemente*, die eine Kombination an Elementen, Attributen und/oder Text enthalten (**Abbildung 7.3**) und *reine Textelemente*, die nur Text – und möglicherweise Attribute – enthalten (**Abbildung 7.4**). Jeder dieser komplexen Elementtypen wird im Folgenden gesondert erläutert.

Reine Elemente definieren

Ein Element mit dem grundlegendsten aller komplexen Typen darf andere Elemente enthalten und gegebenenfalls auch Attribute – doch keinen Text. Sein Inhalt wird (trotz der Attribute) als „reiner Elementinhalt" umschrieben.

So erstellen Sie einen kopmlexen Typ, der nur Elemente enthält:

1. Geben Sie **<xsd:complexType** ein.
2. Geben Sie dann **name="Label"** ein, wobei *Label* den komplexen Typ identifiziert. (Dies ist nicht der Name des Elements, da Sie diese komplexe Typendefinition in den Deklarationen mehrerer Elemente verwenden können.)
3. Schreiben Sie **>**, um das Start-Tag abzuschließen.
4. Deklarieren Sie eine Sequenz (*siehe Seite 95*), Auswahl (*siehe Seite 96*) oder eine ungeordnete Gruppe (*siehe Seite 97*) oder verweisen Sie auf eine benannte Gruppe – die jede dieser drei Möglichkeiten umfassen kann – (*siehe Seite 99*), um festzulegen, welche Elemente für den komplexen Typ zulässig sind.
5. Deklarieren Sie dann die Attribute (*siehe Seite 108*) oder Attributgruppen (*siehe Seite 111*), falls sie in Elementen dieses Typs erscheinen sollen oder verweisen Sie darauf.
6. Geben Sie dann **</xsd:complexType>** ein.

✔ Tipps

- Sobald Sie einen komplexen Typ erstellt haben, müssen Sie die Element(e) deklarieren, die durch diesen Typ definiert werden. Weitere Erläuterungen hierzu erhalten Sie im Abschnitt *Komplexes Element deklarieren* auf *Seite 106*.
- Die Elemente in einem komplexen Typ müssen Teil einer Sequenz, Auswahl, ungeordneten Gruppe oder benannten Gruppe sein.

code.xsd

```
<xsd:complexType name="endspeciesType">
    <xsd:sequence>
    <xsd:element name="animal"
    type="animalType"/>
    </xsd:sequence>
</xsd:complexType>
```

Abbildung 7.5: Hier die Definition eines komplexen Typs (der später für die Definition des Elements `endangered_species` verwendet wird). Es wird ein `animal`-Element enthalten, das durch den Typ `animalType` definiert ist. Es ist durchaus nicht unüblich, dass als Inhalt eines komplexen Typs ein anderes Element komlexen Typs vorgeschrieben wird.

code.xsd

```
<xsd:complexType name="animalType">
<xsd:sequence>
<xsd:element ref="name" minOccurs="2"/>
<xsd:element name="threats"
    type="threatsType"/>
<xsd:element name="weight" type="xsd:string"/>
<xsd:element name="length" type="xsd:string"/>
<xsd:element name="source" type="sourceType"/>
<xsd:element name="picture"
    type="pictureType"/>
<xsd:element name="subspecies"
    type="subspeciesType"/>
</xsd:sequence>
</xsd:complexType>
```

Abbildung 7.6: Jedes Element des Typs `animalType` muss die Element `name`, `threats`, `weight`, `length`, `source`, `picture` und `subspecies` in dieser Reihenfolge enthalten.

Elemente einer Sequenz

Soll ein Element komplexen Typs eines oder mehrere Elemente *in einer bestimmten Reihenfolge* enthalten, so müssen Sie eine Sequenz dieser Elemente definieren.

So legen Sie fest, dass die Elemente in vorgeschriebener Sequenz erscheinen:

1. Geben Sie **<xsd:sequence** ein.
2. Legen Sie bei Bedarf fest, wie oft die Elementsequenz selbst vorkommen darf. Dazu setzen Sie die Attribute `minOccurs` und `maxOccurs` (*siehe Seite 101*).
3. Schreiben Sie **>**, um das Start-Tag abzuschließen.
4. Deklarieren (*siehe Seite 76 und 106*) oder verweisen (*siehe Seite 100*) Sie auf jede der Komponenten, die in der Sequenz vorkommen sollen, und zwar in der Reihenfolge, in der sie erscheinen sollen.
5. Geben Sie **</xsd:sequence>** ein.

✔ Tipps

- Eine Sequenz bestimmt die Reihenfolge, in der seine Elemente im XML-Dokument erscheinen sollen.
- Eine Sequenz kann auch andere Sequenzen, Auswahloptionen (*siehe Seite 96*) oder Verweise auf benannte Gruppen (*siehe Seite 99*) enthalten.
- Eine Sequenz kann in einer komplexen Typendefinition enthalten sein (*siehe Seite 94*), in anderen Sequenzen, in einem Satz an Auswahloptionen (*siehe Seite 96*) oder in der Definition einer benannten Gruppe (*siehe Seite 98*).
- Das Element `xsd:sequence` ist in etwa dem Komma (,) in DTDs vergleichbar.
- Es ist vollkommen in Ordnung, wenn eine Sequenz nur ein Element umfasst.

DEFINIEREN KOMPLEXER TYPEN

Einen Satz an Auswahloptionen erstellen

Manchmal ist es ganz praktisch, ein Element so zu deklarieren, dass es eines von zwei möglichen Elementen (oder Elementgruppen) enthalten kann. Sie realisieren dies, indem Sie eine Auswahl erstellen.

So bieten Sie eine Auswahl an:

1. Geben Sie **<xsd:choice** ein.
2. Legen Sie bei Bedarf fest, wie oft der Satz an Auswahloptionen selbst vorkommen darf. Dazu setzen Sie die Attribute `minOccurs` und `maxOccurs` (*siehe Seite 101*).
3. Schreiben Sie **>**, um das Start-Tag abzuschließen.
4. Deklarieren (*siehe Seite 76 und 106*) oder verweisen (*siehe Seite 100*) Sie auf jedes der Elemente, aus denen sich die Auswahl zusammensetzt.
5. Geben Sie **</xsd:choice>** ein.

✔ Tipps

- Mit den Standardwerten für `minOccurs` und `maxOccurs` (bei beiden Attributen der Wert 1) darf nur ein Element der Auswahl im XML-Code vorkommen, damit das Dokument gültig ist. Ist jedoch der Wert des Attributs `maxOccurs` größer als 1, so bestimmt dieser Wert, wie viele Optionen der Auswahl vorkommen dürfen. Wenn Sie `maxOccurs="unbounded"` verwenden, so ist das dasselbe als wenn Sie in einem Satz an Auswahloptionen in einer DTD ein Sternchen (*) hinzufügen (*siehe Seite 47*).
- Ein Satz an Auswahloptionen kann auch verschachtelte Sequenzen, weitere Auswahloptionen oder Verweise auf benannte Gruppen (*siehe Seite 99*) enthalten.
- Ein Satz an Auswahloptionen kann in einer komplexen Typedefinition enthalten sein (*siehe Seite 94*), in Sequenzen, in anderen Auswahloptionen oder in der Definition einer benannten Gruppe (*siehe Seite 98*).
- Das Element `xsd:choice` ist in etwa dem senkrechten Strich (|) in DTDs vergleichbar.

code.xsd

```
<xsd:complexType name="animalType">
    ...
<xsd:choice>
    <xsd:element name="subspecies"
    type="subspeciesType"
    maxOccurs="unbounded"/>


    <xsd:sequence>
    <xsd:element name="region"
    type="xsd:string"/>
    <xsd:element name="population"
    type="popType"/></xsd:sequence>
</xsd:choice> ...
```

Abbildung 7.7: Einige bedrohte Tierarten besitzen keine Unterarten (subspecies). Ganz praktisch wäre es, wenn entweder etwaige Unterarten oder die Region und Population der gesamten Tierarten aufgelistet würden.

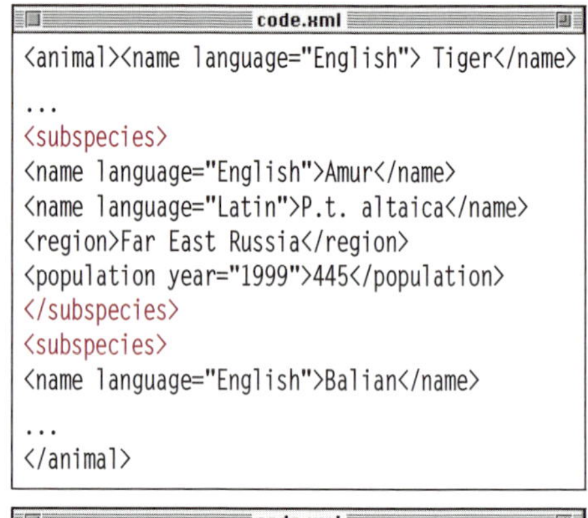

code.xml

```
<animal><name language="English"> Tiger</name>
...
<subspecies>
<name language="English">Amur</name>
<name language="Latin">P.t. altaica</name>
<region>Far East Russia</region>
<population year="1999">445</population>
</subspecies>
<subspecies>
<name language="English">Balian</name>
...
</animal>
```

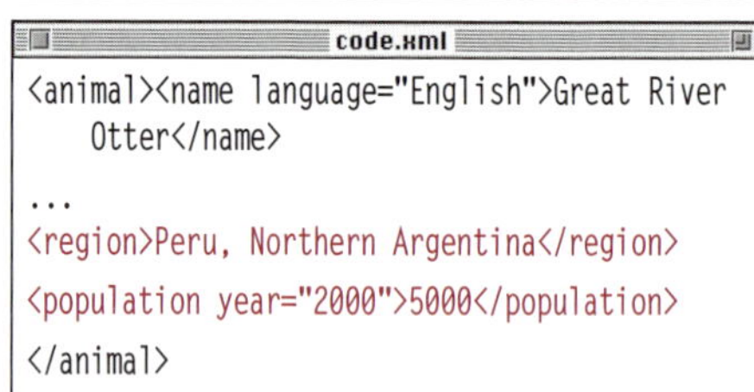

code.xml

```
<animal><name language="English">Great River
    Otter</name>
...
<region>Peru, Northern Argentina</region>
<population year="2000">5000</population>
</animal>
```

Abbildung 7.8: Beide Beispiele für das Element `animal` sind gültig. Im oberen Beispiel erscheinen beliebig viele `subspecies`-Elemente. Im unteren wurde eine Sequenz aus den Elementen `region` und `population` verschachtelt.

code.xsd

```
<xsd:complexType name="subspeciesType">
<xsd:all>
<xsd:element ref="name"/>
<xsd:element name="region"
type="xsd:string" minOccurs="0"/>
<xsd:element name="population">
    <xsd:complexType base="xsd:integer"
    derivedBy="extension">
    <xsd:attribute name="year"
    type="xsd:year"/>
    </xsd:complexType></xsd:element>
</xsd:all>
</xsd:complexType>
```

Abbildung 7.9: Die `all`-Gruppe lässt zu, dass die Elemente `name`, `region` und `population` in beliebiger Reihenfolge innerhalb der Elemente des Typs `subspecies Type` erscheinen. Zudem ist das Element `region` optional, da sein `minOccurs`-Attribut auf 0 gesetzt ist (*siehe Seite 101*). Es kann daher ruhig weggelassen werden.

code.xml

```
<subspecies>
<name language="English">Bengal</name>
<population year="1999">3159</population>
<region>India</region>
</subspecies>
<subspecies>
<population year="1998">1227</population>
<name language="English">Amoy</region>
</subspecies>
```

Abbildung 7.10: Hier sind beide `subspecies`-Elemente gültig, da `region` optional und die Reihenfolge unwichtig ist.

Elemente in beliebiger Reihenfolge

Soll ein Element in der Lage sein, andere Elemente in beliebiger Reihenfolge aufzunehmen, so können Sie diese inneren Elemente in einer `all`-Gruppe zusammenführen.

So legen Sie fest, dass die Elemente in beliebiger Sequenz erscheinen dürfen:

1. Schreiben Sie **<xsd:all>**, um die ungeordnete Elementgruppe zu eröffnen.
2. Legen Sie bei Bedarf fest, wie oft die ungeordnete Gruppe selbst vorkommen darf. Dazu setzen Sie die Attribute `minOccurs` und `maxOccurs` (*siehe Seite 101*).
3. Schreiben Sie **>**, um das Start-Tag abzuschließen.
4. Deklarieren (*siehe Seite 76 und 106*) oder verweisen (*siehe Seite 100*) Sie auf jedes Element der ungeordneten Gruppe.
5. Geben Sie **</xsd:all>** ein, um die Gruppe abzuschließen.

✔ Tipps

- Die Mitglieder einer `all`-Gruppe dürfen (trotz des Namens) einmal oder überhaupt nicht erscheinen (je nach deren jeweiligen Werten in den Attributen `minOccurs` und `maxOccurs`), und zwar in beliebiger Reihenfolge.
- Die Attribute `minOccurs` und `maxOccurs` dürfen nur auf 0 oder 1 gesetzt werden.
- Eine `all`-Gruppe darf nur einzelne Elementdeklarationen oder -verweise enthalten, keine Gruppen. Zudem darf jedes Element höchstens einmal vorkommen.
- Eine `all`-Gruppe darf nur in einer komplexen Typendefinition (*siehe Seite 94*) oder einer benannten Gruppendefinition (*siehe Seite 98*) enthalten sein – und muss dann das einzige untergeordnete Element sein.

Benannte Gruppen definieren

Wenn eine Reihe von Elementen an mehreren Stellen im XML-Dokument zusammen erscheinen, können Sie diese Elemente gruppieren, sodass sie leichter auf alle zusammen verweisen können.

So definieren Sie eine benannte Gruppe:

1. Geben Sie **<xsd:group** ein.
2. Geben Sie **name="Label"** ein, wobei *Label* für den Begriff steht, der diese Gruppe identifiziert.
3. Schreiben Sie **>**, um das Start-Tag abzuschließen.
4. Deklarieren Sie die Sequenzen (*siehe Seite 95*), Auswahloptionen (*siehe Seite 96*) oder ungeordnete Gruppe (*siehe Seite 97*), aus denen sich die benannte Gruppe zusammensetzt.
5. Geben Sie **</xsd:group>** ein, um die Definition der Gruppe abzuschließen.

✔ Tipps

- Eine Gruppe entspricht einer Parameter-Entity in einer DTD (*siehe Seite 60*).
- Definiert kann eine Gruppe zwar nur auf der obersten Ebene eines Schemas (direkt unter xsd:schema) werden, doch können Sie in vielen Situationen auf die Gruppe verweisen (*siehe Seite 99*).
- In den Spezifikationen zum XML Schema werden die Begriffe „groups" *(Gruppen)* und „model groups" *(beispielhafte Gruppen)* für Sequenzen, Auswahloptionen, ungeordnete Gruppen und benannte Gruppen verwendet. Hier wird „benannte Gruppen" nur für diejenigen Komponentenansammlungen benutzt, die mit dem Element xsd:group definiert wurden (und somit einen Namen besitzen).

code.xsd

```
<xsd:schema>
<xsd:group name="physical_traits">
    <xsd:sequence>
    <xsd:element name="weight"
    type="xsd:string"/>
    <xsd:element name="length"
    type="xsd:string"/>
    <xsd:element name="gestation"
    type="xsd:timeDuration"/>
    <xsd:element name="distinguishing"
    type="xsd:string"/>
    </xsd:sequence>
</xsd:group>
...
```

Abbildung 7.11: Eine Gruppe definiert eine Liste zusammengehöriger Elemente, die alle in einem oder mehreren Elementen zusammen verwendet werden.

```
code.xsd
<xsd:element name="animal">
<xsd:complexType>
    <xsd:sequence>
    <xsd:element ref="name"/>
    <xsd:group ref="physical_traits"/>
    <xsd:element name="subspecies"
    type="subspeciesType"/>
    </xsd:sequence>
</xsd:complexType>
</xsd:element>

<xsd:element name="individual">
<xsd:complexType>
    <xsd:group ref="physical_traits"/>
    <xsd:attribute name="birthdate"
    type="xsd:date"/>
    <xsd:attribute name="nickname"
    type="xsd:string"/>
</xsd:complexType>
</xsd:element>
```

Abbildung 7.12: Sowohl das Element `animal` als auch `individual` muss die Elemente in der Gruppe `physical_traits` (die in Abbildung 7.11 auf *Seite 98* definiert wurde) enthalten. Sie besitzen zudem individuelle eigene Elemente und Attribute.

```
code.xml
<animal><name language="English">Tiger
    </name><weight>500 pounds</weight>
    <length>3 yards from nose to tail
    </length>...<subspecies>...</animal>
<individual birthdate="1999-06-10"
    nickname="Zoe"><weight>268
    pounds</weight><length>2.5
    yards</length>...</individual>
```

Abbildung 7.13: Dieselben Elemente können innerhalb verschiedener Elemente ganz unterschiedlich benutzt werden.

Verweise auf benannte Gruppen

Sobald sie eine Gruppe erstellt haben, können Sie darauf in anderen Gruppen oder in komplexen Typendefinitionen verweisen.

So verweisen Sie auf eine Gruppe:

1. Geben Sie in dem Teil des Schemas, in dem die Elemente in der Gruppe erscheinen sollen, **<xsd:group** ein.
2. Geben Sie dann **ref="Label"** ein, wobei *Label* für den Begriff steht, den Sie in Schritt 2 der vorigen Seite zur Identifikation der Gruppe festgelegt haben.
3. Schreiben Sie **/>**, um die Referenz abzuschließen.

✔ Tipp

- Sie können auf eine Gruppe in einer komplexen Typedefinition (*siehe Seite 94*), in einer Sequenz (*siehe Seite 95*), in einem Satz an Auswahloptionen (*siehe Seite 96*), in einer ungeordneten Gruppe (*siehe Seite 97*) oder in anderen benannten Gruppen (*vgl. auch Seite 98*) verweisen.

Verweise auf bereits definierte Elemente

Sowohl einfache als auch komplexe Elemente, die global deklariert worden sind (d.h. innerhalb des Elements `xsd:schema`), müssen aufgerufen oder per Verweis angesprochen werden, damit sie im XML-Dokument erscheinen.

So verweisen Sie auf ein global deklariertes Element:

1. Geben Sie in die Definition der Sequenz (*siehe Seite 95*), Auswahl (*siehe Seite 96*), ungeordneten Gruppe (*siehe Seite 97*) oder benannten Gruppe (*siehe Seite 98*), in der das Element erscheinen soll, **<xsd:element** ein.
2. Geben Sie **ref="Label"** ein, wobei *Label* für den Namen des global deklarierten Elements steht.
3. Legen Sie bei Bedarf fest, wie oft das Element an dieser Stelle erscheinen darf (*siehe Seite 101*).
4. Schreiben Sie **/>**, um die Elementreferenz abzuschließen.

✔ Tipps

- Sie können auf Elementdeklarationen nur innerhalb von Sequenzen, Auswahloptionen, ungeordneten Gruppen und benannten Gruppen verweisen.
- Auf ein global deklariertes Element können Sie verweisen, so oft erforderlich. Jede Referenz kann für `minOccurs` und `maxOccurs` unterschiedliche Werte besitzen.
- Auf *lokal deklarierte Elemente* wird in der Komponentendefinition, in der sie erscheinen, automatisch verwiesen. Sie können an keiner Stelle sonst darauf verweisen.
- Weitere Erläuterungen hierzu erhalten Sie im Abschnitt *Lokale und globale Deklarationen* auf *Seite 71*.

code.xsd

```
<xsd:element name="name" type="nameType"/>
<xsd:complexType name="animalType">
    <xsd:sequence>
    <xsd:element ref="name" minOccurs="2"/>
    <xsd:element name="threats"
    type="threatsType"/>
    ...
    </xsd:complexType>
<xsd:complexType name="subspeciesType"/>
    <xsd:sequence>
    <xsd:element ref="name" minOccurs="1"/>
    <xsd:element name="region"
    type="xsd:string"/>
    ...
    </xsd:complexType>
```

Abbildung 7.14: Das Element `name` wurde global deklariert (in der ersten Zeile), daher kann in jeder komplexen Typendefinition darauf verwiesen werden.

code.xml

```
<animal>
<name language="English">Tiger</name>
<name language="Latin">Panthera tigris</name>
<threats><threat>poachers</threat>
...
<subspecies>
<name language="English">Amur</name>
...
</subspecies>
</animal>
```

Abbildung 7.15: Beide `name`-Elemente müssen die dafür in der komplexen Typendefinition festgelegten Regeln (die hier nicht gezeigt werden) befolgen. Zudem unterliegen sie den jeweiligen Werten der Attribute `minOccurs` und `maxOccurs`. In diesem Fall muss `name` gemäß dem Schema in Abbildung 7.14 mindestens zweimal in einem `animal`-Element erscheinen, aber nur einmal, wenn es in einem `subspecies`-Element vorkommt.

```
code.xsd
<xsd:element name="threat" type="xsd:string"
minOccurs="2" maxOccurs="5"/>
<xsd:element name="population"
type="xsd:integer"/>
```

Abbildung 7.16: Anhand der Attribute minOccurs und maxOccurs können Sie steuern, wie oft ein Element erscheinen soll.

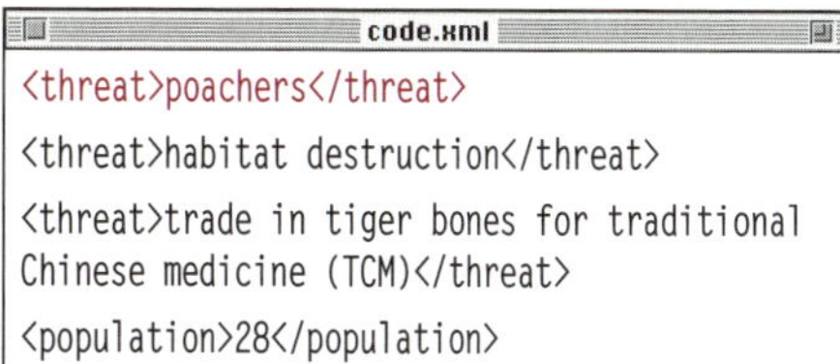

```
code.xml
<threat>poachers</threat>
<threat>habitat destruction</threat>
<threat>trade in tiger bones for traditional
Chinese medicine (TCM)</threat>
<population>28</population>
```

Abbildung 7.17: Da mindestens 2 und höchsten 5 Gefahren (threats) genannt werden müssen, sind diese drei threat-Elemente gültig. Wird weder für minOccurs noch für maxOccurs ein Wert angegeben (wie beim Element population), so wird in beiden Fällen der Standardwert 1 angenommen, d.h. das Element muss im XML-Dokument genau einmal vorkommen (wie im Beispiel).

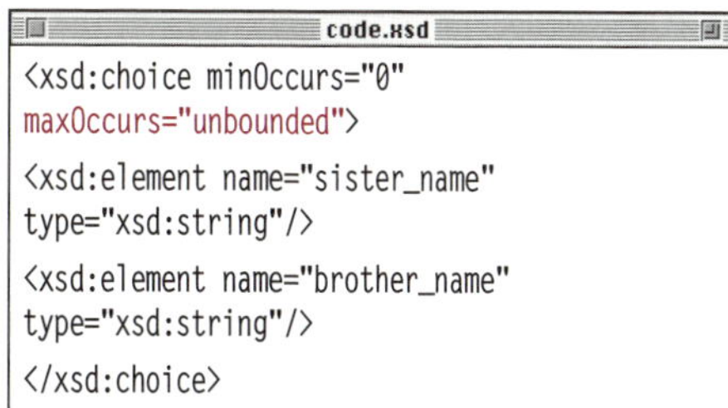

```
code.xsd
<xsd:choice minOccurs="0"
maxOccurs="unbounded">
<xsd:element name="sister_name"
type="xsd:string"/>
<xsd:element name="brother_name"
type="xsd:string"/>
</xsd:choice>
```

Abbildung 7.18: Die Attribute minOccurs und maxOccurs lassen sich auch auf Sequenzen, Auswahloptionen, ungeordnete Gruppen oder (Referenzen auf) benannte Gruppen anwenden. Im Fall dieser Auswahlgruppe ist jegliche Anzahl (einschließlich Null) erlaubt, d.h. die Elemente sister_name und brother_name dürfen beliebig oft vorkommen. Diese Methode ist mit der Verwendung eines Sternchens in DTDs vergleichbar (*siehe Seite 96*).

Die Anzahl steuern

Sie können steuern, wie oft ein bestimmtes Element, eine Sequenz, ein Satz an Auswahloptionen, eine ungeordnete oder eine benannte Gruppe erscheinen wird.

So legen Sie fest, wie oft ein Element oder eine Gruppe mindestens erscheinen muss:

Geben Sie in das Start-Tag des Elements bzw. der Gruppe **minOccurs="n"** ein, wobei *n* angibt, wie oft das Element bzw. die Gruppe mindestens vorkommen muss, damit das Dokument gültig ist.

So legen Sie fest, wie oft ein Element oder eine Gruppe höchstens erscheinen darf:

Geben Sie in das Start-Tag des Elements bzw. der Gruppe **maxOccurs="n"** ein, wobei *n* angibt, wie oft das Element bzw. die Gruppe höchstens vorkommen darf, damit das Dokument gültig ist.

✔ Tipps

- Das Attribut minOccurs muss eine nicht negative Ganzzahl sein (0, 1, 2 oder höher).
- Das Attribut maxOccurs kann eine nicht negative Ganzzahl sein oder das Wort **unbounded** (d.h. das Element darf beliebig oft vorkommen).
- Der Standardwert sowohl für minOccurs als auch für maxOccurs ist 1.
- Die Attribute minOccurs und maxOccurs lassen sich auf global deklarierte Elemente (also Elemente, die nur eine Ebene unter dem Element xsd:schema deklariert wurden) nicht anwenden. Sie machen nur Sinn bei lokal deklarierten Elementen oder bei Verweisen auf globale Elemente.
- Diese Attribute können auch in xsd:sequence, xsd:choice, xsd:all und in Referenzen auf benannte Gruppen verwendet werden.

Reine Textelemente definieren

Wenn Sie im Prinzip nur einen einfachen Typ benötigen – dessen Inhalt so definiert ist, dass er eine bestimmte Art von Text umfasst, aber mit Attributen –, so können Sie einen komplexen Typ mit reinem Text ableiten.

So definieren Sie einen komplexen Typ, der nur Text enthält:

1. Geben Sie **<xsd:complexType** ein.
2. Geben Sie dann **name="Label"**, wobei *Label* den komplexen Typ identifiziert. (Dies ist nicht der Name des Elements, da Sie diese komplexe Typendefinition in den Deklarationen mehrerer Elemente verwenden können.)
3. Schreiben Sie **>**, um das Start-Tag abzuschließen.
4. Geben Sie **<xsd:simple Content>** ein.
5. Geben Sie dann **<xsd:restriction** ein, wenn Sie den zugrunde liegenden einfachen Typ durch weitere Facetten begrenzen wollen.

   Oder geben Sie **<xsd:extension** ein, wenn Sie den einfachen Typ erweitern werden.
6. Geben Sie **base="Grundlage">** ein, wobei *Grundlage* für den einfachen Typ steht, von dem Sie den neuen komplexen Typ ableiten.
7. Haben Sie in Schritt 5 `xsd:restriction` gewählt, deklarieren Sie nun die zusätzlichen Facetten (*siehe Seite 83–90*), die die komplexe Typendefinition begrenzen sollen.
8. Deklarieren Sie die Attribute (*siehe Seite 108*) oder Attributgruppen (*siehe Seite 111*), die in Elementen dieses Typs erscheinen sollen.
9. Geben Sie dann, entsprechend zu Schritt 5, **</xsd:restriction>** oder **</xsd:extension>** ein.
10. Geben Sie **</xsd:simple Content>** ein.
11. Schreiben Sie schließlich **</xsd:complexType>**, um die Deklaration abzuschließen.

code.xsd

```
<xsd:complexType name="popType">
    <xsd:simpleContent>
    <xsd:extension base="xsd:integer">
    <xsd:attribute name="year"
    type="xsd:year"/>
    </xsd:extension>
    </xsd:simpleContent>
</xsd:complexType>
```

Abbildung 7.19: Das Element `simpleContent` zeigt an, dass mit dieser komplexen Typendefinition definierte Element eine bestimmte Art von Text (auf einem einfachen Typ basierend) enthalten werden, aber keine anderen zusätzlichen Elemente. Sie dürfen auch Attribute besitzen.

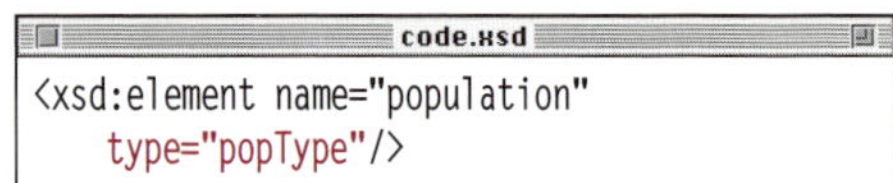

code.xsd

```
<xsd:element name="population"
    type="popType"/>
```

Abbildung 7.20: Sie müssen das Element, das die komplexe Typendefinition (*siehe Seite 106*) verwendet, immer deklarieren.

code.xml

```
<population year="1999">445</population>
```

Abbildung 7.21: Das Element `population` in diesem Beispiel ist in Übereinstimmung mit der komplexen Typendefinition in Abbildung 7.19, da es eine Ganzzahl (sowie das Attribut `year`) besitzt.

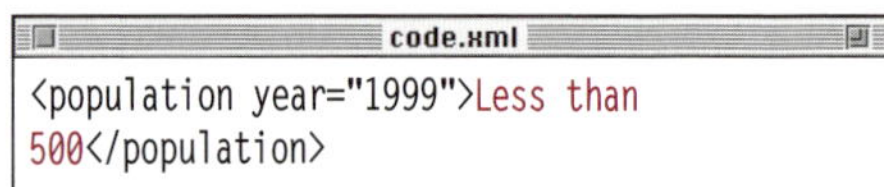

code.xml

```
<population year="1999">Less than
500</population>
```

Abbildung 7.22: In diesem Beispiel jedoch ist das Element `population` ungültig, weil „Less than 500" keine Ganzzahl ist, was aber von dem einfachen Typ, auf dem der komplexe basiert, vorgeschrieben ist.

code.xsd

```
<xsd:complexType name="sourceType">
    <xsd:complexContent>
    <xsd:extension base="xsd:anyType"/>
    <xsd:attribute name="sectionid"
    type="xsd:integer"/>
    <xsd:attribute name="newspaperid"
    type="xsd:integer"/>
    </xsd:extension>
    </xsd:complexContent>
</xsd:complexType>
```

Abbildung 7.23: Das Element complexContent wird verwendet, wenn Sie Attribute deklarieren wollen, aber keine Elemente enthalten sind.

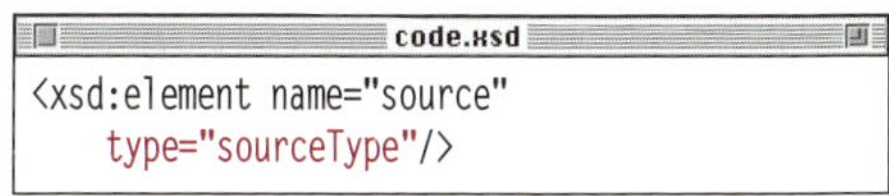

code.xsd

```
<xsd:element name="source"
    type="sourceType"/>
```

Abbildung 7.24: Sie müssen das Element dort deklarieren, wo es erscheinen soll.

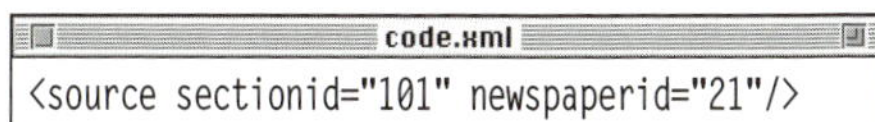

code.xml

```
<source sectionid="101" newspaperid="21"/>
```

Abbildung 7.25: Sobald es deklariert ist, können Sie das Quellelement in Ihrem XML-Dokument verwenden.

Leere Elemente definieren

Elemente, die Attribute enthalten können, aber zwischen dem Start- und Ende-Tag keinen Inhalt besitzen, werden als leer betrachtet.

So definieren Sie komplexe Typen für leere Elemente.

1. Geben Sie **<xsd:complexType** ein.
2. Geben Sie **name="Label">** ein, wobei *Label* den komplexen Typ identifiziert. (Dies ist nicht der Name des Elements, da Sie diese komplexe Typendefinition in den Deklarationen mehrerer Elemente verwenden können.)
3. Geben Sie **<xsd:complexContent>** ein.
4. Geben Sie **<xsd:extension base="xsd:anyType"/>** (ohne Bindestrich) ein. Dadurch zeigen Sie in erster Linie an, dass es keinen Typ gibt, auf dem dieser komplexe Typ basiert. (Und da es keinen Inhalt haben wird, ist das in Ordnung.)
5. Deklarieren Sie gegebenenfalls die Attribute, die in Elementen dieses Typs erscheinen sollen (*siehe Seite 108*).
6. Geben Sie **</xsd:complexContent>** ein.
7. Schreiben Sie dann **</xsd:complexType>**, um die Deklaration abzuschließen.

✔ Tipp

- Weitere Erläuterungen zum Definieren komplexer Typen finden Sie in den Abschnitten *Reine Elemente definieren* auf *Seite 94* und *Elemente mit anonymen komplexen Typen* auf *Seite 107.*

Kombinationselemente definieren

Während rein datenbank gesteuerter Inhalt selten Elemente umfasst, die sowohl Elemente als auch Text enthalten, wäre dies für eher textorientierte Dokumente weitaus natürlicher. Wenn Sie einen komplexen Typ mit einem solchen Element erstellen, müssen Sie deklarieren, dass der Inhalt kombiniert ist.

So erstellen Sie komplexe Typen mit kombiniertem Inhalt:

1. Geben Sie **<xsd:complexType** ein.
2. Geben Sie dann **name="Label"** ein, wobei *Label* den komplexen Typ identifiziert. (Dies ist nicht der Name des Elements, da Sie diese komplexe Typendefinition in den Deklarationen mehrerer Elemente verwenden können.)
3. Geben Sie **mixed="true"** ein, um anzuzeigen, dass das Element Elemente, Attribute und bei Bedarf auch Text enthalten kann.
4. Schreiben Sie **>**, um das Start-Tag abzuschließen.
5. Deklarieren Sie eine Sequenz (*siehe Seite 95*), Auswahl (*siehe Seite 96*) oder eine ungeordnete Gruppe (*siehe Seite 97*) oder verweisen Sie auf eine benannte Gruppe – die jede dieser drei Möglichkeiten umfassen kann – (*siehe Seite 99*), um festzulegen, welche Elemente für den komplexen Typ zulässig sind.
6. Deklarieren Sie dann die Attribute (*siehe Seite 108*) oder Attributgruppen (*siehe Seite 111*), falls sie in Elementen dieses Typs erscheinen sollen oder verweisen Sie darauf.
7. Schreiben Sie dann **</xsd:complexType>**, um die Deklaration abzuschließen.

✔ Tipp

- Kombinationselemente eignen sich ideal für beschreibende, textorientierte Informationen.

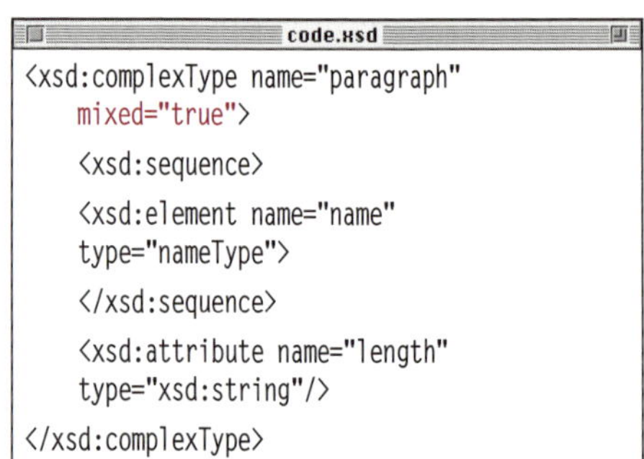

```
code.xsd
<xsd:complexType name="paragraph"
    mixed="true">
    <xsd:sequence>
    <xsd:element name="name"
    type="nameType">
    </xsd:sequence>
    <xsd:attribute name="length"
    type="xsd:string"/>
</xsd:complexType>
```

Abbildung 7.26: Die Definition für paragraph (Absatz) umfasst ein Element und ein Attribut und dank des Attributs mixed= "true" auch losen Text.

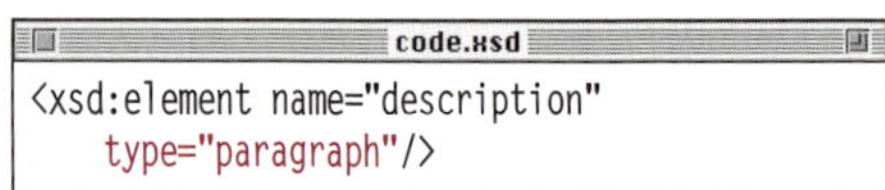

```
code.xsd
<xsd:element name="description"
    type="paragraph"/>
```

Abbildung 7.27: Sie müssen das Element dort deklarieren, wo es erscheinen soll.

```
code.xml
<description length="short">The <name
language="English">tiger</name> (panthera
tigris), largest of all cats, is one of the
biggest and most fearsome predators in the
world.</description>
```

Abbildung 7.28: Das Element description Beispiel enthält sowohl losen Text (hervorgehoben) als auch Elemente (fett hervorgehoben).

```
code.xsd
<xsd:complexType name="characteristicsType">
    <xsd:sequence>
    <xsd:element name="weight"
    type="xsd:string"/>
    <xsd:element name="length"
    type="xsd:string"/>
    </xsd:sequence>
    <xsd:attribute name="kind"
    type="xsd:string"/>
</xsd:complexType>
```

Abbildung 7.29: Die Definition von `characteristics Type` verlangt eine Sequenz der Elemente `weight` und `length` sowie das Attribut `kind`.

```
code.xsd
<xsd:complexType name="birthType">
    <xsd:complexContent>
    <xsd:extension base="characteristicsType">
    <xsd:sequence>
    <xsd:element name="mother"
    type="xsd:string"/>
    <xsd:element name="birthdate"
    type="xsd:date"/>
    </xsd:sequence>
    </xsd:extension></xsd:complexContent>
    </xsd:complexType>
```

Abbildung 7.30: Der neue Typ `birthType` listet nur die zusätzlichen Elemente auf, die in Elementen von diesem Typ vorkommen müssen.

```
code.xsd
<xsd:element name="birth_characteristics"
    type="birthType"/>
```

Abbildung 7.31: Sie müssen das Element, das die komplexe Typendefinition (*siehe Seite 106*) verwendet, immer deklarieren.

```
code.xml
<birth_characteristics kind="normal">
<weight>2-3 pounds</weight>
<length>18-24 inches</length>
<mother>Danai</mother>
<birthdate>1999-06-10</birthdate>
</birth_characteristics>
```

Abbildung 7.32: Das Element `birth_characteristics` muss die Merkmale des Typs `characteristicsType` besitzen (die Elemente `weight` und `length`, sowie das Attribut `kind`) und zudem die neuen Merkmale (`mother` und `birthdate`).

Komplexe Typen von komplexen Typen ableiten

Sie können auch komplexe Typen aus vorhandenen komplexen Typen erstellen. Der neue komplexe Typ beginnt mit der gesamten Information des vorhandenen und wird um einige Merkmale erweitert oder gekürzt.

So leiten Sie komplexe Typen von vorhandenen ab:

1. Geben Sie **<xsd:complexType** ein, um die Definition, neuen komplexen Typs zu beginnen.
2. Geben Sie **name="Label">** ein, wobei *Label* den komplexen Typ identifiziert, den Sie erstellen.
3. Geben Sie **<xsd:complexContent>** ein.
4. Geben Sie **<xsd:extension** ein. Dadurch zeigen Sie an, dass die neuen Merkmale des komplexen Typs zum vorhandenen hinzugefügt werden sollen.

   Oder geben Sie **<xsd:restriction** ein. Dadurch zeigen Sie an, dass (mindestens einige) neue Merkmale mehr einschränken als die alten und die neuen somit Vorrang haben.
5. Geben Sie **base="vorhandenerTyp"** ein, wobei *vorhandenerTyp* den Namen des Typs bezeichnet, auf dem der neue komplexe Typ basiert.
6. Geben Sie **>** ein.
7. Deklarieren Sie die zusätzlichen oder weiter einschränkenden Sequenzen oder Auswahloptionen oder verweisen Sie auf eine benannte Gruppe, die Teil des neuen Typs werden soll.
8. Deklarieren Sie gegebenenfalls die zusätzlichen Attribute, die Teil des neuen Typs werden sollen (*siehe Seite 108*).
9. Geben Sie das Ende-Tag zu Schritt 4 ein.
10. Geben Sie **</xsd:complexContent>** ein.
11. Geben Sie **</xsd:complexType>** ein, um die komplexe Typendefinition abzuschließen.

Komplexes Element deklarieren

Nachdem Sie einen komplexen Typ definiert haben, können Sie ihn einem Element zuweisen, sodass das Element im XML-Dokument verwendet werden kann.

So deklarieren Sie ein Element komplexen Typs:

1. Schreiben Sie **<xsd:element**, um die Elementdeklaration zu eröffnen (**Abbildung 7.33**).
2. Geben Sie **type="Label"** ein, wobei *Label* dem Begriff entspricht, den Sie beim Definieren des komplexen Typs (d.h. Schritt 2 auf *Seite 94*) für die Identifikation angegeben haben.
3. Schreiben Sie dann **/>**, um die Elementdeklaration abzuschließen.

✔ Tipps

- Sie können Elemente entweder global deklarieren (auf der obersten Ebene eines Schemas, direkt unter dem Element `xsd:schema`), innerhalb einer komplexen Typedefinition (*siehe Seite 94*), einer Sequenz (*siehe Seite 95*), einem Satz an Auswahloptionen (*siehe Seite 96*), einer ungeordneten Gruppe (*siehe Seite 97*) oder einer benannten Gruppendefinition (*vgl. auch Seite 98*).
- Wenn Sie ein Element lokal deklarieren (*siehe Seite 71*), können Sie mithilfe der Attribute `minOccurs` und `maxOccurs` bestimmen, wie oft das Element vorkommen darf. Weitere Erläuterungen hierzu erhalten Sie im Abschnitt *Die Anzahl steuern* auf *Seite 101*.

code.xsd

```
<xsd:complexType name="characteristicsType">
    <xsd:sequence>
    <xsd:element name="weight"
    type="xsd:string"/>
    <xsd:element name="length"
    type="xsd:string"/>
    </xsd:sequence>
    <xsd:attribute name="kind"
    type="xsd:string"/>
</xsd:complexType>
```

Abbildung 7.33: Hier eine typische komplex Typendefinition (die bereits in Abbildung 7.29 auf *Seite 105* zu sehen war).

code.xsd

```
<xsd:element name="characteristics"
    type="characteristicsType"/>
<xsd:complexType name="animalType"/>
    <xsd:sequence>
    <xsd:element name="name" type="nameType"
    minOccurs="2"/>
    <xsd:element ref="characteristics"
    minOccurs="1"/>
    ...
```

Abbildung 7.34: Sie können das Element global deklarieren, d.h. auf oberster Ebene des Schemadokuments. In diesem Fall müssen Sie in den anderen Komponenten Ihres Schemas auf das Element verweisen, damit Sie es verwenden können.

code.xsd

```
<xsd:complexType name="animalType"/>
    <xsd:sequence>
    <xsd:element name="name" type="nameType"
    minOccurs="2"/>
    <xsd:element name="characteristics"
    type="characteristicsType" minOccurs="1"/>
    ...
```

Abbildung 7.35: Oder Sie können das Element lokal deklarieren, innerhalb einer anderen Komponente (wie im Beispiel als komplexe Typendefinition oder auch als benannte Gruppe). In diesem Fall wird auf das Element automatisch verwiesen.

code.xsd
```
<xsd:element name="characteristics">
    <xsd:complexType>
    <xsd:sequence>
    <xsd:element name="weight"
    type="xsd:string"/>
    <xsd:element name="length"
    type="xsd:string"/>
    </xsd:sequence>
    <xsd:attribute name="kind"
    type="xsd:string"/>
    </xsd:complexType>
</xsd:element>
```

Abbildung 7.36: Dieses Mal wurde der Typ `characteristics` alles anonymer Typ neu definiert. Jetzt kann diese komplexe Typendefinition auf das Element angewendet werden, in dem sie enthalten ist (nämlich `characteristics`). Das Element kann lokal oder auch global deklariert werden.

code.xml
```
<characteristics kind="physical">
<weight>500 pounds</weight>
<length>3 yards from nose to tail</length>
</characteristics>
```

Abbildung 7.37: Hier ein gültiges Beispiel. Es sieht für den benannten und anonymen komplexen Typ gleich aus.

Elemente mit anonymen komplexen Typen

Wenn Sie einen komplexen Typ nur einmal benötigen, ist es wohl schneller, innerhalb der Elementdeklaration einen anonymen komplexen Typen zu erstellen.

So deklarieren Sie ein Element mit anonymen komplexen Typ:

1. Geben Sie **<xsd:element** ein.
2. Geben Sie **name="Label">** ein, wobei *Label* für das Element steht, das Sie deklarieren. Im XML-Dokument wird das in etwa so aussehen: <Label>.
3. Geben Sie dann **<xsd:complexType>** ein, um die Definition des anonymen komplexen Typs abzuschließen.
4. Deklarieren Sie eine Sequenz (*siehe Seite 95*), Auswahl (*siehe Seite 96*) oder eine ungeordnete Gruppe (*siehe Seite 97*) oder verweisen Sie auf eine benannte Gruppe – die jede dieser drei Möglichkeiten umfassen kann – (*siehe Seite 99*), um festzulegen, welche Elemente für den komplexen Typ zulässig sind.
5. Deklarieren Sie dann die Attribute (*siehe Seite 108*) oder Attributgruppen (*siehe Seite 111*), falls sie in Elementen dieses Typs erscheinen sollen oder verweisen Sie darauf.
6. Geben Sie **</xsd:complexType>** ein, um die Definition des anonymen komplexen Typs abzuschließen.
7. Geben Sie **</xsd:element>** ein, um die Deklaration des Elements mit dem komplexen Typ abzuschließen.

✓ Tipp

- Der einzige Unterschied zwischen benannten und anonymen komplexen Typen besteht darin, dass Sie ersteren für die Deklaration beliebig vieler Elemente verwenden können sowie als Basis für weitere komplexe Typen. Letzterer hingegen kann nur zur Definition des Elements verwendet werden, in dem er deklariert wurde.

Attribute deklarieren

Ein Attribut selbst besitzt zwar immer den einfachen Typ (da es ja weder Elemente noch andere Attribute enthält), erscheint jedoch immer innerhalb eines Elements komplexen Typs. Aus diesem Grund wird die Erstellung von Attributen in diesem Kapitel und nicht im letzten erörtert.

So deklarieren Sie ein Attribut:

1. Geben Sie innerhalb der Definition eines komplexen Elements **<xsd:attribute** ein.
2. Geben Sie dann **name="Label"** ein, wobei *Label* für den Namen steht, mit dem Sie das Attribut im XML-Dokument setzen.
3. Geben Sie **type="einfach"** ein, wobei *einfach* für den einfachen Typ steht, zu dem das Attribut gehört. Weitere Erläuterungen hierzu erhalten Sie im Abschnitt *Einfaches Element deklarieren* auf *Seite 76*.

   Oder geben Sie **ref="Label"** ein, wobei *Label* eine bereits deklarierte (globale) Attributdefinition identifiziert.
4. Schreiben Sie **>**, um das Start-Tag abzuschließen.
5. Definieren Sie bei Bedarf einschränkende Facetten. Weitere Erläuterungen hierzu erhalten Sie auf *Seite 83–90*.
6. Geben Sie **</xsd:attribute>** ein.

✔ Tipps

- Werden keine einschränkenden Facetten benötigt, können Sie Schritt 4–6 auslassen und stattdessen **/>** eingeben.
- Es gibt noch weitere integrierte einfache Typen, nur für Attribute. Sie finden Sie unter *http://www.w3.org/TR/xmlschema-2*.
- Sie können auch ein Attribut mit anonymen einfachen Typ definieren (*siehe Seite 82*).
- Ein Attribut muss ganz am Ende des komplexen Typs deklariert werden, zu dem es gehört; d.h. nachdem alle anderen Komponenten in dem komplexen Typ deklariert worden sind.

code.xsd

```
<xsd:element name="source">
    <xsd:complexType>
    <xsd:complexContent>
    <xsd:extension base="xsd:anyType">
    <xsd:attribute name="sectionid"
    type="xsd:string"/>
    <xsd:attribute name="newspaperid"
    type="xsd:string"/>
    </xsd:extension>
    </xsd:complexContent>
    </xsd:complexType>
</xsd:element>
```

Abbildung 7.38: Eine Attributdeklaration sieht wie die Deklaration eines einfachen Elements aus.

code.xml

```
<source sectionid="101" newspaperid="21"/>
```

Abbildung 7.39: Attribute erscheinen immer innerhalb des Start-Tags des umfassenden Elements.

code.xsd

```
<xsd:element name="source">
    <xsd:complexType>
    <xsd:complexContent>
    <xsd:extension base="xsd:anyType">
    <xsd:attribute name="sectionid"
    type="xsd:string" use="required"/>
    <xsd:attribute name="newspaperid"
    type="xsd:string"/>
    </xsd:extension>
    </xsd:complexContent>
    </xsd:complexType>
</xsd:element>
```

Abbildung 7.40: Da ein Attribut standardmäßig optional ist, müssen Sie eine obligatorische Verwendung ausdrücklich vorschreiben.

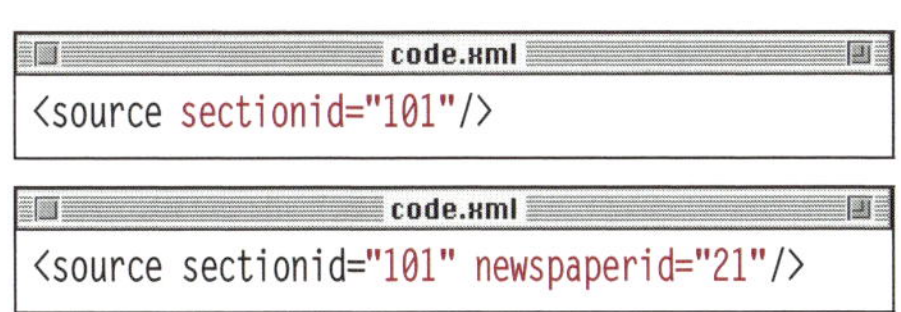

code.xml

```
<source sectionid="101"/>
```

code.xml

```
<source sectionid="101" newspaperid="21"/>
```

Abbildung 7.41: In beiden Fällen ist das Element source gültig, da nur das Attribut sectionid obligatorisch ist. Wird ein Attribut nicht ausdrücklich vorgeschrieben, wird es als optional betrachtet.

Obligatorische und unzulässige Attribute

Wenn Sie beim Definieren eines Attributs keine andere Festlegung treffen, ist seine Verwendung immer optional. Anders ausgedrückt: Es braucht im XML-Dokument nicht vorzukommen. Sie haben jedoch auch die Möglichkeit, ein Attribut als zwingend erforderlich oder unzulässig zu definieren.

So legen Sie fest, dass ein Attribut vorkommen muss:

1. Geben Sie beim Definieren des Attributs **use=** ein.
2. Geben Sie als Nächstes **"required"** ein. Dadurch schreiben Sie vor, dass das Attribut im XML-Dokument vorkommen muss, damit es gültig ist.
3. Bei Bedarf können Sie zusätzlich **value="Musswert"**, eingeben, wobei *Musswert* den einzig zulässigen Wert für das Attribut darstellt.

So legen Sie fest, dass ein Attribut nicht vorkommen darf:

Geben Sie beim Definieren des Attributs **use="prohibited"** ein. Dadurch erreichen Sie, dass das XML-Dokument nur ohne dieses Attribut gültig ist.

✔ Tipp

- Es ist auch möglich, bei der Attributdefinition **use="optional"** einzutragen, doch da dies ohnehin der Standardwert ist, wäre das unnötige Arbeit.

Den Inhalt eines Attributs im Voraus definieren

Es gibt zwei Methoden, um mithilfe eines Schemas den Inhalt eines Attributs vorher zu definieren. Entweder, Sie schreiben den Inhalt des Attributs vor (solange es im XML-Code vorkommt) oder Sie setzen einen ursprünglichen Wert für das Attribut fest, der auch dann verwendet wird, wenn es gar nicht vorkommt. Ersteres nennt man einen *festen Wert;* zweites einen *Standardwert.*

So schreiben Sie einen Attributinhalt vor:

1. Geben Sie innerhalb des Attribut-Tags **use="fixed"** ein.
2. Geben Sie **value="Inhalt"** ein, wobei *Inhalt* bestimmt, welchen Wert das Attribut annehmen muss (wenn es im XML-Dokument erscheint), damit das XML-Dokument gültig ist.

So stellen Sie einen Standardwert für ein Attribut ein:

1. Geben Sie innerhalb des Attribut-Tags **use="default"** ein.
2. Geben Sie **value="Inhalt"** ein, wobei *Inhalt* bestimmt, welchen Wert das Attribut annehmen soll, wenn es nicht im XML-Dokument vorkommt.

✔ Tipps

- Das Attribut `fixed` bestimmt den Inhalt eines Attributs nur, wenn es im XML-Code erscheint. Wird es ausgelassen, wird auch kein Inhalt eingestellt.
- Wurde das Attribut `default` gesetzt und das Attribut kommt im XML-Code nicht vor, so wird es automatisch auf den Standardwert eingestellt.
- Wurde das Attribut `default` gesetzt und das Attribut kommt im XML-Code vor, so gibt es keine Vorschriften für den Inhalt (abhängig vom Wert des Attributs `fixed`).

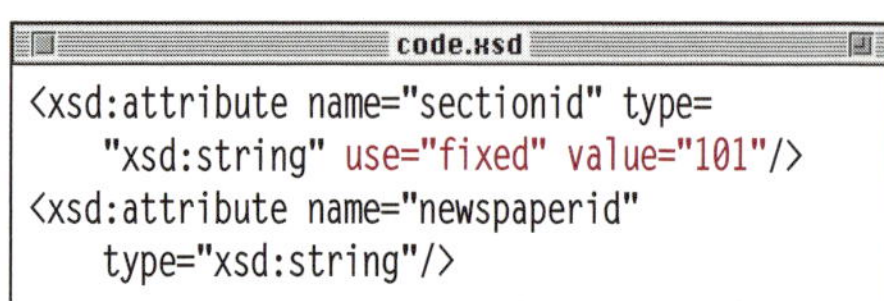

code.xsd

```
<xsd:attribute name="sectionid" type=
   "xsd:string" use="fixed" value="101"/>
<xsd:attribute name="newspaperid"
   type="xsd:string"/>
```

Abbildung 7.42: Das Attribut `sectionid` muss den Wert „101" besitzen, wenn es im XML-Dokument vorkommt (oder leer ist). Das Attribut kann jedoch auch weggelassen werden. (Hinweis: Dies ist ein Auszug der komplexen Typendefinition in Abbildung 7.40 auf *Seite 109*).

code.xml

```
<source sectionid="101" newspaperid="21"/>
```

Abbildung 7.43: Dieses Beispiel für das Element `source` ist gültig im Hinblick auf die Schemadaten in Abbildung 7.42. Es wäre auch in Ordnung, wenn das Attribut `sectionid` gar nicht vorkäme.

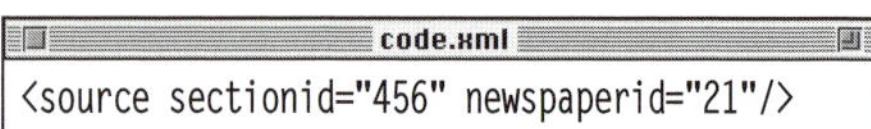

code.xml

```
<source sectionid="456" newspaperid="21"/>
```

Abbildung 7.44: Diese Angabe für das Element `source` ist ungültig im Hinblick auf die Deklaration in Abbildung 7.42.

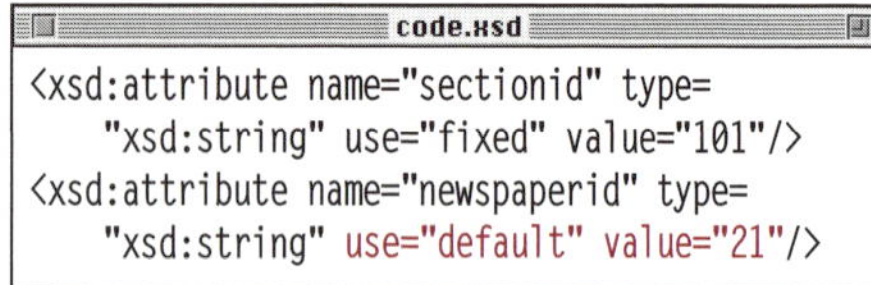

code.xsd

```
<xsd:attribute name="sectionid" type=
   "xsd:string" use="fixed" value="101"/>
<xsd:attribute name="newspaperid" type=
   "xsd:string" use="default" value="21"/>
```

Abbildung 7.45: Wenn Sie das Attribut `newspaperid` mit einem Standardwert belegen, so wird dieser Wert als ursprünglicher Wert gesetzt, und zwar unabhängig davon, ob das Attribut `newspaperid` im XML-Dokument ausdrücklich erscheint oder nicht. (Hinweis: Dies ist ein Auszug der komplexen Typendefinition in Abbildung 7.40 auf *Seite 109*).

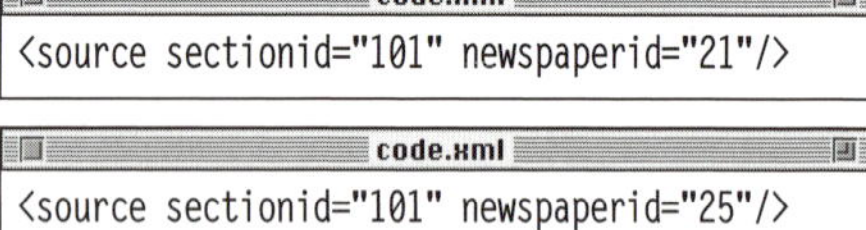

code.xml

```
<source sectionid="101" newspaperid="21"/>
```

code.xml

```
<source sectionid="101" newspaperid="25"/>
```

Abbildung 7.46: Diese `source`-Elemente sind beide gültig. Das Attribut `default` bestimmt nur einen ursprünglichen Wert, jeder andere Wert ist ebenso akzeptierbar.

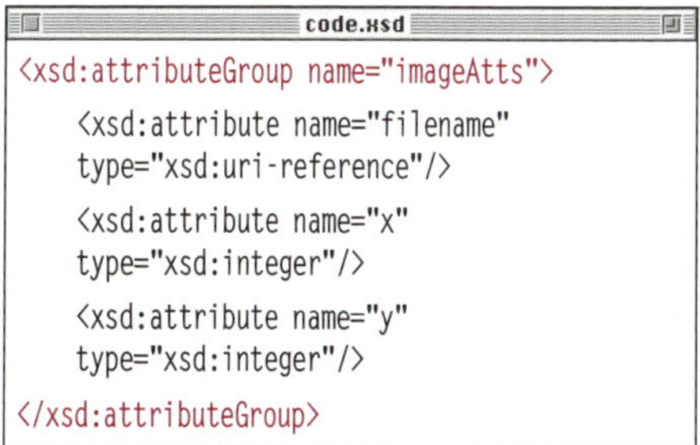
```
<xsd:attributeGroup name="imageAtts">
    <xsd:attribute name="filename"
    type="xsd:uri-reference"/>
    <xsd:attribute name="x"
    type="xsd:integer"/>
    <xsd:attribute name="y"
    type="xsd:integer"/>
</xsd:attributeGroup>
```

Abbildung 7.47: Indem Sie eine Gruppe von Attributen definieren und ihr einen Namen zuweisen, wird die Wiederverwendung dieser Attribute in mehreren Typendefinitionen erleichtert.

Attributgruppen definieren

Wenn Sie in mehreren Elementen einen bestimmten Satz an Attributen benötigen, ist es am effizientesten, eine Attributgruppe zu definieren und dann innerhalb des komplexen Typs für das Element auf diese Gruppe zu verweisen.

So definieren Sie eine Attributgruppe:

1. Geben Sie **<xsd:attributeGroup name="Label">** ein, wobei *Label* die Attributgruppe identifiziert.
2. Deklarieren oder verweisen Sie auf jedes Attribut, das zu der Gruppe gehört (*siehe Seite 108*).
3. Geben Sie schließlich **</xsd:attributeGroup>** ein, um die Attributgruppendefinition abzuschließen.

✔ Tipps

- Eine Attributgruppe muss global deklariert werden – d. h. auf oberster Ebene des Schemas (direkt unter dem Element `xsd:schema`).
- Nachdem Sie eine Attributgruppe deklariert haben, müssen Sie entsprechend der Beschreibung auf *Seite 112* darauf verweisen.
- Sie können nur auf global deklarierte Attribute verweisen – d. h. auf Attribute, die auf oberster Ebene eines Schemas deklariert worden sind. Weitere Erläuterungen hierzu erhalten Sie im Abschnitt *Lokale und globale Deklarationen* auf *Seite 71*.
- Allerdings können Sie Attribute auch in der Attributgruppe selbst lokal deklarieren. Diese Attribute werden nur für diese bestimmte Attributgruppe verfügbar sein, aber das reicht ja vielleicht.
- Eine Attributgruppe kann Verweise auf andere Attributgruppen umfassen.

Verweise auf Attributgruppen

Nachdem Sie eine Attributgruppe definiert haben, können Sie immer darauf verweisen, wenn diese Attribute benötigt werden.

So verweisen Sie auf ein Attribut:

1. Geben Sie innerhalb einer komplexen Typendefinition, und zwar nach der Deklaration aller benötigten Elemente, **<xsd:attributeGroup** ein.
2. Geben Sie **ref="Label"/>** ein, wobei *Label* dem in Schritt 1 auf *Seite 111* gewählten Namen entsprechen muss.

✔ Tipps

- Attributgruppen sind die Entsprechung zu Parameter-Entities in DTDs (*siehe Seite 60*) – doch sind sie selbstverständlich auf die Repräsentation von Attributwerten beschränkt.
- Attribute (und Attributgruppen) sollten immer am Ende einer Komponente deklariert werden, nachdem alle Elemente deklariert worden sind.

code.xsd

```
<xsd:element name="picture">
    <xsd:complexType>
    <xsd:complexContent>
    <xsd:extension base="xsd:anyType">
    <xsd:attributeGroup ref="imageAtts"/>
    </xsd:extension>
    </xsd:complexContent>
    </xsd:complexType>
</xsd:element>

<xsd:element name="video">
    <xsd:complexType>
    <xsd:complexContent>
    <xsd:extension base="xsd:anyType">
    <xsd:element name="description"
    type="xsd:string"/>
    <xsd:element name="running_time"
    type="xsd:timeDuration"/>
    <xsd:attributeGroup ref="imageAtts"/>
    <xsd:attribute name="format"
    type="xsd:string"/>
    </xsd:extension>
    </xsd:complexContent>
    </xsd:complexType>
</xsd:element>
```

Abbildung 7.48: Die Eingabe von `ref="imageAtts"` erfolgt bei weitem schneller und konsistenter als die Neudefinition dreier einzelner Attribute. Beachten Sie, dass das Element `video` ein weiteres Attribut besitzt, nämlich `format`, das nach der Attributgruppe deklariert wurde.

code.xml

```
<picture filename="tiger.jpg" x="200"
    y="197"/>

<video filename="tiger.ram" x="100" y="100"
    format="realplayer">
<description>A tiger moves gracefully through
the dappled light of the forest.</description>
<running_time>PT3M43S</running_time>
</video>
```

Abbildung 7.49: Sowohl das Element `picture` als auch `video` teilen sich die Attribut `filename`, `x` und `y`, doch mussten sie nur einmal definiert werden.

8 Die Anwendung von Namensräumen in XML

```
<xsd:schema xmlns:xsd="http://www.w3.org/
    2000/10/XMLSchema">
<xsd:element name="name" type="xsd:string"/>
<xsd:element name="source" type="xsd:string"/>
<xsd:element name="river">
    <xsd:complexType>
    <xsd:sequence>
    <xsd:element ref="name"/>
    <xsd:element ref="source"/>
    ...
    </xsd:element>
...
```

Abbildung 8.1: In diesem fiktiven Schema wurde jedes Element global deklariert und dann in den komplexen Typendefinitionen der Elemente, in denen sie erscheinen sollen, referenziert.

In den letzten zwei Kapiteln haben Sie gelernt, wie man in einem Schema die Elemente und Attribute definiert, aus denen sich Ihre XML-Dokumente zusammensetzen. Stellen Sie sich einmal vor, Sie wollen Ihre Dokumente mit den Dokumenten von jemand anderem kombinieren – doch hat diese Person in ihrem Schema für einige global deklarierte Elemente dieselben Namen vergeben wie Sie. Das Dokument über bedrohte Tierarten etwa, das in den Beispielen dieses Buchs verwendet wird, gebraucht „source" für die Quelldaten aus der Webseite des World Wildlife Fund, während eine andere Person „source" vielleicht für die Quelle eines Flusses verwendet. Werden nun beide Dokumente zusammengeführt, kommen die Daten des Elements `source` durcheinander und werden bedeutungslos.

Die Lösung besteht in der Erstellung einer *vorangestellten Bezeichnung*, anhand derer alle Elemente des einen Dokuments von denen des andern unterscheidbar sind. So könnte man allen Elementnamen des einen Dokuments die Bezeichnung „Liz" (mit Doppelpunkt) voranstellen. Jetzt kann das Element `Liz:source` nicht mehr mit dem Element `Ihre:source` verwechselt werden. Nun kommt der Name „Liz" nicht gerade selten vor. Daher erhält der Name einer vorangestellten Bezeichnung die Form einer URL, die auf einem proprietären Domänennamen basiert. Dadurch ist sichergestellt, dass die Bezeichnung sowohl eindeutig (niemand sonst kann Namen verwenden, die auf Ihrem Domänennamen basieren), als auch permanent ist (eine Domäne braucht nie geändert werden).

Man nennt eine solche vorangestellte Bezeichnung auch eine *Namensraum*- oder *Namespace*-Benennung. Der Namensraum selbst ist der Vorrat an verwandten Elementnamen, die durch die Namensraumbenennung identifiziert werden.

(Da lokal deklarierte Elemente durch ihren Zusammenhang eindeutig sind – siehe *Seite 71* – müssen Sie selten durch einen Namensraum qualifiziert werden.)

Entwurf einer Namensraumbenennnung

Da das Eigentliche an der Verwendung von Namensräumen die Unterscheidung ähnlich betitelter Elemente ist, muss ein Namensraum einen absolut eindeutigen und permanenten Namen besitzen. In XML haben Namensraumbenennungen die Form einer URL.

So entwerfen Sie eine Namensraumbenennung:

1. Beginnen Sie mit Ihrem Domain-Namen.
2. Fügen Sie beschreibende Informationen hinzu (als wären sie der Pfad einer URL), um so einen eindeutigen Namen für den Namensraum zu erhalten.

✔ Tipps

- Klingt das Ganze nicht etwas vage? Die Wahrheit ist, dass die einzigen offiziellen Richtlinien für die Erstellung einer Namensraumbenennung aussagen, dass sie in der Form einer URL zu erfolgen hat, eindeutig und dauerhaft (also praktisch permanent) sein muss. Es empfiehlt sich auch, bei der Erstellung zahlreicher Namensräume konsistent vorzugehen.
- Wenn Sie wollen, können Sie auch Versionsinformationen in die Namensraumbenennung einbinden.
- Wenn Sie als Grundlage für Ihre Namensraumbenennungen Ihre eigene Domäne nehmen, ist die Gewähr für einen eindeutigen Namen am höchsten. Denn keiner sonst kann Ihren Domänennamen verwenden.
- Verwenden Sie für den Anfang einer Namensraumbenennung niemals den Domain-Namen eines anderen.

code.xsd

```
<xsd:schema xmlns:xsd="http://www.w3.org/
   2000/10/XMLSchema">
<xsd:element name="name" type="xsd:string"/>
<xsd:element name="source" type="xsd:string"/>
<xsd:element name="animal">
   <xsd:complexType>
   <xsd:sequence>
   <xsd:element ref="name"/>
   <xsd:element ref="source"/>
   ...
   </xsd:element>
...
```

Abbildung 8.2: Bei dieser Übertragung des Schemas für bedrohte Tierarten (Endangered Species) wurden alle Elemente global deklariert. Kombinieren Sie mit diesem Schema erstellte Dokumente mit Dokumenten, die mit dem Schema in Abbildung 8.1 erstellt wurden, werden sowohl das Element `name` als auch `source` aufs Spiel gesetzt.

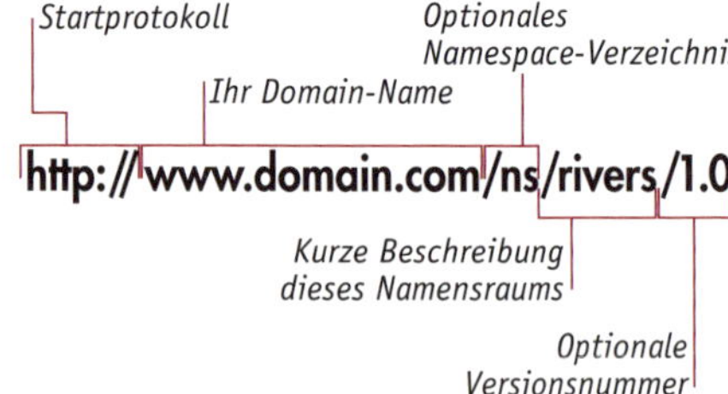

Abbildung 8.3: Ein Namespace oder Namensraum sollte die Form einer URL besitzen. Typischerweise startet er mit dem Standard-HTTP-Protokoll, dann kommt Ihr Domain-Name, dann optional eine Namespace-Bezeichnung in Form eines Verzeichnisnamens, dann eine sehr kurze Beschreibung des Namensraums und schließlich optional eine Versionsnummer. Die URL muss nicht wirklich auf eine Datei verweisen!

- URLs werden für Namensraumbenennungen verwendet, weil sie eindeutig sind, nicht etwa weil sie auf eine bestimmte Site verweisen. Die URL kann zwar auf eine DTD oder ein Schema verweisen, muss es aber nicht. Dies ist keine der Anforderungen des W3C. Es empfiehlt sich, eine URL zu wählen, die sich niemals ändert und die niemals auf eine bestimmte Datei verweisen wird.

```
code.xml
<endangered_species>
<animal>
<name language="English">Giant River
    Otter</name>
...
<source sectionid="122" newspaperid="21"
    contentid="630"
    xmlns="http://www.cookwood.com/ns/
    end_species1"/>
<picture filename="otter.jpg" x="200"
y="197"/>
```

Abbildung 8.4: Das Element `source` wird nun als Teil des Namensraums `http://www.cookwood.com/ns/end_species1` erkannt. Keines der anderen Elemente ist mit einem Namensraum verbunden. (Man sagt auch, sie sind „in keinem Namensraum".)

```
code.xml
<endangered_species
    xmlns="http://www.cookwood.com/ns/
    end_species1">
<animal>
<name language="English">Giant River
    Otter</name>
<name language="Latin">pteronura
    brasiliensis</name>
<threats><threat>habitat destruction</threat>
<threat>hunting</threat>
<threat>mercury poisoning from gold
    mining</threat>
<threat>pollution from fossil fuel
    extraction</threat>
```

Abbildung 8.5: In diesem Beispiel, mit der Namensraumdeklaration im Wurzelelement, werden alle Element im Dokument mit dem Namensraum `http://www.cookwood.com/ns/end_species1` verbunden. (Wie Sie einen solchen Standardnamensraum überschreiben können, sehen Sie auf *Seite 116–117*.)

Standardnamensräume deklarieren

Nachdem Sie eine Namensraumbenennung entworfen haben, können Sie sie als Standard für das gesamte Dokument, oder nur einen Teil davon, deklarieren.

So deklarieren Sie einen Standardnamensraum für ein Element und alle seine untergeordneten Elemente:

1. Geben Sie innerhalb des Start-Tags des Elements, das Sie mit dem Namensraum beschriften wollen, **xmlns=** ein.
2. Geben Sie dann **"URL"** ein, wobei *URL* für die Benennung Ihres Namensraums steht (*siehe Seite 114*).

✔ Tipps

- Die oben erläuterte Beschriftung eines Elements mit einem Namensraum wirkt sich nicht nur auf das betreffende Element aus, sondern auf alle Elemente, die darin enthalten sind – solange sie nicht mit einem anderen Namensraum beschriftet sind.
- Wenn Sie also einen Standardnamensraum für das Wurzelelement deklarieren, werden alle Elemente in dem Dokument auf diesen Namensraum bezogen (wenn sie nicht anders beschriftet sind – *siehe Seite 116–117*).
- Ein für ein ganzes Dokument (oder einen Teil davon) deklarierter Namensraum wird *Standardnamensraum* genannt, da er für alle Elemente des Dokuments (bzw. Teils davon) gilt, wenn kein zusätzlicher Namensraum zugeordnet wurde.
- Sie können einen Standardnamensraum (oder keinen Namensraum) überschreiben, indem Sie für ein einzelnes Element einen vorangestellten Namensraum definieren (*siehe Seite 116–117*). Untergeordnete Elemente sind davon nicht betroffen.

Namensräume für einzelne Elemente

Wenn Sie ein bestimmtes Element in Ihrem Dokument mit einem Namensraum beschriften wollen ohne seine untergeordneten Elemente zu beeinflussen, können Sie einen spezifischen vorangestellten Namen *(Präfix)* für den Namensraum deklarieren und dann die einzelnen Elemente damit beschriften.

So deklarieren Sie einen vorangestellten Namen für einen Namensraum:

1. Geben Sie in das Wurzelelement des Dokuments **xmlns:Präfix** ein, wobei *Präfix* für den vorangestellten Namen steht.
2. Geben Sie dann **="URL"** ein, wobei *URL* für die Benennung des Namensraums steht, auf den das Präfix verweist.

✔ Tipps

- Vorangestellte Namen dürfen nicht mit xml beginnen; egal in welcher Schreibung.
- Sie können ein Präfix in jedem Element verwenden, das in dem Element enthalten ist, in dem Sie das Präfix deklariert haben, einschließlich des umfassenden Elements selbst. Wenn Sie also ein Präfix im Wurzelelement deklarieren, können Sie das Präfix in jedem Element oder Attribut des Dokuments verwenden, einschließlich des Wurzelelements selbst. Deklarieren Sie das Präfix in einem anderen Element, so kann es nur in jenem Element und seinen untergeordneten Elementen verwendet werden.
- Sie können in jedem Element beliebig viele Namensräume mit Präfixen deklarieren.

code.xml

```
<endangered_species xmlns="http://www.
cookwood.com/ns/ end_species1"
xmlns:rivers="http://www.cookwood.com/ns/
rivers1">
<animal>
<name language="English">Giant River
Otter</name>...
<source sectionid="122" newspaperid="21"
contentid="630"/>
```

Abbildung 8.6: Durch die Deklaration des Namensraums `rivers1` im Wurzelelement des Dokuments und Zuweisung eines Präfix lässt sich dieses im gesamten Dokument verwenden, um anzuzeigen, dass einzelne Elemente zum Namensraum `rivers1` (Abbildung 8.8 auf *Seite 117*) gehören. Die Deklaration des Namensraums `rivers1` im Element `endangered_species` hat keinen Einfluss auf den Namensraum des Elements `endangered_species` selbst.

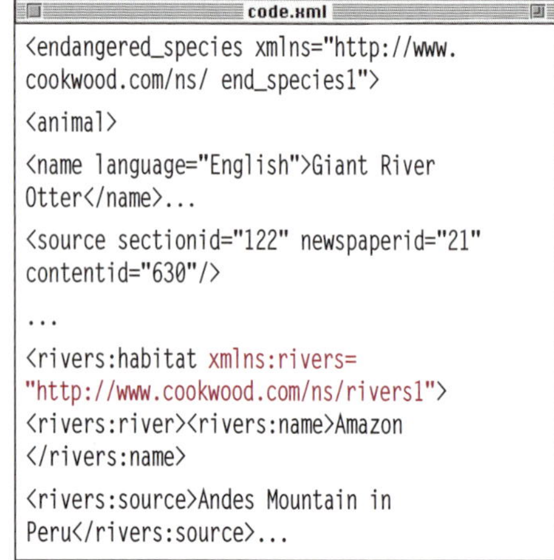

code.xml

```
<endangered_species xmlns="http://www.
cookwood.com/ns/ end_species1">
<animal>
<name language="English">Giant River
Otter</name>...
<source sectionid="122" newspaperid="21"
contentid="630"/>
...
<rivers:habitat xmlns:rivers=
"http://www.cookwood.com/ns/rivers1">
<rivers:river><rivers:name>Amazon
</rivers:name>
<rivers:source>Andes Mountain in
Peru</rivers:source>...
```

Abbildung 8.7: Da der Namensraum `rivers1` im Element `rivers:habitat` deklariert ist, kann er nur innerhalb dieses Elements und seinen untergeordneten Elementen verwendet werden. Er könnte nicht außerhalb des Elements rivers:habitat verwendet werden.

code.xml

```
<endangered_species
    xmlns="http://www.cookwood.com/ns/
    end_species/1.0"
xmlns:rivers="http://www.cookwood.com/ns/
    rivers/1.0">
<animal>
<name language="English">Giant River
    Otter</name>
<name language="Latin">pteronura
    brasiliensis</name>
<threats><threat>habitat destruction
<rivers:name>Amazon</rivers:name>
<rivers:source>Andes Mountains</rivers:source>
</threat>
<threat>hunting</threat>
<threat>overfishing</threat>
<threat>infection by canine distemper
    virus</threat>
</threats>
<source sectionid="122" newspaperid="21"
    contentid="630"/>
<picture filename="otter.jpg" x="200"
    y="197"/>
<rivers:picture file="amazon.jpg" x="200"
    y="197"/>
<weight>60 pounds</weight>
<length>8 feet long</length>
<diet><rivers:fauna>fish,
    crustaceans</rivers:fauna></diet>
...
</animal>
```

Abbildung 8.8: Jedes Element im Namensraum `rivers1` besitzt das Präfix `rivers:` Dadurch wird angezeigt, dass es zum Namensraum `rivers1` gehört. Da es schon genügt, `rivers:` immer wieder einzugeben, kann man sich vorstellen, wie das mit `http://www.cookwood.com /ns/rivers1` wäre.

Nachdem Sie ein Präfix und den Namensraum, auf den es verweist, deklariert haben, können Sie mithilfe dieses Präfixes einzelne Elemente im XML-Code mit verschiedenen Namensräumen beschriften – ohne die untergeordneten Elemente dieser Elemente zu beeinflussen.

So beschriften Sie einzelne Elemente mit verschiedenen Namensräumen:

1. Schreiben Sie **<**, um das Element zu beginnen.
2. Geben Sie **Präfix:** ein, wobei *Präfix* auf den Namensraum verweist, zu dem dieses Element gemäß der Deklaration auf der vorigen Seite gehört.
3. Schreiben Sie **Element**, wobei *Element* für den Namen des zu verwendenden Elements steht.
4. Vervollständigen Sie das Element wie gewohnt. (Sie können das Element durch Attribute ergänzen, vielleicht müssen Sie das Start-Tag noch mit einem > abschließen bzw. mit einem />, wenn es leer ist, usw. Weitere Erläuterungen hierzu erhalten Sie in Kapitel 1.)

✔ Tipps

- Nur die Elemente mit vorangestelltem Präfix werden als Teil des durch dieses Präfix deklarierten Namensraums erkannt.
- Der XML-Prozessor erachtet Elemente ohne Präfix als zum Standardnamensraum gehörig (*siehe Seite 115*) bzw. zu keinem Namensraum, falls kein Standardnamensraum deklariert worden ist.
- Ein XML-Prozessor betrachtet das Präfix als integralen Bestandteil des Elementnamens. Daher muss das Ende-Tag zum Start-Tag passen. Haben Sie etwa **<rivers: source>** als Name im Start-Tag angegeben, so müssen Sie **</rivers:source>** als Ende-Tag verwenden.
- Wenn Sie in einem Abschnitt, der in einem Element enthalten ist, viele Elemente und Attribute aus einem bestimmten Namensraum verwenden, so empfiehlt es sich, für diesen Abschnitt im obersten Element einen Standardnamensraum zu deklarieren (*siehe Seite 115*).

Der Einfluss von Namensräumen auf Attribute

Sie können zwar ein Attribut mit einem bestimmten Namensraum verbinden, doch das voranstellen eines Präfixes ist so gut wie niemals notwendig, da Attribute bereits durch das übergeordnete Element ihre Eindeutigkeit haben.

Angenommen, Sie sehen das Attribut sectionid innerhalb des Elements source, so wissen Sie, dass es zu dem Element source im Namensraum end_species1 gehört. Dabei gibt es keine Verwechslungsmöglichkeit. Angenommen, es gäbe ein zweites Attribut sectionid, z.B. in dem Element orange, so erkennen Sie doch, dass das betreffende sectionid-Attribut Teil des Elements orange ist, und zwar ohne weitere Schlüssel, einfach weil es in dem Element orange enthalten ist.

Nachdem das klargestellt ist, sollte Ihnen auch klar sein, dass Standardnamensräume keine Auswirkung auf Attribute haben. Besitzt das Attribut kein Präfix (was selten der Fall ist) so wird davon ausgegangen, dass es in keinem Namensraum enthalten und seine Gültigkeit daher lokal ist. Oder einfacher ausgedrückt: Es wird durch das Element identifiziert, in dem es enthalten ist.

Im Prinzip ist das wie bei lokal deklarierten Elementen. Auch diese werden durch ihr übergeordnetes Element identifiziert und müssen daher selten durch einen Namensraum spezifiziert werden.

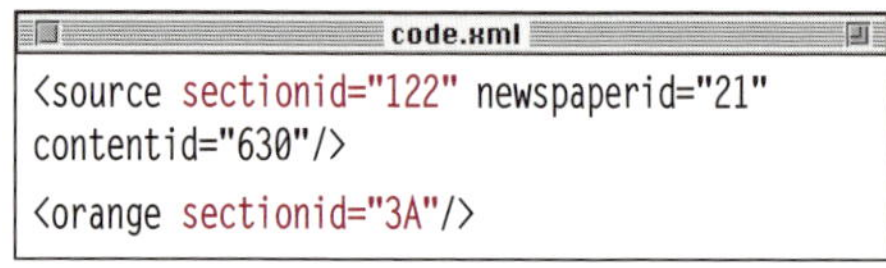

Abbildung 8.9: Obwohl die Elemente source wie auch orange ein Attribut sectionid besitzen, überschneiden sich die beiden Attribute nicht in einer Weise, wie das bei gleich benannten Elementen der Fall wäre. Durch ihre Position ist es offensichtlich, dass sich das erste sectionid-Attribut auf source und das zweite auf orange bezieht. Daher ist es nicht erforderlich, sie durch einen bestimmten Namensraum zu kennzeichnen.

Namensräume, DTDs und gültige Dokumente

Wenn Sie an ein Element denken, geschieht dies vielleicht nur in Form seines Namens. Für den XML-Prozessor jedoch, ist der Name desselben Elements **Präfix:Element.** Wenn Sie Ihr Dokument nicht an einem XML-Schema, sondern an einer DTD messen wollen, so muss jedes Element mit Präfix in der DTD deklariert sein.

Zudem ist es erforderlich, das Attribut, mit dem Sie den Namensraum deklarieren, entweder mit `xmlns` (bei Standardnamensräumen) oder `xmlns:prefix` (bei sporadisch aufgerufenen Namensräumen), zu deklarieren.

Wenn Ihnen das zu mühselig ist, sind Sie nicht alleine. Der Mangel an direkter Unterstützung für Namensräume ist der Hauptgrund, warum DTDs von in XML Schema geschriebenen Schemata ausgebootet werden.

Weitere Erläuterungen zu DTDs finden Sie in Teil 2, ab *Seite 33*.

9 Namensräume, Schemata und Validierung

In Kapitel 6 und 7 haben Sie gelernt, wie Sie einen Typ oder eine *Klasse* von XML-Dokumenten definieren, indem Sie ein Schema anlegen. In einem Schema sind die Elemente und Attribute festgelegt, aus denen sich die XML-Dokumente zusammensetzen sollen. Sie können jedes dieser XML-Dokumente, offiziell *Instanzen* genannt, mit dem Schema vergleichen, um seine *Gültigkeit* zu kontrollieren. Dabei wird überprüft, ob es dem geforderten XML-Dokumententyp entspricht (*siehe Seite 73*). Eine großartige Methode, um Ihre Daten konsistent zu halten!

Besteht ein XML-Dokument jedoch aus Elementen aus verschiedenen Namensräumen, wie in Kapitel 8 beschrieben, gestaltet sich eine solche Dokumentvalidierung etwas komplizierter.

Im vorliegenden Kapitel wird erläutert, wie Sie Ihre Dokumente für die Validierung vorbereiten.

(Weitere Erläuterungen zum Einsatz eines Schemavalidators erhalten Sie im Abschnitt *Validierung von XML-Code an einem Schema* auf *Seite 245*.)

Schemata und Namensräume

Wie bereits im vorigen Kapitel erläutert, ist ein Namensraum ein Vorrat an verwandten Elementen und Attributen, der durch einen allgemeinen Namen „in URL-Form“ identifiziert wird. Namensräume werden meist zur Unterscheidung ähnlich benannter, global deklarierter Elemente verwendet. (Lokal deklarierte Elemente sind in der Regel bereits durch ihren Kontext eindeutig.) Da ein Namensraum immer eindeutig ist, müssen der Namensraum plus der Elementname ebenfalls eindeutig sein.

Wenn Sie ein Dokument *validieren,* dessen Elemente durch einen Namensraum identifiziert werden, reicht es nicht aus, wenn Sie wissen, dass ein bestimmtes Element eindeutig ist. Vielmehr müssen Sie auch wissen, wie es definiert ist: Wann und wie oft es vorkommen soll, ob und welche anderen Elemente es umfassen muss, ob und welche Attribute es enthält, usw. Alle diese Informationen sind in einem bestimmten Schema enthalten, dem Schema, in dem die Elemente eines Namensraums definiert sind.

Doch definiert ein Schema nicht nur die äußere Form eines XML-Dokuments, sondern es kann *gleichzeitig* auch einen Namensraum mit den Elementen erstellen, die das Schema enthält (und definiert). Man sagt auch, der Namensraum wird *bevölkert.* Nachdem die Elemente eines Schemas mit einem bestimmten Namensraum verknüpft worden sind, können die Elemente mit dem Namensraumpräfix auch in anderen Dokumenten verwendet werden. Diese Dokumente wiederum lassen sich validieren, indem Sie mit dem (oder den) Schema(ta) verglichen werden, die den Namensraum bevölkert haben.

```
code.xsd
<?xml version="1.0" ?>
<xsd:schema xmlns:xsd="http://www.w3.org/
    2000/10/XMLSchema"
targetNamespace="http://www.cookwood.com/
    ns/end_species1">
<xsd:element name="endangered_species">
    <xsd:complexType>
    <xsd:sequence>
    <xsd:element name="animal"
    type="animalType"
    maxOccurs="unbounded"/>
    </xsd:sequence>
    </xsd:complexType>
    </xsd:element>
<xsd:complexType name="animalType">
    <xsd:sequence>
    <xsd:element name="name" type="nameType"
    minOccurs="2"/>
    <xsd:element name="threats"
    type="threatsType"/>
    <xsd:element name="weight"
    type="xsd:string" minOccurs="0"
    maxOccurs="1"/>
    ...
    </xsd:sequence>
    </xsd:complexType>
...
```

Abbildung 9.1: In diesem Beispiel werden das Element `endangered_species` und der komplexe Typ `animalType` durch den Namensraum `http://www.cookwood.com/ns/end_species1` identifiziert. Die Elemente `animal`, `threats` und `weight` werden durch den Namensraum nicht identifiziert, da sie keine Elemente der obersten Ebene sind.

Namensräume bevölkern

Sie können die global deklarierten Komponenten (auf der obersten Ebene) Ihres Schemas mit einem Namensraum verknüpfen, sodass sich diese Komponenten auch in anderen Schemadokumenten verwenden lassen. Eine global deklarierte Komponente ist jedes Element, das dem Element `xsd:schema` direkt untergeordnet ist, und könnte eine Elementdeklaration, Attributdeklaration, komplexe oder einfache Typendefinition, benannte Gruppendefinition oder eine Attributgruppendefinition sein.

Sie brauchen zwar bei der eigentlichen Definition oder Deklaration keine besonderen Vorkehrungen zu treffen, sondern befolgen einfach die Anweisungen in Kapitel 6 und 7, doch müssen Sie den Zielnamensraum angeben, mit dem Sie die Komponente verknüpfen wollen.

So legen Sie einen Zielnamensraum fest:

Geben Sie in das Wurzelelement Ihres Schemadokuments **targetNamespace="URL"** ein, wobei *URL* für den Namensraum steht, mit dem Sie die in diesem Schema definierten Komponenten verknüpfen wollen. Man nennt das auch „bevölkern" eines Abschnitts.

✔ Tipp

- Ausschließlich die global deklarierten Komponenten (oberster Ebene) werden mit dem Namensraum verknüpft! Das heißt nicht etwa, dass sich lokale und somit unverknüpfte Elemente (z.B. das Element `animal` in **Abbildung 9.1**) nicht verwenden und validieren ließen. Beim der Validierung einer XML-Instanz an dem in **Abbildung 9.1** gezeigten Schema wird der Prozessor wissen, wo die Definition des Elements `endangered_ species` zu finden ist und dass dieses Element ein *nicht qualifiziertes* (d.h. mit keinem Namensraum verknüpftes) `animal`-Element enthalten muss.

Alle lokal deklarierten Elemente einbeziehen

Standardmäßig werden nur die global deklarierten Komponenten (oberster Ebene) mit dem Namensraum verknüpft. Wenn Sie lokale Elementdeklarationen und -definitionen (also eine oder mehrere Ebenen weiter unten definierte bzw. deklarierte Elemente) miteinbeziehen wollen, können Sie alle Elemente auf einmal hinzufügen (*siehe unten*) oder alle Attribute auf einmal oder alle Elemente und/oder Attribute einzeln hinzufügen (*siehe Seite 125*).

So beziehen Sie alle lokal deklarierten Elemente in den Zielnamensraum ein:

Geben Sie in das Element `xsd:schema` **elementFormDefault="qualified"** ein.

So beziehen Sie alle lokal deklarierten Attribute in den Zielnamensraum ein:

Geben Sie in das Element `xsd:schema` **attributeFormDefault="qualified"** ein.

✔ Tipp

- Wie bereits gezeigt, ist der Standardwert für jedes dieser Attribute *nicht qualifiziert,* d.h. nur global deklarierte Komponenten werden, wenn nicht anders angegeben, mit dem Zielnamensraum verknüpft.

code.xsd

```
<?xml version="1.0" ?>
<xsd:schema xmlns:xsd="http://www.w3.org/
   2000/10/XMLSchema"
targetNamespace="http://www.cookwood.com/
   ns/end_species1"
elementFormDefault="qualified">
<xsd:element name="endangered_species">
   <xsd:complexType>
   <xsd:sequence>
   <xsd:element name="animal"
   type="animalType"
   maxOccurs="unbounded"/>
   </xsd:sequence>
   </xsd:complexType>
   </xsd:element>
<xsd:complexType name="animalType">
   <xsd:sequence>
   <xsd:element name="name" type="nameType"
   minOccurs="2"/>
   <xsd:element name="threats"
   type="threatsType"/>
   <xsd:element name="weight"
   type="xsd:string" minOccurs="0"
   maxOccurs="1"/>

   ...
   </xsd:sequence>
   </xsd:complexType>
...
```

Abbildung 9.2: Jetzt sind die lokal deklarierten Elemente `animal`, `threats` und `weight` mit dem Namensraum verknüpft und können dementsprechend in einem XML-Dokument referenziert werden.

code.xsd

```
<?xml version="1.0" ?>
<xsd:schema xmlns:xsd="http://www.w3.org/
    2000/10/XMLSchema"
targetNamespace="http://www.cookwood.com/
    ns/end_species1"
elementFormDefault="qualified">
<xsd:element name="endangered_species">
    <xsd:complexType>
    <xsd:sequence>
    <xsd:element name="animal"
    type="animalType"
    maxOccurs="unbounded"/>
    </xsd:sequence>
    </xsd:complexType>
    </xsd:element>
<xsd:complexType name="animalType">
    <xsd:sequence>
    <xsd:element name="name" type="nameType"
    minOccurs="2"/>
    <xsd:element name="threats"
    type="threatsType" form="unqualified"/>
    <xsd:element name="weight"
    type="xsd:string" minOccurs="0"
    maxOccurs="1" form="unqualified"/>
    ...
    </xsd:sequence>
    </xsd:complexType>
...
```

Abbildung 9.3: Trotz der Einstellung von `elementFormDefault` im Element `xsd:schema` werden weder das Element `threats` noch `weight` mit dem Zielnamensraum verknüpft, da ihre `form`-Attribute Vorrang haben vor dem `elementFormDefault`-Wert.

Bestimmte lokal deklarierte Elemente einbeziehen

Mithilfe des Attributs `form` lässt es sich festlegen, ob ein bestimmtes lokal deklariertes Element, unabhängig vom Standard (*siehe Seite 124*), mit dem Zielnamensraum verknüpft werden soll.

So beziehen Sie ein bestimmtes lokal deklariertes Element in den Zielnamensraum ein:

Geben Sie innerhalb der Elementdeklaration **form="qualified"** ein. Das Element wird mit dem Zielnamensraum verknüpft, und zwar unabhängig davon, wo es deklariert worden ist.

Haben Sie im Element `xsd:schema` das Attribut `elementFormDefault= "qualified"` verwendet, so können Sie ein bestimmtes, lokal deklariertes Element mithilfe des Attributs `form` aus dem Zielnamensraum ausschließen.

So verhindern Sie, dass ein bestimmtes lokal deklariertes Element mit einem Zielnamensraum verknüpft wird:

Geben Sie innerhalb der Elementdeklaration **form="unqualified"** ein. Das lokal deklarierte Element wird trotz des Standards aus dem Zielnamensraum ausgeschlossen.

Verweise auf Komponenten mit Namensräumen

Nachdem Sie Schemakomponenten (einfache oder komplexe benannte Typen, Elemente, Attribute, Attributgruppen und benannte Gruppen) mit einem Namensraum verknüpft haben (*siehe Seite 123*), können Sie innerhalb dieses oder eines anderen Schemas darauf verweisen. Und da sie mit einem Namensraum verknüpft sind, *müssen Sie den Namensraum angeben,* wenn Sie darauf verweisen.

In diesem Buch wurde für alle XML-Schemaelemente das Präfix *xsd* verwendet und das Schema „XML Schema" (das *Schema aller Schemata*) ordnungsgemäß im Wurzelelement des Schemas deklariert. Daher muss beim Verweis auf integrierte Typen (bereits im Schema aller Schemata definierte Typen) das Präfix *xsd* vorangestellt werden. Dadurch weiß das Schema, wo ihre Definitionen zu finden sind.

Doch was ist mit selbst definierten (einfachen wie komplexen) Typen, die Sie selbst ableiten? Oder mit Element- oder Attributdeklarationen, auf die Sie verweisen wollen? Oder mit Gruppen, auf die Sie verweisen wollen? Solche Verweise müssen Informationen über den Namensraum beinhalten, mit dem diese Komponenten verknüpft sind.

So legen Sie einen Standardnamensraum für referenzierte Komponenten fest und verweisen dann im Schema auf diese Komponenten:

1. Geben Sie in das Wurzelelement Ihres Schemadokuments **xmlns="URL"** ein, wobei *URL* für den Namensraum steht, mit dem die referenzierten Komponenten verknüpft sind.
2. Geben Sie als Wert der Attribute `type` und `ref` **Verweis** (ohne Präfix) ein, wobei *Verweis* für den Namen der Komponente steht, die mit diesem Standardnamensraum verknüpft ist.

code.xsd

```
<?xml version="1.0" ?>
<xsd:schema xmlns:xsd="http://www.w3.org/
   2000/10/XMLSchema"
targetNamespace="http://www.cookwood.com/
   ns/end_species1"
xmlns="http://www.cookwood.com/
   ns/end_species1">
<xsd:element name="endangered_species">
   <xsd:complexType>
   <xsd:sequence>
   <xsd:element name="animal"
   type="animalType"
   maxOccurs="unbounded"/>
   </xsd:sequence>
   </xsd:complexType>
   </xsd:element>
<xsd:complexType name="animalType">
   <xsd:sequence>
   <xsd:element name="name" type="nameType"
   minOccurs="2"/>
   <xsd:element name="threats"
   type="threatsType"/>
   <xsd:element name="weight"
   type="xsd:string" minOccurs="0"
   maxOccurs="1"/>
   ...
   </xsd:sequence>
   </xsd:complexType>
...
```

Abbildung 9.4: Im Wurzelelement des Schemas wurde der Standardnamensraum für dieses Schemadokument, `end_species1`, deklariert. Das bedeutet, dass die Definitionen der Typen ohne Präfix (`animalType`, `nameType` und `threatsType`) in dem Schema zu finden sind, das dem Namensraum `end_species1` entspricht. (Die Definition der Typen mit Präfix, `xsd:string`, ist hingegen in dem Schema zu finden, das dem Namensraum `XMLSchema` entspricht.)

code.xsd

```
<?xml version="1.0" ?>
<xsd:schema xmlns:xsd="http://www.w3.org/
    2000/10/XMLSchema"
targetNamespace="http://www.cookwood.com/
    ns/end_species1"
xmlns:end="http://www.cookwood.com/
    ns/end_species1">
<xsd:element name="endangered_species">
    <xsd:complexType>
    <xsd:sequence>
    <xsd:element name="animal"
    type="end:animalType"
    maxOccurs="unbounded"/>
    </xsd:sequence>
    </xsd:complexType>
    </xsd:element>
<xsd:complexType name="animalType">
    <xsd:sequence>
    <xsd:element name="name"
    type="end:nameType" minOccurs="2"/>
    <xsd:element name="threats"
    type="end:threatsType"/>
    <xsd:element name="weight"
    type="xsd:string" minOccurs="0"
    maxOccurs="1"/>
    ...
    </xsd:sequence>
    </xsd:complexType>
...
```

Abbildung 9.5: Dieses Dokument entspricht dem in Abbildung 9.4 auf der vorigen Seite. Diesmal wurde jedoch für den Verweis auf den Namensraum `end_species1` das Präfix `end` definiert. Dieses Präfix zeigt also an, dass `end:animalType`, `end:nameType` wie auch `end:threatsType` zum Namensraum `end_species1` gehören. Beachten Sie jedoch, dass die Elemente zum selben Namensraum wie zuvor gehören (was durch das Attribut `targetNamespace` geregelt wird). Es wurde nur geändert, wie sie identifiziert werden.

So deklarieren Sie einen Namensraum mit Präfix und verwenden das Präfix dann zur Angabe referenzierter Komponenten im Schema:

1. Geben Sie in das Wurzelelement Ihres XML-Dokuments **xmlns:Präfix="URL"** ein, wobei *Präfix* angibt, wie Sie die Definitionen in diesem Schema kennzeichnen, die zu dem durch *URL* angegebenen Namensraum gehören.
2. Geben Sie als Wert der Attribute `type` und `ref` **Präfix:Verweis** ein, wobei *Verweis* für den Namen der Komponente steht, die mit dem zu *Präfix* gehörigen Namensraum verknüpft ist (das *Präfix* ist dasselbe wie in Schritt 1).

✔ Tipps

- Sie können beliebig viele Namensräume deklarieren und dann die zugehörigen Definitionen mithilfe des entsprechenden Präfixes ansprechen.
- Es scheint nicht sehr intuitiv zu sein, den *Wert* eines Attributs mit dem Namensraum zu verknüpfen, doch ist dies die korrekte Vorgehensweise.
- Folgende Unterscheidung sollten Sie nicht vergessen: Der Zielnamensraum ist der Namensraum, der die Verknüpfung zu einem Namensraum aktiv vornimmt oder darauf verweist. Eine Namensraumdeklaration wie **xmlns="URL"** oder **xmlns:Präfix="URL"** zeigt einfach an, mit welchem Namensraum eine Komponente verknüpft worden ist.

Das „Schema aller Schemata" als Standard

Kein Gesetz besagt, dass Elemente und Typen des Schemas aller Schemata mit dem Präfix *xsd* beginnen müssen. Man könnte genau so gut *zap* oder *boffo* oder sonst irgendwas nehmen. Wenn sich zum Beispiel ein Schema in erster Linie aus integrierten Typen zusammensetzt, ist es vielleicht einfacher und schneller, das Schema aller Schemata als Standardnamensraum zu deklarieren und dann die Elementpräfixe zum Namensraum ganz zu vergessen.

So deklarieren Sie das Schema aller Schemata als Standardnamensraum für ein Schema:

1. Um das Schema nach der XML-Deklaration zu beginnen, geben Sie **<schema** ein (nicht *xsd:schema*).
2. Geben Sie dann **xmlns="http://www.w3.org/2000/10/XMLSchema"** ein, um das Schema aller Schemata als Standardnamensraum für das aktuelle Schema zu deklarieren.
3. Geben Sie **targetNamespace="URL"** ein, wobei *URL* für den Namensraum steht, mit dem benannte Typendefinitionen und Elemente der obersten Ebene (wie gewohnt) verknüpft werden sollen.
4. Geben Sie **xmlns:Präfix="URL"** ein, wobei *Präfix* angibt, wie Sie die Definitionen in diesem Schema kennzeichnen, die zu dem durch *URL* angegebenen Namensraum gehören.
5. Wiederholen Sie Schritt 4 für jeden Namensraum, der in diesem Schema verwendete Definitionen enthält.
6. Schreiben Sie **>**, um das Tag `schema` abzuschließen.

✔ Tipp

- In der Regel müssen Sie ein Präfix für den Zielnamensraum festlegen (wenn Sie nicht Definitionen aus einem anderen Namensraum importieren – *vgl. Seite 132*).

```
code.xsd
<?xml version="1.0" ?>
<schema xmlns="http://www.w3.org/
   2000/10/XMLSchema"
targetNamespace="http://www.cookwood.com/
   ns/end_species1"
xmlns:end="http://www.cookwood.com/
   ns/end_species1">
<element name="endangered_species">
   <complexType>
   <sequence>
   <element name="animal"
   type="end:animalType"
   maxOccurs="unbounded"/>
   </sequence>
   </complexType>
   </element>
<complexType name="animalType">
   <sequence>
   <element name="name" type="end:nameType"
   minOccurs="2"/>
   <element name="threats"
   type="end:threatsType"/>
   <element name="weight" type="string"
   minOccurs="0" maxOccurs="1"/>
   ...
   </sequence>
   </complexType>
...
```

Abbildung 9.6: Dieses Dokument entspricht exakt dem Dokument in Abbildung 9.4 (bzw. 9.5). Der einzige Unterschied liegt in der Notation. Hier wurde das Schema aller Schemata als Standardnamensraum deklariert und somit benötigen die Elementnamen (`schema`, `element`, `complexType`, usw.) oder integrierten Typen (`string`) das Präfix `xsd` nicht. Andererseits müssen alle Typen aus anderen Namensräumen mit Präfix versehen werden, z.B. `end:animalType`, `end:nameType` und `end:threatsType`.

code.xml

```
<?xml version="1.0" ?>
<end:endangered_species
    xmlns:end="http://www.cookwood.com/
    ns/ end_species1">
<animal>
<name language="English">Tiger</name>
<name language="Latin">panthera tigris</name>
<threats>
    <threat>poachers</threat>
    <threat>habitat destruction</threat>
    <threat>trade in tiger bones for
    traditional Chinese medicine
    (TCM)</threat>
    </threats>
<weight>500 pounds</weight>
<length>3 yards from nose to tail</length>
...
</end:endangered_species>
```

Abbildung 9.7: In dem Schema in Abbildung 9.4 war das Element endangered_species – wegen des Attributs targetNamespace – mit dem Namensraum *http://www.cookwood.com/ns/end_species1* verbunden. Um nun ein Dokument mit diesem Element zu validieren, muss endangered_species entsprechend qualifiziert werden. Da animal (und andere Elemente) nicht mit dem Zielnamensraum verknüpft worden, ist eine solche Angabe hier auch nicht erforderlich.

Namensräume und die Validierung von XML-Code

Sie *qualifizieren* also einen Satz an Komponenten (d.h. Sie identifizieren sie durch einen Namensraum) und sind jetzt so weit, ein Dokument, das diese Komponenten verwendet, zu validieren. Beim Validieren der Dokumente in Kapitel 6 und 7 brauchten Sie sich um Namensräume nicht zu kümmern, weil Sie keine der definierten Komponenten mit einem Zielnamensraum verknüpft haben. Jetzt da alle oder einige Ihrer Komponenten zu einem Namensraum gehören, müssen Sie diesen Namensraum für diese Komponenten in Ihren XML-Dokumenten angeben, wenn Sie diese Dokumente validieren.

Möglicherweise müssen Sie auch angeben, wo der Prozessor das Schemadokument findet, in dem die zum Namensraum gehörigen Komponenten definiert sind.

So schreiben Sie gültige XML-Dokumente mit qualifizierten Komponenten:

1. Sie müssen den Namensraum der betreffenden Komponente angeben, indem Sie entweder einen Standardnamensraum deklarieren **(xmlns="URL")** und kein Präfix für die Komponenten verwenden, oder einen Namensraum mit einem Präfix deklarieren **(xmlns:Präfix="URL")** und dann die betreffende Komponente mit Präfix angeben. In Kapitel 8 wird dieser Vorgang ausführlich erläutert.
2. Manchmal ist es auch notwendig anzugeben, wo (z.B. auf dem Server) das Schemadokument zu finden ist, das den zur Qualifizierung der Elemente verwendeten Namensraum definiert oder bevölkert (*siehe Seite 130*).

✔ Tipp

- Denken sie daran, dass Sie nur die Elemente qualifizieren müssen, die tatsächlich mit dem Namensraum verknüpft sind.

Die Position eines Schemas angeben

Sie haben bereits gesehen, wie Sie die Position eines Schemas angeben, wenn es keine qualifizierten Elemente im XML-Dokument gibt (*siehe Seite 73*). Die Angabe der Position eines Schemas für XML-Dokumente mit qualifizierten Elementen ist recht ähnlich.

So geben Sie an, wo das Schema für qualifizierte Elemente zu finden ist:

1. Geben Sie im Wurzelelement des XML-Dokuments, nach der Deklaration des mit den qualifizierten Elementen verknüpften Namensraums, **xmlns:xsi="http://www.w3.org/2000/10/XML-Schema-instance"** ein, um den Namensraum des Attributs zu deklarieren, mit dem Sie die Position des Schemas anzeigen.
2. Geben Sie dann **xsi:schemaLocation="URL** ein, wobei *URL* für die Benennung des Namensraums steht, zu dessen Schemadokument die Position anzugeben ist. (Beachten Sie, dass noch kein abschließendes Anführungszeichen eingegeben wird.)
3. Geben Sie ein Leerzeichen ein (oder einen Zeilenumbruch, wenn Sie das vorziehen).
4. Geben Sie jetzt **datei.xsd"** ein, wobei *datei.xsd* für die URL der Datei steht, die das Schema mit der Definition des in diesem XML-Dokument verwendeten Namensraums enthält. (Beachten Sie, dass das öffnende Anführungszeichen fehlt.)
5. Wiederholen Sie Schritt 3–4 für jedes Schema, das das XML-Dokument benötigt.

✔ Tipp

- Zwar werden die meisten XML-Prozessoren auf der Suche nach der zugehörigen Schemadatei das Attribut `xsi:schemaLocation` prüfen, allerdings nicht alle. Weitere Erläuterungen sollten Sie in der Dokumentation zu Ihrem XML-Prozessor erhalten.

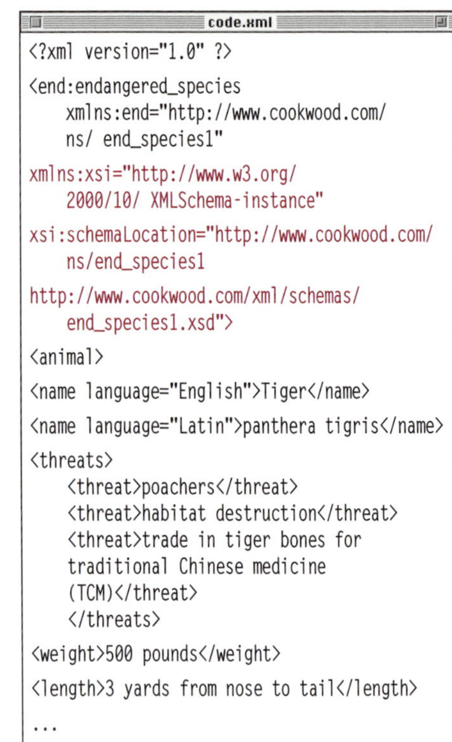

code.xml

```
<?xml version="1.0" ?>
<end:endangered_species
   xmlns:end="http://www.cookwood.com/
   ns/ end_species1"
xmlns:xsi="http://www.w3.org/
   2000/10/ XMLSchema-instance"
xsi:schemaLocation="http://www.cookwood.com/
   ns/end_species1
http://www.cookwood.com/xml/schemas/
   end_species1.xsd">
<animal>
<name language="English">Tiger</name>
<name language="Latin">panthera tigris</name>
<threats>
   <threat>poachers</threat>
   <threat>habitat destruction</threat>
   <threat>trade in tiger bones for
   traditional Chinese medicine
   (TCM)</threat>
   </threats>
<weight>500 pounds</weight>
<length>3 yards from nose to tail</length>
...
```

Abbildung 9.8: Die erste hervorgehobene Zeile deklariert den Namensraum für Komponenten mit xsi-Präfix. Die zweite gibt den Namensraum an, für den die dritte Zeile die Datei angibt, in der dieser Namensraum definiert ist und die sich auf einem Server im Internet befindet.

```
code.xsd
<?xml version="1.0" ?>
<xsd:schema xmlns:xsd="http://www.w3.org/
    2000/10/XMLSchema"
targetNamespace="http://www.cookwood.com/
    ns/end_species1">
<xsd:complexType name="threatsType">
    <xsd:sequence>
    <xsd:element name="threat"
    maxOccurs="unbounded"/>
    </xsd:sequence>
    </xsd:complexType>
```

Abbildung 9.9: Zunächst wurde eine neue Datei erstellt (die hier abgebildete *threats.xsd*) mit der komplexen Typendefinition threatsType. Jetzt kann diese Definition auch in anderen Schemata verwendet werden.

```
code.xsd
<?xml version="1.0" ?>
<xsd:schema xmlns:xsd="http://www.w3.org/
    2000/10/XMLSchema"
targetNamespace="http://www.cookwood.com/
    ns/end_species1"
xmlns="http://www.cookwood.com/
    ns/end_species1">
<xsd:include schemaLocation=
    "http://www.cookwood.com/xml/schemas/
    threats.xsd"/>
<xsd:element name="endangered_species">
    <xsd:complexType><xsd:sequence>
    <xsd:element name="animal"
    type="animalType"
    maxOccurs="unbounded"/>
    </xsd:sequence></xsd:complexType>
    </xsd:element>
<xsd:complexType name="animalType">
    <xsd:sequence>
    <xsd:element name="name" type="nameType"
    minOccurs="2"/>
    <xsd:element name="threats"
    type="threatsType"/>
...</xsd:complexType>
```

Abbildung 9.10: Sie können Schemakomponenten aus anderen Schemata mit demselben Zielnamensraum einbinden, indem Sie das Element xsd:include verwenden.

Schemata in mehreren Dateien

Sie können die Komponenten eines Schemas auf verschiedene Einzeldateien (offiziell *Schemadokumente* genannt) aufteilen, sodass Sie sie in mehreren Schemata und Dokumenten verwenden können oder einfach, um die Arbeit mit umfangreichen Schemata zu vereinfachen.

So binden Sie Schemakomponenten ein:

1. Teilen Sie die Schemakomponenten auf mehrere Dateien auf. Jede Datei sollte als reiner Text und mit der Erweiterung .xsd gespeichert werden.
2. Geben Sie in das Schemadokument, in das Sie die Komponenten einbinden wollen, direkt hinter das Element xsd:schema **<xsd:include schemaLocation="eingebundeneDatei.xsd"/>** ein, wobei *eingebundeneDatei.xsd* für die URL des Schemadokuments steht, das die einzubindenden Komponenten enthält.

✔ Tipps

- Das Attribut targetNamespace des eingebundenen Schemadokuments muss dem Schemadokument entsprechen, das die Komponenten aufnimmt. Wie Sie Schemakomponenten mit verschiedenen Zielnamensräumen hinzufügen, erfahren Sie im Abschnitt *Komponenten importieren* auf *Seite 132*.
- Wurde im eingebundenen Schema kein Zielnamensraum angegeben, so wird vorausgesetzt, dass sein Zielnamensraum mit dem des Schemadokuments, in das es eingebunden wird, übereinstimmt.

NAMENSRÄUME, SCHEMATA UND VALIDIERUNG

Komponenten importieren

Sie können Schemakomponenten der obersten Ebene aus anderen Schemata mit unterschiedlichen Zielnamensräumen importieren, um XML-Dokumente zu validieren, deren Elemente mit mehreren Namensräumen verknüpft sind.

So importieren Sie Komponenten aus Schemata mit unterschiedlichen Zielnamensräumen:

1. Geben Sie in dem Schemadokument, in das Sie die Schemakomponenten importieren, direkt hinter das Element `xsd:schema` **<xsd:import** ein.
2. Geben Sie dann **namespace="URL"** ein, wobei *URL* für die Benennung des Namensraums steht, mit dem die importierten Schemakomponenten verknüpft sind.
3. Geben Sie dann, falls erforderlich, die Position der Datei mit dem Schema an, das den Namensraum in Schritt 2 definiert, indem Sie **xsi:schemaLocation="URL** eingeben, wobei *URL* für die Benennung des Namensraums steht, für den Sie die Position des zugehörigen Schemadokuments bezeichnen.
4. Geben Sie ein Leerzeichen ein (oder einen Zeilenumbruch, wenn Sie das vorziehen).
5. Geben Sie jetzt **datei.xsd"** ein, wobei *datei.xsd* für die URL der Datei steht, die das Schema enthält, dessen Komponenten Sie importieren wollen.
6. Schreiben Sie **/>**, um das Tag `xsd:import` abzuschließen.
7. Deklarieren Sie, wie auf *Seite 126* beschrieben, ein Präfix für den importierten Namensraum, damit Sie auf die importierten Komponenten in Ihrem Schema verweisen können.

✔ Tipp

- Falls noch nicht geschehen, sollten Sie zudem den Namensraum der XML-Schema-Instanz deklarieren (siehe Schritt 1 auf *Seite 130*).

code.xsd

```
<?xml version="1.0" ?>
<xsd:schema xmlns:xsd="http://www.w3.org/
    2000/10/XMLSchema"
    xmlns:xsi="http://www.w3.org/2000/10/
    XMLSchema-instance"
    targetNamespace="http://www.cookwood.
    com/ns/end_species1"
    xmlns="http://www.cookwood.com/
    ns/end_species1"
    xmlns:rivers="http://www.cookwood.com/
    ns/rivers1">
<xsd:import namespace=
    "http://www.cookwood.com/ns/rivers1"
    xsi:schemaLocation=
    "http://www.cookwood.com/ns/rivers1
    http://www.cookwood.com/xml/schemas/
    rivers.xsd"/>
<xsd:element name="endangered_species">
    <xsd:complexType><xsd:sequence>
    <xsd:element name="animal"
    type="animalType" maxOccurs="unbounded"/>
    </xsd:sequence></xsd:complexType>
    </xsd:element>
<xsd:complexType name="animalType">
    <xsd:sequence><xsd:element name="name"
    type="nameType" minOccurs="2"/>
    <xsd:element name="threats"
    type="threatsType"/>
    ...
    <xsd:element name="habitat"
```

Abbildung 9.11: Durch den Import eines Schemas in ein anderes stehen die Komponenten des einen Schemas für die Definition von Komponenten im umfassenden Schema zur Verfügung.

Teil 4

XML und XPath

10

XSLT

Der vollständige und offizielle Vorschlag zur Umwandlung und Formatierung von XML-Dokumenten war ursprünglich in einer Spezifikation namens *XSL* enthalten, das für *Extensible Stylesheet Language* (Erweiterte Formatvorgabensprache) steht. Da die endgültige Ausarbeitung sich jedoch recht lange hinzog, untergliederte das W3C XSL in zwei Teile: XSLT (für die Transformation, Umwandlung) und XSL-FO (für Formatierungsobjekte).

Dieses Kapitel und die beiden darauf folgenden erläutern, wie Sie mithilfe von XSLT XML-Dokumente umwandeln. Das Endergebnis kann entweder ein anderes XML-Dokument sein oder, etwas häufiger, ein HTML-Dokument, das sowohl in den neuesten als auch in den etwas älteren Browsern anzeigbar ist. Ein XML-Dokument zu transformieren, heißt seinen Inhalt zu analysieren und, abhängig von den aufgefundenen Elementen, bestimmte Aktionen einzuleiten. Anhand von XSLT können Sie etwa die Ausgabe nach bestimmten Kriterien neu anordnen, nur ausgewählte Informationen anzeigen, u.v.a.m.

Da XSL-FO bisher noch nicht formalisiert worden ist, auch noch von keinem Browser unterstützt wird, wird es in diesem Buch nicht behandelt. Informationen über den aktuellen Status finden Sie auf der Webseite *http://www.w3.org/Style/XSL/*. In der Zwischenzeit wird XSLT oft in Verbindung mit dem bekannteren CSS (Cascading Style Sheets, Mehrfach verwendbare Formatvorgaben) verwendet, das die eigentliche Formatierung übernimmt. Weitere Erläuterungen zu CSS finden Sie in Teil 5 ab *Seite 175*.

Die Beispiele in diesem Teil des Buches basieren auf einer einzigen XML-Datei und einem sequentiellen Set an XSLT-Dateien, von denen eine auf die andere aufbaut. Es empfiehlt sich, zumindest die XML-Datei, wenn nicht gar alle XSLT-Dateien, von der Webseite zum Buch herunterzuladen (*siehe Seite 18*).

XML-Code anhand von XSLT umwandeln

Zunächst eine Übersicht über den gesamten Transformationsprozess. Anschließend können Sie sich im restlichen Kapitel (und in den beiden nachfolgenden) in die Einzelheiten vertiefen.

Um die eigentliche Transformation durchzuführen, benötigen Sie einen XSLT-Prozessor. Eine ganze Reihe solcher Prozessoren sind online erhältlich, z.B. Instant Saxon (von Michael Kay). Weitere Erläuterungen hierzu erhalten Sie im Abschnitt *XML mithilfe eines XSLT-Prozessors umwandeln* auf *Seite 246*.

Der XSLT-Prozessor analysiert zunächst das XML-Dokument (**Abbildung 10.1**) und konvertiert es in einen Knotenbaum (**Abbildung 10.2**). Ein *Knoten* ist nichts anderes als ein einzelnes Stück des XML-Dokuments (etwa ein Element, ein Attribut oder Text aus dem Inhalt). Ein *Knotenbaum* ist die hierarchische Repräsentation des gesamten XML-Dokuments.

Nachdem der Prozessor die Knoten im XML-Quellcode identifiziert hat, sucht es in einem XSLT-Stylesheet nach Anweisungen dazu, was mit diesen Knoten zu machen ist. Diese Direktiven befinden sich in so genannten *Vorlagen* (auch *Templates*). Jede Vorlage besteht aus zwei Teilen: Zunächst eine Art Beschriftung, die die Knoten im XML-Dokument identifiziert, und zweitens Direktiven über die eigentliche, auszuführende Transformation.

Der Prozessor sucht automatisch nach einer *Wurzelvorlage*, die er dann auf den *Wurzelknoten* des XML-Dokuments (den Knoten mit dem äußersten Element) anwendet. Die Wurzelvorlage umfasst in der Regel eine Kombination *literaler Elemente*, die wie vorgefunden auszugeben sind, sowie XSLT-Direktiven, die die Knoten im Quelldokument ausgeben oder weiter verarbeiten.

```
code.xml
<?xml version="1.0"?>
<endangered_species>
<animal>
<name language="English">Tiger</name>
<name language="Latin">panthera tigris</name>
<threats><threat>poachers</threat>
<threat>habitat destruction</threat>
<threat>trade in tiger bones for
traditionalChinese medicine (TCM)</threat>
</threats>
...
```

Abbildung 10.1: Das in den Beispielen in diesem Kapitel verwendete vollständige XML-Dokument finden Sie auf der Webseite zum Buch (*siehe Seite 18*). Damit Sie es bei der Behandlung der Beispiele stets vor sich haben, empfiehlt sich der Download und Ausdruck dieses Dokuments.

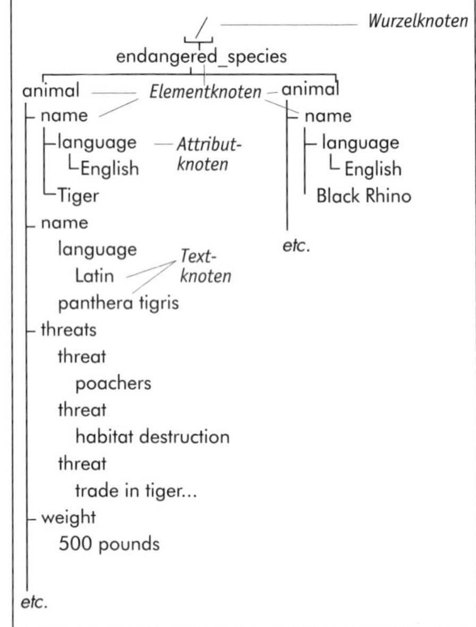

Abbildung 10.2: Hier eine teilweise Repräsentation des Knotenbaums zum XML-Dokument in Abbildung 10.1.

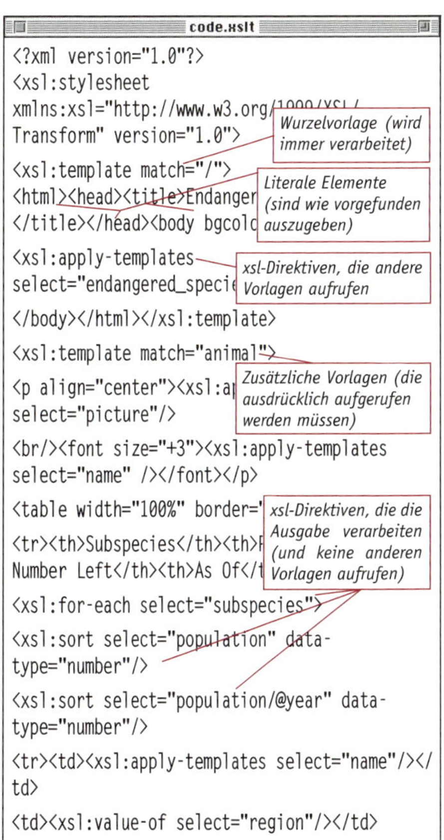


```
<?xml version="1.0"?>
<xsl:stylesheet
xmlns:xsl="http://www.w3.org/1999/XSL/
Transform" version="1.0">
<xsl:template match="/">
<html><head><title>Endanger
</title></head><body bgcol
<xsl:apply-templates
select="endangered_speci
</body></html></xsl:template>
<xsl:template match="animal">
<p align="center"><xsl:a
select="picture"/>
<br/><font size="+3"><xsl:apply-templates
select="name" /></font></p>
<table width="100%" border="
<tr><th>Subspecies</th><th>
Number Left</th><th>As Of</
<xsl:for-each select="subspecies">
<xsl:sort select="population" data-
type="number"/>
<xsl:sort select="population/@year" data-
type="number"/>
<tr><td><xsl:apply-templates select="name"/></
td>
<td><xsl:value-of select="region"/></td>
```

Abbildung 10.3: Das komplette XSLT-Stylesheet findet sich ebenfalls auf der Webseite zum Buch (*siehe Seite 18*) und sollte für ein bequemeres Arbeiten ebenso heruntergeladen und ausgedruckt werden.

Eine besondere Form einer XSLT-Direktive (`xsl:apply-templates`) identifiziert einen Satz an Knoten (entsprechend auch *Knotenset* genannt) und legt fest, dass diese Knoten an diesem Punkt mit der bzw. den *geeignetesten* verfügbaren Vorlage(n) zu verarbeiten sind. Jede dieser „Nebenvorlagen" kann zusätzliche `xsl:apply-templates`-Direktiven enthalten, die auf andere Nebenvorlagen verweisen. Dadurch lässt sich die Reihenfolge (oder Art und Weise) kontrollieren, in der der Inhalt des Quelldokuments verarbeitet und ausgegeben wird.

Sie identifizieren Knotensets und die zugehörigen Vorlagen mithilfe von Ausdrücken bzw. Mustern. Diese werden in XPath-Syntax geschrieben und sind komplex genug, um jeweils ein eigenes Kapitel zu beanspruchen: *XPath: Muster und Ausdrücke,* das auf *Seite 153* beginnt, und *Testausdrücke und Funktionen,* das auf *Seite 163* beginnt.

Die umgewandelten Daten werden dann entweder angezeigt oder in einer anderen Datei gespeichert.

Da man XSLT nun zur Konvertierung von nahezu jedem Dokumenttyp in nahezu jeden anderen Dokumenttypen verwenden kann, ist das ein recht umfassendes und unspezifisches Thema. In diesem Buch liegt der Fokus auf der Konvertierung von XML-Dokumenten in HTML-Dokumente. Dadurch haben Sie die Möglichkeit, die Stärke und Flexibilität von XML zur Verarbeitung Ihrer Daten zu nutzen und gleichzeitig die Kompatibilität von HTML, sodass die Besucher Ihrer Site auch tatsächlich auf diese Daten zugreifen können.

Der Beginn eines XSLT-Stylesheets

Jedes XSLT-Stylesheet ist in sich selbst wiederum ein XML-Dokument und sollte daher mit einer XML-Standarddeklaration beginnen. Anschließend müssen Sie den Namensraum für das Stylesheet definieren.

So beginnen Sie ein XSLT-Stylesheet:

1. Geben Sie **<?xml version="1.0"?>** ein, um anzuzeigen, dass es sich bei dem XSLT-Stylesheet um ein XML-Dokument handelt. Weitere Erläuterungen hierzu erhalten Sie im Abschnitt *Deklarieren der XML-Version* auf *Seite 24*.
2. Geben Sie anschließend **<xsl:stylesheet xmlns:xsl= "http://www.w3.org/1999/XSL/Transform" version="1.0">** ein, um den Namensraum für das Stylesheet festzulegen und sein Präfix (xsl) zu deklarieren.
3. Fügen Sie einige leere Zeilen ein, in denen Sie später das Stylesheet erstellen (gemäß der Anweisungen in diesem und den nächsten beiden Kapiteln).
4. Geben Sie **</xsl:stylesheet>** ein, um das Stylesheet abzuschließen.

✔ Tipps

- In `xsl:stylesheet` kommt kein Leerzeichen vor. (Also nicht etwa `xsl:style sheet`.) Im Englischen werden in Beschreibungen dennoch oft zwei Wörter (style sheets) verwendet, im Deutschen hat sich jedoch die Zusammenschreibung (Stylesheet) eingebürgert.
- Wenn Sie für die XSLT-Verarbeitung den Internet Explorer 5 für XSLT verwenden, werden Sie vermutlich die folgende Namensraumdeklaration verwenden müssen: **<xsl:stylesheet xmlns:xsl= "http://www.w3.org/TR/WD-xsl">**.
- Weitere Erläuterungen zur Deklaration von Namensräumen finden Sie in Kapitel 8.

code.xslt

```
<?xml version="1.0"?>
<xsl:stylesheet
xmlns:xsl="http://www.w3.org/1999/XSL/
Transform" version="1.0">



</xsl:stylesheet>
```

Abbildung 10.4: Der Header eines Stylesheet ist fast immer gleich. Sie können diese Informationen einfach aus einem Stylesheet kopieren und in das nächste einfügen.

```
<?xml version="1.0"?>
<xsl:stylesheet
xmlns:xsl="http://www.w3.org/1999/XSL/
Transform" version="1.0">
<xsl:template match="/">



</xsl:template>
</xsl:stylesheet>
```

Abbildung 10.5: Die Wurzelvorlage ist die einzige Vorlage, die vom XSLT-Prozessor automatisch aufgerufen wird.

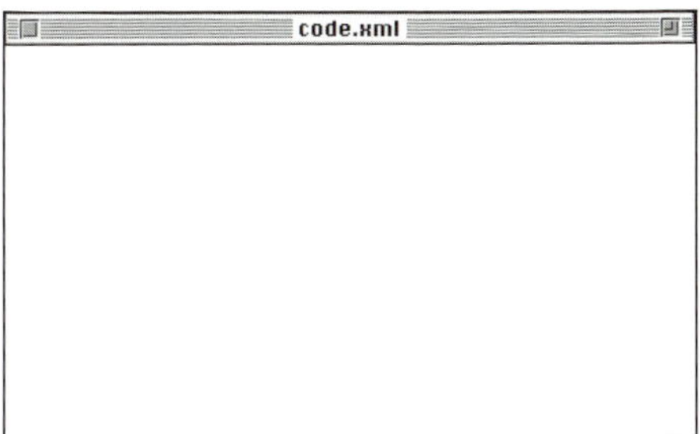

Abbildung 10.6: Wenn Sie ein XML-Dokument mit diesem Stylesheet, den sehr grundlegenden Wurzelvorlagen verarbeiten, erhalten Sie ein leeres Dokument. Denn das ist es, was die Vorlage in Abbildung 10.5 aussagt: Gebe zwei leere Zeilen aus.

Die Wurzelvorlage erstellen

Was der XSLT-Prozessor in einem Stylesheet als Erstes sucht, ist eine Vorlage, die sich auf den Wurzelknoten des XML-Dokuments anwenden lässt. Im Folgenden wird diese Vorlage die *Wurzelvorlage* genannt.

So erstellen Sie die Wurzelvorlage:

1. Geben Sie **<xsl:template** ein.
2. Geben Sie **match="/"** ein. Der Schrägstrich steht für ein Muster, das dem Wurzelknoten des XML-Dokuments entspricht.
3. Geben Sie **>** ein.
4. Lassen Sie einige Zeilen frei. Darin wird später festgelegt, was mit dem XML-Dokument geschehen soll (Erläuterungen dazu auf den *Seiten 140–151*).
5. Geben Sie **</xsl:template>** ein, um die Wurzelvorlage abzuschließen.

✔ Tipps

- Dem XSLT-Prozessor ist es im Prinzip egal, wo diese Vorlage im XSLT-Stylesheet erscheint, doch ist die Struktur für Sie selbst (und Andere, die mit Ihnen arbeiten) am klarsten, wenn Sie sie gleich ganz oben einfügen.
- Wenn Sie für den Wurzelknoten des XML-Dokuments keine Vorlage einbinden, wird eine integrierte Vorlage verwendet, die im Wesentlichen versucht, für jeden Knoten unter dem Wurzelknoten geeignete Vorlagen zu finden. (Diese integrierte Vorlage entspricht der Eingabe **<xsl:template><xsl:apply-templates/> </xsl:template>**.) Weitere Erläuterungen zu `xsl:apply-templates` erhalten Sie im Abschnitt *Vorlagenregeln erstellen und anwenden* auf *Seite 144*.

Ausgabe von HTML-Code

Grundsätzlich gibt es in einem XSLT-Stylesheet zwei Arten von Komponenten: Direktiven und literale Elemente. Die XSLT-Direktiven beschreiben, wie das XML-Quelldokument umgewandelt wird. Die literalen Elemente – typischerweise HTML-Code und Text – werden einfach so ausgegeben, wie sie im Stylesheet erscheinen.

In Ihrer Wurzelvorlage legen Sie die Struktur des endgültig transformierten Dokuments fest. Für eine HTML-Ausgabe sollte zumindest die HTML-Header-Information (`head`, `body`, usw.) angegeben werden. Und bei Bedarf können Sie auch HTML-Formatierungen hinzufügen.

Handelt es sich nicht um die Wurzelvorlage, so können Sie in Vorlagen jede HTML-Formatierung hinzufügen, die für die gewünschte Ausgabe erforderlich ist, doch wahrscheinlich nicht die Elemente `html`, `head` oder `body`.

So fügen Sie HTML-Code für die Ausgabe hinzu:

Fügen Sie in ein Vorlagenregel-Tag (also zwischen **<xsl:template match="...">** und **</xsl:template>**) den HTML-Code ein, der bei Aufruf dieser speziellen Vorlage ausgegeben werden soll.

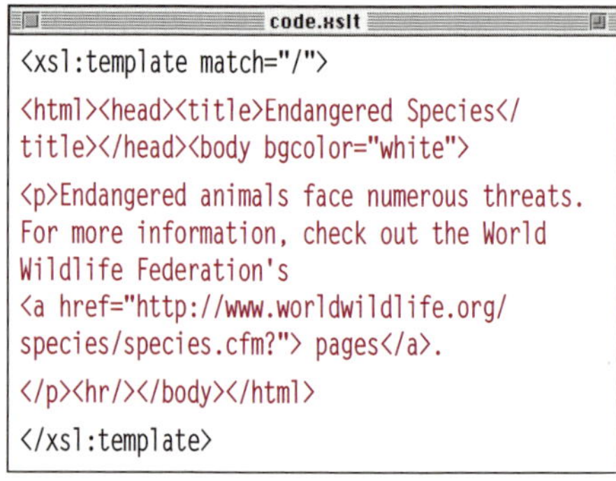

```
code.xslt
<xsl:template match="/">
<html><head><title>Endangered Species</
title></head><body bgcolor="white">
<p>Endangered animals face numerous threats.
For more information, check out the World
Wildlife Federation's
<a href="http://www.worldwildlife.org/
species/species.cfm?"> pages</a>.
</p><hr/></body></html>
</xsl:template>
```

Abbildung 10.7: Alles außer XSL-Direktiven wird so ausgegeben, wie es vorliegt. Es ist eine einfache Art, HTML-Code und Text hinzuzufügen. Dabei muss der HTML-Code jedoch den Wohlgeformtheitsregeln von XML entsprechen, d.h. die `<p>`-Tags müssen ein zugehöriges `</p>` besitzen; hier wurde zudem `<hr/>` anstelle von `<hr>` verwendet.

```
code.html
<html><head>
<meta http-equiv="Content-Type"
content="text/html; charset=utf-8">
<title>Endangered Species</title></head>
<body bgcolor="white">
<p>Endangered animals face numerous threats.
For more information, check out the World
Wildlife Federation's
<a href="http://www.worldwildlife.org/species/
species.cfm?"> pages</a>.
</p><hr></body></html>
```

Abbildung 10.8: Der XSLT-Prozessor (in diesem Fall Saxon) hat immer noch keinen Zugriff auf den XML-Code, doch auf den Inhalt selbst mit Ausgabe aller HTML-Tags und des gesamten Texts. Beachten Sie, dass Saxon das Tag `<meta>` automatisch hinzufügt, sobald er das Tag `<html>` sieht und realisiert, dass HTML-Code ausgegeben wird. Zudem ändert er das Tag `<hr/>` wieder in das mehr anerkannte und besser unterstützte `<hr>` zurück.

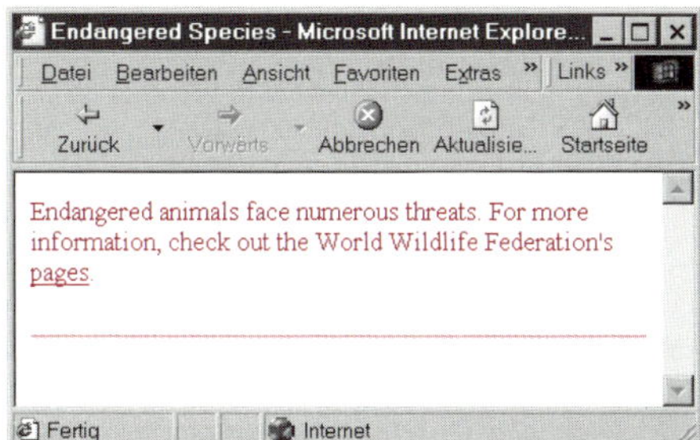

Abbildung 10.9: So sieht das Ganze bis jetzt in einem Browser aus. Noch nicht sehr aufregend, doch es wird ...

✔ Tipps

- Damit der HTML-Code wohlgeformt ist, muss er den XML-Regeln entsprechen. Und da es nicht XHTML sein muss, ist das wohl keine schlechte Idee (Sie brauchen dazu einfach nur alle Element- und Attributnamen in Kleinbuchstaben zu schreiben). Weitere Informationen zum Schreiben von HTML-Code entsprechend der XML-Regeln finden Sie in Kapitel 1 im Allgemeinen und im Abschnitt *Regeln der XML-Syntax* auf *Seite 23* im Besonderen. Zu diesem Thema empfiehlt sich auch der Anhang A, *XHTML*.
- In der Anleitung wurde der Inhalt des `match`-Attributs nicht angegeben, da Sie HTML-Code für die Ausgabe in jede Vorlage, und nicht nur in die Wurzelvorlage einfügen können.
- Tatsächlich lässt sich auf diese Weise jeder Knoten erstellen. Alles, was keine XSL-Direktive darstellt, ist Ausgabe, wie sie im endgültigen Dokument vorgefunden wird.
- Anhand von `xsl:element`, `xsl:attribute` (*siehe Seite 151*) und `xsl:text` können Sie auch Elemente (und Attribute und Text) erstellen – doch ist das etwas komplizierter und in der Regel für Sonderfälle reserviert.
- Weitere Informationen über das Schreiben von HTML-Code finden Sie in dem Bestseller-Buch der Autorin, *HTML 4 fürs World Wide Web. digital studio one*, und unter *http://www.cookwood.com/html4_4e/*.

Ausgabe eines Knoteninhalts

Nachdem Sie den HTML-Code erstellt haben, der den Inhalt eines bestimmten Knotens formatieren soll, möchten Sie seinen Inhalt (den so genannten *Zeichenketten-* oder *String-Wert*) auch ausgeben. Die einfachste Möglichkeit, ein Ausgabedokument um den Inhalt eines Knotens (etwa eines Elements) zu ergänzen, besteht darin, ihn einfach so wie er ist auszuschreiben.

So geben Sie den Inhalt eines Knotens aus:

1. Erstellen Sie bei Bedarf den HTML-Code, der den Inhalt formatiert (*siehe Seite 140*).
2. Geben Sie **<xsl:value-of** ein.
3. Geben Sie **select="Ausdruck"** ein, wobei *Ausdruck* für das Knotenset aus dem XML-Quelldokument steht, dessen Inhalt hier ausgegeben werden soll.
4. Geben Sie **/>** ein.

✔ Tipps

- Verwenden Sie **select="."** um den Inhalt des aktuellen Knotens auszugeben. Weitere Erläuterungen zum Schreiben von Ausdrücken erhalten Sie in Kapitel 11.
- Umfasst das durch den Ausdruck identifizierte Knotenset mehrere Knoten, wird nur der Zeichenkettenwert des ersten Knotens ausgegeben. (In dem Beispiel in **Abbildung 10.11** etwa wird ein Knotenset mit zwei Knoten gefunden, da beide den Ausdruck erfüllen. Wegen der genannten Regel wird jedoch nur der Wert des ersten Ausdrucks („Tiger") ausgegeben.)
- Der Zeichenkettenwert eines Knotens entspricht in der Regel dem Text, den der Knoten enthält. Besitzt ein Knoten untergeordnete Elemente umfasst der Zeichenkettenwert jedoch zusätzlich den Text in den untergeordneten Elementen.
- Ist ein Knoten leer, so gibt es keine Ausgabe.

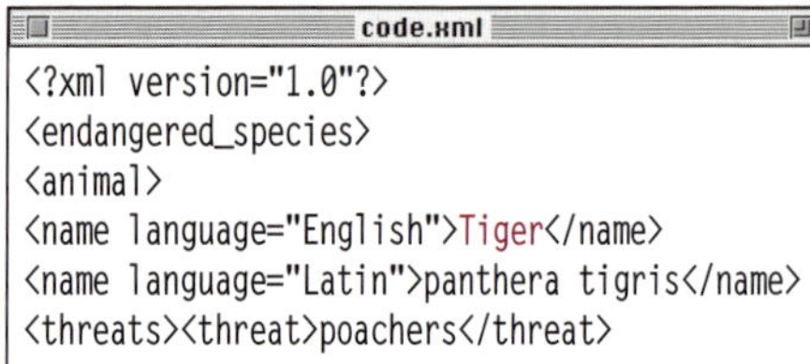
code.xml

```
<?xml version="1.0"?>
<endangered_species>
<animal>
<name language="English">Tiger</name>
<name language="Latin">panthera tigris</name>
<threats><threat>poachers</threat>
```

Abbildung 10.10: Ein Auszug aus dem XML-Quelldokument zeigt das Element name und seinen Inhalt.

code.xslt

```
<xsl:template match="/">
<html><head><title>Endangered Species
</title></head><body bgcolor="white">
<p>The mighty <xsl:value-of
select="endangered_species/animal/name
[@language='English']"/> faces numerous
threats. For more information, check out the
World Wildlife Federation's
<a href="http://www.worldwildlife.org/
species/species.cfm?"> pages</a>.
</p><hr/>
</body>
</html>
</xsl:template>
```

Abbildung 10.11: Anstelle des Oberbegriffs „Endangered animals" wird der Inhalt des Elements name genommen (das sich innerhalb eines animal-Elements in einem endangered_species-Element befindet und dessen language-Attribut auf den Wert *English* gesetzt ist).

code.html

```
<html><head><meta http-equiv="Content-Type"
content="text/html; charset=utf-8"><title>
Endangered Species</title></head><body
bgcolor="white">
<p>The mighty Tiger faces numerous threats.
For more information, check out the World
Wildlife Federation's <a href=
"http://www.worldwildlife.org/species/
species.cfm?"> pages</a>.
      </p>
      <hr></body></html>
```

Abbildung 10.12: Wenn der XSLT-Prozessor die Wurzelvorlage anwendet, gibt er zunächst den gesamten HTML-Header aus und findet dann, wenn er zum Element `xsl:value-of` kommt, ein Knotenset mit zwei Knoten vor: Den Inhalt der animal-name-Elemente, deren `language` auf English gesetzt ist. Er gibt daraufhin den Wert des ersten dieser Knoten aus, nämlich *Tiger*.

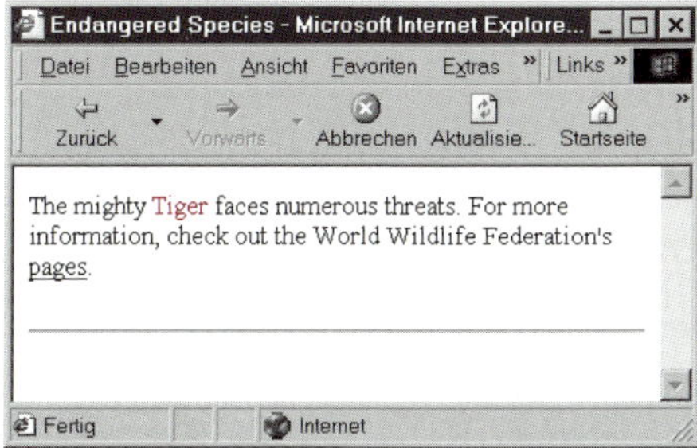

Abbildung 10.13: Und nun verwendet unsere Ausgabe tatsächlich die Information aus dem XML-Quelldokument. Hier liegt definitiv ein ausbaufähiges Potential vor.

- Einige Versionen des XSLT-Prozessors des Explorers benötigen das Attribut `select` nicht (denn falls es fehlt, wird einfach der aktuelle Knoten verwendet). Offiziell ist dieses Attribut jedoch erforderlich.
- Da das Element `<xsl:value-of>` niemals einen Inhalt besitzt, können Sie das Start- und Ende-Tag immer wie oben in Schritt 4 kombinieren.
- Ergibt der Ausdruck einen logischen Wert, so kann die Ausgabe entweder „true“ (wahr) oder „false“ (unwahr) sein. Ist der Ausdruck eine Zahl, so wird diese in eine Zeichenkette konvertiert.
- Sie können auch einen Ausdruck erstellen, der einen Wert mithilfe von Funktionen berechnet. Weitere Erläuterungen hierzu erhalten Sie in Kapitel 12.

Vorlagenregeln erstellen und anwenden

Vorlagenregeln sind Module, die beschreiben, wie ein bestimmter Teil Ihres XML-Quellcodes ausgegeben werden soll. Eine Vorlagenregel besteht aus drei Teilen: Das Start-Tag beschreibt, auf welche(n) Teil(e) Ihres XML-Dokuments die Vorlage anzuwenden ist; das mittlere Stück beschreibt, was geschehen soll, wenn eine Übereinstimmung gefunden wird, und das Ende-Tag schließt die Vorlage ab.

So erstellen Sie eine Vorlagenregel:

1. Geben Sie **<xsl:template** ein, um die Vorlagenregel zu beginnen.
2. Geben Sie **match="Muster"** ein, wobei *Muster* die Abschnitte des XML-Dokuments identifiziert auf die die Vorlage angewendet werden kann. Die Syntax von Mustern wird auf *Seite 154–173* beschrieben.
3. Geben Sie **>** ein.
4. Legen Sie fest, was passieren soll, wenn ein Knoten gefunden wird, der dem Muster in Schritt 2 entspricht. Die Möglichkeiten werden im Rest dieses Kapitels erläutert.
5. Geben Sie **</xsl:template>** ein, um die Vorlagenregel abzuschließen.

✔ Tipps

- Die Wurzelvorlage, die Sie auf *Seite 139* gesehen haben, ist nichts weiter als eine Vorlage mit einem Muster, das dem Wurzelknoten entspricht.
- Nur die Wurzelvorlage wird automatisch aufgerufen. Alle anderen Vorlagen müssen manuell aufgerufen werden (*siehe Seite 145*). Andernfalls werden sie einfach ignoriert.
- Die Reihenfolge der Vorlagen in einem Stylesheet ist vollkommen irrelevant. Vielmehr bestimmt die Reihenfolge und Position der xsl:apply-templates-Elemente die Reihenfolge, in der die Vorlagen verarbeitet werden.

code.xslt

```
<xsl:template match="/"><html><head>
<title>Endangered Species</title></head> <body
bgcolor="white">
<xsl:apply-templates
select="endangered_species/animal"/>
</body></html>
</xsl:template>
<xsl:template match="animal">
<p align="center">
<br/><font size="+3"><xsl:apply-templates
select="name" /></font></p>
<p>The mighty <xsl:value-of
select="name[@language='English']"/> faces
numerous threats. For more information, check
out the World Wildlife Federation's <a
href="http://www.worldwildlife.org/species/
species.cfm?"> pages</a>. </p><hr/>
</xsl:template>
<xsl:template match="name[@language=
'English']"><nobr><b><xsl:value-of
select="."/>: </b> </nobr></xsl:template>
<xsl:template match="name[@language=
'Latin']"><nobr><i><xsl:value-of
select="."/></i> </nobr></xsl:template>
```

Abbildung 10.14: In diesem Auszug des XSLT-Stylesheet gibt es vier Vorlagenregeln – die Wurzelvorlage, eine für animal-Knoten, eine für name-Knoten, bei denen das Attribut language auf *English* gesetzt ist, und eine für name-Knoten, bei der das Attribut language auf *Latin* gesetzt ist. Die letzteren drei, Nicht-Wurzelvorlagen, müssen explizit aufgerufen werden (Abbildung 10.15).

code.xslt

```
<xsl:template match="/"><html><head>
<title>Endangered Species</title></head> <body
bgcolor="white">
<xsl:apply-templates
select="endangered_species/animal"/>
</body></html>
</xsl:template>
<xsl:template match="animal">
<p align="center">
<br/><font size="+3"><xsl:apply-templates
select="name" /></font></p>
```

Abbildung 10.15: Dies ist ein Teil desselben Stylesheets wie in Abbildung 10.14, in dem die entsprechenden xsl:apply-templates-Elemente hervorgehoben sind.

XSLT

code.html

```
<body bgcolor="white">
<p align="center"><br><font size="+3">
<nobr><b>Tiger: </b></nobr><nobr>
<i>panthera tigris</i></nobr> </font></p>
<p>The mighty Tiger faces numerous threats.
For more information, check out the World
Wildlife Federation's <a
href="http://www.worldwildlife.org/species/
species.cfm?"> pages</a>. </p>
<hr>
<p align="center"><br><font size="+3">
<nobr><b>Black Rhino: </b></nobr>
<nobr><i>diceros bicornis</i></nobr>
</font></p>
<p>The mighty Black Rhino faces numerous
threats. For more information, check out the
World Wildlife Federation's <a
```

Abbildung 10.16: Was für jeden animal-Knoten (in diesem XML-Dokument gibt es zwei) erzeugt wurde, ist rot ausgezeichnet. Das Resultat aus den name-Vorlagen ist zusätzlich fett hervorgehoben.

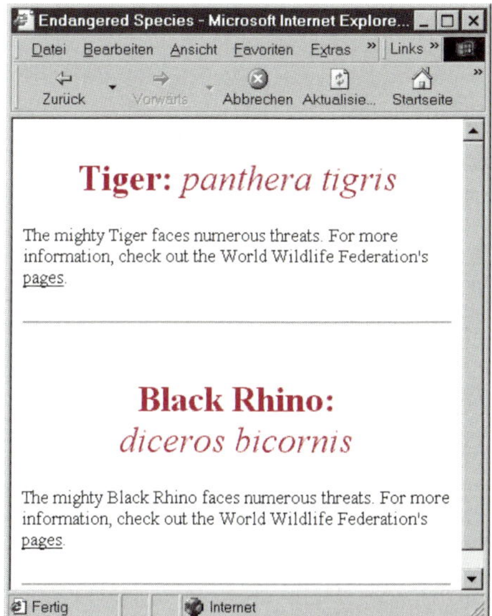

Abbildung 10.17: Beachten Sie, dass das endangered_species-/animal-Knotenset beide animal-Knoten umfasst (denjenigen für *Tiger* und den für *Black Rhino*), und daher werden, im Gegensatz zu Abbildung 10.13 auf *Seite 143*, beide Sets an Informationen ausgegeben. Die name-Vorlagen werden jedes Mal aufgerufen, wenn ein animal-Knoten verarbeitet wird (und dadurch erhalten Sie die großen Überschriften!).

Eine Vorlagenregel zu erstellen reicht nicht aus; Sie müssen die Vorlagenregel auch in einer bestimmten Situation aufrufen. Dadurch kontrollieren Sie, wo im endgültigen Dokument die von der Vorlage beschriebene Umwandlung ausgegeben wird.

So wenden Sie eine Vorlagenregel an:

1. Geben Sie innerhalb einer Vorlagenregel **<xsl:apply-templates** ein.
2. Geben Sie bei Bedarf **select="Ausdruck"** ein, wobei *Ausdruck* die Elemente des XML-Dokuments identifiziert, dessen Vorlagen angewendet werden sollen.
3. Schreiben Sie **/>**, um das Tag abzuschließen.

✔ Tipps

- Wenn Sie in Schritt 2 für das Attribut select keine Angabe machen, sucht der Prozessor nach einer Vorlage zu jedem einzelnen Knoten, der dem aktuellen untergeordnet ist, und wendet sie an.
- Das Element xsl:apply-templates sucht nach der *geeignetesten* Vorlagenregel zu jedem zu verarbeitenden Knoten und wendet sie an. Anhand seines eigenen Ausdrucks entscheidet es, welche Knoten zu verarbeiten sind. Anhand der Muster der Vorlagen ermittelt es diejenige, die zu jedem Knoten im Knotenset am besten passt. Es ist durchaus möglich, dass für jeden Knoten eine andere Vorlage verwendet wird.
- Ist keine passende Vorlage verfügbar, wird eine integrierte Vorlage aufgerufen. Für einen Wurzel- oder Elementknoten heißt das, das geeignete Vorlagen für alle untergeordneten Knoten gefunden werden müssen. Bei einem Textknoten bedeutet es, dass der Text so ausgegeben wird, wie er vorliegt. Bei einem Attributknoten bedeutet es, dass das Attribut als Text ausgegeben wird.
- Das Element xsl:apply-templates darf auch xsl:sort enthalten (*siehe Seite 150*).

Knoten in einer Schleife verarbeiten

Das Element `xsl:for-each` verarbeitet ebenfalls alle Knoten in einem bestimmten Set auf dieselbe Weise, einen nach dem anderen. Der primäre Unterschied zu `xsl:apply-templates` besteht in der Methode und nicht im Ergebnis.

So verarbeiten Sie Knoten in einer Schleife:

1. Geben Sie innerhalb einer Vorlagenregel **<xsl:for-each** ein.
2. Geben Sie **select="Ausdruck"** ein, wobei *Ausdruck* das zu verarbeitende Knotenset identifiziert.
3. Geben Sie **>** ein.
4. Legen Sie fest, wie die Verarbeitung ablaufen soll.
5. Geben Sie **</xsl:for-each>** ein.

code.xslt

```
<xsl:template match="animal">
<p align="center"><br/><font
size="+3"><xsl:apply-templates select="name"
/></font></p>
<table width="100%" border="2">
<tr><th>Subspecies</th><th>Region
</th><th>Number Left</th><th>As Of</th></tr>
<xsl:for-each select="subspecies">
<tr><td><xsl:apply-templates
select="name"/></td>
<td><xsl:value-of select="region"/></td>
<td><xsl:value-of select="population"/></td>
<td><xsl:value-of
select="population/@year"/></td></tr>
</xsl:for-each>
</table>
<p>The mighty <xsl:value-of
```

Abbildung 10.18: Beachten Sie, dass das Tag `<table>` und seine erste Zeile vor der Direktive `xsl:for-each` kommen, und dass das Ende-Tag `</table>` erst danach kommt. In die Direktive `xsl:for-each` kommt alles, was mit jedem einzelnen Knoten im ausgewählten Set (in diesem Fall jede `subspecies` zum aktuellen `animal`) geschehen soll.

Die erste Zeile gibt die erste Zeile der Tabelle aus, verarbeitet dann das `name`-Knotenset und schließt die Zelle.

Die zweite Zeile erstellt eine weitere Tabellenzelle, fügt darin den Wert des `region`-Knotens ein und schließt die Zelle.

Die dritte Zeile erstellt eine weitere Tabellenzelle, fügt darin den Wert des `population`-Knotens ein und schließt die Zelle.

Die vierte Zeile erstellt eine weitere Tabellenzelle, fügt den Wert des Attributs `year` des Elements `population` ein und vervollständigt die Tabellenzeile.

Jede Zeile wird für jeden Knoten im ausgewählten Knotenset (hier `subspecies`) verarbeitet, wodurch für jede Unterart eine eigene Tabellenzeile angelegt wird.

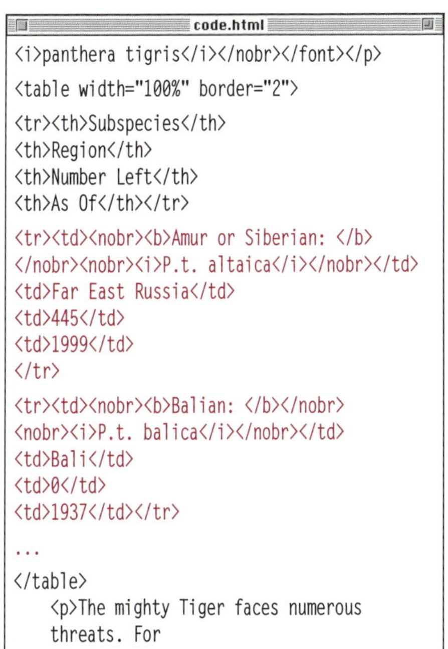

```
code.html
<i>panthera tigris</i></nobr></font></p>
<table width="100%" border="2">
<tr><th>Subspecies</th>
<th>Region</th>
<th>Number Left</th>
<th>As Of</th></tr>
<tr><td><nobr><b>Amur or Siberian: </b>
</nobr><nobr><i>P.t. altaica</i></nobr></td>
<td>Far East Russia</td>
<td>445</td>
<td>1999</td>
</tr>
<tr><td><nobr><b>Balian: </b></nobr>
<nobr><i>P.t. balica</i></nobr></td>
<td>Bali</td>
<td>0</td>
<td>1937</td></tr>
...
</table>
    <p>The mighty Tiger faces numerous
    threats. For
```

Abbildung 10.19: Die Direktive `xsl:for-each` erstellt eine neue Tabellenzeile für jede Unterart (`subspecies`) des aktuellen Tieres (`animal`). (Hinweis: Aus Platzgründen sind hier nicht alle abgebildet.) Nachdem alle Knoten im ausgewählten Set verarbeitet wurden , wird der Rest der Vorlage verarbeitet (und in diesem Fall das Ende-Tag `</table>` und im Anschluss der beschreibende Absatz ausgegeben).

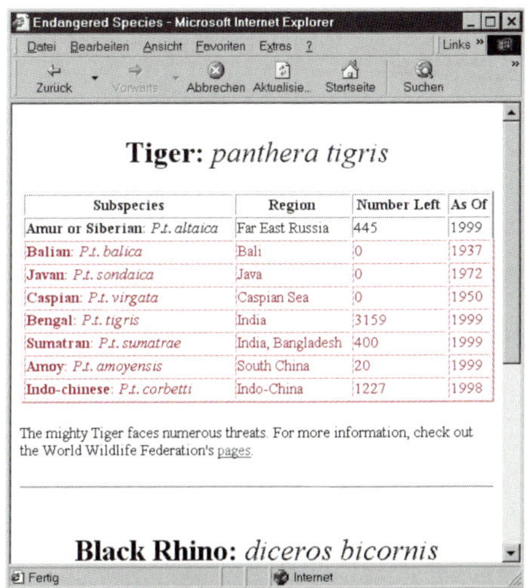

Subspecies	Region	Number Left	As Of
Amur or Siberian: P.t. altaica	Far East Russia	445	1999
Balian: P.t. balica	Bali	0	1937
Javan: P.t. sondaica	Java	0	1972
Caspian: P.t. virgata	Caspian Sea	0	1950
Bengal: P.t. tigris	India	3159	1999
Sumatran: P.t. sumatrae	India, Bangladesh	400	1999
Amoy: P.t. amoyensis	South China	20	1999
Indo-chinese: P.t. corbetti	Indo-China	1227	1998

Abbildung 10.20: Eine vollständige zweite Tabelle zum Black Rhino ist verborgen.

✔ Tipps

- Das Element `xsl:for-each` wird typischerweise zum Erstellen von HTML-Tabellen verwendet, wobei das Start- und Ende-Tag der Tabelle vor bzw. hinter dem Element kommt und die Tags `tr` und `td` wie oben in Schritt 4 beschrieben, Teil der Verarbeitung sind.
- In der Regel platzieren Sie `xsl:for-each` direkt vor den Regeln, die für jeden gefundenen Knoten wiederholt werden sollen. Oft empfiehlt sich eine Umrahmung der Start- und Ende-Tags (z. B. durch eine Tabelle).
- Da die HTML-Tabelle Teil der XSLT-Datei ist, die den XML-Syntaxregeln entsprechen muss, müssen Sie diese Regeln beim Anlegen der Tabelle beachten. Insbesondere sollten Sie daran denken, dass jedem Start-Tag ein Ende-Tag entsprechen muss und dass sich die Elemente nicht überschneiden dürfen. Weitere Erläuterungen hierzu erhalten Sie im Abschnitt *Regeln der XML-Syntax* auf *Seite 23*.

Knoten aufgrund von Bedingungen verarbeiten

Es ist nicht ungewöhnlich, einen Knoten oder einen Satz an Knoten nur dann verarbeiten zu lassen, wenn bestimmte Bedingungen erfüllt sind. Die Bedingung wird als Ausdruck geschrieben. So können Sie etwa eine bestimmte Aktion nur dann ausführen lassen, wenn ein bestimmtes Knotenset nicht leer ist oder wenn der Zeichenkettenwert eines Knotens einem bestimmten Wort entspricht.

So verarbeiten Sie Knoten in einer Schleife:

1. Geben Sie innerhalb einer Vorlagenregel **<xsl:if** ein.
2. Geben Sie **test="Ausdruck"** ein, wobei *Ausdruck* ein Knotenset, eine Zeichenkette oder eine Zahl beschreibt. Weitere Erläuterungen zum Erstellen von Ausdrücken erhalten Sie in Kapitel 11.
3. Geben Sie **>** ein.
4. Legen Sie fest, was geschehen soll, wenn das in Schritt 2 angegebene Knotenset oder die Zeichenkette nicht leer bzw. die Zahl ungleich Null ist.
5. Geben Sie **</xsl:if>** ein.

✔ Tipps

- Woher wissen Sie, wann der Ausdruck wahr ist? Ein Knotenset wird als wahr betrachtet, wenn es nicht leer ist, d. h. wenn es einen Knoten enthält.
- Wenn Sie für den Fall eines unwahren Ergebnisses ein alternatives Ergebnis angeben möchten – z. B. eine else-Bedingung –, verwenden Sie `xsl:choose` (*siehe Seite 149*).
- Sie können auf diese Weise ganz unterschiedliche Bedingungen abfragen. Ausführliche Erläuterungen zum Erstellen eines Testausdruckes erhalten Sie in Kapitel 11.

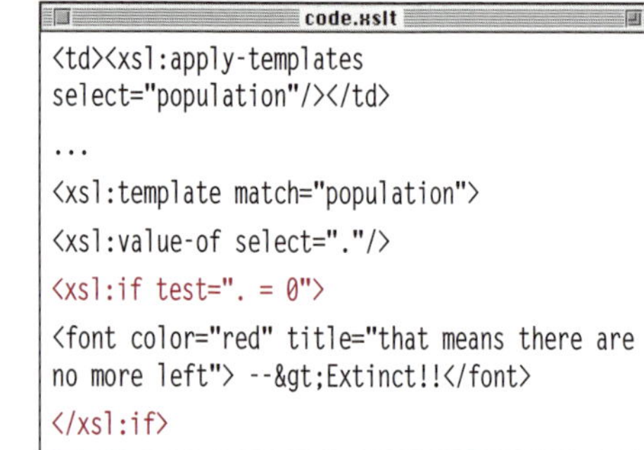

code.xslt

```
<td><xsl:apply-templates
select="population"/></td>
...
<xsl:template match="population">
<xsl:value-of select="."/>
<xsl:if test=". = 0">
<font color="red" title="that means there are
no more left"> --&gt;Extinct!!</font>
</xsl:if>
```

Abbildung 10.21: Anstatt einfach den Wert einer Population auszugeben, wird eine Vorlage zugewiesen. In der Vorlage wird zunächst der Wert ausgegeben. Dann wird geprüft, ob die Population null beträgt. Ist dies der Fall, wird in Rot (mit einem `title`-Attribut) „-->Extinct" hinzugefügt, damit die Null mehr auffällt. Beachten Sie, dass das Größer-als-Zeichen als `>` geschrieben werden muss.

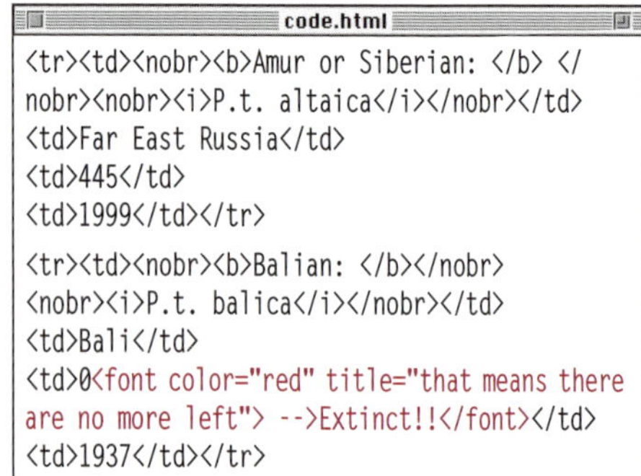

code.html

```
<tr><td><nobr><b>Amur or Siberian: </b> </
nobr><nobr><i>P.t. altaica</i></nobr></td>
<td>Far East Russia</td>
<td>445</td>
<td>1999</td></tr>
<tr><td><nobr><b>Balian: </b></nobr>
<nobr><i>P.t. balica</i></nobr></td>
<td>Bali</td>
<td>0<font color="red" title="that means there
are no more left"> -->Extinct!!</font></td>
<td>1937</td></tr>
```

Abbildung 10.22: Der zusätzliche Text in rot wird nur hinzugefügt, wenn die Population gleich Null ist. (Amur or Siberian erhält keinen Zusatztext, da immer noch eine Riesenmenge von 445 dieser Tiger existieren.)

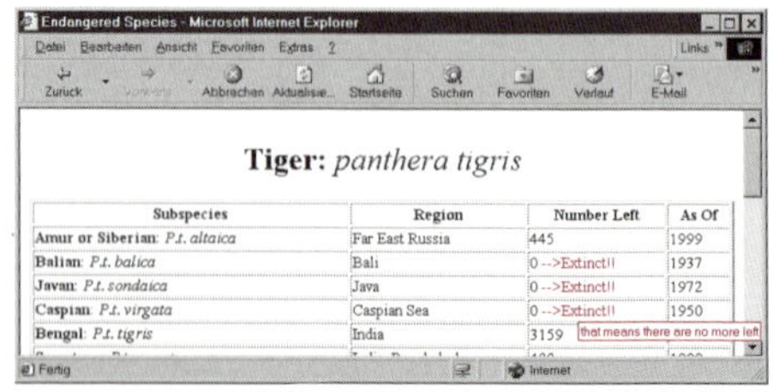

Abbildung 10.23: Beträgt die Population Null, so wird der zusätzliche Text (und das Attribut `title`) hinzugefügt, um die Information hervorzuheben.

```
code.xslt
<xsl:template match="population">
<xsl:choose>
<xsl:when test=". = 0">
<font color="red" title="that means there are
no more left">Extinct</font>
</xsl:when>
<xsl:when test=". &gt; 0 and . &lt; 50">
<font title="they're almost gone"><xsl:value
of select="."/></font>
</xsl:when>
<xsl:otherwise>
<xsl:value-of select="."/>
</xsl:otherwise></xsl:choose>
</xsl:template>
```

Abbildung 10.24: Erst prüft der XSLT-Prozessor, ob die Population null beträgt. Ist dies der Fall, wird *Extinct* ausgegeben (in rot und mit einer Quickinfo). Ist `population` ungleich Null, prüft der Prozessor, ob der Wert größer 0 und kleiner als 50 ist. Ist dies der Fall, wird in einer Quickinfo auf die geringe Zahl hingewiesen. In allen anderen Fällen wird der Wert einfach ausgegeben.

```
code.html
<tr><td><nobr><b>Balian: </b></nobr>
<nobr><i>P.t. balica</i></nobr></td>
<td>Bali</td>
<td><font color="red" title="that means there
are no more left">Extinct</font></td>
<td>1937</td></tr>
```

Abbildung 10.25: In diesem kleinen Auszug sehen Sie, dass *Extinct* nicht (wie in Abbildung 10.22) an den Wert angehängt wird, sondern nur noch das Wort *Extinct* ausgegeben wird, wenn `population` Null beträgt.

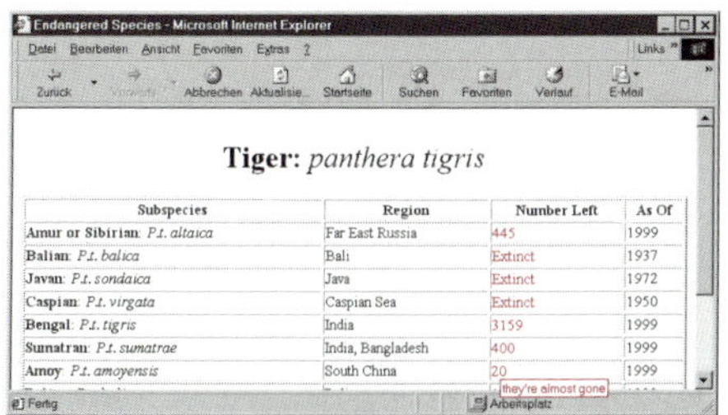

Abbildung 10.26: Abhängig vom Wert für `population` gibt es jetzt drei mögliche Aktionen. Um sehr niedrige Populationswerte zu akzentuieren, wurde eine Quickinfo hinzugefügt.

Aufgrund von Bedingungen verschiedene Optionen festlegen

Die auf der vorigen Seite beschriebene Direktive `xsl:if` erlaubt nur die Angabe einer Bedingung und der resultierenden Aktion. Um mehrere unterschiedliche Situationen zu prüfen und auf jede entsprechend zu reagieren, verwenden Sie `xsl:choose`.

So legen Sie aufgrund von Bedingungen verschiedene Optionen fest:

1. Geben Sie innerhalb einer Vorlagenregel **<xsl:choose>** ein.
2. Geben Sie dann **<xsl:when** ein, um die erste Bedingung zu beginnen.
3. Geben Sie **test="Ausdruck"** ein, wobei *Ausdruck* ein Knotenset, eine Zeichenkette oder eine Zahl beschreibt. Weitere Erläuterungen zum Erstellen von Ausdrücken erhalten Sie in Kapitel 11.
4. Schreiben Sie **>**, um das Element `xsl:when` abzuschließen.
5. Legen Sie fest, was geschehen soll, wenn das in Schritt 3 geprüfte Knotenset oder die Zeichenkette nicht leer bzw. die Zahl ungleich Null ist.
6. Geben Sie **</xsl:when>** ein.
7. Wiederholen Sie Schritt 2-6 für jede weitere Auswahlmöglichkeit.
8. Geben Sie bei Bedarf **<xsl:otherwise>** ein.

   Legen Sie fest, was geschehen soll, wenn keine der vom Element `xsl:when` festgelegten Bedingungen wahr ist.

   Geben Sie **</xsl:otherwise>** ein.
9. Geben Sie **</xsl:choose>** ein.

✔ Tipp

- Die in der ersten wahren Bedingung enthaltene Aktion wird durchgeführt. Alle nachfolgenden Bedingungen werden ignoriert.

XSLT

Knoten vor der Verarbeitung sortieren

Standardmäßig werden die Knoten in der Reihenfolge verarbeitet, in der sie im Dokument erscheinen. Um sie in einer anderen Reihenfolge zu verarbeiten können Sie die Elemente `xsl:apply-templates` und `xsl:for-each` um das Element `xsl:sort` ergänzen.

So sortieren Sie Knoten vor der Verarbeitung:

1. Geben Sie hinter einem `xsl:apply-templates`-, `xsl:for-each`- oder auch hinter einem anderen `xsl:sort`-Element **<xsl:sort** ein.
2. Geben Sie **select="Kriterien"** ein, wobei *Kriterien* einen Ausdruck darstellt, der den Schlüssel beschreibt, aufgrund dessen die zu verarbeitenden Knoten sortiert werden sollen.
3. Geben Sie für eine absteigende Sortierreihenfolge **order="descending"** ein. Standardmäßig werden die Schlüssel in aufsteigender Reihenfolge sortiert.
4. Geben Sie bei Bedarf **data-type="text"** bzw. **data-type="number"** ein, abhängig davon, was Sie sortieren.
5. Schreiben Sie **/>**, um das Element `xsd:sort` abzuschließen.
6. Wiederholen Sie Schritt 1–5 um weitere Schlüssel zu definieren. Die Anzahl der Schlüssel ist beliebig.

✔ Tipps

- Achten Sie darauf, dass Sie in Schritt 4 den korrekten Datentyp angeben. Zahlen als Text zu sortieren führt zu falschen Ergebnissen wie etwa 100, 7, 89. Das Sortieren von Text als Zahlen ist entsprechend uneffektiv.
- Die Reihenfolge „descending" (absteigend) bedeutet, dass hohe Zahlen zuerst und niedrige zuletzt angezeigt werden bzw. dass sortierte Textdaten mit Z beginnen und mit A aufhören.

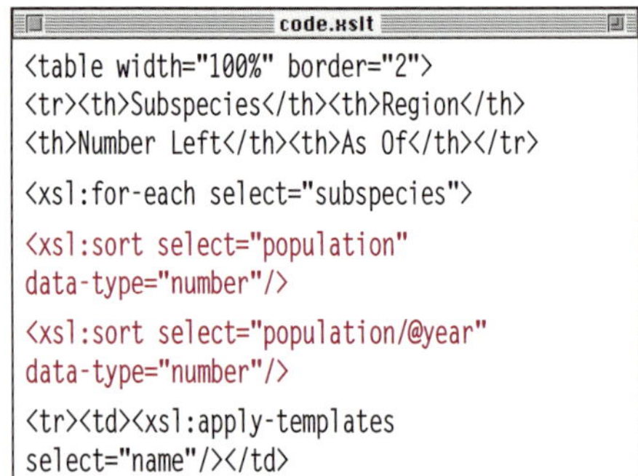

code.xslt

```
<table width="100%" border="2">
<tr><th>Subspecies</th><th>Region</th>
<th>Number Left</th><th>As Of</th></tr>
<xsl:for-each select="subspecies">
<xsl:sort select="population"
data-type="number"/>
<xsl:sort select="population/@year"
data-type="number"/>
<tr><td><xsl:apply-templates
select="name"/></td>
```

Abbildung 10.27: Ganz oben im XSLT-Stylesheet werden zwei `xsl:sort`-Direktiven hinzugefügt, hinter dem Element `xsl:for-each`, doch bevor die Ausgabe erzeugt wird.

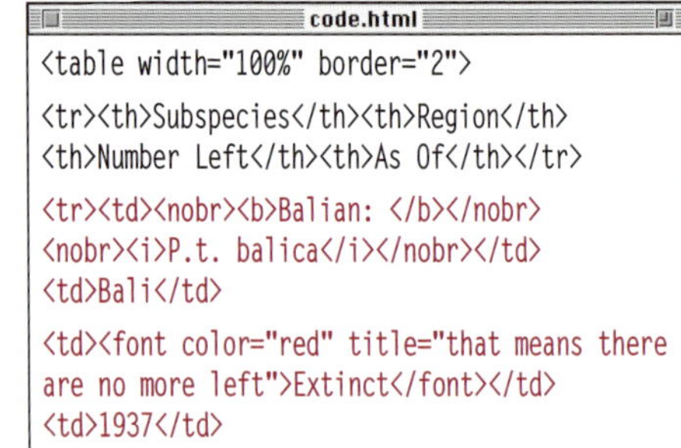

code.html

```
<table width="100%" border="2">
<tr><th>Subspecies</th><th>Region</th>
<th>Number Left</th><th>As Of</th></tr>
<tr><td><nobr><b>Balian: </b></nobr>
<nobr><i>P.t. balica</i></nobr></td>
<td>Bali</td>
<td><font color="red" title="that means there
are no more left">Extinct</font></td>
<td>1937</td>
```

Abbildung 10.28: Nun wird der Bali-Tiger (der erste der ausgestorbenen Arten) als erster verarbeitet und erscheint daher ganz oben in der Tabelle.

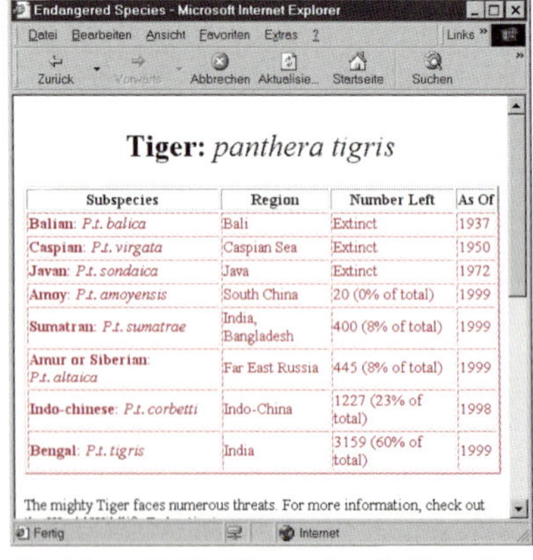

Subspecies	Region	Number Left	As Of
Balian: *P.t. balica*	Bali	Extinct	1937
Caspian: *P.t. virgata*	Caspian Sea	Extinct	1950
Javan: *P.t. sondaica*	Java	Extinct	1972
Amoy: *P.t. amoyensis*	South China	20 (0% of total)	1999
Sumatran: *P.t. sumatrae*	India, Bangladesh	400 (8% of total)	1999
Amur or Siberian: *P.t. altaica*	Far East Russia	445 (8% of total)	1999
Indo-chinese: *P.t. corbetti*	Indo-China	1227 (23% of total)	1998
Bengal: *P.t. tigris*	India	3159 (60% of total)	1999

Abbildung 10.29: Hier werden die Tiger dieser Welt zuerst nach der Reihenfolge der Population und zudem nach dem Jahr, in dem sie ausgestorben sind, sortiert. (Hinweis: Diese Tabelle enthält echtes Datenmaterial und repräsentiert die gesamte wild lebende Tigerpopulation auf der Welt).

XSLT

```
code.xslt
<xsl:template match="picture">
    <img>
    <xsl:attribute name="src"><xsl:value-of
    select="./@filename"/></xsl:attribute>
    <xsl:attribute name="width"><xsl:value-of
    select="./@x"/></xsl:attribute>
    <xsl:attribute name="height"><xsl:value-of
    select="./@y"/></xsl:attribute>
    </img>
    </xsl:template>
```

Abbildung 10.30: Hier wurde eine Vorlage erstellt, die die `picture`-Elemente in Standard-HTML-img-Tags konvertiert. Der Ausdruck „./@filename" bedeutet „Wähle das Attribut `filename` des aktuellen Knotens aus" (in diesem Fall der Knoten `picture`). Weitere Erläuterungen zur Auswahl eines Knotenattributs erhalten Sie auf *Seite 160*.

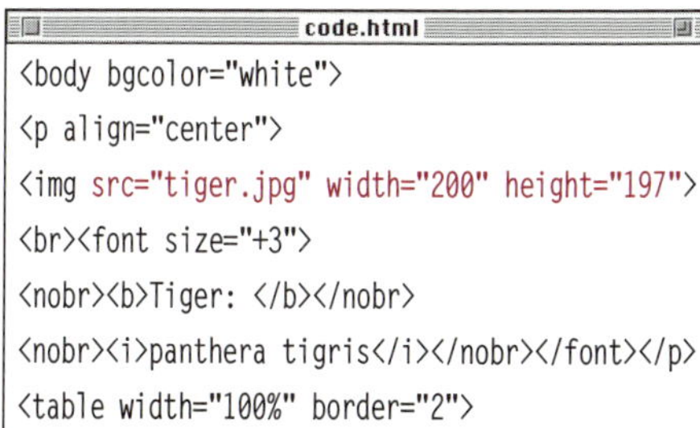

```
code.html
<body bgcolor="white">
<p align="center">
<img src="tiger.jpg" width="200" height="197">
<br><font size="+3">
<nobr><b>Tiger: </b></nobr>
<nobr><i>panthera tigris</i></nobr></font></p>
<table width="100%" border="2">
```

Abbildung 10.31: Voilà! Ein vollkommen gültiges HTML-img-Tag.

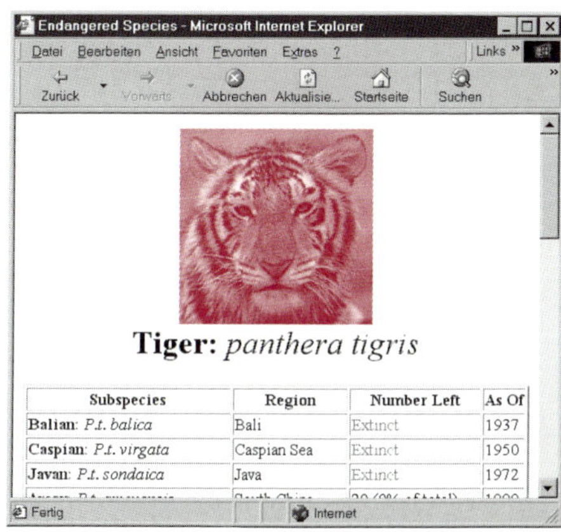

Subspecies	Region	Number Left	As Of
Balian: P.t. balica	Bali	Extinct	1937
Caspian: P.t. virgata	Caspian Sea	Extinct	1950
Javan: P.t. sondaica	Java	Extinct	1972

Abbildung 10.32: Das Bild des majestätischen Tigers erscheint wie verlangt.

Attribute erzeugen

Oft ist es praktisch, Attribute (und ihre Werte) zu einem bestimmten Element hinzufügen zu können.

So erzeugen Sie Attribute:

1. Geben Sie direkt nach dem Start-Tag des Elements, in dem die neuen Attribute erscheinen sollen, **<xsl:attribute** ein.
2. Geben Sie **name="Att_name"** ein, wobei *Att_name* für den Namen steht, den das Attribut in dem Element annehmen soll.
3. Geben Sie **>** ein.
4. Geben Sie dann den Wert des neuen Attributs ein oder lassen Sie ihn ausgeben.
5. Geben Sie schließlich **</xsl:attribute>** ein.

✔ Tipps

- Mithilfe des Elements `xsl:value-of` in Schritt 4 können Sie aus dem Inhalt in Ihrem XML-Dokument den Wert des Attributs erzeugen.
- Dies ist eine großartige Möglichkeit, um Standardbildelemente in Standard-HTML-img-Tags zu konvertieren.

11

XPath: Muster und Ausdrücke

Im vorigen Kapitel, *XSLT,* haben Sie gelernt, wie man Vorlagen erstellt und anwendet, um die Informationen in einem XML-Dokument zu transformieren. Wichtig dabei ist: Wenn Sie eine „Vorlage anwenden", legen Sie im Grunde fest, dass ein Set an Knoten von *irgendwelchen Vorlagen (im Plural), die geeignet sind,* verarbeitet werden und nicht einfach eine bestimmte Vorlage. Sie können auch sagen „Verarbeite alle `name`-Knoten mit der Vorlage, die am besten passt" und nicht „Starte die Vorlage *name[language='English'].*" Der Unterschied ist subtil aber wichtig.

Wenn Sie eine Vorlage erstellen, legen Sie anhand eines *Musters* fest, auf welche Knoten die Vorlage angewendet werden kann. Wenn Sie eine Vorlage aufrufen (etwa mit `xsl:apply-templates`), legen Sie anhand eines *Ausdrucks* fest, welches Knotenset (mit den geeigneten Vorlagen) verarbeitet werden soll. Sie verwenden Ausdrücke auch in anderen xsl-Direktiven, um bestimmte Knotensets zu isolieren und dann weiter zu verarbeiten.

Sowohl Muster als auch Ausdrücke werden in der XPath-Syntax erstellt, einem System zur Beschreibung von Knotensets, in dem ihre Position im XML-Dokument angegeben wird. Diese Syntax wird im vorliegenden Kapitel ausführlich erläutert. Der hauptsächliche Unterschied zwischen Mustern und Ausdrücken besteht darin, dass erstere grundsätzlich kontextunabhängig sind, d.h. ein Muster wie **`"name"`** entspricht *jedem* `name`-Element im XML-Dokument und das ungeachtet seiner Position. Ausdrücke hingegen lassen sich nur im Zusammenhang mit dem Kontext einstufen, in dem sie vorkommen. Ein Ausdruck wie **`"name"`** könnte sich etwa nur auf `name`-Knoten innerhalb von `subspecies`-Elementen beziehen, abhängig davon, wo er verwendet wird.

Den aktuellen Knoten bestimmen

Beim Verarbeiten Ihres Stylesheet und XML-Dokuments nimmt sich der XSLT-Prozessor einen Knoten nach dem andern vor. In der Regel ist es einfach zu bestimmen, was als Nächstes zu verarbeiten ist im Hinblick auf den *aktuellen Knoten,* d.h. der Knoten, an dem der Prozessor gerade arbeitet. Bevor Sie das machen können, müssen Sie selbstverständlich wissen, wie Sie den aktuellen Knoten identifizieren.

So bestimmen Sie den aktuellen Knoten:

1. Standardmäßig ist der aktuelle Knoten derjenige, der in der gerade verarbeiteten Vorlage angegeben ist. Anders ausgedrückt: Der aktuelle Knoten wird im `match`-Attribut der Vorlage angegeben.
2. Kommt die Direktive `xsl:apply-templates` vor, wird der Knoten zum aktuellen, der zur zugehörigen Vorlage passt (und somit der in der Direktive `xsl:apply-templates` angegebene). Ist diese `xsl:apply-templates`-Direktive abgearbeitet, wird der im `match`-Attribut der vorigen Vorlage angegebene Knoten wieder zum aktuellen.
3. Kommt die Direktive `xsl:for-each` vor, wechselt der aktuelle Knoten auf den im `select`-Attribut der Direktive `xsl:for-each` angegebenen Knoten. Nach der `xsl:for-each`-Direktive wird der Knoten wieder zum aktuellen, der vor der Verarbeitung der Direktive aktuell war.

✔ Tipp

- Die Direktive `xsl:apply-templates` kann (hintereinander) mehrere Knoten verarbeiten. Damit ist jeder dieser zu verarbeitenden Knoten der jeweils aktuelle.

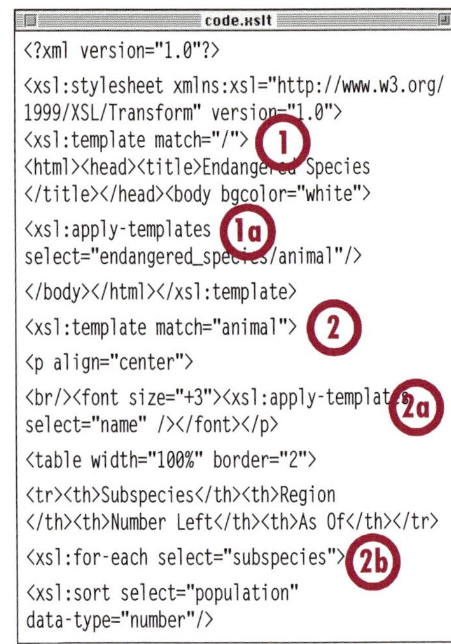

```
code.xslt
<?xml version="1.0"?>
<xsl:stylesheet xmlns:xsl="http://www.w3.org/
1999/XSL/Transform" version="1.0">
<xsl:template match="/">
<html><head><title>Endangered Species
</title></head><body bgcolor="white">
<xsl:apply-templates
select="endangered_species/animal"/>
</body></html></xsl:template>
<xsl:template match="animal">
<p align="center">
<br/><font size="+3"><xsl:apply-templates
select="name" /></font></p>
<table width="100%" border="2">
<tr><th>Subspecies</th><th>Region
</th><th>Number Left</th><th>As Of</th></tr>
<xsl:for-each select="subspecies">
<xsl:sort select="population"
data-type="number"/>
```


Abbildung 11.1: Bei Punkt 1 ist, wie in der Vorlage angegeben, / (der Wurzelknoten) der aktuelle Knoten. Kommt der Prozessor zu Punkt 1a (und folglich auch zu Punkt 2), wird das erste `animal`-Element im Element `endangered_species` zum aktuellen Knoten. Sobald das erste `animal`-Element abgearbeitet ist, wird das zweite `animal`-Element zum aktuellen Knoten usw., bis alle `animal`-Elemente verarbeitet worden sind (und jeweils aktuelle Knoten waren).

Bei Punkt 2a wird das erste `name`-Element im gerade verarbeiteten `animal`-Element zum aktuellen Knoten. Der Prozessor geht über zu den `name`-Vorlagen (dies könnte ein Punkt 3 sein, doch wird dies nicht mehr angezeigt) und befolgt die darin enthaltenen Direktiven. Anschließend wird das zweite `name`-Element verarbeitet, usw.

Nach „Rückkehr" von den in Punkt 2a verarbeiteten `name`-Vorlagen, wird erneut das Element `animal` zum aktuellen Knoten, und zwar bis Punkt 2b erreicht ist, die Direktive `xsl:for-each`. An diesem Punkt wird das erste `subspecies`-Element im aktuellen `animal`-Knoten zum aktuellen Knoten. Anschließend wird das zweite `subspecies`-Element verarbeitet usw., bis alle abgearbeitet sind.

Und so weiter!

```
code.xslt
<xsl:template match="animal">
<p align="center">
<br/><font size="+3"><xsl:apply-templates
select="name" /></font></p>
...
</xsl:template>
<xsl:template
match="name[@language='English']">
<nobr><b><xsl:value-of select="."/>:
</b></nobr>
</xsl:template>
```

Abbildung 11.2: Der aktuelle Knoten wird der Inhalt eines name-Elements sein, dessen language-Attribut auf „English" gesetzt ist. Welches name-Element das ist, hängt von der aktuellen Stelle im Transformationsprozess ab.

```
code.html
<body bgcolor="white">
<p align="center"><br><font size="+3">
<nobr><b>Tiger: </b></nobr><nobr>
<i>panthera tigris</i></nobr></font></p>
<table width="100%" border="2">
<tr><th>Subspecies</th><th>Region</th>
<th>Number Left</th><th>As Of</th></tr>
<tr><td><nobr><b>Balian: </b></nobr>
<nobr><i>P.t. balica</i></nobr></td>
```

Abbildung 11.3: Das erste hervorgehobene Material (*Tiger* und *panthera tigris*) kommt, wenn am Anfang der animal-Vorlage die name-Vorlage angewendet wird. Die nächste Ausgabe erfolgt, wenn innerhalb der Direktive xsl:for-each die name-Vorlage aufgerufen wird, während an den subspecies-Elementen gearbeitet wird, und somit ist der aktuelle Knoten das jeweilige name-Element in jedem subspecies-Element (im Beispiel ist das Balian und P.t. balica).

Verweise auf den aktuellen Knoten

Wenn Sie gerade einen Knoten verarbeiten, den Sie in einem select-Attribut verwenden wollen, ist es viel einfacher, ein Kürzel für den Knoten zu verwenden als von der Wurzel an auf den gesamten Positionspfad zu verweisen.

So verweisen Sie auf den aktuellen Knoten:

1. Geben Sie . ein (einen einzelnen Punkt).

✔ Tipps

- Nicht immer möchte man das gesamte Knotenset auswählen. Sie können einen Test hinzufügen, ein so genanntes Prädikat, um eine Teilmenge des aktuellen Knotens zu erhalten. Weitere Erläuterungen hierzu erhalten Sie im Abschnitt *Teilmengen auswählen* auf *Seite 161*.
- Sie können einen Punkt . auch in einem Prädikat verwenden, um auf den Kontextknoten zu verweisen (den Knoten der vom Prädikat getestet wird).

Untergeordnete Knoten auswählen

Enthält der aktuelle Knoten die auszuwählenden Elemente – man sagt, sie sind dem Knoten *untergeordnet* oder ein *Child* des Knotens –, so brauchen Sie zur Auswahl dieser untergeordneten Knoten nur den Namen, und nicht den gesamten Pfad von der Wurzel an, anzugeben.

So wählen Sie untergeordnete Knoten aus:

1. Vergewissern Sie sich, dass Sie vom richtigen aktuellen Knoten ausgehen (*siehe Seite 154*) und dass der Knoten, auf den Sie verweisen wollen, dem aktuellen untergeordnet (also ein *Child* oder *Nachfahre*) ist.
2. Geben Sie **Child** ein, wobei *Child* für das Element steht, das in den Elementen enthalten ist, auf das vom aktuellen Knoten verwiesen wird.
3. Bei Bedarf können Sie **/Grandchild** eingeben, wobei *Grandchild* für ein Knotenset steht, das in dem in Schritt 2 angesprochenen Child-Set enthalten ist, um innerhalb der Hierarchie weiter nach unten zu verweisen.
4. Wiederholen Sie Schritt 3, bis Sie die gewünschte Ebene erreicht haben.

✔ Tipps

- Bevor Sie auf untergeordnete Knoten verweisen können, müssen Sie selbstverständlich wissen, welches der aktuelle Knoten ist. Wie Sie den aktuellen Knoten identifizieren, erfahren Sie auf *Seite 154*.
- Geben Sie * (ein Sternchen) ein, um alle untergeordneten Knoten auszuwählen.
- Theoretisch könnten Sie dafür auch **./Child** verwenden, doch warum sich die Arbeit machen? Nur **Child** ist so viel einfacher zu schreiben und exakt gleichbedeutend.

code.xml

```
<subspecies>
<name>Amur or Siberian</name>
<region>Far East Russia</region>
<weight>500 pounds</weight>
<length>3 yards from nose to tail</length>
<population year="1999">450
</population>
<threat>poachers</threat>
<threat>habitat destruction</threat>
<threat>trade in tiger bones for traditional
Chinese medicine (TCM)</threat>
</subspecies>
```

Abbildung 11.4: Hier ein Auszug aus dem XML-Dokument. Dieses subspecies-Element besitzt acht untergeordnete Elemente.

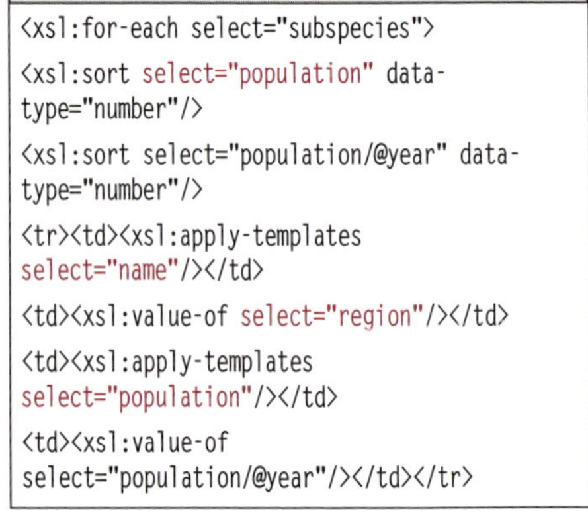

code.xslt

```
<xsl:for-each select="subspecies">
<xsl:sort select="population" data-
type="number"/>
<xsl:sort select="population/@year" data-
type="number"/>
<tr><td><xsl:apply-templates
select="name"/></td>
<td><xsl:value-of select="region"/></td>
<td><xsl:apply-templates
select="population"/></td>
<td><xsl:value-of
select="population/@year"/></td></tr>
```

Abbildung 11.5: Bei for-each angelangt, wird subspecies zum aktuellen Knoten. In der ersten xsl:sort-Direktive werden vom Attribut select alle population-Knoten ausgewählt, die dem gerade verarbeiteten subspecies-Knoten untergeordnet sind. In der Direktive apply-templates wird vom Attribut select nach allen name-Knoten gesucht, die dem Element subspecies untergeordnet sind.

code.xml

```
<animal>
    <name language="English">Tiger</name>
    <name language="Latin">panthera
    tigris</name>
    <threats>
        <threat>poachers</threat>
        <threat>habitat destruction</threat>
        <threat>trade in tiger bones for
        traditional Chinese medicine
        (TCM)</threat>
    </threats>
    <weight>500 pounds</weight>
```

Abbildung 11.6: Beachten Sie, dass die Elemente threats und name beide dem Element animal untergeordnet (direkt darin enthalten) und somit parallele Elemente (auch *Siblings*) sind.

code.xslt

```
<xsl:template match="threats">
<ul>The mighty <xsl:value-of select="../
name[@language='English']"/> faces numerous
threats: <xsl:for-each select="threat">
<li><xsl:value-of select="."/></li>
</xsl:for-each></ul>
For more information, check out the
World Wildlife
```

Abbildung 11.7: Wird diese neue threats-Vorlage angewendet, so wird threats zum aktuellen Knoten. Um anschließend auf das name-Element zu verweisen (sein Parallelknoten), müssen Sie mit **..** eine Ebene nach oben gehen (zum übergeordneten Element, nämlich animal) und dann mit **/** auf einen anderen untergeordneten Knoten verweisen und mit name angeben, welcher untergeordnete Knoten gemeint ist.

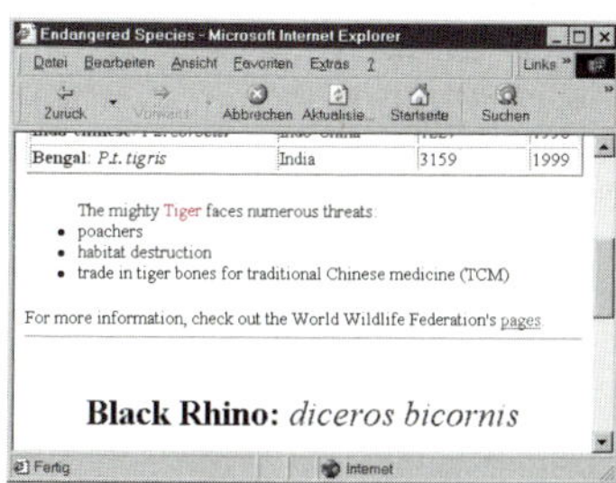

Abbildung 11.8: Obwohl sich der Kontext geändert hat (die aktuelle Vorlage ist jetzt threats und nicht animal), wird der Wert richtig ausgegeben, solange die neue Beziehung angegeben wird. Hier wurden auch einige schmückende Formatierungen für die einzelnen threats hinzugefügt.

Übergeordnete oder parallele Knoten auswählen

Auch hier gilt: Ist die Beziehung zwischen dem aktuellen Knoten (*siehe Seite 154*) und dem gewünschten Knoten klar, so ist es viel einfacher, ein Kürzel zu verwenden als die vollständige, absolute Beziehung von der Wurzel ab auszuschreiben.

So wählen Sie einen übergeordneten Knoten aus:

1. Vergewissern Sie sich, dass Sie vom richtigen aktuellen Knoten ausgehen und dass der Knoten, auf den Sie verweisen wollen, dem aktuellen übergeordnet (also ein *Parent* oder *Vorfahre*) ist.
2. Geben Sie **..** ein (zwei Punkte), um den übergeordneten Knoten auszuwählen.

So wählen Sie einen parallelen Knoten aus:

1. Nachdem Sie (oben in Schritt 2) beim übergeordneten Knoten angelangt sind, geben Sie **/Sibling** ein, wobei *Sibling* für den Namen des gewünschten, parallelen Knotens steht (ein so genannter *Geschwisterknoten*, der ebenfalls in dem Knoten enthalten ist, der dem aktuellen übergeordnet ist).
2. Bei Bedarf können Sie auch **/Niece** eingeben, wobei *Niece* (Nichte) für einen Knoten steht, der dem parallelen untergeordnet ist.
3. Wiederholen Sie Schritt 2 so oft wie nötig.

✓ Tipps

- **..** (zwei Punkte) wird oft mit der Attributachse kombiniert, um das Attribut des übergeordneten Knotens zu ermitteln (**../@name**). Mehr dazu auf *Seite 160*.
- Es ist auch möglich, innerhalb des Pfads ein Sternchen als Platzhalter zu verwenden. **/*/Neffe** würde beispielsweise alle Neffe-Elemente *aller* zum aktuellen Knoten *parallelen Knoten* auswählen.

Alle Nachfahren auswählen

Mithilfe des doppelten Schrägstriches lassen sich alle Nachfahren eines bestimmten Knotens auswählen. Wie die meisten anderen Symbole können Sie ihn entweder als absoluten oder als relativen Pfad verwenden.

So wählen Sie alle Nachfahren des Wurzelknotens aus:

Geben Sie **//** (zwei Schrägstriche) ein.

So wählen Sie alle Nachfahren des aktuellen Knotens aus:

Geben Sie **.//** (ein Punkt und zwei Schrägstriche) ein.

So wählen Sie alle Nachfahren eines beliebigen Knotens aus:

1. Verwenden Sie die Techniken auf den vorangegangenen Seiten, um zum dem Knoten zu gelangen, dessen Nachfahren Sie auswählen wollen.
2. Geben Sie dann **//** (zwei Schrägstriche) ein.

So wählen Sie einige Nachfahren eines beliebigen Knotens aus:

1. Erstellen Sie mithilfe der Techniken auf den vorangegangenen Seiten den Pfad zu dem Knoten, dessen Nachfahren Sie auswählen wollen.
2. Geben Sie **//** ein.
3. Geben Sie dann die Namen der Nachfahren ein, die Sie auswählen wollen.

✔ Tipp

- Diese letzte Technik ist eine großartige Methode, um auf einen Knoten zu verweisen, wenn Sie nicht wissen (oder es Ihnen egal ist), wo er sich im Dokument befindet. Ein Ausdruck wie **//name** wird *alle* name-Elemente ausgeben, egal wo sie sind (**Abbildung 11.11**).

code.xml

```
<animal>
<name language="English">Tiger</name>
<name language="Latin">panthera tigris</name>
<threats>
...
<subspecies>
<name language="English">Amur or
Siberian</name>
<name language="Latin">P.t. altaica</name>
<region>Far East Russia</region>
<population year="1999">445</population>
```

Abbildung 11.9: Es gibt name-Elemente im Element animal und im Element subspecies.

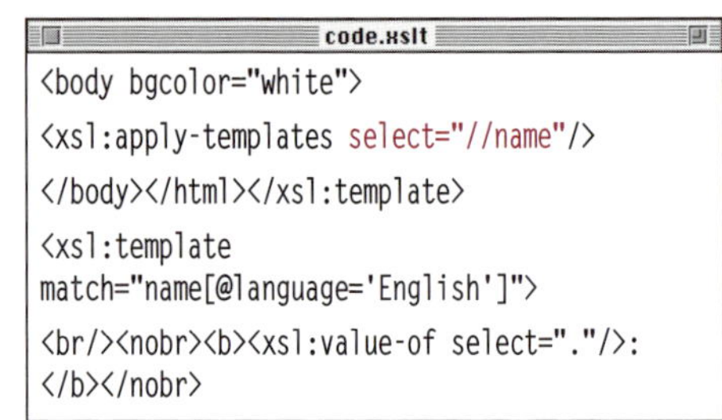

code.xslt

```
<body bgcolor="white">
<xsl:apply-templates select="//name"/>
</body></html></xsl:template>
<xsl:template
match="name[@language='English']">
<br/><nobr><b><xsl:value-of select="."/>:
</b></nobr>
```

Abbildung 11.10: Das hervorgehobene select-Attribut stimmt mit allen name-Elementen überein, und zwar unabhängig von der Position im Quelldokument. (Beachten Sie, dass die Vorlage animal vollständig eliminiert wurde und zur englischen name-Vorlage ein <br/> hinzugefügt wurde, um das Beispiel offensichtlicher zu gestalten.)

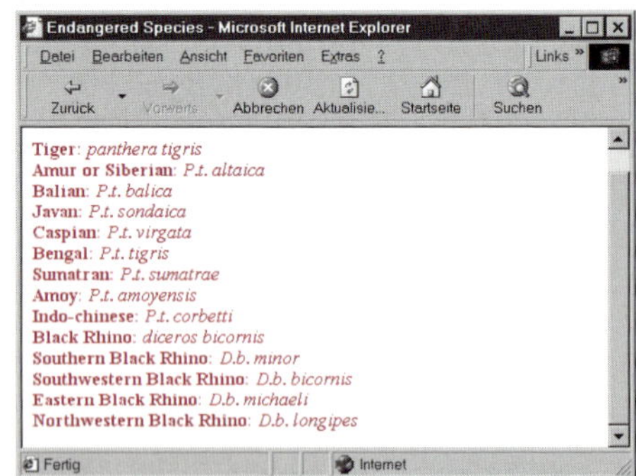

Abbildung 11.11: Beachten Sie, dass alle name-Elemente (sowohl die englischen als auch die lateinischen) im Element animal (Tiger, Black Rhino usw.) enthalten sind und die name-Elemente im Element subspecies (Amur, Balian, Southern Black Rhino usw.) hier angezeigt werden.

```
code.xslt
<xsl:template match="animal">
<p align="center">
<br/><font size="+3"><xsl:apply-templates
select="name" /></font></p>
<table width="100%" border="2">
<tr><th>Subspecies</th><th>Region
</th><th>Number Left</th><th>As Of</th></tr>
<xsl:for-each select="/endangered_species/
animal/subspecies">
<xsl:sort select="population"
data-type= "number"/>
```

Abbildung 11.12: Wieder bei der `animal`-Vorlage angelangt, wurde der Pfad zum `subspecies`-Knotenset ab der Wurzel ausgeschrieben.

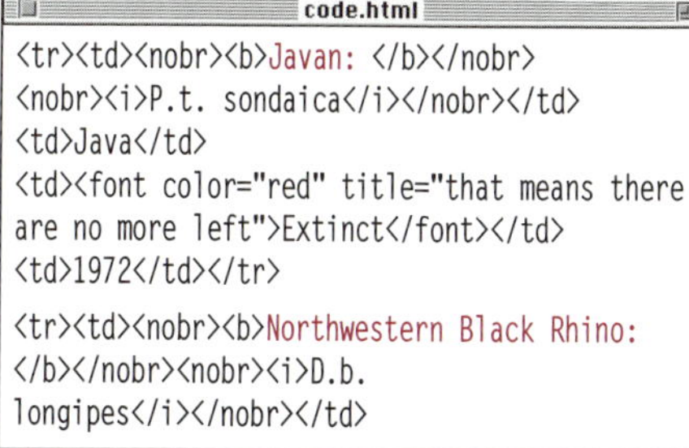

```
code.html
<tr><td><nobr><b>Javan: </b></nobr>
<nobr><i>P.t. sondaica</i></nobr></td>
<td>Java</td>
<td><font color="red" title="that means there
are no more left">Extinct</font></td>
<td>1972</td></tr>
<tr><td><nobr><b>Northwestern Black Rhino:
</b></nobr><nobr><i>D.b.
longipes</i></nobr></td>
```

Abbildung 11.13: Beachten Sie, wie das Northwestern Black Rhino direkt nach einer Tigerunterart verarbeitet wird.

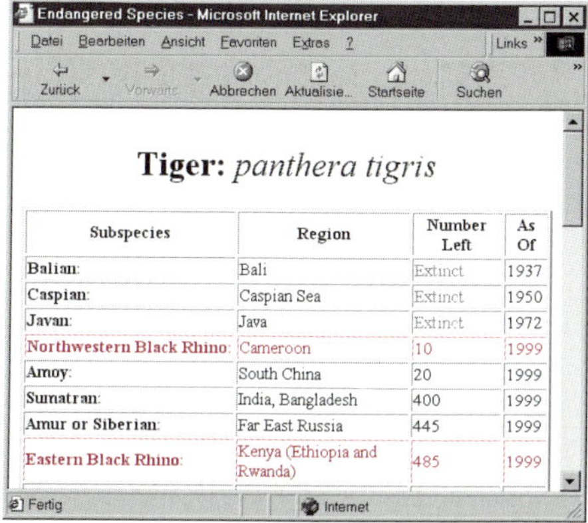

Subspecies	Region	Number Left	As Of
Balian:	Bali	Extinct	1937
Caspian:	Caspian Sea	Extinct	1950
Javan:	Java	Extinct	1972
Northwestern Black Rhino:	Cameroon	10	1999
Amoy:	South China	20	1999
Sumatran:	India, Bangladesh	400	1999
Amur or Siberian:	Far East Russia	445	1999
Eastern Black Rhino:	Kenya (Ethiopia and Rwanda)	485	1999

Abbildung 11.14: Sie sollten wissen, was Sie tun, wenn Sie den aktuellen Knoten außer Acht lassen. Er gibt Ihnen möglicherweise die Struktur vor, um ein Durcheinander wie das hier gezeigte zu vermeiden.

Den aktuellen Knoten außer Acht lassen

Alle bisher erstellten Muster und Ausdrücke waren vom aktuellen Knoten abhängig. Die Auswahl von `name` innerhalb der `animal`-Vorlage passt beispielsweise nur zu den `name`-Elementen innerhalb des aktuellen zu verarbeitenden `animal`-Elements. Sie können den aktuellen Knoten völlig unbeachtet lassen, indem Sie den Pfad zum gewünschten Knoten beginnend von der Wurzel ausschreiben.

So erstellen Sie einen Pfad ab der Wurzel:

1. Geben Sie zunächst **/** ein, um zu kennzeichnen, dass Sie bei der Wurzel des XML-Dokuments beginnen.
2. Geben Sie dann **Wurzel** ein, wobei *Wurzel* für das Wurzelelement Ihres XML-Dokuments steht (*siehe Seite 25*).
3. Geben Sie **/** ein, um anzugeben, dass Sie in der XML-Dokumenthierarchie eine Ebene nach unten gehen.
4. Geben Sie **Container** ein, wobei *Container* für das Element in der nächsten Ebene steht, das das gewünschte Element enthält.
5. Wiederholen Sie Schritt 3–4, bis Sie alle Vorfahren des Elements angegeben haben, auf das Sie verweisen wollen.
6. Geben Sie **/Element** ein, wobei *Element* für den Namen des Elements steht, auf das Sie verweisen wollen.

✔ Tipps

- An jedem Punkt des Pfades können Sie * als Platzhalter verwenden, um auf alle Elemente dieser Ebene zu verweisen.
- Ist das gewünschte Element dem Wurzelelement selbst untergeordnet, können Sie Schritt 3–5 auslassen.

Die Attribute eines Knotens auswählen

Wenn Sie nicht an einem Element selbst, sondern vielmehr an seinem Attribut interessiert sind, können Sie unter Verwendung von @ die Attributachse angeben.

So wählen Sie das Attribut eines Knotens aus:

1. Schreiben Sie anhand der in diesem Kapitel beschriebenen Techniken den Pfad zum betreffenden Knoten.
2. Geben Sie **/@** ein, um zu kennzeichnen, dass es sich um ein Attribut handelt.
3. Schreiben Sie **Attribut**, wobei *Attribut* für den Namen des betreffenden Attributs steht.

   Oder geben Sie * (ein Sternchen) als Platzhalter ein, um alle Attribute des Knotens auszuwählen.

✔ Tipp

- Sie können diese Technik mit dem Element `xsl:attribute` kombinieren, um innerhalb eines neuen Tags eigene Attribute zu erstellen. Sie könnten etwa unorthodox formatierte Bilddaten in ein Standard-HTML-img-Tag umwandeln. Weitere Erläuterungen zum Element `xsl:attribute` finden Sie im Abschnitt *Attribute erzeugen* auf *Seite 151*.

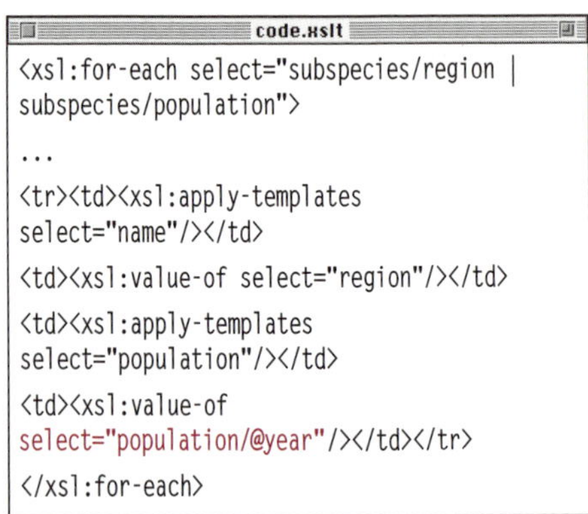

code.xslt

```
<xsl:for-each select="subspecies/region |
subspecies/population">
...
<tr><td><xsl:apply-templates
select="name"/></td>
<td><xsl:value-of select="region"/></td>
<td><xsl:apply-templates
select="population"/></td>
<td><xsl:value-of
select="population/@year"/></td></tr>
</xsl:for-each>
```

Abbildung 11.15: Um das bzw. die Attribut(e) eines Elements zu erhalten verwenden Sie das Zeichen @ und anschließend den Namen des Attributs.

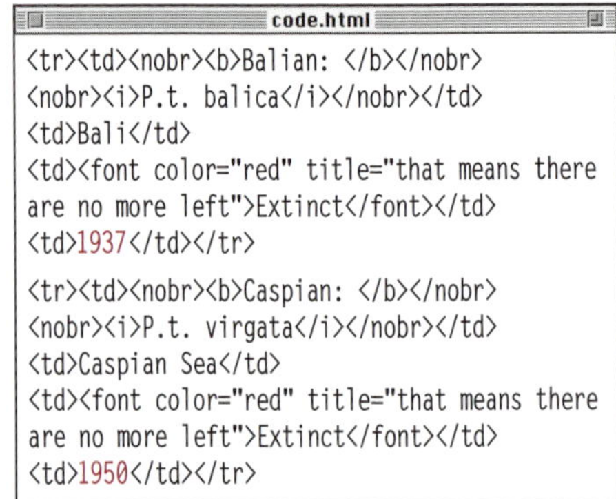

code.html

```
<tr><td><nobr><b>Balian: </b></nobr>
<nobr><i>P.t. balica</i></nobr></td>
<td>Bali</td>
<td><font color="red" title="that means there
are no more left">Extinct</font></td>
<td>1937</td></tr>
<tr><td><nobr><b>Caspian: </b></nobr>
<nobr><i>P.t. virgata</i></nobr></td>
<td>Caspian Sea</td>
<td><font color="red" title="that means there
are no more left">Extinct</font></td>
<td>1950</td></tr>
```

Abbildung 11.16: Der Inhalt des Attributs spiegelt die Ausgabe wieder.

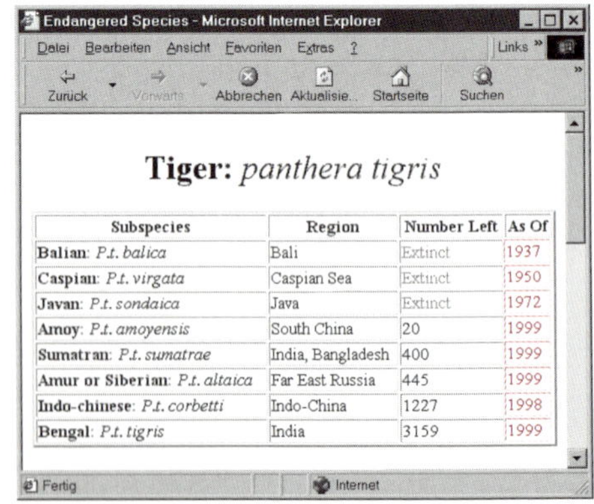

Subspecies	Region	Number Left	As Of
Balian: *P.t. balica*	Bali	Extinct	1937
Caspian: *P.t. virgata*	Caspian Sea	Extinct	1950
Javan: *P.t. sondaica*	Java	Extinct	1972
Amoy: *P.t. amoyensis*	South China	20	1999
Sumatran: *P.t. sumatrae*	India, Bangladesh	400	1999
Amur or Siberian: *P.t. altaica*	Far East Russia	445	1999
Indo-chinese: *P.t. corbetti*	Indo-China	1227	1998
Bengal: *P.t. tigris*	India	3159	1999

Abbildung 11.17: Auf der Webseite spielt es keine Rolle, ob die Daten ursprünglich als Attribut oder Element im XML-Dokument vorkamen.

code.xslt
```
<xsl:template
match="name[@language='English']">
<nobr><b><xsl:value-of select="."/>:
</b></nobr>
```

Abbildung 11.18: Diese Vorlage wird nur auf name-Elemente angewendet, die ein language-Attribut mit dem Wert *English* besitzen.

code.xml
```
<animal>
<name language="English">Tiger</name>
<name language="Latin">panthera tigris</name>
<threats><threat>poachers</threat>
<threat>habitat destruction</threat>
<threat>trade in tiger bones for traditional
Chinese medicine (TCM)</threat>
</threats>
<weight>500 pounds</weight>
<length>3 yards from nose to tail</length>
<source sectionid="120"
newspaperid="21"></source>
<picture filename="tiger.jpg" x="200"
y="197"/>
<subspecies>
<name language="English">Amur or
Siberian</name>
<name language="Latin">P.t. altaica</name>
<region>Far East Russia</region>
```

Abbildung 11.19: Die gezeigte Vorlage wird nur auf hervorgehobene Elemente angewendet (und nicht auf Elemente, deren language-Attribut auf *Latin* gesetzt ist).

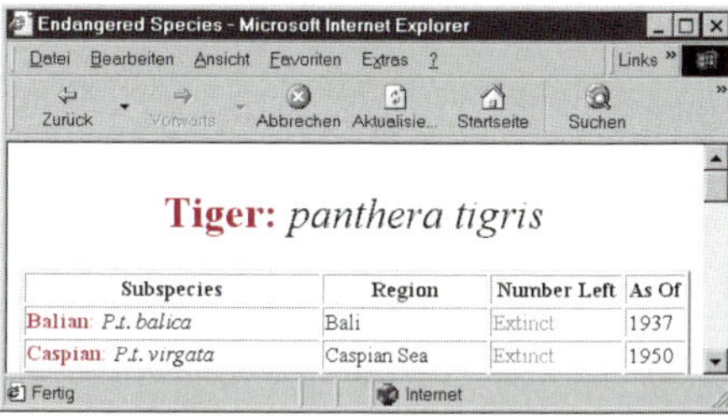

Abbildung 11.20: Die englischen Namen sind fett hervorgehoben; zudem wird, wie in der Vorlage vorgeschrieben, ein Doppelpunkt dahinter gesetzt.

Teilmengen auswählen

Es ist nicht immer präzise genug, ein ganzes Knotenset auszuwählen. Sie können logische Ausdrücke (so genannte *Prädikate*) erstellen, um eine Bedingung zu prüfen, und dann aufgrund des Ergebnisses eine Teilmenge an Knoten auswählen.

So wählen Sie eine Teilmenge aus:

1. Erstellen Sie gemäß der Anweisungen im Rest dieses Kapitels den Pfad zu dem Knoten, der die gewünschte Teilmenge enthält.
2. Geben Sie **[** ein (eine linke eckige Klammer geben Sie mit Alt+Strg+8 ein).
3. Geben Sie den Ausdruck ein, der die Teilmenge identifiziert.
4. Geben Sie **]** ein (die rechte eckige Klammer, Alt+Strg+9).

✔ Tipps

- Der Ausdruck, der die Teilmenge identifiziert, muss nicht unbedingt ein Vergleich sein. **[@language]** etwa reicht in unserem Beispiel aus, um alle name-Elemente auszuwählen, die (unabhängig von ihrem Wert) ein language-Attribut besitzen.
- Mithilfe von Funktionen können Sie kompliziertere Prädikate erstellen. Weitere Erläuterungen hierzu erhalten Sie in Kapitel 12.
- Achten Sie darauf, dass Sie eckige Klammern und keine geschweiften oder runden Klammern eingeben.
- Verwenden Sie mehrere Prädikate, um eine Suche einzuengen. **name[@language='English'] [position() = last()]** würde z.B. alle name-Elemente auswählen, die ein language-Attribut mit dem Wert *English* besitzen und den letzten Knoten in einem Set darstellen.
- Bei Bedarf können Sie nach dem Prädikat auch einen Attributselektor hinzufügen. Um etwa alle Attribute im letzten Element des aktuellen Knotens zu erhalten, verwenden Sie **[last ()]/@***.

12 Testausdrücke und Funktionen

Sie haben bereits gesehen, wie Sie mithilfe von `xsl:value-of` den Inhalt eines Knotens extrahieren können. Und zwar gibt `xsl:value-of` den Zeichenkettenwert des ersten Knotens in einem Knotenset aus. Vor ihrer Ausgabe haben Sie nun die Möglichkeit, auf diese Zeichenkette eine oder mehrere Operationen anzuwenden. Dazu verwenden Sie die in diesem Kapitel erläuterten Funktionen.

In manchen Fällen werden diese Daten erst gar nicht ausgegeben, sondern vielmehr als Testbedingung in einer `xsl:if`- oder `xsl:when`-Direktive verwendet. Funktionen erlauben Ihnen den Test komplexerer Situationen.

Sie können Funktionen auch in einem Prädikat verwenden, um nur eine Teilmenge eines Knotensets auszuwählen.

Die offiziellen Spezifikationen für Funktionen finden Sie auf der Webseite des World Wide Web Consortiums: *http://www.w3.org/TR/xpath#corelib.*

Zwei Werte vergleichen

Einer der häufigsten Tests ist wohl der Vergleich von zwei Werten. Vom Ergebnis können Sie abhängig machen, welche Aktionen durchzuführen sind.

So vergleichen Sie zwei Werte:

1. Erstellen Sie den Pfad zum ersten Knotenset, das Sie vergleichen wollen.
2. Geben Sie **=** (gleich), **!=** (ungleich), **>** (größer als), **>=** (größer oder gleich), **<** (kleiner als) oder **<=** (kleiner oder gleich) ein, abhängig davon, wie Sie die beiden Werte vergleichen wollen.
3. Geben Sie den Pfad zu dem Knotenset oder dem Wert ein, den Sie mit dem Knotenset in Schritt 1 vergleichen wollen.

✔ Tipps

- Wenn Sie nur überprüfen wollen, ob ein Knotenset existiert (unabhängig von seinem Inhalt), lassen Sie Schritt 2–3 aus.
- Zeichenketten- und Textwerte sollten in Schritt 3 in halbe Anführungszeichen eingeschlossen werden.
- Mit `and` können Sie prüfen, ob alle von mehreren Bedingungen wahr sind. Mit `or` können Sie prüfen, ob mindestens eine von mehreren Bedingungen wahr ist.

code.xslt

```
<xsl:template match="population">
<xsl:choose>
   <xsl:when test=". = 0">
   <font color="red" title="that means there
   are no more left">Extinct</font>
   </xsl:when>
<xsl:when test=". &gt; 0 and . &lt; 50">
   <font title="they're almost gone">
   <xsl:value-of select="."/></font>
   </xsl:when>
<xsl:otherwise>
   <xsl:value-of select="."/>
   </xsl:otherwise>
</xsl:choose></xsl:template>
```

Abbildung 12.1: Im ersten Beispiel wird durch den Test geprüft, ob der aktuelle Knoten (durch den Punkt repräsentiert) gleich Null ist. Ist dies der Fall, wird das Wort *Extinct* ausgegeben. Im zweiten Beispiel wird geprüft, ob der aktuelle Knoten größer als 0 und kleiner als 50 ist. Wenn ja, wird eine Quickinfo mit dem Text „they're almost gone" ausgegeben. (Ja, dieses Beispiel kennen Sie bereits, und zwar aus dem Abschnitt *Aufgrund von Bedingungen verschiedene Optionen festlegen* auf *Seite 149* bei der Beschreibung von `xsl:choose`.)

code.html

```
<tr><td><nobr><b>Balian: </b></nobr>
<nobr><i>P.t. balica</i></nobr></td>
<td>Bali</td>
<td><font color="red" title="that means there
are no more left">Extinct</font></td>
<td>1937</td></tr>
```

Abbildung 12.2: Da der balinesische Tiger im Jahr 1937 ausgestorben ist und seine Population daher gleich Null ist, wird das Wort *Extinct* (*ausgestorben*) *ausgegeben* (in rot und mit einer Quickinfo).

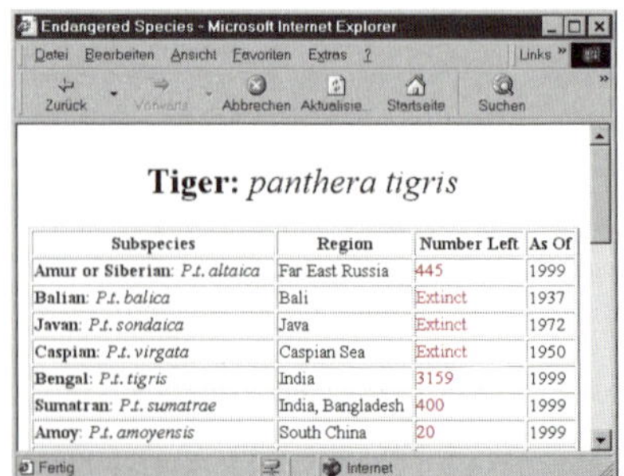

Tiger: *panthera tigris*

Subspecies	Region	Number Left	As Of
Amur or Siberian: *P.t. altaica*	Far East Russia	445	1999
Balian: *P.t. balica*	Bali	Extinct	1937
Javan: *P.t. sondaica*	Java	Extinct	1972
Caspian: *P.t. virgata*	Caspian Sea	Extinct	1950
Bengal: *P.t. tigris*	India	3159	1999
Sumatran: *P.t. sumatrae*	India, Bangladesh	400	1999
Amoy: *P.t. amoyensis*	South China	20	1999

Abbildung 12.3: Der Vergleich zweier Werte ist einer der häufigsten Tests.

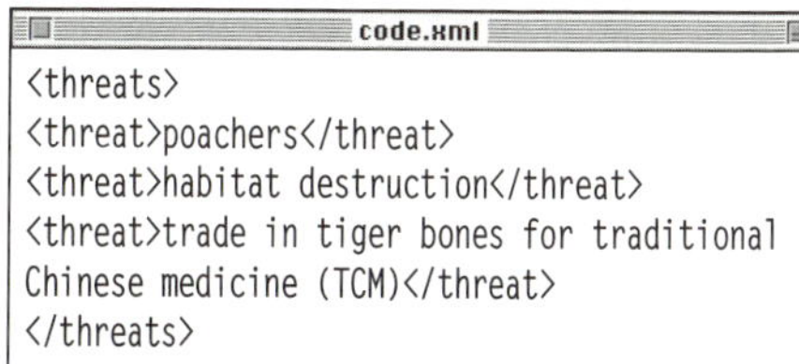

```
code.xml
<threats>
<threat>poachers</threat>
<threat>habitat destruction</threat>
<threat>trade in tiger bones for traditional
Chinese medicine (TCM)</threat>
</threats>
```

Abbildung 12.4: Ein Auszug aus dem XML-Dokument zeigt drei `threat`-Elemente `im Element threats`.

```
code.xslt
<xsl:template match="threats">
<p>The mighty <xsl:value-of select="../
name[@language='English']"/> faces numerous
threats, among them <xsl:for-each
select="threat">
<xsl:value-of select="."/>
<xsl:choose>
<xsl:when test="position()=last()">.
</xsl:when>
<xsl:when test="position()=last()-1">, and
</xsl:when>
<xsl:otherwise>, </xsl:otherwise>
</xsl:choose>
</xsl:for-each></p></xsl:template>
```

Abbildung 12.5: Es ist wichtig, dass die Vorlage für die `threats`-Elemente gilt (und nicht für die `threat`-Elemente). Würde die `threat`-Vorlage auf jedes `threat`-Element angewendet werden, erhielte jedes die erste Position. In einer `threats`-Vorlage werden die einzelnen `threat`-Elemente mit 1, 2 und 3 durchnummeriert.

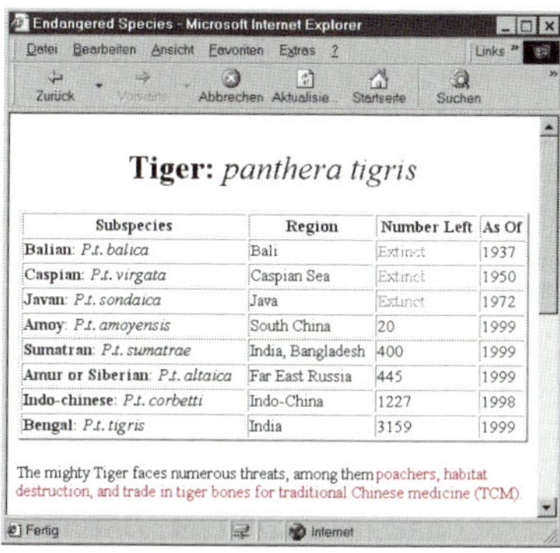

Abbildung 12.6: Die Gefahr selbst wird auf jeden Fall ausgegeben. Befindet sie sich auf der letzten Position, wird zusätzlich ein Punkt ausgegeben. Befindet sie sich auf der zweitletzten Position (`position()=last()-1`) werden danach ein Komma, ein Leerzeichen, das Wort „and" und ein Leerzeichen ausgegeben; in jeder sonstigen Position wird zusätzlich ein Komma und ein Leerzeichen ausgegeben.

Die Position überprüfen

Sie können auch den ersten, zweiten oder sogar den letzten untergeordneten Knoten auswählen.

So überprüfen Sie die Position eines Knotens:

Geben Sie **position() = n** ein, wobei *n* für eine Zahl steht, die die Position des Knotens innerhalb des aktuellen Knotensets identifiziert.

So finden Sie den letzten Knoten in einem Knotenset:

Geben Sie **last()** ein, um den letzten Knoten zu erhalten.

✔ Tipps

- Sie fügen niemals etwas in die Klammern der Funktionen `position` und `last` ein. (Formal ausgedrückt: Diese Funktionen akzeptieren keine Argumente.)
- Sie können **n** auch als Abkürzung für **position()=n** verwenden, allerdings nur in Prädikaten. Angenommen **subspecies[1]** resultiert in dem ersten `subspecies`-Knoten. (In den Testausdrücken `xsl:if` und `xsl:when` ist die Abkürzung nicht zulässig und auch in der Direktive `xsl:value-of` nicht.)

Werte addieren

Mithilfe der Funktion `sum()` können Sie die Werte aller Knoten in einem Knotenset addieren. Dies eignet sich hervorragend für tabellarische Daten.

So addieren Sie Werte:

1. Geben Sie **sum(** ein.
2. Geben Sie den Pfad zu dem Knotenset ein, dessen Werte addiert werden sollen.
3. Geben Sie **)** ein, um die Funktion abzuschließen.

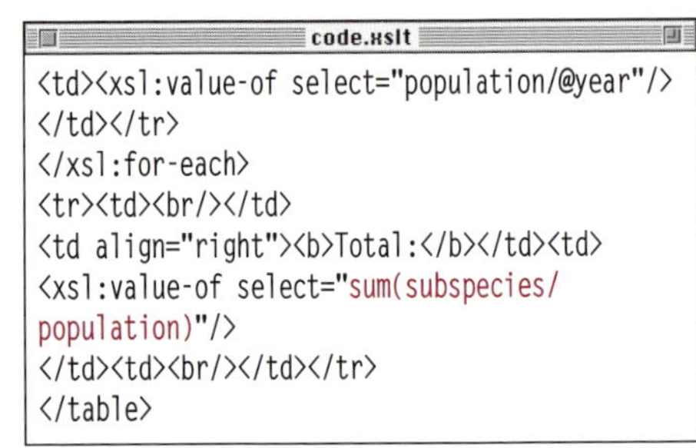

```
code.xslt
<td><xsl:value-of select="population/@year"/>
</td></tr>
</xsl:for-each>
<tr><td><br/></td>
<td align="right"><b>Total:</b></td><td>
<xsl:value-of select="sum(subspecies/
population)"/>
</td><td><br/></td></tr>
</table>
```

Abbildung 12.7: Nach Abschluss des Elements `xsl:for-each`, jedoch vor dem Ende der Tabelle wurde diese `xsl:value-of`-Direktive eingegeben, um die Summe der Populationen aller Tiere auszugeben.

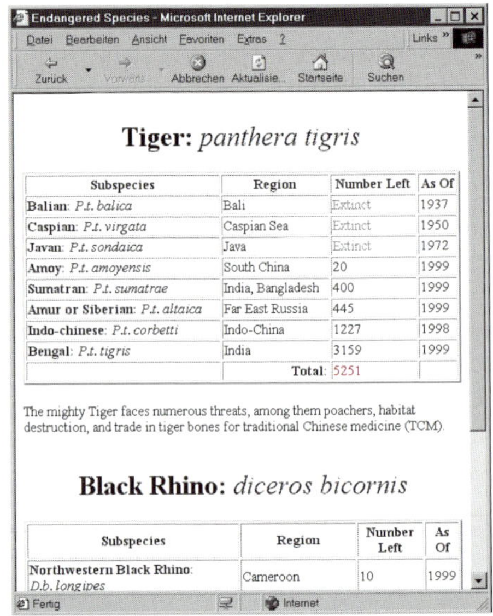

Subspecies	Region	Number Left	As Of
Balian: *P.t. balica*	Bali	Extinct	1937
Caspian: *P.t. virgata*	Caspian Sea	Extinct	1950
Javan: *P.t. sondaica*	Java	Extinct	1972
Amoy: *P.t. amoyensis*	South China	20	1999
Sumatran: *P.t. sumatrae*	India, Bangladesh	400	1999
Amur or Siberian: *P.t. altaica*	Far East Russia	445	1999
Indo-chinese: *P.t. corbetti*	Indo-China	1227	1998
Bengal: *P.t. tigris*	India	3159	1999
	Total:	5251	

Subspecies	Region	Number Left	As Of
Northwestern Black Rhino: *D.b. longipes*	Cameroon	10	1999

Abbildung 12.8: Die Populationen jeder Art werden addiert und ausgegeben. (Das Zahlenmaterial ist echt.)

```
code.xslt
<td><xsl:value-of select="population/@year"/>
</td></tr>
</xsl:for-each>
<tr><td align="right"><b>Total:</b></td><td>
<xsl:value-of select="count(subspecies)"/>
subspecies</td>
<td><xsl:value-of select="sum(subspecies/
population)"/> </td><td><br/></td></tr>
</table>
```

Abbildung 12.9: Denken Sie daran, dass dieser Auszug sich innerhalb der `animal`-Vorlage befindet; daher wird die Anzahl der `subspecies`-Elemente in jedem verarbeiteten `animal`-Element gezählt.

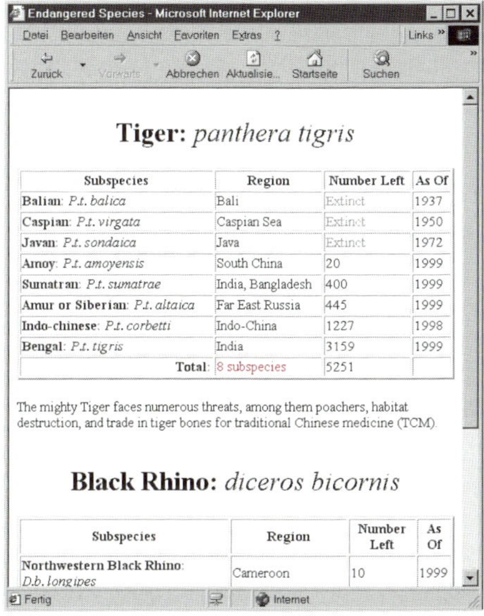

Subspecies	Region	Number Left	As Of
Balian: *P.t. balica*	Bali	Extinct	1937
Caspian: *P.t. virgata*	Caspian Sea	Extinct	1950
Javan: *P.t. sondaica*	Java	Extinct	1972
Amoy: *P.t. amoyensis*	South China	20	1999
Sumatran: *P.t. sumatrae*	India, Bangladesh	400	1999
Amur or Siberian: *P.t. altaica*	Far East Russia	445	1999
Indo-chinese: *P.t. corbetti*	Indo-China	1227	1998
Bengal: *P.t. tigris*	India	3159	1999
Total:	8 subspecies	5251	

Subspecies	Region	Number Left	As Of
Northwestern Black Rhino: *D.b. longipes*	Cameroon	10	1999

Abbildung 12.10: Beachten Sie, dass das Wort „subspecies" nicht von der Funktion `count` erzeugt wird. Es ist einfach ein literales Wort, das im obigen Stylesheet erscheint. (Beachten Sie zudem, dass das Wort „Total" in die erste Tabellenspalte verschoben wurde, sodass Platz ist für das Ergebnis der Zählung.)

Knoten zählen

Oft möchte man gar nicht die Werte eines Knotensets addieren, sondern einfach die Anzahl der Knoten ermitteln.

So zählen Sie Knoten:

1. Geben Sie **count(** ein.
2. Geben Sie den Pfad zu dem Knotenset ein, dessen Knoten gezählt werden sollen.
3. Geben Sie **)** ein, um die Funktion abzuschließen.

TESTAUSDRÜCKE UND FUNKTIONEN

Multiplizieren, Dividieren, Addieren, Subtrahieren

Sie können einfache arithmetische Operationen in Ihre Ausdrücke einbinden, um etwas kompliziertere Bedingungen zu überprüfen.

So führen Sie eine Multiplikation, Division, Addition oder Subtraktion durch:

1. Geben Sie den ersten Operanden ein. Das kann eine nummerische Konstante wie 12 sein oder ein Knotenset (wobei der Zeichenkettenwert des ersten Knotens verwendet wird).
2. Geben Sie den mathematischen Operator ein: ***** (für eine Multiplikation), **div** (für eine Division, da / bereits durch eine andere Bedeutung belegt ist), **+** (für eine Addition) oder **-** (für eine Subtraktion).
3. Geben Sie den zweiten Operanden ein.

✔ Tipps

- Zahlen sind immer Gleitkommazahlen mit doppelter Länge, wodurch sehr unschöne Divisionsergebnisse zustande kommen (**Abbildung 12.12**). Daher empfiehlt es sich, `div` mit anderen Funktionen zu kombinieren (*siehe Seite 169–170*).
- Wie auch sonst werden Multiplikation und Division vor der Addition und Subtraktion ausgeführt. Anders ausgedrückt: 4+5*3 ist 19 und nicht 27. Mithilfe von Klammern können Sie die Priorität anders setzen. So ist (4+5)*3 tatsächlich 27.
- Es gibt einen fünften Operator, **mod**, der den Rest einer Division ermittelt. So ist **20 mod 4** gleich 0 (da 20 ganzzahlig durch 4 teilbar ist), aber **20 mod 3** ist 2, denn 20:3 ergibt 6 mit einem Rest von 2.

code.xslt

```
<xsl:template match="population">
<xsl:choose>
<xsl:when test=". = 0">
<font color="red" title="that means there are
no more left">Extinct</font>
</xsl:when>
<xsl:otherwise>
<xsl:value-of select="."/> (<xsl:value-of
select=" . div sum(../../subspecies/
population) * 100 "/>%)
</xsl:otherwise>
</xsl:choose>
</xsl:template>
```

Abbildung 12.11: In der `population`-Vorlage wird der aktuelle Knoten (der Punkt) – nämlich die Population der verarbeiteten Unterart (subspecies) – durch die Summe der Population der Unterart dieses Tieres dividiert und dann das Ergebnis mit 100 multipliziert, wenn die Population ungleich Null ist. (Beachten Sie, dass die `xsl:when`-Direktiven der Einfachheit halber weggelassen wurden.)

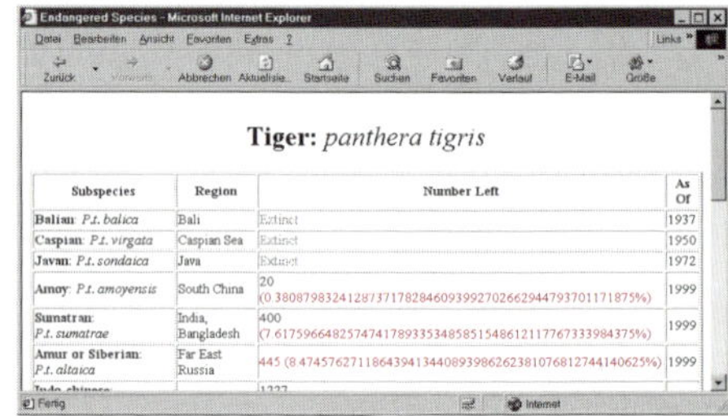

Abbildung 12.12: Die Prozentzahlen sind zwar korrekt, aber recht unschön. Auf der nächsten Seite wird das verbessert.

code.xslt

```
<xsl:template match="population">
<xsl:choose>
<xsl:when test=". = 0">
<font color="red" title="that means there are
no more left">Extinct</font>
</xsl:when>
<xsl:otherwise>
<xsl:value-of select="."/> (<xsl:value-of
select="format-number(. div sum(../../
subspecies/population), '#\#0.0%')"/>)
</xsl:otherwise>
</xsl:choose>
</xsl:template>
```

Abbildung 12.13: Die zu formatierende Zahl ist dieselbe wie in Abbildung 12.11 auf *Seite 168*. Jetzt wird sie als Prozentzahl formatiert mit mindestens einer Stelle links vom Dezimalzeichen (doch werden Zahlen links nie abgeschnitten) und genau einer Stelle rechts vom Dezimalzeichen.

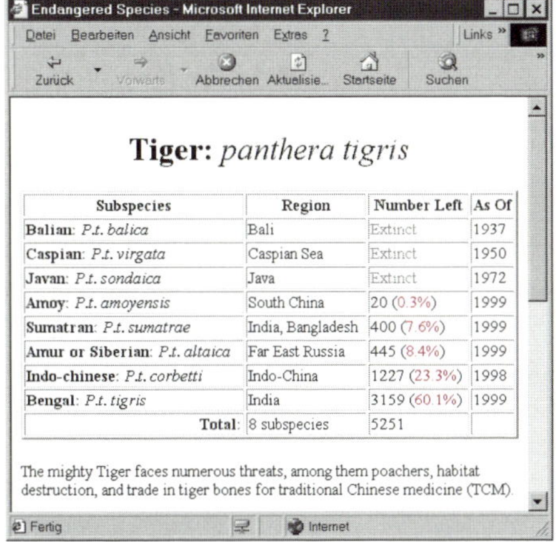

Abbildung 12.14: Die Prozentzahlen sind ohne die vielen Dezimalstellen viel leserlicher. (Beachten Sie auch, dass die Klammern um die Prozentzahlen einfache literale Elemente sind, die im Stylesheet um das Element `xsl:value-of` gesetzt wurden, das die Zahl selbst erzeugt.)

Zahlen formatieren

Anstatt Prozent- und andere Zahlen wie auf der vorigen Seite manuell zu formatieren, ist es einfacher, die Funktion `format-number` zu verwenden.

So formatieren Sie Zahlen:

1. Geben Sie **format-number(** ein.
2. Geben Sie den Ausdruck mit der zu formatierenden Zahl ein.
3. Geben Sie **, '** ein (ein Komma, ein Leerzeichen und ein halbes Anführungszeichen).
4. Geben Sie für jede Ziffer, die immer erscheinen soll, **0** ein und für jede Ziffer, die nur erscheinen soll, wenn Sie ungleich Null (und nicht signifikant) ist, **#**. Wenn die Teile links und rechts vom Dezimalzeichen abgetrennt werden sollen, geben Sie **.** (einen Punkt) ein; wenn Zifferngruppen im ganzzahligen Teil voneinander abgetrennt werden sollen, **,** (ein Komma) und wenn die Zahl als Prozentzahl angezeigt werden soll, **%** (ein Prozentzeichen).
5. Geben Sie **')** ein (ein halbes Anführungszeichen und eine schließende runde Klammer), um das Zahlenmuster fertig zu stellen und die Funktion abzuschließen.

✔ Tipps

- Beachten Sie dass bei der hier angewandten englischen Zahlenschreibweise das Komma als Tausendertrennzeichen und der Punkt als Dezimalzeichen verwendet wird (also gerade umgekehrt wie im Deutschen).
- Verwenden Sie **#,##0.00**, damit links vom Dezimalzeichen mindestens eine Stelle angezeigt und jeweils nach drei Ziffern ein Komma gesetzt wird und damit rechts vom Dezimalzeichen genau zwei Stellen angezeigt werden (also wie bei einer Währungsangabe: 269.40). Bei dem **#,000.0#** hätten die Zahlen mit Zehntel- aber ohne Hundertstelwert am Ende keine 0: 269.4.
- Negative Zahlen werden standardmäßig durch ein vorangestelltes Minuszeichen (-) dargestellt. Sollen sie stattdessen in Klammern gesetzt werden, geben Sie oben nach Schritt 4 **;(0)** ein.

Zahlen runden

Es gibt drei Funktionen zum Runden von Zahlen. Sie können entweder immer aufrunden (`ceiling`), immer abrunden (`floor`) oder auf die jeweils nächste Ganzzahl runden (`round`).

So runden Sie Zahlen:

1. Geben Sie **ceiling(**, **floor(** oder **round(** ein, abhängig davon, ob Sie aufrunden, abrunden oder auf die nächste Ganzzahl runden wollen.
2. Geben Sie den Ausdruck mit der zu formatierenden Zahl ein.
3. Geben Sie **)** ein, um die Funktion abzuschließen.

code.xml

```
<picture filename="tiger.jpg" x="200"
y="197"/>
```

Abbildung 12.15: In diesem Auszug der XML-Datei sieht man die Originalgröße: 200 Pixel breit und 197 Pixel hoch.

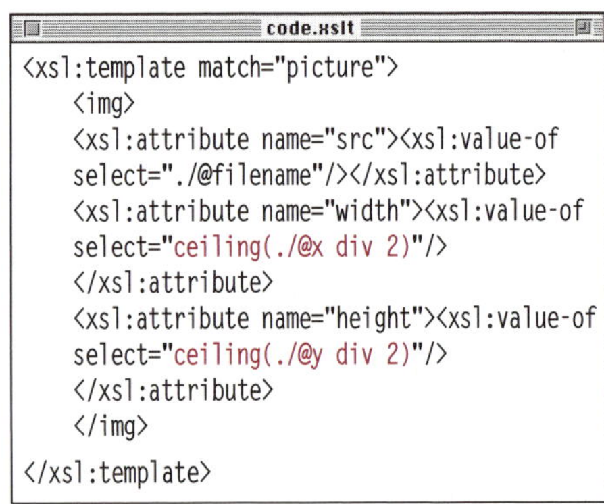

code.xslt

```
<xsl:template match="picture">
    <img>
    <xsl:attribute name="src"><xsl:value-of
    select="./@filename"/></xsl:attribute>
    <xsl:attribute name="width"><xsl:value-of
    select="ceiling(./@x div 2)"/>
    </xsl:attribute>
    <xsl:attribute name="height"><xsl:value-of
    select="ceiling(./@y div 2)"/>
    </xsl:attribute>
    </img>
</xsl:template>
```

Abbildung 12.16: Auf der Hauptseite sollen die Bilder jedoch nur in ihrer halben Größe angezeigt werden. Da die HTML-Tags `width` und `height` nur ganze Zahlen akzeptieren, wird die Division von der Funktion `ceiling` umschlossen, um auf die nächste ganze Zahl aufzurunden. (Vgl. Abbildung 10.30 auf *Seite 151*.)

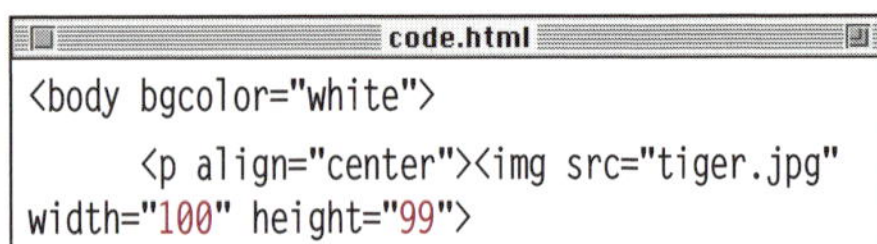

code.html

```
<body bgcolor="white">
      <p align="center"><img src="tiger.jpg"
width="100" height="99">
```

Abbildung 12.17: Der Wert für die Höhe des Bildes wird 99, die nächsthöhere Ganzzahl nach 98,5 (197 geteilt durch Zwei).

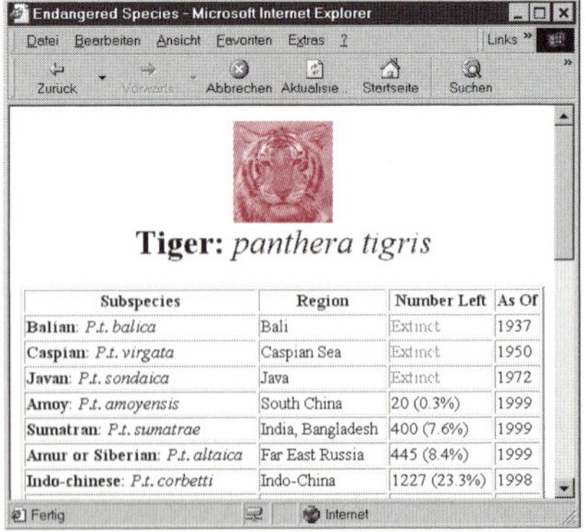

Subspecies	Region	Number Left	As Of
Balian: *P.t. balica*	Bali	Extinct	1937
Caspian: *P.t. virgata*	Caspian Sea	Extinct	1950
Javan: *P.t. sondaica*	Java	Extinct	1972
Amoy: *P.t. amoyensis*	South China	20 (0.3%)	1999
Sumatran: *P.t. sumatrae*	India, Bangladesh	400 (7.6%)	1999
Amur or Siberian: *P.t. altaica*	Far East Russia	445 (8.4%)	1999
Indo-chinese: *P.t. corbetti*	Indo-China	1227 (23.3%)	1998

Abbildung 12.18: Das Bild des Tigers hat auf der Hauptseite jetzt nur ungefähr die Hälfte der normalen Größe: 100 auf 99 Pixel.

```
code.xml
<animal>
<name language="English">Tiger</name>
<name language="Latin">panthera tigris</name>
<threats><threat>poachers</threat>
...
<subspecies>
<name language="English">Amur or Siberian
</name>
<name language="Latin">altaica</name>
<region>Far East Russia</region>
<population year="1999">445</population>
</subspecies>
```

Abbildung 12.19: Im XML-Dokument waren Genus- und Speziesbezeichnung immer voll ausgeschrieben. Nun werden die Initialen des lateinischen Namens jeder Unterart im XML-Dokument entfernt, sodass sie nicht dupliziert werden, wenn Sie mit XSLT generiert werden.

```
code.xslt
<xsl:template match="name[@language='Latin']">
<nobr><i><xsl:value-of select="."/>
</i></nobr></xsl:template>
<xsl:template
match="subspecies/name[@language='Latin']">
<nobr><i><xsl:value-of select="substring
(../../name[@language='Latin'],1,1)"/>
<xsl:value-of select="."/></i></nobr>
</xsl:template>
```

Abbildung 12.20: In einer neuen Vorlage, die eigens für die lateinische Bezeichnung der Unterart erstellt wird, wird mithilfe von `substring` der erste Buchstabe des lateinischen Tiernamens extrahiert.

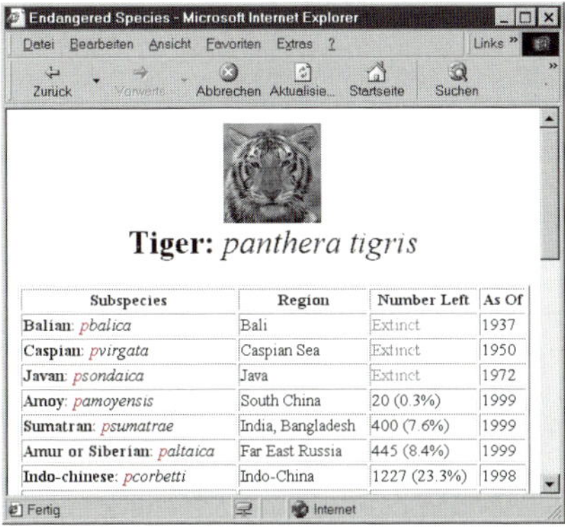

Subspecies	Region	Number Left	As Of
Balian: pbalica	Bali	Extinct	1937
Caspian: pvirgata	Caspian Sea	Extinct	1950
Javan: psondaica	Java	Extinct	1972
Amoy: pamoyensis	South China	20 (0.3%)	1999
Sumatran: psumatrae	India, Bangladesh	400 (7.6%)	1999
Amur or Siberian: paltaica	Far East Russia	445 (8.4%)	1999
Indo-chinese: pcorbetti	Indo-China	1227 (23.3%)	1998

Abbildung 12.21: Jetzt steht vor dem lateinischen Namen jeder Unterart ein kleines p. Kein schlechter Anfang.

Teile einer Zeichenkette extrahieren

Oft ist es recht nützlich, von einer Zeichenkette nur den benötigten Teil auszugeben. Im gezeigten Beispiel lässt sich eine abgekürzte Version des Namens für die Unterart erzeugen, indem die Initialen von Genus und Spezies des lateinischen Tiernamens extrahiert werden.

So extrahieren Sie Teile einer Zeichenkette:

1. Geben Sie **substring(** ein.
2. Geben Sie den Ausdruck mit der ursprünglichen Zeichenkette ein.
3. Geben Sie **, n** ein, wobei *n* die Position des ersten zu extrahierenden Zeichens bezeichnet. Ein Komma trennt die einzelnen Argumente in einer substring-Funktion.
4. Geben Sie bei Bedarf **, m** ein, wobei *m* die Anzahl der zu extrahierenden Zeichen bezeichnet. Ein Komma trennt die einzelnen Argumente in einer substring-Funktion.
5. Geben Sie **)** ein, um die Funktion abzuschließen.

TESTAUSDRÜCKE UND FUNKTIONEN

So extrahieren Sie eine Teilzeichenkette, die vor oder nach einem bestimmten Zeichen vorkommt:

1. Geben Sie **substring-after(** oder **substring-before(** ein, abhängig davon, ob Sie den Teil der Zeichenkette vor oder hinter dem betreffenden Zeichen extrahiert werden soll.
2. Geben Sie den Ausdruck mit der ursprünglichen Zeichenkette ein.
3. Geben Sie **, c** ein, wobei *c* das Zeichen bezeichnet, vor bzw. hinter dem die Teilzeichenkette extrahiert wird.
4. Geben Sie **)** ein, um die Funktion abzuschließen.

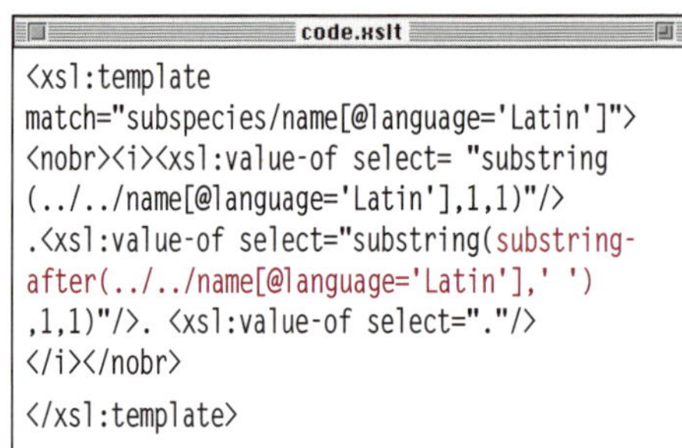


```
<xsl:template
match="subspecies/name[@language='Latin']">
<nobr><i><xsl:value-of select= "substring
(../../name[@language='Latin'],1,1)"/>
.<xsl:value-of select="substring(substring-
after(../../name[@language='Latin'],' ')
,1,1)"/>. <xsl:value-of select="."/>
</i></nobr>
</xsl:template>
```

Abbildung 12.22: Um das erste Zeichen im zweiten Wort des lateinischen Tiernamens zu erhalten, wird die Teilzeichenkette extrahiert, die nach dem Leerzeichen kommt. (Dann wird mithilfe der Funktion `substring` nur der erste Buchstabe des Ergebnisses genommen.) Beachten Sie, dass die erforderlichen Punkte und Leerzeichen manuell eingesetzt wurden.

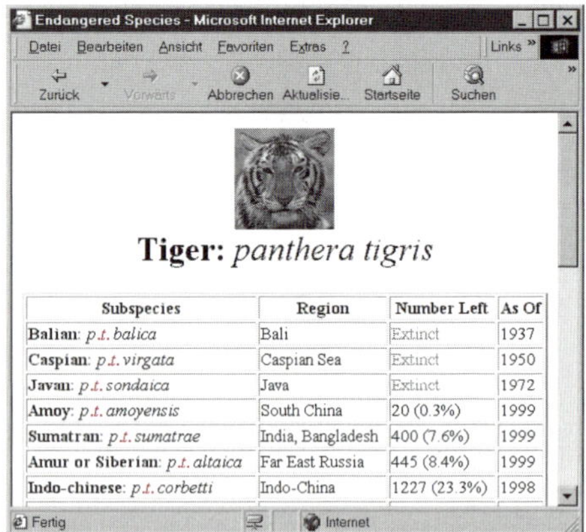

Tiger: *panthera tigris*

Subspecies	Region	Number Left	As Of
Balian: *p.t. balica*	Bali	Extinct	1937
Caspian: *p.t. virgata*	Caspian Sea	Extinct	1950
Javan: *p.t. sondaica*	Java	Extinct	1972
Amoy: *p.t. amoyensis*	South China	20 (0.3%)	1999
Sumatran: *p.t. sumatrae*	India, Bangladesh	400 (7.6%)	1999
Amur or Siberian: *p.t. altaica*	Far East Russia	445 (8.4%)	1999
Indo-chinese: *p.t. corbetti*	Indo-China	1227 (23.3%)	1998

Abbildung 12.23: Jetzt stimmt auch schon die zweite Initiale und die Zeichensetzung. Wir haben's fast.

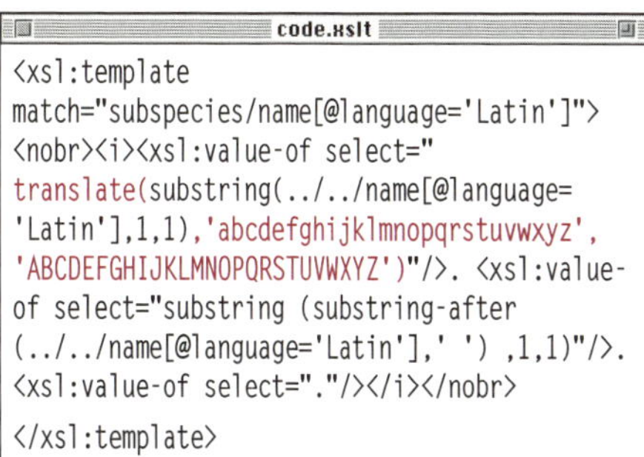

```
code.xslt
<xsl:template
match="subspecies/name[@language='Latin']">
<nobr><i><xsl:value-of select="
translate(substring(../../name[@language=
'Latin'],1,1),'abcdefghijklmnopqrstuvwxyz',
'ABCDEFGHIJKLMNOPQRSTUVWXYZ')"/>. <xsl:value-
of select="substring (substring-after
(../../name[@language='Latin'],' ') ,1,1)"/>.
<xsl:value-of select="."/></i></nobr>
</xsl:template>
```

Abbildung 12.24: Jetzt wird mithilfe der Funktion `translate` die erste Initiale in einen Großbuchstaben umgewandelt.

Subspecies	Region	Number Left	As Of
Balian: P.t. balica	Bali	Extinct	1937
Caspian: P.t. virgata	Caspian Sea	Extinct	1950
Javan: P.t. sondaica	Java	Extinct	1972
Amoy: P.t. amoyensis	South China	20 (0.3%)	1999
Sumatran: P.t. sumatrae	India, Bangladesh	400 (7.6%)	1999
Amur or Siberian: P.t. altaica	Far East Russia	445 (8.4%)	1999
Indo-chinese: P.t. corbetti	Indo-China	1227 (23.3%)	1998

Abbildung 12.25: Die erste Initiale ist jetzt großgeschrieben, wie es sich gehört. „Großartig", sagen sie, „wir sind da, wo wir angefangen haben"? Der Unterschied ist, dass die Genusdaten nicht weiter zwischen den animal-name-Elementen und den subspecies-name-Elementen dupliziert werden. Wann immer möglich, sollten Daten nur an einer einzigen Stelle gespeichert werden und dann für möglichst viele Zwecke übernommen bzw. abgewandelt werden. Dadurch sparen Sie sich Zeit bei der Dateneingabe wie auch bei der Fehlersuche.

Eine Zeichenkette groß schreiben

Beim Manipulieren von Text ist es oft wichtig, Buchstaben von der Groß- in die Kleinschreibung zu verwandeln und umgekehrt.

So schreiben Sie eine Zeichenkette groß:

1. Geben Sie **translate(** ein.
2. Geben Sie den Ausdruck mit der ursprünglichen Zeichenkette ein.
3. Geben Sie **, 'abcdefghijklmnopqrstuvwxyz'** (also ein Komma, ein Leerzeichen und die Zeichenkette mit den Buchstaben, die geändert werden sollen) ein.
4. Geben Sie **, 'ABCDEFGHIJKLMNOPQRSTUVWXYZ'** ein (also ein Komma, ein Leerzeichen und eine Zeichenkette mit den Buchstaben in die die Buchstaben aus Schritt 3 umgewandelt werden sollen) ein.
5. Geben Sie **)** ein, um die Funktion abzuschließen.

✓ Tipps

- Um die Buchstaben von Klein- in Großschreibung zu wandeln, vertauschen Sie Schritt 3 und 4.
- Mithilfe der Funktion `translate` können Sie jedes beliebige Zeichen in ein anderes Zeichen umwandeln. Geben Sie dazu in Schritt 3 die zu ändernden Zeichen ein und in Schritt 4 die Zeichen, in die sie umgewandelt werden sollen.

TESTAUSDRÜCKE UND FUNKTIONEN

Teil 5

Cascading Style Sheets

13

CSS EINRICHTEN

```
code.xml
<?xml version="1.0" ?>
<endangered_species>
<intro>The animals and plants on our planet
are disappearing at an alarming rate. It's
time to do something about it right now!
</intro>
<picture filename="panther.jpg" text="Florida
Panther" x="216" y="215"/>
<name>Florida Panther</name>
<description>With perhaps no more than
<population>50</population> adults left in
wild areas of Southwestern Florida, the
majestic but
```

Abbildung 13.1: Hier der Anfang der XML-Seite, die für die Beispiele in diesem Kapitel verwendet wird. Sie können sie von der Webseite der Autorin herunterladen und ausdrucken (*siehe Seite 18*).

```
code.html
<html><head><title>Panthers and
Otters</title></head>
<body>
<p class="intro">The animals and plants on our
planet are disappearing at an alarming rate. It's
time to do something about it right now!</p>
<img src="panther.jpg" alt="Florida Panther"
width="216" height="215" border="0">
<h1>Florida Panther</h1>
<p>With perhaps no more than 50 adults left in
wild areas of Southwestern Florida,
```

Abbildung 13.2: Hier eine grobe Annäherung für dieselbe Datei (Abbildung 13.1) in HTML.

In HTML liegt jedem Tag eine vorgegebene Formatierung inne. Gefällt Ihnen diese Formatierung nicht, können Sie sie anpassen, indem Sie weitere Tags hinzufügen oder Stylesheets anwenden. In XML besitzen die Tags ursprünglich gar keine Formateigenschaften. Sie müssen genau festlegen, wie die Tags angezeigt werden sollen. Tatsächlich kann ein XML-Dokument erst in einem Browser angezeigt werden, nachdem Sie diese Informationen festgelegt haben.

Zur Formatierung der Tags in einem XML-Dokument gibt es zwei gebräuchliche Methoden: Die Formatierung mithilfe der Extensible Stylesheet Language Transformation (XSLT), die Sie bereits kennen gelernt haben, oder mithilfe von Cascading Style Sheets (CSS). XSLT kann XML-Dokumente in HTML-Dokumente konvertieren und somit (durch wohlüberlegten Einsatz der HTML-Tags) auch für die Zuweisung von Formaten verwendet werden. Allerdings besitzt XSLT selbst keine expliziten Formatierungsanweisungen.

CSS auf der anderen Seite wurden zum Formatieren geboren. Ihr Anliegen sind Schriftgröße und Hintergrundfarben. Wenn Sie Ihr Dokument nicht umwandeln müssen, können Sie mit CSS dem XML-Code die Formatierung direkt zuweisen. Da jedoch die meisten Leute noch Browser benutzen, die XML nicht direkt lesen können, ist das jedoch eher eine Möglichkeit für die Zukunft als eine praktische Lösung für Heute. Im Moment wendet man CSS eher auf HTML-Dokumente an, die mit XSLT aus XML-Dokumenten erzeugt worden sind.

Die nachfolgenden Kapitel konzentrieren sich auf die Anwendung von CSS auf XML, geben Ihnen jedoch auch alle Informationen, die Sie zur Anwendung von CSS auf HTML benötigen.

CSS mit XML vs. CSS mit HTML

Die eigentliche Natur von Cascading Style Sheets ist es, Formatierungsinformationen in Schichten anzuwenden, wobei jede nachfolgende Schicht Vorrang vor der vorigen hat. Der wichtigste Unterschied beim Anwenden von CSS auf XML im Gegensatz zum Anwenden von CSS auf HTML besteht darin, dass in die HTML-Tags bereits einige Formatierungsinformationen integriert sind. Bei XML-Tags ist dies nicht der Fall.

Beim Schreiben von CSS-Code ist es daher wichtig, zu berücksichtigen, ob die Formate (Styles) auf einen leeren XML-Tisch (**Abbildung 13.3**) oder eine bereits reich gedeckte HTML-Tafel (**Abbildung 13.4**) angewendet werden. Insbesondere sollten Sie Ihre Aufmerksamkeit auf die Anzeigeeigenschaften lenken (*siehe Seite 190*), wenn Sie CSS-Code erstellen, der direkt auf XML angewendet wird. Beim Anwenden auf HTML sollte Ihnen stets bewusst sein, dass Ihre Styles zur vorhandenen Formatierung *hinzugefügt* werden, und nur dann *Vorrang* vor dessen Eigenschaften haben, wenn sich ein direkter Konflikt ergibt.

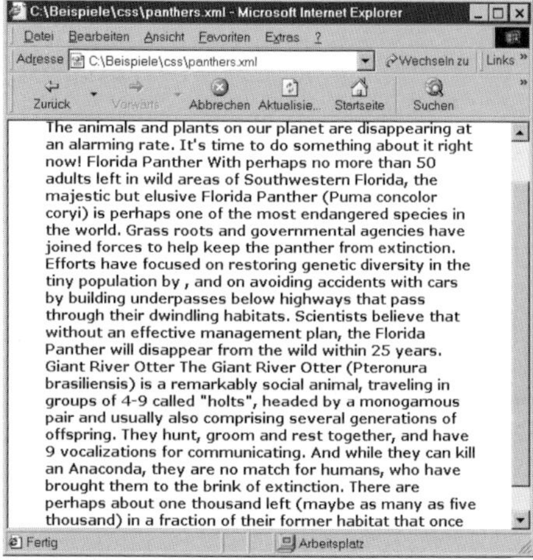

Abbildung 13.3: Ein XML-Dokument, das auf ein leeres Stylesheet zeigt, sieht recht eintönig aus. Keine Zeilenumbrüche. Keine Formatierung. Nichts. Wenn Sie das XML-Dokument auf gar keine CSS-Datei verweisen, wird im Explorer nur eine hierarchische Sicht auf den Inhalt des XML-Dokuments angezeigt. Das sieht noch schlimmer aus (vgl. Abbildung 13.13 auf *Seite 185*).

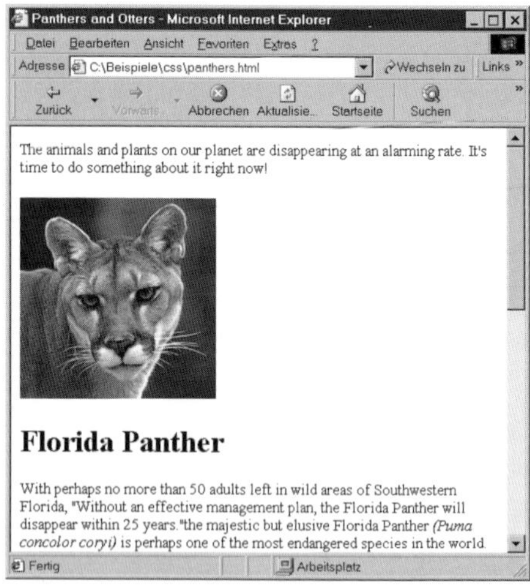

Abbildung 13.4: Dieselben Informationen mit HTML-Tags erfasst – zwar immer noch kein CSS – sieht schon ganz anders aus. HTML als Ausgangspunkt – vermutlich mit XSLT aus Ihrem XML-Dokument erstellt – gibt Ihnen einen Vorsprung für die Formatierung (den Sie möglicherweise gar nicht wünschen).

Bilder und Links in XML-Dokumenten mit CSS

Da bisher noch kein Browser XLink und XPointer (*siehe Seite 225*) unterstützt, dürfen direkt mit CSS formatierte XML-Dokumente noch keine Bilder oder Links enthalten. Allerdings können Sie, wie auf *Seite 201* gezeigt, anhand der Eigenschaft `background` eingebettete Bilder simulieren (und selbstverständlich echte Hintergrundbilder definieren).

CSS1, CSS2 und Browser

Das vielleicht schwierigste Problem beim Einsatz von CSS ist, dass viele Browser nur einen Teil seiner Leistungsmerkmale unterstützen. Während der Explorer 5 für Windows und Mac die meisten CSS1-Merkmale unterstützt, ist die Unterstützung für CSS2 eher lückenhaft. Frühe Versionen von Mozilla (der Engine hinter dem bald erscheinenden Netscape 6) bringen ebenfalls einen uneinheitlichen Support zu Tage. Am besten ist es, Sie ziehen eine der vielen Online-Kompatibilitätsdiagramme zu Rate (Links finden Sie auf der Webseite der Autorin) und beschränken Ihren Einsatz von CSS auf die Merkmale, die auf mehreren Browsern am besten funktionieren.

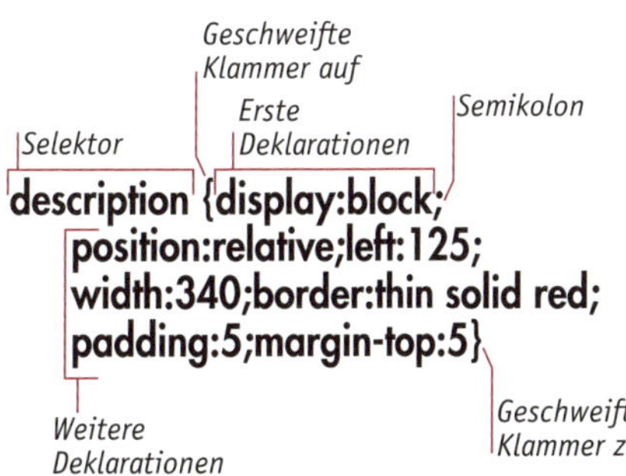

Abbildung 13.5: Ein Style besteht aus einem Selektor (der auf das bzw. die Element(e) verweist, auf die der Style anzuwenden ist) und einer oder mehreren Deklarationen, die beschreiben, wie das bzw. die Element(e) formatiert werden sollen.

Die Anatomie eines Styles

Ein Style (Format) besteht aus einem *Selektor* und einer oder mehreren *Deklarationen.* Der Selektor bestimmt, auf welche Elemente das Format angewendet werden soll (z.B. auf alle `subspecies`-Elemente) und die Deklaration bestimmt, wie diese Elemente angezeigt werden sollen – etwa in Rot, einer Schriftgröße von 12 Punkt und in Lithos Regular.

Ein Selektor kann ganz einfach ein Elementname sein wie `subspecies` oder `threat`. Oder Sie können verschiedene Arten von Selektoren kombinieren, um ein Muster zu bilden, das den spezifischen, zu formatierenden Elementen entspricht. Weitere Erläuterungen hierzu erhalten Sie im Abschnitt *Wo werden die Styles angewendet?* auf *Seite 180*.

Wie diese Elemente formatiert werden, hängt von der *Deklaration* ab, die sich aus einer *Eigenschaft*, einem Doppelpunkt und einem oder mehreren *Werten* zusammensetzt. Um etwa die Farbe eines Textes zu ändern verwenden Sie die Eigenschaft `color` zusammen mit einem Wert wie „red". Die gesamte Deklaration hieße dann **color: red**. Das Leerzeichen hinter dem Doppelpunkt ist optional. Mehrere Deklarationen werden durch Semikolons getrennt.

Manche Eigenschaften lassen sich unter einer Obereigenschaft (z.B. `font`, `background` oder `border`) zusammenfassen. So hat beispielsweise **font: bold 12pt Tekton** die gleiche Bedeutung wie **font-size: 12pt; font-weight: bold; font-family: Tekton**.

Viele Eigenschaften werden von übergeordneten Elementen *geerbt.* Wenn Sie daher eine vererbbare Eigenschaft (wie `font`) auf ein übergeordnetes Element anwenden, wird ein untergeordnetes Element diese Eigenschaft automatisch auch besitzen. Sie haben jedoch die Möglichkeit, geerbte Eigenschaften zu überschreiben, indem Sie beim untergeordneten Element der betreffenden Eigenschaft explizit einen anderen Wert zuweisen.

Welche Eigenschaften und zugehörige Werte beim Definieren von Styles verwendet werden können, wird in Kapitel 14 ausführlich erläutert.

Wo werden die Styles angewendet?

Durch einen Selektor wird festgelegt, auf welche Elemente in Ihrem Dokument die Formatierungsinformationen in der Deklaration angewendet werden.

So schreiben Sie verschiedene Selektoren:

- Geben Sie * ein, wenn der Style auf jedes Element angewendet werden soll.
- Geben Sie **name** ein, wenn der Style auf jedes *name*-Element im Dokument angewendet werden soll.
- Geben Sie **name1, name2, name3** usw. ein, um den Style auf jedes der benannten Elemente anzuwenden. Die einzelnen Elementnamen werden durch Kommata getrennt.
- Geben Sie **parent descendant** ein, damit der Style auf die Nachfahren eines übergeordneten Elements angewendet wird. (Möglicherweise gibt es Zwischen-Container.)
- Geben Sie **parent > child** ein, damit der Style nur auf die *untergeordneten* Elemente angewendet wird, die direkt im übergeordneten enthalten sind.
- Geben Sie **name:first child** ein, um den Style auf ein *name*-Element anzuwenden, wenn es das erste untergeordnete Element des Parent ist.
- Geben Sie **before + after** ein, um den Style nur auf die *after*-Elemente anzuwenden, die direkt nach einem *before*-Element kommen.
- Geben Sie **name[att_name]** ein, wenn der Style auf alle *name*-Elemente angewendet werden soll, die ein Attribut mit dem Namen **att_name** besitzen. Der Wert des Attributs ist irrelevant.
- Geben Sie **name[att_name=att_value]** ein, wenn der Style auf alle *name*-Elemente angewendet werden soll, die ein *att_name*-Attribut mit dem Wert *att_value* besitzen.

code.css

```
intro, latin_name {color:red}
```

Abbildung 13.6: In diesem unglaublich einfachen Stylesheet wurde sowohl für das Element `intro` als auch für `latin_name` eine Style-Regel erstellt (sie werden rot gesetzt, doch lassen Sie die Deklarationen vorerst noch unbeachtet).

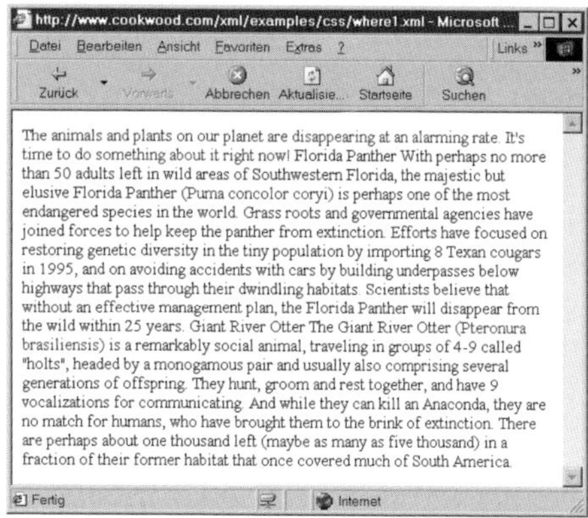

Abbildung 13.7: Der Style wird auf jedes, durch Komma getrennte Element im Selektor angewendet.

code.css
picture[filename='panther.jpg']
{background:blue}

Abbildung 13.8: Diese Regel soll nur auf `picture`-Elemente angewendet werden, die ein Attribut namens `filename` mit dem Wert *panther.jpg* enthalten.

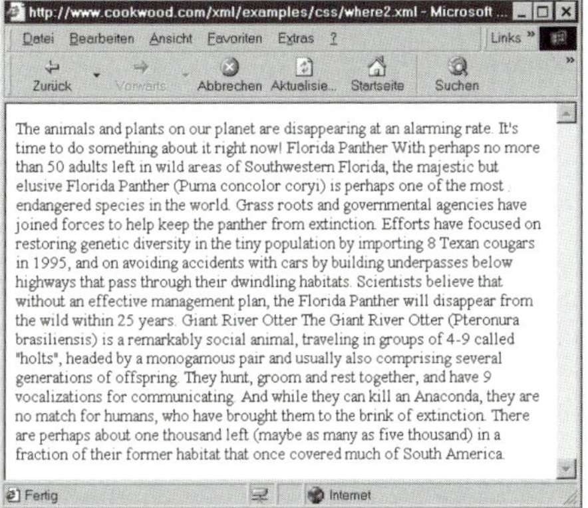

Abbildung 13.9: Die Anwendung eines Styles aufgrund von Attributwerten wird momentan von keinem der führenden Browser unterstützt, einschließlich dem hier abgebildeten Explorer 5 für Windows.

- Geben Sie **name[att_name~=att_value]** ein, wenn der Style auf alle *name*-Elemente angewendet werden soll, die ein *att_name*-Attribut mit einem Wert besitzen, der eine Reihe durch Leerzeichen getrennte Wörter enthält, von denen eines *att_value* ist.
- Geben Sie **name#id_name** ein, wenn der Style auf ein *name*-Element mit einem ID-Attribut angewendet werden soll, dessen Wert *id_name* ist (*siehe Seite 52*).
- Geben Sie **name:link** ein, um den Style auf ein *name*-Element anzuwenden, das einen bisher nicht besuchten Link darstellt.
- Geben Sie **name:visited** ein, um den Style auf ein *name*-Element anzuwenden, das einen bereits besuchten Link darstellt.
- Geben Sie **name:active** ein, um den Style auf ein *name*-Element anzuwenden, das einen Link darstellt, auf den gerade geklickt wird.
- Geben Sie **name:hover** ein, um den Style auf ein *name*-Element anzuwenden, das einen Link darstellt, über dem sich gerade der Cursor befindet.
- Geben Sie **name:focus** ein, um den Style auf ein *name*-Element anzuwenden, das einen Link darstellt, der zwar bereits mithilfe der Tabulatortaste anvisiert, aber noch nicht aktiviert worden ist.

✔ Tipps

- Leider unterstützt kein Browser alle diese Selektoren. Die meisten unterstützen die ersten vier und das #.
- Theoretisch können Sie diese Selektoren kombinieren, um die Elemente, auf die der Style anzuwenden ist, noch präziser zu spezifizieren. Die Realität ist jedoch, das viele Browser den Standard nicht unterstützen.
- Beachten Sie, dass Sie in einem HTML-Dokument **.class_name** (ein Punkt gefolgt vom Klassennamen) als Kürzel für **[class="class_name"]** verwenden können.

Ein externes Stylesheet erstellen

Ein *Stylesheet* ist eine Liste an Styles (die manchmal auch *Regeln* oder *Formate* genannt werden), die Sie für die Formatierung der Elemente in Ihren XML-Dokumenten definiert haben. Da XML-Dokumente oft dynamisch sind, d. h. Informationssammlungen laufend ändern, und speziell so konzipiert wurden, dass keine Formatierungseigenschaften geladen werden müssen, ist das Stylesheet meist ein separates, unabhängiges Textdokument.

So erstellen Sie ein Stylesheet:

1. Erstellen Sie mit einem Texteditor Ihrer Wahl ein neues Textdokument.
2. Geben Sie den Namen des Selektors ein, der das bzw. die Element(e) beschreibt, auf die dieser Style angewendet werden soll. Die verfügbaren Selektoren sind auf *Seite 180* aufgeführt.
3. Geben Sie **{** ein, um den Beginn der anzuwendenden Eigenschaften zu kennzeichnen.
4. Definieren Sie mithilfe der Anleitungen in Kapitel 14 und 15 so viele Eigenschaften, wie Sie benötigen. Trennen Sie die einzelnen Eigenschaften durch Semikolons voneinander ab.
5. Geben Sie **}** ein, um das Ende dieser Regel zu kennzeichnen.
6. Wiederholen Sie Schritt 2–5 für jede weitere Style-Regel.
7. Speichern Sie das Dokument als reinen Text im gewünschten Verzeichnis. Weisen Sie dem Dokument die Erweiterung .css zu, um es als Cascading Style Sheet zu charakterisieren.

code.css

```
endangered_species {display:block}
name {display:block;position:absolute;left:9}
intro {display:block;border:medium dotted red;
    padding:5;margin-top:5}
description {display:block;position:relative;
    left:125;width:340;border:thin solid red;
    padding:5;margin-top:5}
picture {display:block}
population {display:inline}
latin_name {display:inline}
more_info {display:inline}
```

Abbildung 13.10: Ein Stylesheet umfasst eine Liste an Selektoren und den Deklarationen, die auf die dadurch repräsentierten Elemente angewendet werden sollen. Es sollte als reiner Text und mit der Erweiterung .css gespeichert werden.

✔ Tipps

- Stellen Sie sicher, dass Sie das Stylesheet als reines Textdokument speichern (manchmal auch Nur-Text- oder ASCII-Dokument genannt) und ihm die Erweiterung .css zuweisen. Für einen Upload sollte der ASCII- und nicht der Binärmodus verwendet werden.
- Weitere Erläuterungen zum Schreiben von Style-Regeln erhalten Sie im Abschnitt *Die Anatomie eines Styles* auf *Seite 179.*
- Jedes Set an Eigenschaften muss mit einer öffnenden geschweiften Klammer „**{**" beginnen und mit einer schließenden geschweiften Klammer „**}**" abgeschlossen werden. Die einzelnen Eigenschaften und ihre Werte müssen durch Semikolons „**;**" voneinander abgetrennt werden.
- Sie können Stylesheets auch innerhalb eines XML-Dokuments, und sogar mit eigenem Tag, erstellen. Weitere Erläuterungen hierzu erhalten Sie im Abschnitt *Interne Stylesheets* auf *Seite 187* und *Styles lokal anwenden* auf *Seite 188*. Lokale Stylesheets habe Vorrang vor internen, die wiederum Vorrang vor externen Stylesheets haben.
- Ein externes Stylesheet kann auf beliebig viele XML-Dokumente angewendet werden. Es ist auch möglich, auf ein bestimmtes XML-Dokument mehrere Stylesheets anzuwenden. Dabei hat jedes nachfolgende Stylesheet Vorrang vor den zuvor deklarierten.

Ein Stylesheet für ein XML-Dokument aufrufen

Mit einer speziellen Verarbeitungsdirektive wenden Sie ein Cascading Style Sheet auf ein XML-Dokument an. Wurde das XML-Dokument nicht mit XSLT vorverarbeitet, müssen Sie das selbst machen. Die zweite der Anleitungen unten beschreibt, wie Sie dafür sorgen, dass der XSLT-Prozessor die Direktive für Sie einfügt.

So erstellen Sie die Verarbeitungsdirektive selbst:

1. Geben Sie am Anfang Ihres XML-Dokuments, gegebenenfalls nach der ursprünglichen XML-Deklaration (*siehe Seite 24*), **<?xml-stylesheet type="text/css"** ein.
2. Geben Sie dann **href="styles.css"** ein, wobei *styles.css* den Namen Ihres Cascading Style Sheets bezeichnet.
3. Schreiben Sie schließlich **?>**, um die Verarbeitungsdirektive abzuschließen.

So erstellen Sie die Verarbeitungsdirektive mit XSLT:

1. Geben Sie in die Wurzelvorlage Ihres XSLT-Stylesheets **<xsl:processing-instruction name="xml-stylesheet">** ein. Das ist das Element, das Verarbeitungsdirektiven erzeugt.
2. Geben Sie dann **type="text/css"** ein, da Sie ein CSS-Stylesheet aufrufen.
3. Geben Sie dann **href="styles.css"** ein, wobei *styles.css* den Namen Ihres Stylesheets bezeichnet.
4. Geben Sie schließlich **</xsl:processing-instruction>** ein.

code.xml

```
<?xml version="1.0" ?>
<?xml-stylesheet type="text/css"
   href="end_species.css" ?>
<endangered_species>
<intro>The animals and plants on our planet
are disappearing at an alarming rate. It's
time to do something about it right now!
</intro>
<picture filename="panther.jpg" text="Florida
Panther" x="216" y="215"/>
<name>Florida Panther</name>
<description>With perhaps no more than
<population>50</population> adults left in
wild areas of Southwestern Florida, the
majestic but elusive Florida Panther
<latin_name>(Puma concolor coryi)
</latin_name>is perhaps one of the
```

Abbildung 13.11: In einem XML-Dokument können Sie das zugehörige Stylesheet explizit angeben (in diesem Fall *end_species.css*).

code.xslt

```
<?xml version="1.0"?>
<xsl:stylesheet xmlns:xsl="http://www.w3.org/
1999/XSL/Transform" version="1.0">
<xsl:template match="/">
<xsl:processing-instruction name="xml-
stylesheet">
type="text/css" href="end_species.css"
</xsl:processing-instruction>
<xsl:apply-templates
select="endangered_species/animal"/>
</xsl:template>
```

Abbildung 13.12: Das von diesem XSLT generierte XML-Dokument wird die Zeile *<?xml-stylesheet type="text/css" href="end_species.css" ?>* enthalten und somit wird der Stylesheet-Aufruf im generierten XML-Dokument identisch sein mit dem in Abbildung 13.11 gezeigten.

CSS EINRICHTEN

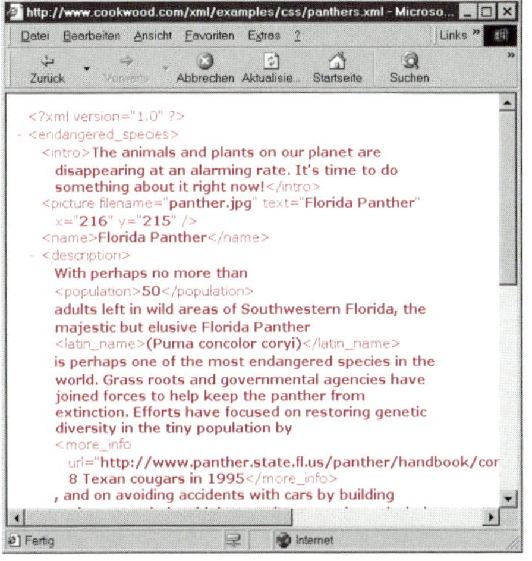

Abbildung 13.13: Wenn Sie überhaupt kein Stylesheet angeben, zeigt der Explorer das Dokument in hierarchischer Form an. Sie können die Teile des Dokuments aus- und wieder einblenden, um die Struktur besser erkennen zu können, doch sieht es immer noch recht unschön aus.

✔ Tipps

- Sie können beliebig viele Stylesheets aufrufen. Die später aufgerufenen haben Vorrang vor den früheren.
- Wenn Sie für ein XML-Dokument kein Stylesheet aufrufen, zeigt der Explorer das Dokument in hierarchischer Form an (**Abbildung 13.13**) und Mozilla gibt das gesamte Dokument als einen einzigen Textblock, in der Standardgröße und -schrift, aus.
- Wenn Sie nicht für jedes einzelne Element Deklarationen erstellen, werden diese Elemente in der Standardgröße und -schrift angezeigt. Wenn Sie daher, warum auch immer, ein leeres Stylesheet verwenden, wird das Dokument sowohl im Internet Explorer als auch in Mozilla als ein einziger Textblock, in der Standardgröße und -schrift, ausgegeben.

Ein Stylesheet für ein HTML-Dokument aufrufen

Wenn Sie Ihr XML-Dokument mithilfe eines XSLT-Prozessors in HTML konvertieren lassen, können Sie auch dafür sorgen, dass er ein externes Stylesheet mit den Formatierungsinformationen aufruft.

So lassen Sie ein Stylesheet für ein HTML-Dokument aufrufen:

1. Geben Sie in den head-Abschnitt im HTML-Code des XSLT-Stylesheet **<link rel="stylesheet" type="text/css"** ein.
2. Geben Sie dann **href="styles.css"** ein, wobei *styles.css* den Namen Ihres Cascading Style Sheets bezeichnet.
3. Wenn Sie den Code über ein XSLT-Stylesheet einfügen, müssen Sie **/** eingeben. (In HTML-Code wird der abschließende Schrägstrich innerhalb des Tags in der Regel nicht verwendet.)
4. Schreiben Sie dann **>**, um das Link-Element zu schließen.

✔ Tipps

- Es macht keinen Sinn, das Element link in ein XML-Dokument einzufügen. Das Element link besitzt in XML keine inhärente Bedeutung und hat somit keine Wirkung.
- Weitere Erläuterungen dazu, wie Sie HTML-Tags in die mit XSLT erzeugte Ausgabe einfügen, erhalten Sie im Abschnitt *Ausgabe von HTML-Code* auf *Seite 140*.

```
code.xslt
<?xml version="1.0"?>
<xsl:stylesheet xmlns:xsl="http://www.w3.org/
1999/XSL/ Transform" version="1.0">
<xsl:template match="/"><html><head>
<title>Endangered Species</title>
<link rel="stylesheet" type="text/css"
href="end_species.css"/>
</head> <body bgcolor="white">
<xsl:apply-templates
select="endangered_species/animal"/>
</body></html>
</xsl:template>
```

Abbildung 13.14: Das von diesem XSLT-Stylesheet generierte HTML-Dokument wird die Zeile *<link rel="stylesheet" type="text/css" href="end_species.css"/>* enthalten, welche die Standardmethode für ein HTML-Dokument darstellt, um ein externes Stylesheet aufzurufen.

code.xslt

```
<?xml version="1.0"?>
<xsl:stylesheet xmlns:xsl="http://www.w3.org/
1999/XSL/ Transform" version="1.0">
<xsl:template match="/"><html><head>
<title>Endangered Species</title>
<style>
<![CDATA[
<!--
endangered_species {display:block}
name {display:block;position:absolute;left:9}
intro {display:block;border:medium dotted red;
    padding:5;margin-top:5}
description {display:block;position:relative;
    left:125;width:340;border:thin solid red;
    padding:5;margin-top:5}
picture {display:block}
population {display:inline}
latin_name {display:inline}
more_info {display:inline}
-->
]]>
</style>
</head> <body bgcolor="white">
<xsl:apply-templates
select="endangered_species/animal"/>
</body></html>
</xsl:template>
```

Abbildung 13.15: Das Tag `style` teilt dem HTML-Dokument mit, dass Style-Informationen kommen. `<!--` verbirgt die Style-Informationen vor nicht-unterstützenden Browsern. Schließlich sorgt `<![CDATA[` dafür, dass kein XML-Parser versucht, die Formatinformationen zu analysieren.

Interne Stylesheets

In HTML ist es vollkommen in Ordnung, ein Stylesheet gleich ins Dokument einzubinden. Wenn Sie ein HTML-Dokument mithilfe von XSLT erzeugen, benötigen Sie einen extra Arbeitsschritt.

So generieren Sie ein internes Stylesheet für ein HTML-Dokument:

1. Geben Sie in Ihrem XSLT-Stylesheet in den `head`-Abschnitt des HTML-Codes (also vermutlich in die Wurzelvorlage) **<style>** ein, um das interne Stylesheet zu beginnen.
2. Geben Sie dann **<![CDATA[** ein, um die Style-Informationen vor dem XML-Parser zu verbergen. (Das ist nicht immer notwendig, doch ist es eine gute Vorsichtsmaßnahme.)
3. Geben Sie dann **<!--** ein, um die Style-Informationen vor Browsern zu verbergen, die sie nicht erkennen. (Man nennt das auskommentieren.)
4. Geben Sie die Selektoren und Eigenschaften wie in Kapitel 14 und 15 beschrieben ein.
5. Geben Sie als Nächstes **-->** ein, um den Kommentar abzuschließen.
6. Geben Sie **]]>** ein, um den CDATA-Abschnitt abzuschließen.
7. Geben Sie schließlich **</style>** ein.

✔ Tipp

- Da interne Stylesheets nur für die Formatierung des Dokuments benutzt werden können, in dem sie sich befinden, ist dieses Verfahren vermutlich nicht sehr verbreitet. Stattdessen ist es oft sinnvolle, externe Stylesheets zu verwenden (*siehe Seite 182*), die Sie auf mehrere Dokumente anwenden können.

Styles lokal anwenden

Zwar nutzt die Anwendung von Styles auf einzelne Tags im XML- oder HTML-Code gar nicht die Effizienz und Leistungsstärke von Stylesheets, doch ist es unter Umständen ein nützlicher und relativ einfacher Weg, um auf die besseren Formatierungsmöglichkeiten von Stylesheets zuzugreifen. Selbstverständlich funktioniert dies nur für HTML-Dokumente (die möglicherweise mit XSLT erzeugt wurden).

So wenden Sie Styles lokal an:

1. Geben Sie innerhalb des zu formatierenden Tags **style="** ein.
2. Geben Sie die Selektoren und Eigenschaften wie in Kapitel 14 und 15 beschrieben ein.
3. Um weitere Style-Definitionen hinzuzufügen, geben Sie **;** (ein Semikolon) ein und wiederholen Schritt 2.
4. Geben Sie das abschließende " (Anführungszeichen) ein.

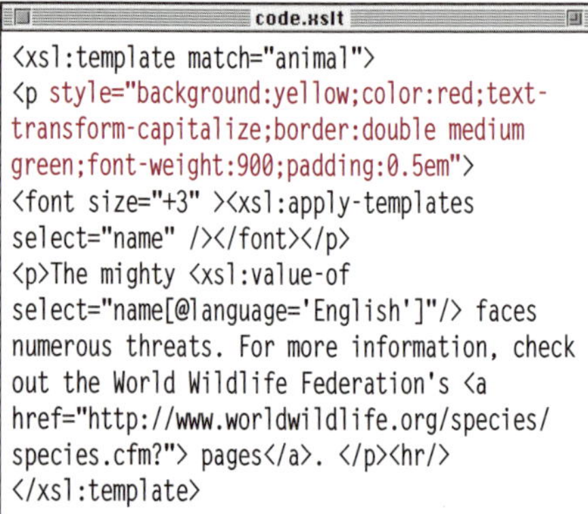

code.xslt

```
<xsl:template match="animal">
<p style="background:yellow;color:red;text-transform-capitalize;border:double medium green;font-weight:900;padding:0.5em">
<font size="+3" ><xsl:apply-templates select="name" /></font></p>
<p>The mighty <xsl:value-of select="name[@language='English']"/> faces numerous threats. For more information, check out the World Wildlife Federation's <a href="http://www.worldwildlife.org/species/species.cfm?"> pages</a>. </p><hr/>
</xsl:template>
```

Abbildung 13.16: Beachten Sie, dass Sie beim lokalen Zuweisen von Styles anstelle der geschweiften Klammern gerade Anführungszeichen verwenden, um die Deklarationen einzuschließen (die weiterhin durch Semikolons voneinander getrennt werden).

✔ Tipps

- Passen Sie auf, dass Sie die Gleichheitszeichen nicht mit den Doppelpunkten verwechseln. Da mit beiden Werte zugewiesen werden, ist eine solche Verwechslung, die unangenehme Fehler verursacht, leicht möglich.
- Vergessen Sie nicht, mehrere Eigenschaftsdefinitionen durch Semikolons zu trennen.
- Manche Leute gewöhnen sich an, jedes Eigenschaft-Wert-Paar mit einem Semikolon abzuschließen. Das ist in Ordnung, aber nicht erforderlich.
- Vergessen Sie auch nicht, Ihre Style-Definitionen in gerade Anführungszeichen zu setzen.
- Sie können dieses Tag auch mit dem Element `xsl:attribute` erstellen (*siehe Seite 151*).

14

Layout mit CSS

Da XML-Elemente keine Standardformatierung besitzen, sollten Sie zunächst die grundlegenden Layouteinstellungen bestimmen.

Jedes Element, das Sie mit CSS formatieren, ist in ein unsichtbares Kästchen eingeschlossen. Sie können Größe, Farbe und Abstände für dieses Kästchen festlegen und bestimmen, wie es in Bezug auf die anderen Objekte der Seite angeordnet wird.

Ein solches Elementkästchen wird entweder als *Block* (wobei ein neuer Absatz erzeugt wird) oder *Inline-Objekt* erstellt (wobei kein neuer Absatz entsteht).

Das Kästchen besitzt drei Sonderbereiche, auf die Sie Einfluss nehmen können: Der erste ist der Bereich um den Inhalt, der als *Padding* oder *Innenrand* bezeichnet wird. Sie legen die Breite dieses Innenrandes fest. Der Innenrand ist vom *Rahmen* (auch *Border*) umgeben. Dem Rahmen können Sie eine Farbe, Stärke und Linienart zuweisen. Außerhalb des Rahmens befindet sich schließlich ein transparenter Bereich, der so genannte *Außenrand* oder *Margin*. Dieser lässt sich zwar nicht einfärben, doch können Sie die Breite und Höhe des Außenrands ändern und somit die Position innerhalb der Seite kontrollieren.

Einige Layout-Styles, insbesondere mit prozentualen Werten, hängen vom übergeordneten Element ab. Das *übergeordnete* oder *Parent-Element* ist das Element, das das aktuelle enthält. Das Element `animal` kann beispielsweise `subspecies`- und `name`-Tags enthalten und ist somit das übergeordnete Element. Ist nun das Tag `animal` in mehrere `subspecies`-Tags aufgeteilt und die `name`-Tags befinden sich in einem `subspecies`-Tag, so ist `subspecies` das übergeordnete Element von `name`. Enthält das Tag `name` wiederum ein Element mit dem Namen `language`, so ist `name` schließlich dem Element `language` übergeordnet.

Elemente als Block- oder Inline-Elemente definieren

In HTML ist jedes Element entweder als *Block* definiert (d.h. es beginnt am Anfang einer Zeile und das nächste Block-Element beginnt wiederum am Anfang einer Zeile) oder als *Inline-Element* (d.h. es erscheint innerhalb einer Zeile). Bei XML-Elementen müssen Sie diese Charakteristik explizit festlegen.

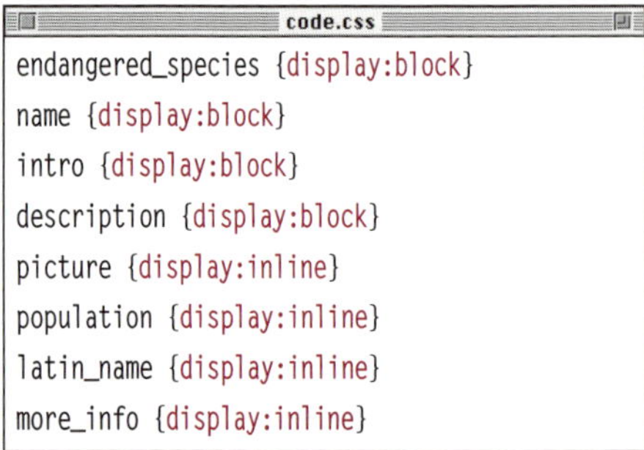

```
code.css
endangered_species {display:block}
name {display:block}
intro {display:block}
description {display:block}
picture {display:inline}
population {display:inline}
latin_name {display:inline}
more_info {display:inline}
```

Abbildung 14.1: Der Name soll in einer eigenen Zeile erscheinen, daher wird dem Element `name` das Anzeigeformat `block` zugewiesen. Im Gegensatz dazu soll `latin_name` innerhalb der Zeile erscheinen.

So definieren Sie ein Element als Block- oder Inline-Element:

1. Geben Sie **display:** ein.
2. Geben Sie **block** ein, um das Element als Block anzuzeigen.

   Oder geben Sie **inline** ein, um es als Inline-Element (direkt nach dem vorigen) anzuzeigen.

✔ Tipps

- Der Standardwert für `display` ist `inline`.
- Theoretisch gibt es weniger direkte Wege, um ein Inline-Element zu definieren. Es gibt auch `display:compact`, `display:run-in` und `display:inline-table`. Das einzige Problem ist, die Browser unterstützen es noch nicht.
- Die Eigenschaft `display` lässt sich auch zum Verbergen von Elementen verwenden (*siehe Seite 191*) oder zur Anzeige als Listenelemente (*siehe Seite 206*). Listeneinträge sind Blockelemente.
- Netscape 4.x unterstützt es nicht, wenn der Standardwert für `display` überschrieben wird.

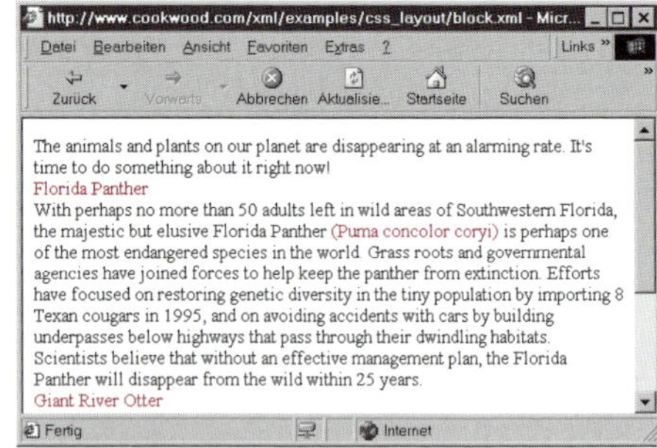

Abbildung 14.2: Die XML-Datei weist vor und hinter jedem `name`-Element Zeilenumbrüche auf, doch nicht bei den `latin_name`-Elementen, die innerhalb des restlichen Texts mitfließen.

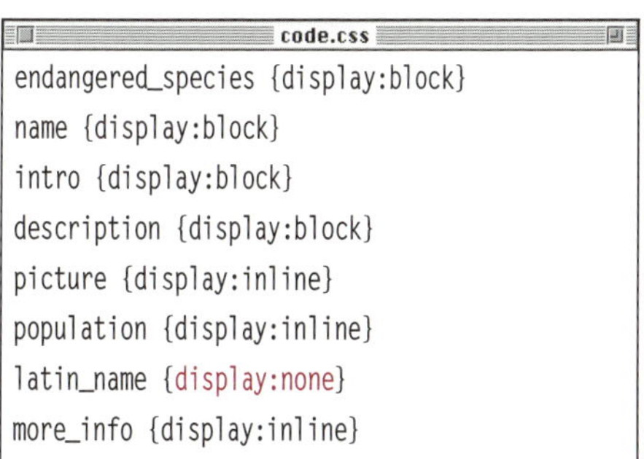
code.css

```
endangered_species {display:block}
name {display:block}
intro {display:block}
description {display:block}
picture {display:inline}
population {display:inline}
latin_name {display:none}
more_info {display:inline}
```

Abbildung 14.3: Mithilfe von `display:none` lassen sich Elemente vollständig verbergen. Sie werden ganz aus dem Textfluss herausgenommen; an ihrer Stelle erscheint kein Leerraum.

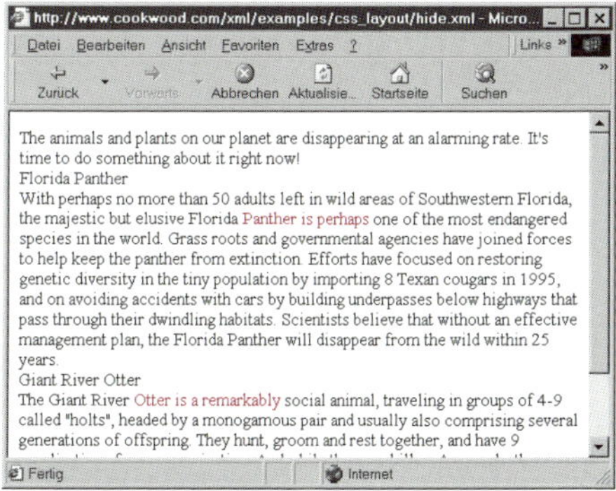

Abbildung 14.4: Die `latin_name`-Elemente verschwinden.

Elemente vollständig verbergen

Das eine CSS-Merkmal, das den transformativen Qualitäten von XSLT zu ähneln beginnt, ist die Möglichkeit, ein bestimmtes Element auszublenden.

So verbergen Sie Elemente vollständig:

Geben Sie **display:none** ein.

✔ Tipps

- Wenn Sie **display:none** verwenden, bleibt keine Spur des verborgenen Elements im Browser-Fenster erhalten. Nicht einmal ein Freiraum.
- Wird die Deklaration **display:none** mit Skripten kombiniert, eignet sie sich hervorragend, um verschiedene Versionen anzuzeigen, die alle in demselben Dokument enthalten sind.

Elemente relativ zur Originalposition versetzen

Jedes Element besitzt eine natürliche Position innerhalb des *Seitenflusses.* Wenn Sie ein Element in Bezug auf seine Originalposition verschieben, nennt man das *relative Positionierung.* Die umgebenden Elemente werden davon in keiner Weise beeinflusst.

So versetzen Sie ein Element relativ zur Originalposition:

1. Geben Sie **position:relative;** ein (vergessen Sie das Semikolon nicht).
2. Geben Sie **top** (oben), **right** (rechts), **bottom** (unten) oder **left** (links) ein. Dadurch legen Sie fest, welche Seite des Elements gegenüber ihrer Originalposition verschoben werden soll.
3. Geben Sie **:a** ein, wobei *a* den Abstand bezeichnet, um den das Element von seiner Originalposition verschoben werden soll. Sie können diesen Wert absolut oder relativ angeben (beispielsweise 10pt oder 2em).
4. Geben Sie **;** (ein Semikolon) ein und wiederholen Sie Schritt 2 und 3, wenn Sie weitere Seiten des Elements versetzen wollen.

✔ Tipps

- *Relative Positionierung* heißt relativ zur Originalposition des Elements, nicht etwa relativ zu den umgebenen Elementen. Es ist nicht möglich, ein Element in Bezug auf andere Elemente zu verschieben, sondern stets in Bezug auf seine ursprüngliche Position. Das ist durchaus wichtig!
- Die anderen Elemente werden durch das Verschieben nicht beeinträchtigt – ihre Position ist weiterhin in ihrem ursprünglichen Kästchen und sie können sich möglicherweise sogar mit dem verschobenen Element überlappen.
- Damit der Text ein anderes Element umfließen kann, muss jenes Element relativ positioniert sein.
- Durch die Deklaration **position:relative** werden Einzüge wie im aktuellen Beispiel erst ermöglicht. Ohne diesen Zusatz funktionieren sie möglicherweise nicht. (Im Explorer geht's jedenfalls nicht.)

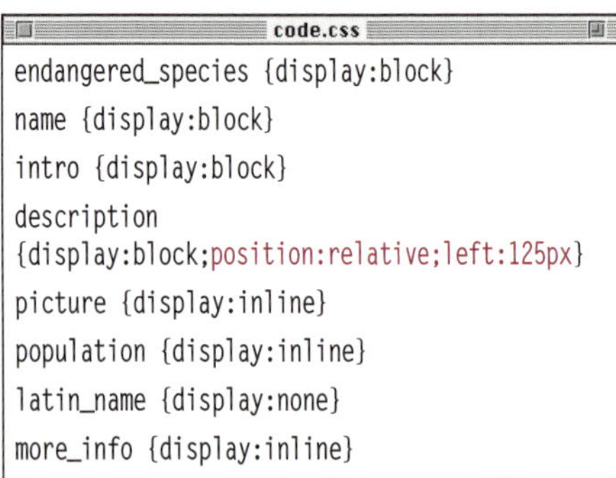

code.css

```
endangered_species {display:block}
name {display:block}
intro {display:block}
description
{display:block;position:relative;left:125px}
picture {display:inline}
population {display:inline}
latin_name {display:none}
more_info {display:inline}
```

Abbildung 14.5: Um die `description`-Absätze einzurücken, werden sie links um 125 Pixel von ihrer normalen Position verschoben.

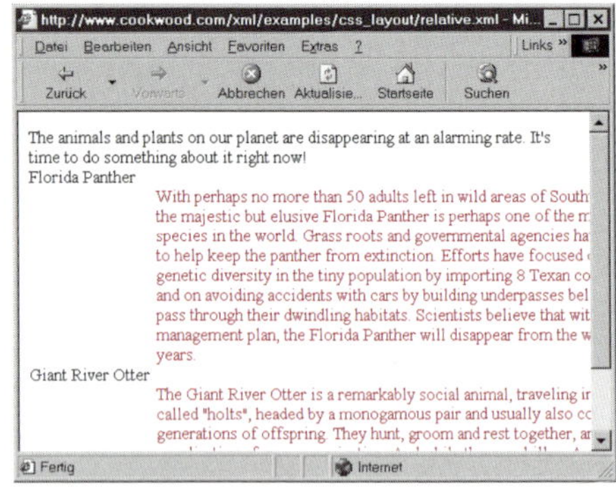

Abbildung 14.6: Die beiden `description`-Absätze werden von ihrem ursprünglichen linken Ausgangspunkt um 125 Pixel versetzt (eingerückt).

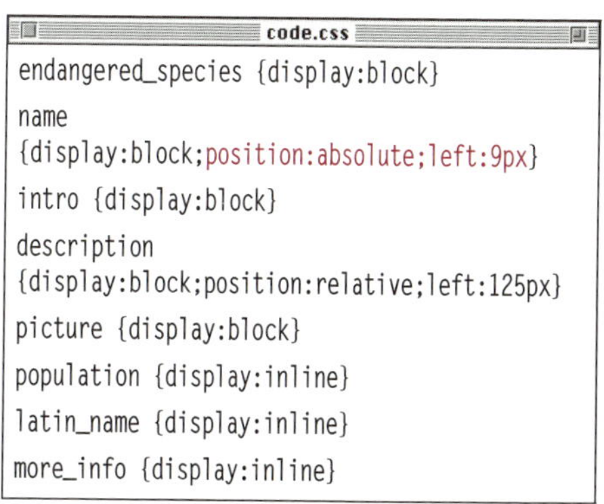

```
code.css
endangered_species {display:block}
name
{display:block;position:absolute;left:9px}
intro {display:block}
description
{display:block;position:relative;left:125px}
picture {display:block}
population {display:inline}
latin_name {display:inline}
more_info {display:inline}
```

Abbildung 14.7: Mit einem Wert von 9 Pixel schließt das Element `name` auf der linken Seite gleich ab wie das Element `intro`, das standardmäßig neun Pixel vom linken Fensterrand des Browsers abgesetzt ist.

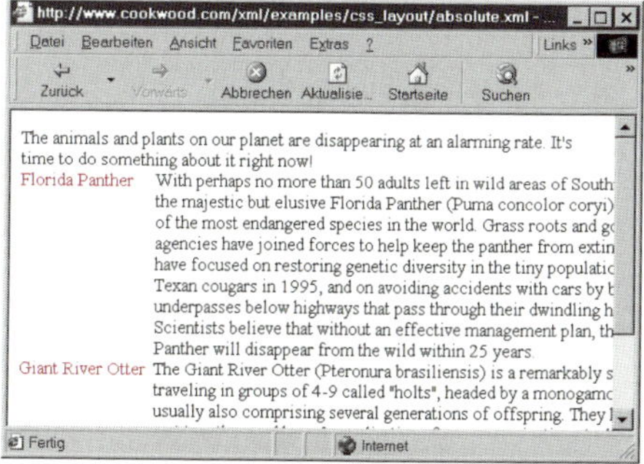

Abbildung 14.8: Die `name`-Elemente wurden ganz aus dem Textfluss des Dokuments herausgenommen und scheinen dadurch mit den `description`-Absätzen ausgerichtet. Alle Abstände, die nicht explizit gesetzt werden (in diesem Fall der Abstand rechts, oben und unten) werden von der Position bezogen, die das Element normalerweise, ohne die absolute Positionierung, hätte.

Elemente absolut positionieren

Standardmäßig richtet sich der Textfluss im Browser nach der Reihenfolge, in der die Elemente im XML- (bzw. HTML-) Dokument erscheinen. Das bedeutet, wenn das Element `name` vor dem Element `description` kommt, erscheint der Name auch vor der Beschreibung. Man nennt dies den *natürlichen Seitenfluss.* Sie können Elemente auch entgegen ihrem natürlichen Fluss positionieren – nämlich *absolut* – indem Sie im Stylesheet ihre genaue Position in Bezug auf das übergeordnete Element angeben.

So positionieren Sie Elemente absolut:

1. Geben Sie **position:absolute;** ein (vergessen Sie das Semikolon nicht).
2. Geben Sie **top** (oben), **right** (rechts), **bottom** (unten) oder **left** (links) ein.
3. Geben Sie **:a** ein, wobei *a* den Abstand bezeichnet, den das Element zu seinem übergeordneten Element haben soll. Sie können diesen Wert absolut oder relativ angeben (beispielsweise 10pt oder 2em) oder als Prozentsatz des übergeordneten Elements.
4. Geben Sie **;** (ein Semikolon) ein und wiederholen Sie Schritt 2 und 3, wenn Sie weitere Elementseiten absolut positionieren möchten.

✔ Tipps

- Weitere Erläuterungen zu übergeordneten Elementen erhalten Sie auf *Seite 179.*
- Da absolut positionierte Elemente aus dem Textfluss des Dokuments herausgenommen werden, überschneiden sie sich oft mit anderen Elementen (was nicht immer schlecht ist).
- Wenn Sie für ein absolut positioniertes Element einen Abstand nicht angeben, erscheint es in seiner natürlichen Position (im Beispiel wäre dies nach der Überschrift), beeinträchtigt aber den Fluss nachfolgender Elemente nicht.

LAYOUT MIT CSS

Die Höhe und Breite eines Elements einstellen

Für die meisten Elemente können Sie die Höhe und Breite einstellen, etwa für Bilder, für Formularelemente und sogar für Textblöcke. Wenn mehrere Elemente auf einer Seite dieselbe Größe haben, ist es möglich, deren Höhe und Breite gleichzeitig einzustellen. Anhand dieser Informationen kann der Browser den erforderlichen Platz gleich reservieren und etwa, während die Bilder noch geladen werden, den Text schon an der richtigen Stelle anzeigen.

So stellen Sie die Höhe und Breite eines Elements ein:

1. Geben Sie **width:b** ein, wobei *b* für die Breite des Elements steht. Die Breite kann entweder als absoluter Wert oder als Prozentsatz vom übergeordneten Element angegeben werden.
2. Geben Sie **height:h** ein, wobei *h* die Höhe des Elements bezeichnet. Die Höhe kann nur als absoluter Wert angegeben werden.

✔ Tipp

- Die Verwendung eines Prozentwertes für die Breite ist etwas trickreich. Wenn Sie mit HTML vertraut sind, könnten Sie meinen, dass 50 % die Hälfte der ursprünglichen Bildgröße bedeutet. Dem ist nicht so. Es bedeutet: Die Hälfte der Breite des übergeordneten Elements – und zwar ungeachtet der Originalgröße des Bilds. (Weitere Erläuterungen zu übergeordneten Elementen erhalten Sie auf *Seite 179*.)

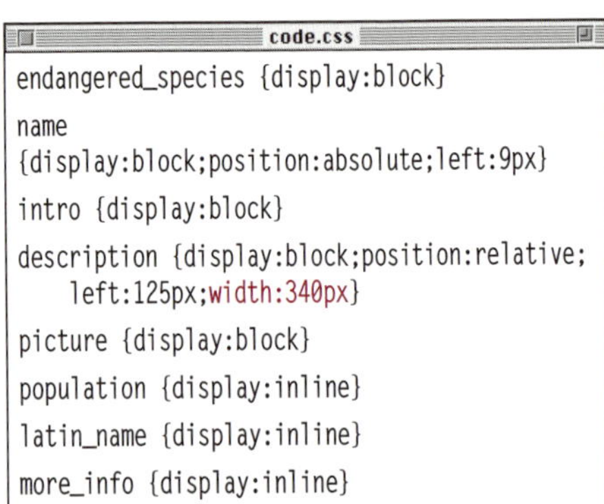

code.css

```
endangered_species {display:block}
name
{display:block;position:absolute;left:9px}
intro {display:block}
description {display:block;position:relative;
    left:125px;width:340px}
picture {display:block}
population {display:inline}
latin_name {display:inline}
more_info {display:inline}
```

Abbildung 14.9: Mithilfe der Eigenschaft `widht` können Sie die Lesbarkeit von Absätzen verbessern.

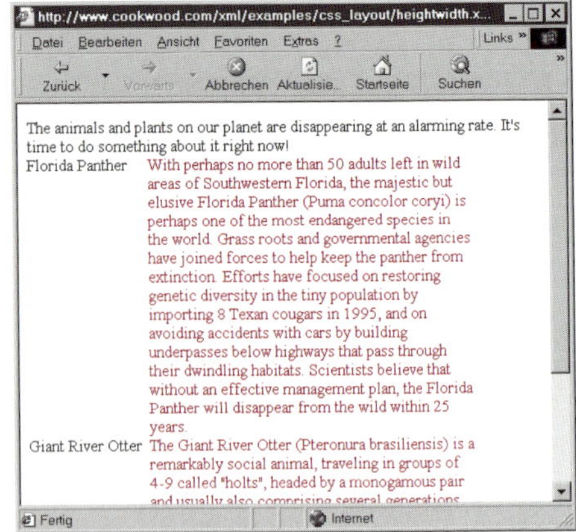

Abbildung 14.10: Die Beschreibungen sind nach Anpassung der Breite enger und lesbarer.

```
code.css
endangered_species {display:block}
name
{display:block;position:absolute;left:9px}
intro {display:block;border:medium solid red}
description {display:block;position:relative;
    left:125px;width:340px;border:thin
    solid red}
picture {display:block}
population {display:inline}
latin_name {display:inline}
more_info {display:inline}
```

Abbildung 14.11: Nur die Angabe der Linienart ist obligatorisch. Die Position, Stärke und Farbe können Sie nach Bedarf hinzufügen.

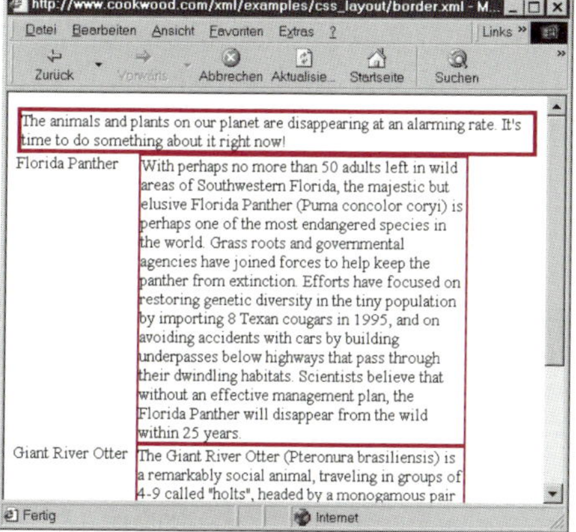

Abbildung 14.12: Rahmen helfen, die Textblöcke sichtbar voneinander zu trennen.

Einen Rahmen setzen und einstellen

Sie können einen Rahmen für ein Element erstellen und dann seine Stärke, die Linienart und seine Farbe einstellen. Wenn Sie einen Innenrand definiert haben (*siehe Seite 196*), umschließt der Rahmen sowohl den Inhalt des Elements als auch den Innenrand.

So setzen Sie einen Rahmen:

1. Geben Sie **border** ein.
2. Um die Seite(n) für den Rahmen zu bestimmen, geben Sie (ohne Leerzeichen nach *border*) **-top** (oben), **-bottom** (unten), **-left** (links) oder **-right** (rechts) ein.
3. Geben Sie, wiederum ohne Leerzeichen dazwischen, **:** (einen Doppelpunkt) ein.
4. Um die Linienstärke des Rahmens zu definieren, geben Sie **thin** (fein), **medium** (mittelstark), **thick** (dick) oder einen absoluten Wert ein (beispielsweise 4px). *Medium* ist die Standardeinstellung.
5. Um eine Linienart für den Rahmen festzulegen, geben Sie **none** (keine Linie), **dotted** (gepunktet), **dashed** (gestrichelt), **solid** (durchgezogen), **double** (doppelt), **groove**, **ridge**, **inset** oder **outset** ein (bei den letzten vier Typen handelt es sich um 3-D-Effekte.).
6. Um eine Farbe zu definieren, geben Sie **Farbe** ein, wobei *Farbe* für einen von 16 vordefinierten Farbnamen steht (*siehe Seite 251*) oder wie auf *Seite 200* erläutert wird.

✔ Tipps

- Sie können auch jede Komponente des Rahmens gesondert definieren. Um etwa nur die Breite der linken Rahmenseite zu definieren, geben Sie **border-left-width:5** ein. Oder um nur die Farbe der vier Seiten einzustellen, schreiben Sie **border-color:red**. Die zwanzig verschiedenen Eigenschaften sind border-style (border-top-style, border-right-style, etc.), border-color (border-top-color, etc.), border-width (border-top-width, etc.) und border (border-top, etc.)
- Wenn Sie keine Farbe für den Rahmen angeben, verwendet der Browser die für den Elementinhalt festgelegte Farbe (*siehe Seite 200*).

LAYOUT MIT CSS

Den Innenrand für ein Element festlegen

Wie der Name schon sagt, ist der Innenrand (auch *Padding*) ein extra Abstand um den Inhalt eines Elements herum, aber innerhalb des Rahmens. Sie können die Stärke des Innenrands einstellen, aber nicht seine Farbe oder einen bestimmten Typ.

So legen Sie den Innenrand für ein Element fest:

1. Geben Sie **padding** ein.
2. Um nur für eine bestimmte Seite des Objekts einen Innenrand zu definieren, geben Sie (ohne Leerzeichen nach `padding`) **-top** (oben), **-bottom** (unten), **-left** (links) oder **-right** (rechts) ein.
3. Geben Sie **:x** ein, wobei *x* die Stärke des Rands darstellt, also den Abstand zwischen Element und Rahmen. Sie geben den Innenrand in Einheiten an oder als Prozentsatz des übergeordneten Elements.

✔ Tipps

- Für die Einstellung des Innenrands stehen verschiedene Kürzel zur Verfügung: Mit **padding: t r b l** setzen Sie die Werte *top, right, bottom* und *left* auf einmal. (Verwenden Sie dabei die hier angeführte Reihenfolge und setzen Sie die einzelnen Werte jeweils durch ein Leerzeichen voneinander ab.) Oder verwenden Sie **padding: v h**, um die oberen und unteren Werte (v) und die rechten und linken Werte (h) gleich einzurichten. Oder geben Sie **padding: t h b** ein, um den oberen Wert (t), die linken und rechten Werte auf einen Wert (h) und dann den unteren Wert (b) einzustellen. Oder geben Sie **padding: a** ein, wobei *a* einen gleichen Wert für alle vier Seiten bezeichnet.
- Die Werte können absolut oder als Prozentsatz des entsprechenden Abstands im übergeordneten Element angegeben werden.

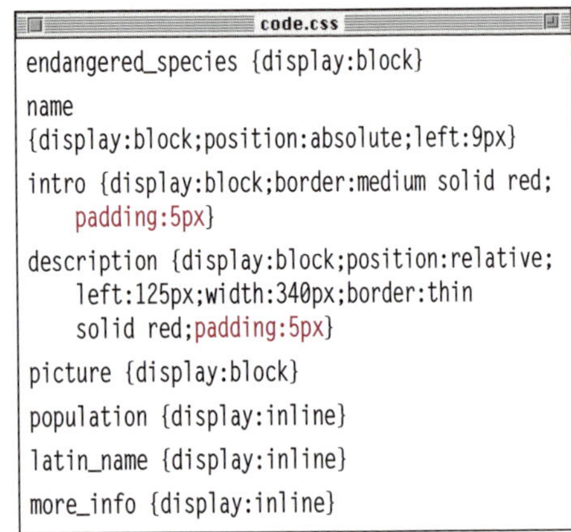

code.css

```
endangered_species {display:block}
name
{display:block;position:absolute;left:9px}
intro {display:block;border:medium solid red;
   padding:5px}
description {display:block;position:relative;
   left:125px;width:340px;border:thin
   solid red;padding:5px}
picture {display:block}
population {display:inline}
latin_name {display:inline}
more_info {display:inline}
```

Abbildung 14.13: Durch den Innenrand wird ein Abstand (in diesem Fall 5 Pixel) zwischen Rahmen und Text gesetzt.

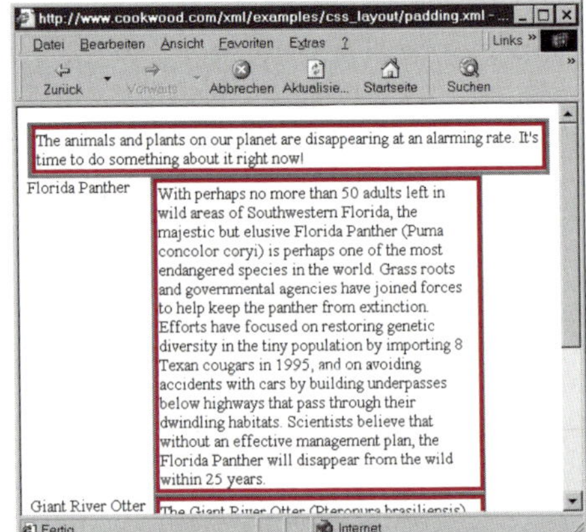

Abbildung 14.14: Die rot hervorgehobenen Bereiche zeigen den Innenrand innerhalb des Rahmens an. (Im Browser ist dieser Bereich natürlich nicht eingefärbt.)

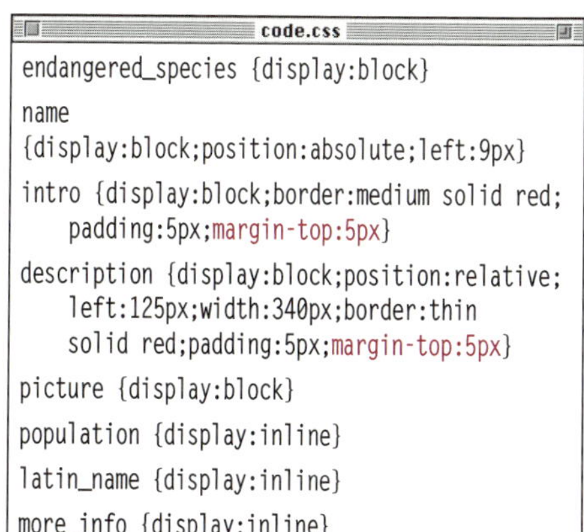

```
code.css
endangered_species {display:block}
name
{display:block;position:absolute;left:9px}
intro {display:block;border:medium solid red;
    padding:5px;margin-top:5px}
description {display:block;position:relative;
    left:125px;width:340px;border:thin
    solid red;padding:5px;margin-top:5px}
picture {display:block}
population {display:inline}
latin_name {display:inline}
more_info {display:inline}
```

Abbildung 14.15: Sie definieren den Außenrand nur für eine Seite des Kästchens, indem Sie `margin` entweder durch `-top`, `-bottom`, `-left` oder `-right` ergänzen.

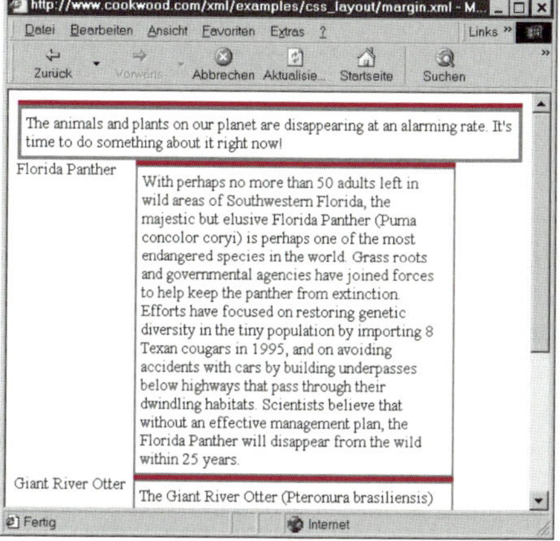

Abbildung 14.16: Die Definition eines Außenrands vergrößert den Abstand zwischen zwei Elementen.

Den Außenrand für ein Element festlegen

Der Außenrand (Margin) ist der unsichtbare Abstand zwischen dem Rahmen (*siehe Seite 195*) eines Elements und dem nächsten, also zusätzlich zum Innenrand (*siehe Seite 196*).

So legen Sie den Außenrand eines Elements fest:

1. Geben Sie **margin** ein.
2. Um nur für eine bestimmte Seite des Objekts einen Außenrand zu definieren, geben Sie (ohne Leerzeichen nach `margin`) **-top** (oben), **-bottom** (unten), **-left** (links) oder **-right** (rechts) ein.
3. Geben Sie **:x** ein, wobei *x* die Stärke des Rands darstellt, also den Abstand zwischen Rahmen und nächstem Objekt. Sie geben den Außenrand in Einheiten an oder als Prozentsatz des übergeordneten Elements.

✓ Tipps

- Mit **margin: t r b l** setzen Sie die Werte *top, right, bottom* und *left* auf einmal. (Verwenden Sie dabei die hier angeführte Reihenfolge und setzen Sie die einzelnen Werte jeweils durch ein Leerzeichen voneinander ab.) Oder verwenden Sie **margin: v h**, um die oberen und unteren Werte (v) und die rechten und linken Werte (h) gleich einzurichten. Oder geben Sie **margin: t h b** ein, um den oberen Wert (t), die linken und rechten Werte auf einen Wert (h) und dann den unteren Wert (b) einzustellen. Sie können schließlich auch **margin: a** eingeben, wobei *a* einen gleichen Wert für alle vier Seiten bezeichnet.
- Die Werte können absolut oder als Prozentsatz der entsprechenden Stärke im übergeordneten Element angegeben werden.
- Außenrandwerte für absolut positionierte Kästchen werden innerhalb der `offset`-Eigenschaften definiert: top, bottom, right und left (*siehe Seite 193*).

Den Textfluss um ein Elemente herumführen

Sie können für ein Element festlegen, dass der Rest des Dokumenttexts immer darum herumgeführt wird, und zwar links oder rechts am Element vorbei, auf beiden Seiten oder niemals.

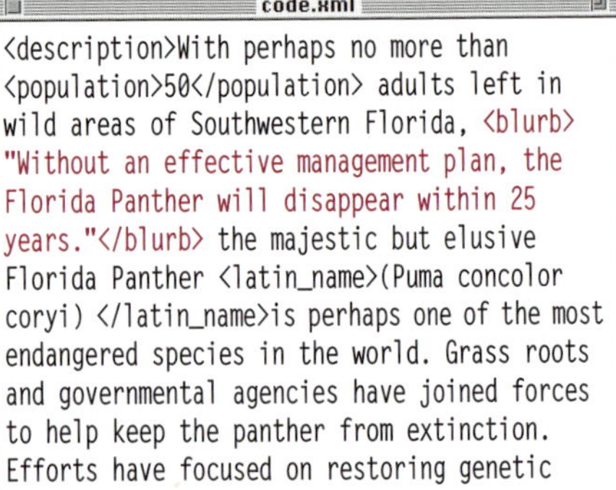

```
<description>With perhaps no more than
<population>50</population> adults left in
wild areas of Southwestern Florida, <blurb>
"Without an effective management plan, the
Florida Panther will disappear within 25
years."</blurb> the majestic but elusive
Florida Panther <latin_name>(Puma concolor
coryi) </latin_name>is perhaps one of the most
endangered species in the world. Grass roots
and governmental agencies have joined forces
to help keep the panther from extinction.
Efforts have focused on restoring genetic
```

Abbildung 14.17: Das XML-Dokument wurde um das Marginalien-ähnliche Element `blurb` erweitert.

So führen Sie den Textfluss um ein Elemente herum:

1. Geben Sie **float:** ein.
2. Geben Sie **left** ein, wenn das Element links platziert werden und der Rest des Dokuments rechts daran vorbeifließen soll.

   Oder geben Sie **right** ein, wenn das Element rechts platziert werden und der Rest des Dokuments links daran vorbeifließen soll.

```
endangered_species {display:block}
name {display:block;position:absolute;
    left:9px}
intro {display:block;border:medium solid red;
    padding:5px;margin-top:5px}
description {display:block;position:relative;
    left:125px;width:340px;border:thin solid
    red;padding:5px;margin-top:5px}
blurb {float:right;width:125px;
    border:thin solid green;padding:5px}
picture {display:block}
population {display:inline}
latin_name {display:inline}
more_info {display:inline}
```

Abbildung 14.18: Als Nächstes wird das Element `blurb` mit `float` rechts platziert.

✔ Tipps

- Für ein `float`-Element müssen Sie auf jeden Fall eine Breite einstellen.
- Denken Sie daran, dass die gewählte Richtung sich auf das Element bezieht und nicht auf den Text oder andere Objekte, die es umfließen. Mit **float: left** fließt der Rest des Dokuments rechts vorbei, und umgekehrt.
- Der Trick, mit dem Text zwischen Elementen fließen kann, besteht darin, das `float`-Element stets direkt vor dem Inhalt zu platzieren, der es umfließen soll.

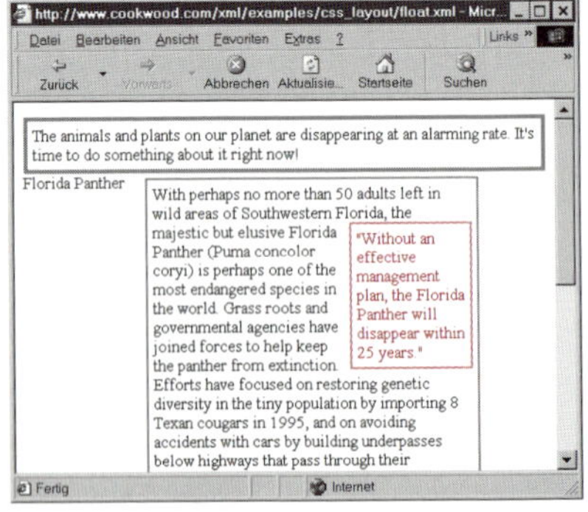

Abbildung 14.19: Ein mit `float` platzierter Text zieht die Aufmerksamkeit auf sich.

```
code.css
endangered_species {display:block}
name {display:block;position:absolute;
    left:9px}
intro {display:block;border:medium solid red;
    padding:5px;margin-top:5px}
description {display:block;position:relative;
    left:125px;width:340px;border:thin solid
    red;padding:5px;margin-top:5px}
blurb {float:right;clear:right;width:125px;
    border:thin solid green;padding:5px}
picture {display:block}
population {display:inline}
latin_name {display:inline}
more_info {display:inline}
```

Abbildung 14.20: Fügen Sie **clear:right** ein, wenn links vom Element kein Text fließen soll.

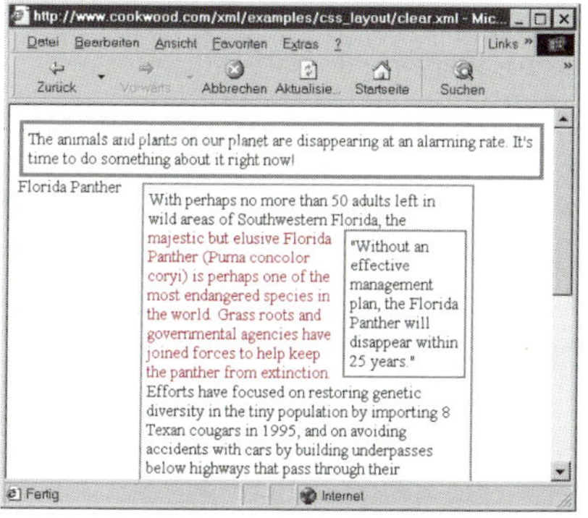

Abbildung 14.21: Explorer 5 unterstützt die Eigenschaft `clear` nicht. Der hervorgehobene Text sollte eigentlich erst unter dem Element `blurb` beginnen (da wo jetzt der Text „the tiny population ..." steht).

Den Textfluss unterbrechen

Im Stylesheet können Sie ein bestimmtes Tag so kennzeichnen, dass andere Elemente (wie Text) es nicht umfließen können.

So können Sie den Textfluss unterbrechen:

1. Geben Sie **clear:** ein.
2. Geben Sie **left** ein, um den Textfluss solange zu unterbrechen, bis die linke Seite frei ist.

   Oder geben Sie **right** ein, um den Textfluss solange zu unterbrechen, bis die rechte Seite frei ist.

   Oder geben Sie **both** ein, um den Textfluss solange zu unterbrechen, bis beide Seiten frei sind.

   Oder geben Sie **none** ein, um den Textfluss fortzusetzen.

✔ Tipps

- Wenn Sie bei Trivial-Pursuit-Fragen wie „Welche Hand streckte Gott Adam in der Sixtinischen Kapelle entgegen – die linke oder die rechte?" auch immer schon Schwierigkeiten hatten, ist folgende Erklärung hoffentlich hilfreich: Verwenden Sie **clear: right**, so wollen Sie den Textfluss solange unterbrechen, bis die rechte Seite frei ist. Verwirrenderweise ist das Ergebnis aber, dass die linke Seite leer aussieht.
- Die Verwendung des Styles `clear` entspricht dem Attribut `clear` des HTML-Tag `br`.
- Explorer 5 für Windows unterstützt die Eigenschaft `clear` nicht (**Abbildung 14.21**).

Die Vordergrundfarbe ändern

Sie können die Farbe eines jeden Elements ändern. Dazu zählen auch waagrechte Linien, Formularelemente und Tabellen.

So ändern Sie die Vordergrundfarbe:

1. Geben Sie **color:** ein.
2. Geben Sie dann **Farbname** ein, wobei *Farbname* für eine von 16 vordefinierten Farben steht *(siehe Seite 251)*.

   Oder geben Sie **#rrggbb** ein, wobei *rrggbb* die hexadezimale Darstellung der gewünschten Farbe ist.

   Oder geben Sie **rgb(r, g, b)** ein, wobei *r, g,* und *b* ganze Zahlen zwischen 0 und 255 sind, die den Rot-, Grün- bzw. Blauanteil der gewünschten Farbe repräsentieren.

   Oder geben Sie **rgb(r%, g%, b%)** ein, wobei *r, g,* und *b* den prozentualen Anteil an Rot, Grün bzw. Blau in der gewünschten Farbe darstellen.

✔ Tipps

- Weitere Erläuterungen zur Angabe von Farben erhalten Sie in Anhang D.
- Wenn Sie für *r, g* oder *b* einen Wert angeben, der höher ist als 255, so wird er durch 255 ersetzt. Entsprechend wird eine Prozentangabe höher als 100 % durch 100% ersetzt.
- Mithilfe der Eigenschaft `color` lässt sich auch die Textfarbe ändern *(siehe Seite 217)*.
- ◆ Bei Bildern hat die Festlegung einer Vordergrundfarbe keine Wirkung. (Sie müssen dazu das Bild in einem Bildbearbeitungsprogramm ändern.) Sie können jedoch die Hintergrundfarbe ändern (also die Farbe, die an transparenten Stellen durchscheint). Weitere Erläuterungen hierzu erhalten Sie im Abschnitt *Den Hintergrund ändern* auf *Seite 201*.

```
code.css
endangered_species
    {display:block;color:magenta}
name {display:block;position:absolute;
    left:9px}
intro {display:block;border:medium solid red;
    padding:5px;margin-top:10px}
description {display:block;position:relative;
    left:125px;width:340px;border:thin solid
    red;padding:5px;margin-top:5px}
blurb {float:right;width:125px;border:thin
solid green;padding:5px;color:black}
picture {display:block}
population {display:inline}
latin_name {display:inline}
more_info {display:inline}
```

Abbildung 14.22: Da die Eigenschaft `color` geerbt wurde und im Wurzelelement `endangered_species` auf Magenta gesetzt worden ist, erscheinen alle Elemente in Magenta, wenn keine andere Farbe festgelegt wird (wie hier für `blurb`, das Schwarz sein soll).

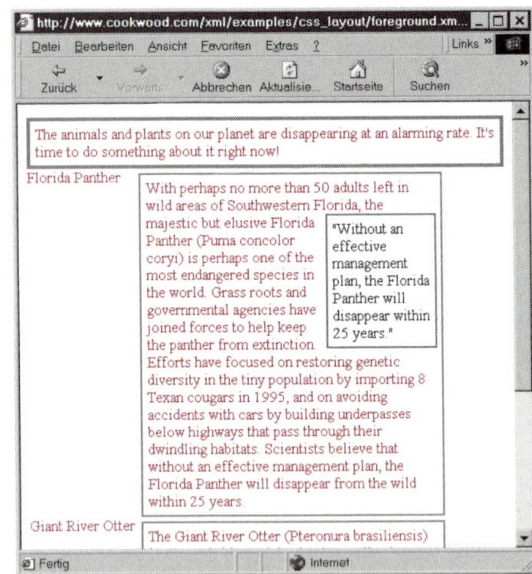

Abbildung 14.23: In HTML können Sie auch die Farbe von waagerechten Linien, Formularelementen und Tabellenzellen ändern.

```
code.css
endangered_species {display:block;color:black;
    background:url(pantherlight.jpg)}
name {display:block;position:absolute;
    left:9px}
intro {display:block;border:medium solid red;
    padding:5px;margin-top:10px}
description {display:block;position:relative;
    left:125px;width:340px;border:thin solid
    red;padding:5px;margin-top:5px}
blurb {float:right;width:125px;border:thin
    solid green;padding:5px;color:black}
picture {display:block}
population {display:inline}
latin_name {display:inline}
more_info {display:inline}
```

Abbildung 14.24: Der Dateiname des Bilds wird in Klammern, und nicht in Anführungszeichen, gesetzt.

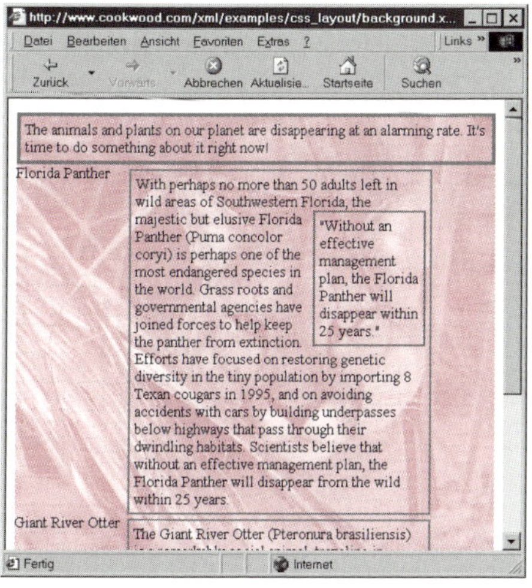

Abbildung 14.25: Wenn Sie ein Hintergrundbild verwenden, sollten Sie sicherstellen, dass es sich vom darüber liegenden Text genügend abhebt.

Den Hintergrund ändern

Mit Hintergrund ist nicht der Hintergrund der gesamten Seite, sondern der Hintergrund eines bestimmten Tags gemeint. Anders ausgedrückt: Sie können den Hintergrund eines jeden Elements ändern. Dazu gehören auch Bilder, Formularelemente und Tabellen.

So ändern Sie die Farbe oder das Bild für den Hintergrund:

1. Geben Sie **background:** ein.
2. Geben Sie nach Bedarf **transparent** oder **Farbe** ein, wobei die *Farbe* wie beim Vordergrund angegeben wird (*siehe Seite 200*).
3. Um ein Bild festzulegen, das im Hintergrund erscheint, geben Sie **url(Bild.gif)** ein, wobei *Bild.gif* für den Namen des Bilds steht.

   Soll das Bild sowohl horizontal als auch vertikal gekachelt werden, geben Sie **repeat** ein; soll es nur horizontal gekachelt werden, geben Sie **repeat-x** ein; soll es nur vertikal gekachelt werden, geben Sie **repeat-y** ein und um eine Kachelung des Bilds zu verhindern, geben Sie **no-repeat** ein.

   Um festzulegen, ob der Hintergrund fest oder beweglich mit der Anzeige sein soll, geben Sie **fixed** bzw. **scroll** ein.

   Um die Position des Hintergrundbilds festzulegen, geben Sie **x y** ein. Dabei können Sie *x* und *y* als Prozentsatz oder als absolute Abstände angeben, oder Sie verwenden die Werte **top** (oben), **center** (Mitte) oder **bottom** (unten) für *x* und **left** (links), **center** (Mitte) oder **right** (rechts) für *y*.

✔ Tipps

- Sie können ein Hintergrundbild auf ein `picture`-Element anwenden, um ein eingebettetes Bild zu simulieren. Verwenden Sie # im Selektor, um das Bild auf ein bestimmtes `picture`-Element zu beschränken.
- Wenn Sie sowohl eine Farbe als auch eine URL für den Hintergrund angeben, wird die Farbe verwendet, solange die URL noch nicht geladen ist; zudem ist sie in den transparenten Bereichen des Bilds zu sehen.

Elemente in 3D positionieren

Weiter vorne in diesem Kapitel wurde bereits die relative und absolute Positionierung besprochen, doch betreffen diese nur zwei Dimensionen, die Höhe und Breite. Mit CSS können Sie die Elemente auch in einer dritten Dimension (der Tiefe) positionieren, wodurch Sie etwaige überlappende Elemente steuern können.

So positionieren Sie Elemente in 3D:

1. Geben Sie **z-index:** ein.
2. Geben Sie **n** ein, wobei *n* für eine Zahl steht, die die Ebene des Elements in einem Stapel von Objekten beschreibt.

✔ Tipps

- Je höher der Wert für den `z-index`, desto weiter oben im Stapel befindet sich das Element.
- Sie können für `z-index` sowohl positive als auch negative Werte angeben.

code.css

```
endangered_species {display:block;color:black;
    background:url(pantherlight.jpg)}
name {display:block;position:absolute;
    left:9px;z-index:-1}
intro {display:block;border:medium solid red;
    padding:5px;margin-top:10px}
description {display:block;position:relative;
    left:125px;width:340px;border:thin solid
    red;padding:5px;margin-top:5px}
blurb {float:right;width:125px;
    border:thin solid green;padding:5px}
picture {display:block}
population {display:inline}
latin_name {display:inline}
more_info {display:inline}
```

Abbildung 14.26: Mit einer negativen Zahl für `z-index` stellen Sie sicher, dass es das unterste Element sein wird.

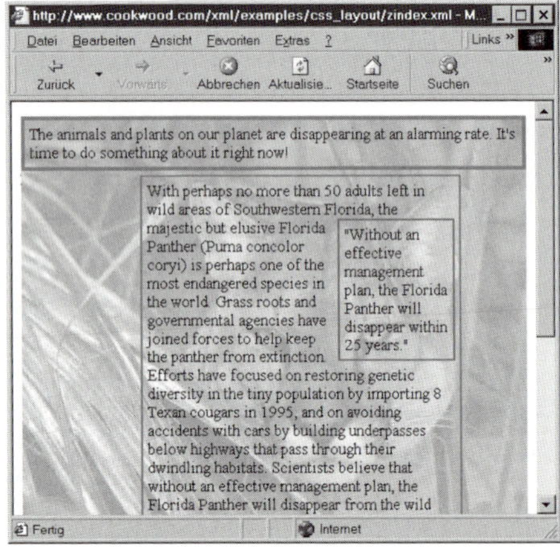

Abbildung 14.27: Der Text „Florida Panther" ist jetzt unsichtbar, weil er unter dem Hintergrund liegt. (Vgl. Abbildung 14.25 auf *Seite 201*.)

code.css

```
endangered_species {display:block}
name {display:none;position:absolute;left:9px;
z-index:-1}
intro {display:block;border:medium dotted
red;padding:5px;margin-top:5px}
description {display:inline;width:200px;
border:thin solid red;padding:5px;margin-
top:5px; vertical-align:top}
picture {display:none}
population {display:inline}
latin_name {display:inline}
more_info {display:inline}
```

Abbildung 14.28: Da nur Inline-Elemente vertikal ausgerichtet werden können, wurden die Elemente `name` und `picture` verborgen. Schließlich wurde die Breite der beiden `description`-Kästchen enger gesetzt, sodass sie nebeneinander auf den Bildschirm passen.

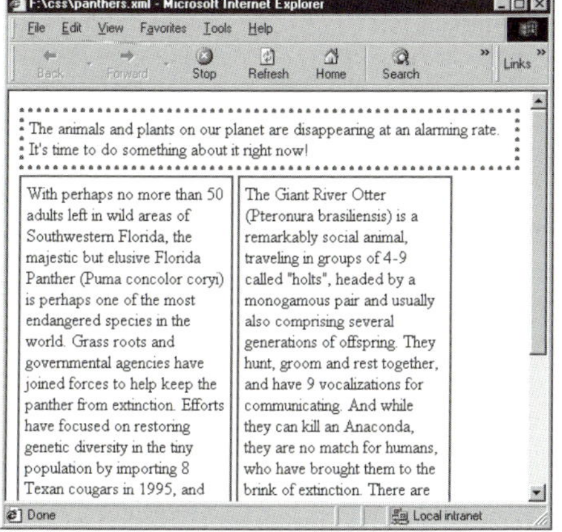

Abbildung 14.29: Die beiden `description`-Felder werden (da sie nach dem Verbergen der anderen Elemente durch nichts getrennt werden) an ihrer oberen Kante ausgerichtet.

Elemente vertikal ausrichten

Umfasst Ihre Seite mehrere Elemente, die Sie gleich ausgerichtet haben wollen, können Sie das Element mithilfe der Eigenschaft `vertical-align` entsprechend ausrichten.

So positionieren Sie Text:

1. Geben Sie **vertical-align:** ein.
2. Um die Grundlinie des Elements an der Grundlinie des übergeordneten Elements auszurichten, geben Sie **baseline** ein.

   Um die Mitte des Elements an der Mitte des übergeordneten Elements auszurichten, geben Sie **middle** ein.

   Um das Element bezüglich des übergeordneten Elements tiefer zu positionieren, geben Sie **sub** ein.

   Um das Element bezüglich des übergeordneten Elements höher zu positionieren, geben Sie **super** ein.

   Um die obere Kante des Elements an der oberen Kante des übergeordneten Elements auszurichten, geben Sie **text-top** ein.

   Um die untere Kante des Elements an der unteren Kante des übergeordneten Elements auszurichten, geben Sie **text-bottom** ein.

   Um die obere Kante des Elements an der oberen Kante des höchsten Elements in der Zeile auszurichten, geben Sie **top** ein.

   Um die untere Kante des Elements an der unteren Kante des niedrigsten Elements in der Zeile auszurichten, geben Sie **bottom** ein.

   Oder Sie geben einen Prozentwert der Zeilenhöhe des Elements an, der positiv oder negativ sein kann.

✔ Tipp

- Nur Inline-Elemente lassen sich vertikal ausrichten. (Denn es macht ja keinen Sinn, Elemente in verschiedenen Zeilen vertikal auszurichten.)

Überschüssigen Elementinhalt anzeigen

Wenn Sie mithilfe der Eigenschaften `height` und `width` (*siehe Seite 194*) das Kästchen eines Elements so klein machen, dass der Platz für den gesamten Inhalt nicht ausreicht, so erhebt sich die Frage, wo der überschüssige Inhalt abgebildet wird. Sie legen dies mithilfe der Eigenschaft `overflow` fest.

So legen Sie fest, wo und ob der überschüssige Inhalt angezeigt wird:

1. Geben Sie **overflow:** ein.
2. Damit das Elementkästchen passend zum Inhalt erweitert wird, geben Sie **visible** ein. Dies ist die Standardeinstellung.

   Damit überschüssiger Inhalt verborgen wird, geben Sie **hidden** ein.

   Damit das Kästchen mit Bildlaufleisten versehen wird, geben Sie **scroll** ein.

✔ Tipp

- Wenn Sie die Eigenschaft **overflow** gar nicht setzen, wird der überschüssige Inhalt unter dem (aber nicht rechts vom) Elementkästchen angezeigt. Deshalb scheint es oft nichts zu bewirken, wenn man Text eine Höhe zuweist.

code.css
```
endangered_species {display:block;color:black;
    background:url(pantherlight.jpg)}
name {display:block;position:absolute;
    left:9px}
intro {display:block;border:medium solid red;
    padding:5px;margin-top:10px}
description {display:block;position:relative;
    left:125px;width:340px;border:thin solid
    red;padding:5px;margin-top:5px;
    height:300px;overflow:scroll}
blurb {float:right;width:125px;
    border:thin solid green;padding:5px}
picture {display:block}
population {display:inline}
```

Abbildung 14.30: Das Zuweisen der Eigenschaft `overflow` macht nur bei eingeschränkter Elementhöhe Sinn.

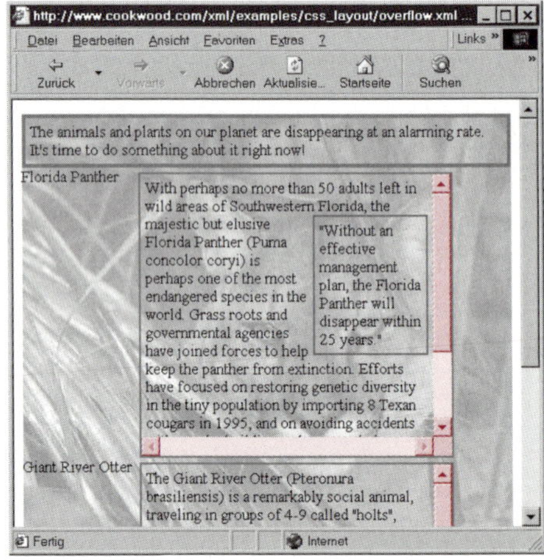

Abbildung 14.31: Wenn Sie die Höhe eines Textkästchens einschränken und dadurch nicht der ganze Text Platz hat, können Sie z. B. Bildlaufleisten einfügen, um dem Leser Zugang zum gesamten Text zu ermöglichen.

code.css

```
endangered_species {display:block;color:black;
    background:url(pantherlight.jpg)}
name {display:block;position:absolute;left:9;
    background:white;clip:rect(5 80 15 20)}
intro {display:block;border:medium solid red;
    padding:5;margin-top:10}
description {display:block;position:relative;
    left: 125;width:340;border:thin solid red;
    padding:5; margin-top:5;height:300;
    overflow:scroll}
blurb {float:right;width:125;
    border:thin solid green;
    padding:5;color:black}
picture {display:block}
```

Abbildung 14.32: Der Hintergrund des Elements `name` wurde auf Weiß geändert, damit der Ausschnitteffekt deutlicher zu sehen ist.

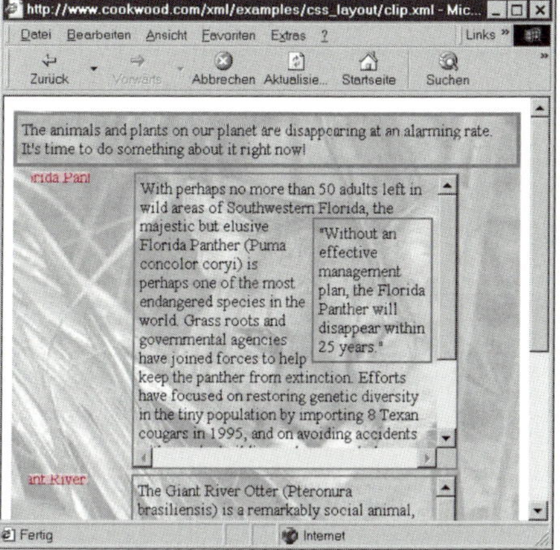

Abbildung 14.33: Zugegeben, nicht gerade die einfallsreichste Anwendung dieses Leistungsmerkmals. Bessere Ideen sind jederzeit willkommen!

Ein Sichtfenster auf ein Element erstellen

Sie können ein Sichtfenster (Ausschnitt) erstellen, das nur einen bestimmten Teil eines Elements anzeigt. Momentan muss ein solches Fenster rechteckig sein, doch sollen in künftigen CSS-Versionen auch andere Formen verfügbar werden.

So erstellen Sie ein Sichtfenster auf ein Element:

1. Geben Sie **clip:rect(** ein.
2. Geben Sie **t r b l** ein, wobei *t*, *r*, *b* und *l* die obere, rechte, untere bzw. linke Koordinate des rechteckigen Ausschnitts beschreiben.
3. Geben Sie das abschließende **)** ein.

✔ Tipps

- Momentan muss ein Element absolut positioniert werden (*siehe Seite 193*), damit Sie einen Ausschnitt davon machen können.
- Vergessen Sie nicht, die Offset-Werte durch Kommas zu trennen.
- Die Offset-Werte können absolut (etwa 3px) oder relativ (etwa 3em) angegeben werden.
- Ein Sichtfenster wirkt sich nicht nur auf die Anzeige des Elementinhalts aus, sondern verbirgt auch Innenränder und Rahmen.
- Dieses Leistungsmerkmal wird momentan vom W3C überarbeitet und hat sich möglicherweise schon geändert, wenn Sie dies lesen.

Listeneigenschaften einrichten

Es gibt mehrere Blickfangpunkte für ungeordnete Listen sowie mehrere Styles für nummerierte Listen. Mithilfe der Eigenschaft `list-style` richten Sie diese Styles global ein.

So richten Sie Listeneigenschaften ein:

1. Geben Sie **display:list-item;** ein. Dadurch legen Sie fest, dass das Element als Liste (und nicht als Block- oder Inline-Element) anzuzeigen ist.
2. Geben Sie dann **list-style:** ein.
3. Damit der Blickfangpunkt als ausgefüllter runder Kreis dargestellt wird, geben Sie **disc** ein.

   Damit der Blickfangpunkt als leerer runder Kreis dargestellt wird, geben Sie **cirle** ein.

   Damit ein ausgefülltes Quadrat verwendet wird, geben Sie **square** ein.

   Für arabische fortlaufende Zahlen (1, 2, 3 usw.) geben Sie **decimal** ein.

   Für kleine fortlaufende Buchstaben (a, b, c usw.) geben Sie **lower-alpha** ein.

   Für große fortlaufende Buchstaben (A, B, C usw.) geben Sie **upper-alpha** ein.

   Für kleine römische Buchstaben (i, ii, iii, iv usw.) geben Sie **lower-roman** ein.

   Für große römische Buchstaben (I, II, III, IV usw.) geben Sie **upper-roman** ein.

   Oder geben Sie **url(Bild.gif)** ein, wobei *Bild.gif* die URL eines Bilds bezeichnet, das als Blickfangpunkt für die Liste verwendet wird.
4. Sollen die Listeneinträge eingerückt und die Blickfangpunkte links überhängen, geben Sie **outside** ein.

   Soll die zweite Zeile eines Listeneintrags links mit dem Blickfangpunkt abschließen, geben Sie **inside** ein.

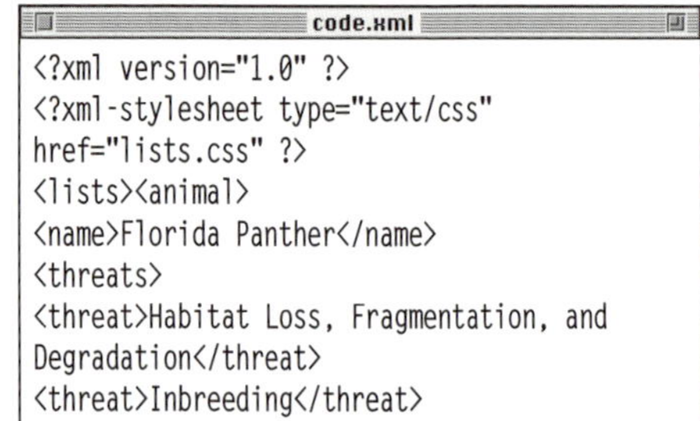

code.xml

```
<?xml version="1.0" ?>
<?xml-stylesheet type="text/css"
href="lists.css" ?>
<lists><animal>
<name>Florida Panther</name>
<threats>
<threat>Habitat Loss, Fragmentation, and
Degradation</threat>
<threat>Inbreeding</threat>
```

Abbildung 14.34: Hier der XML-Code für die Liste.

code.css

```
lists {display:block}
name {color:red}
threats {display:block}
threat {display:list-item;list-style:
   url(minipanther.jpg) inside}
```

Abbildung 14.35: Das Element `threat` wurde als Listenelement definiert, dem dann ein Bild als Blickfangpunkt zugewiesen wurde. Zudem wurde festgelegt, dass der Bild-Blickfangpunkt innerhalb des Texts anzuzeigen ist.

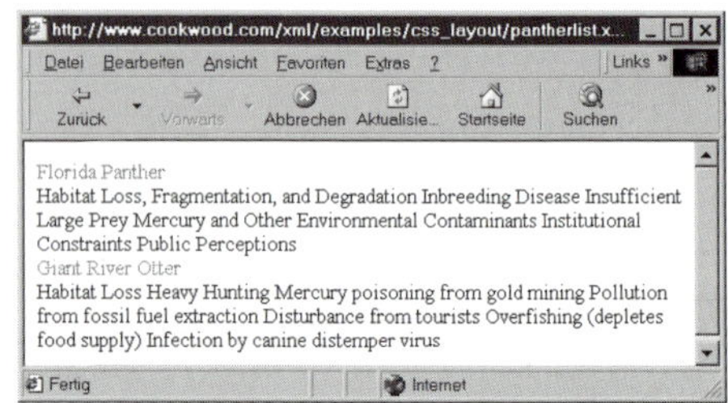

Abbildung 14.36: Der Explorer unterstützt die Regel `display:list-item` nicht und kann daher Listen in einem XML-Dokument nicht korrekt anzeigen (vgl. auch Abbildung 14.38).

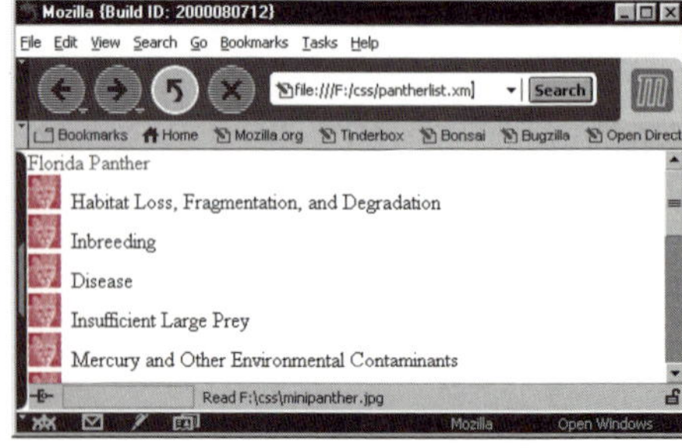

Abbildung 14.37: Diese frühe Version von Netscape 6 unterstützt Bild-Blickfangpunkte perfekt, aber merkwürdigerweise nicht die regulären Blickfangpunkte.

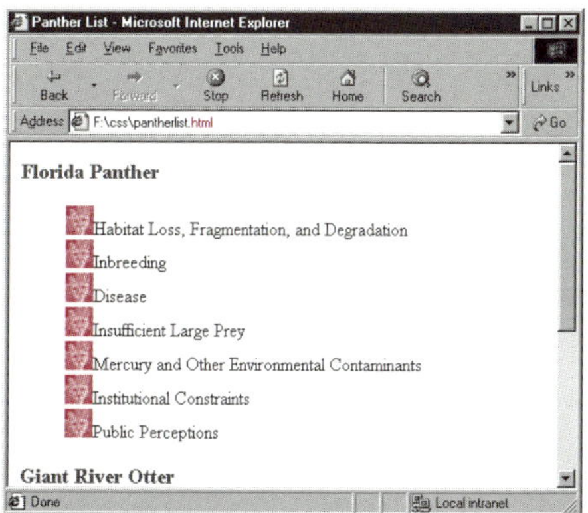

Abbildung 14.38: In einem HTML-Dokument hat der Explorer kein Problem mit der Eigenschaft `list-style`.

✔ Tipps

- Der Explorer unterstützt außergewöhnliche Listen in HTML-Dokumenten (**Abbildung 14.38**). Doch da **display:list-item** momentan noch nicht unterstützt wird, versteht er nicht, auf was die Eigenschaften in einem XML-Dokument anzuwenden sind.
- Bei Verwendung von `outside` werden bei zu großen Bildern als Blickfangpunkte die hängenden Einzüge nicht korrekt ausgerichtet. Bis das behoben ist, sieht `inside` wohl besser aus.
- Von der Eigenschaft `list-style` gibt es die Varianten `list-style-type`, `list-style-image` und `list-style-position`. Diese sind oft nützlich, wenn bestimmte Aspekte geerbter Listenformate zu ändern sind. Meist ist es jedoch einfacher, einfach `list-style` zu verwenden.

Seitenumbrüche festlegen

Vielleicht wird der Besucher ja Ihre Webseite irgendwann ausdrucken wollen. Die meisten Browser werden den Inhalt der Seite automatisch an das vom Besucher gewählte Papierformat anpassen. Mit CSS2 haben Sie jedoch auch die Möglichkeit, Seitenumbrüche fest einzurichten.

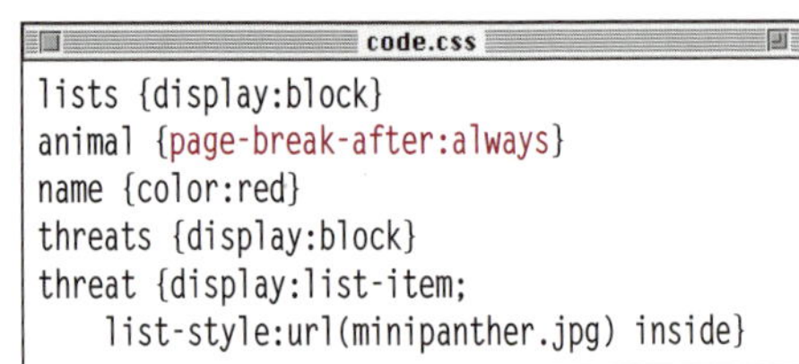

code.css

```
lists {display:block}
animal {page-break-after:always}
name {color:red}
threats {display:block}
threat {display:list-item;
    list-style:url(minipanther.jpg) inside}
```

Abbildung 14.39: Nach jedem `animal`-Element soll ein Seitenumbruch gesetzt werden.

So setzen Sie nach einem bestimmten Tag einen Seitenumbruch:

Geben Sie **page-break-after:always** ein.

So setzen Sie vor einem bestimmten Tag einen Seitenumbruch:

Geben Sie **page-break-before:always** ein.

So entfernen Sie Seitenumbrüche:

Geben Sie **page-break-after:auto** bzw. **page-break-before:auto** ein.

Text mit CSS formatieren

Mit Styles stehen Ihnen Möglichkeiten zur Verfügung, die Sie anhand der HTML-Tags und den entsprechenden Erweiterungen niemals realisieren konnten. Nun können Sie den Schriftgrad, die Schriftstärke, den Schriftschnitt, die Zeilenhöhe, die Vordergrund- und Hintergrundfarbe, Abstände wie auch die Textausrichtung ändern. Zudem können Sie festlegen, ob der Text unterstrichen, überstrichen, durchgestrichen oder blinkend angezeigt werden soll und die Zeichen eines Texts in lauter Großbuchstaben, Kleinbuchstaben oder Kapitälchen umwandeln.

Vergessen Sie nicht: Wenn Sie CSS auf ein XML-Dokument anwenden, ist das, als würden Sie auf ein leeres Blatt malen. Da XML-Elemente, im Gegensatz zu HTML-Tags, keine Standardformatierung besitzen, müssen Sie jede einzelne Eigenschaft definieren, die der Text besitzen soll.

Schriftfamilien auswählen

Da nicht jedes System über dasselbe Set an Schriften (Fonts) verfügt, hat die Eigenschaft `font-family` eine Besonderheit: Sie können mehrere *Schriftfamilien* (auch *Schriftarten*) bestimmen für den Fall, dass die erste auf dem System des Besuchers nicht verfügbar ist. Schließlich steht Ihnen ein „letzter Ausweg" zur Verfügung, mit dem Sie die Anzeige auf dem System Ihres Besuchers steuern können, und zwar indem Sie eine *Schriftform* angeben wie *Serifenschrift* (serif) oder *nicht proportionale Schrift* (monospace).

So wählen Sie die verfügbaren Schriftfamilien aus:

1. Geben Sie **font-family:Schriftfamilie** ein, wobei *Schriftfamilie* für die Schriftfamilie erster Wahl steht.
2. Geben Sie bei Bedarf**, Schriftfamilie2** (einschließlich Komma) ein, wobei *Schriftfamilie2* für die zweite Wahl steht. Trennen Sie die einzelnen Schriftfamilien durch Komma voneinander ab.
3. Wiederholen Sie Schritt 2 so oft wie nötig.

✔ Tipps

- Es ist gut, mindestens zwei Schriftfamilien anzubieten. Davon sollte eine auf den gängigen Computerplattformen relativ verbreitet sein, damit Sie zumindest eine gewisse Kontrolle über die Darstellung des Dokuments haben. Auf Macintosh-Systemen übliche Schriftfamilien sind Times und Palatino als Serifenschriften und Helvetica als serifenlose Schrift. Die meisten Windows-Systeme besitzen ebenfalls die Schriftfamilie Times, doch als serifenlose Schrift ist Arial eher vorherrschend.
- Die folgenden *Schriftformen* können Sie als „letzten Ausweg" angeben: **serif** (Serifenschrift), **sans-serif** (serifenlose Schrift), **cursive** (Kursivschrift), **fantasy** (Fantasieschrift) und **monospace** (nicht proportionale Schrift).
- Sie können die Schriftfamilie, Schriftgröße und Zeilenhöhe auch in einem Zug angeben (*siehe Seite 216*).
- Untergeordnete Elemente erben die Schriftfamilie vom übergeordneten.
- Anführungszeichen sind nicht erforderlich, sind jedoch bei einigen Browsern zuträglich, wenn der Name Leerzeichen enthält.

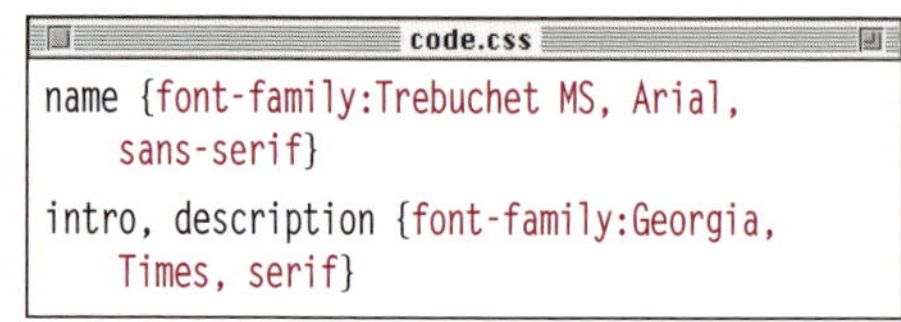

code.css

```
name {font-family:Trebuchet MS, Arial,
   sans-serif}
intro, description {font-family:Georgia,
   Times, serif}
```

Abbildung 15.1: Beachten Sie, dass die Schriftfamilie Georgia (bzw. eine Serifenschrift) sowohl für das Element `intro` als auch für `description` verwendet wird. (Erläuterungen über komplexe Selektoren erhalten Sie auf *Seite 180*.)

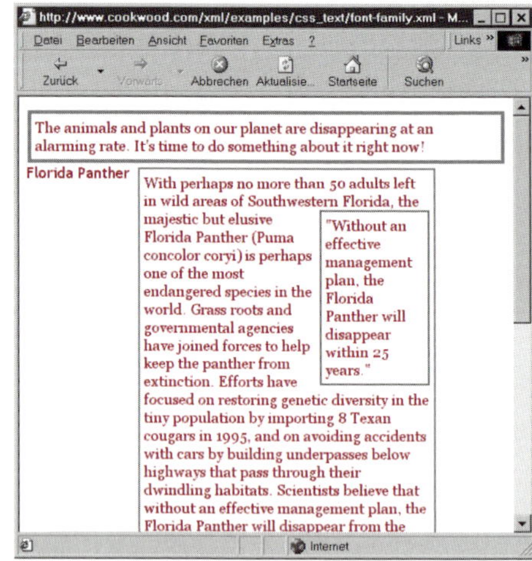

Abbildung 15.2: Beachten Sie, dass für `blurb` dieselbe Schriftfamilie verwendet wird. Das liegt daran, dass die Schriftfamilie vom übergeordneten Element geerbt wurde.

code.css

```
@font-face {font-family: Trebuchet MS;
    src: url(TREBUCH0.eot)}
@font-face {font-family:Georgia;
    src:url(GEORGIA0.eot)}
name {font-family:Trebuchet MS}
intro, description {font-family:Georgia}
```

Abbildung 15.3: Achten Sie darauf, den exakten Namen der Schriftfamilie anzugeben sowie den präzisen Pfad zur Schriftdatei.

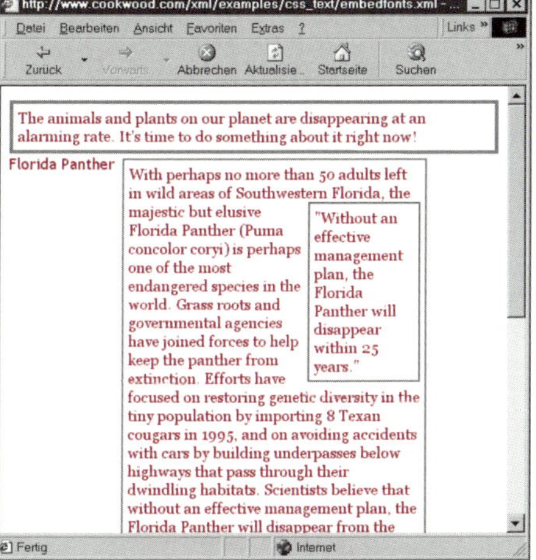

Abbildung 15.4: Selbst auf Systemen, auf denen Trebuchet oder Georgia gar nicht installiert sind, sollten die richtigen Schriftfamilien angezeigt werden.

Schriften in eine Seite einbetten

Sie können eine noch so schöne Schriftfamilie auswählen, doch wenn Ihre Besucher sie nicht auf ihrem System installiert haben, kann sie auch nicht angezeigt werden. Eine Lösung ist, eine Schrift in eine Seite einzubetten.

So betten Sie eine Schrift in eine Seite ein:

1. Geben Sie **@font-face {font-family:** ein.
2. Geben Sie den vollständigen Namen der einzubettenden Schriftfamilie ein.
3. Geben Sie **; src:url(** ein.
4. Geben Sie die URL der Schriftdatei ein.
5. Geben Sie **)}** ein.
6. Um die eingebettete Schriftfamilie in einer Formatdefinition zu verwenden, geben Sie den Namen aus Schritt 2 an.

✔ Tipps

- Sie können (in Schritt 4) nicht jede Schriftdatei als Quelle für eine eingebettete Schrift verwenden, sondern nur Schriften in einem speziellen Format. Für den Internet Explorer müssen Schriften im .eot-Format angegeben werden. Mit einem Programm namens WEFT können Sie Ihre installierten Schriften in das Format .eot konvertieren. Informationen dazu erhalten Sie unter *www.microsoft.com/typography/ web/embedding/*.
- Die Firma Bitstream hat den WebFont Maker entwickelt, um Schriften für die Anzeige in Netscape und im Explorer in Webseiten einzubetten. Bei einem Test sah es allerdings im Explorer für Windows nicht allzu toll aus (für den Explorer für Mac funktioniert es gar nicht). Einzelheiten dazu unter *http://www.bitstream.com/ webfont/*.
- Wiederum sind bei der Angabe der Schriftfamiliennamen keine Anführungszeichen erforderlich, wenn sie auch bei einigen Browsern für das Verständnis von Namen mit Leerzeichen oder Satzzeichen förderlich sind.

Kursivschriften zuweisen

Es gibt zwei Methoden, um einen Text kursiv auszuzeichnen. Sie geben entweder direkt einen Schriftschnitt wie „Garamond Italic“ oder „Palatino Italic“ an, oder Sie geben zuerst die Schriftfamilie (Garamond oder Palatino) und dann die Auszeichnung Kursiv (italic) an (*siehe auch Seite 210*). Soll der gesamte Text in einer bestimmten Schrift kursiv sein, ist die erste Methode einfacher. Soll jedoch die Schrift in verschiedenen Schriftschnitten (normal oder kursiv) verwendet werden, ist die zweite Methode die flexiblere.

So weisen Sie eine Kursivschrift zu:

1. Geben Sie **font-style:** ein.
2. Geben Sie **oblique** ein, wenn eine *elektronische Schrägstellung* ausreicht und **italic**, wenn Sie einen *echten Kursivschnitt* benötigen.

So entfernen Sie die kursive Auszeichnung:

1. Geben Sie **font-style:** ein.
2. Geben Sie **normal** ein.

✔ Tipps

- Es galt eigentlich immer, dass der Kursivschnitt einer Schriftfamilie (Italic) von dem Schriften-Designer von Grund auf neu entwickelt wurde, während die elektronische Schrägstellung (Oblique) auf die Schnelle vom Computer erstellt wurde. Die Unterscheidung hat sich mit der Zeit etwas verwischt, gilt aber grundsätzlich immer noch.
- Wenn Sie den Schriftschnitt *(font style)* Italic angegeben haben, ein eigener Schnitt aber nicht zur Verfügung steht, versucht der Browser in der Regel, die Schrift in der elektronischen Schrägstellung anzuzeigen.
- Eine Kursivschrift wird z.B. entfernt, um in einem Text, bei dem der gesamte Absatz kursiv gesetzt ist, eine Stelle hervorzuheben, oder um eine geerbte Kursivschrift aufzuheben. Weitere Erläuterungen zu geerbten Formaten erhalten Sie auf *Seite 179*.
- Untergeordnete Elemente erben die Eigenschaft `font-style` vom übergeordneten.

code.css

```
@font-face {font-family: Trebuchet MS;
    src: url(TREBUCH0.eot)}
@font-face {font-
    family:Georgia;src:url(GEORGIA0.eot)}
name {font-family:Trebuchet MS}
intro, description {font-family:Georgia}
latin_name {font-style:italic}
```

Abbildung 15.5: Alle `latin_name`-Elemente sollen kursiv dargestellt werden.

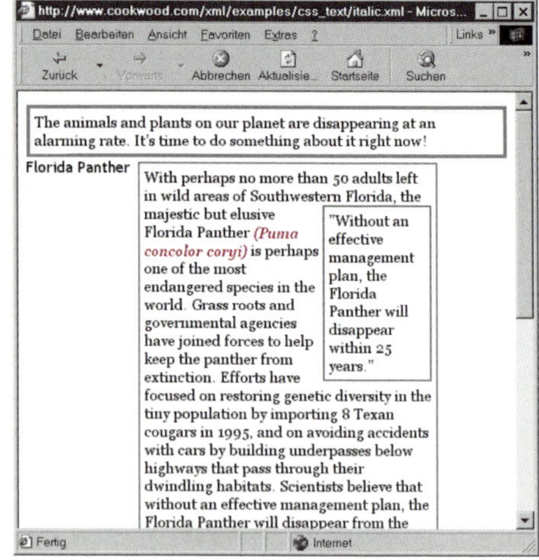

Abbildung 15.6: Die Kursivschrift eignet sich hervorragend, um ein Stück Text hervorzuheben (insbesondere Wörter in Fremdsprachen).

```
code.css
@font-face {font-family: Trebuchet MS;
    src: url(TREBUCH0.eot)}
@font-face {font-family:Georgia;
    src:url(GEORGIA0.eot)}
name {font-family:Trebuchet MS;
    font-weight:bold}
intro, description {font-family:Georgia}
latin_name {font-style:italic}
population {font-weight:bold}
```

Abbildung 15.7: Eine weitere populäre Methode der Hervorhebung ist der Fettsatz.

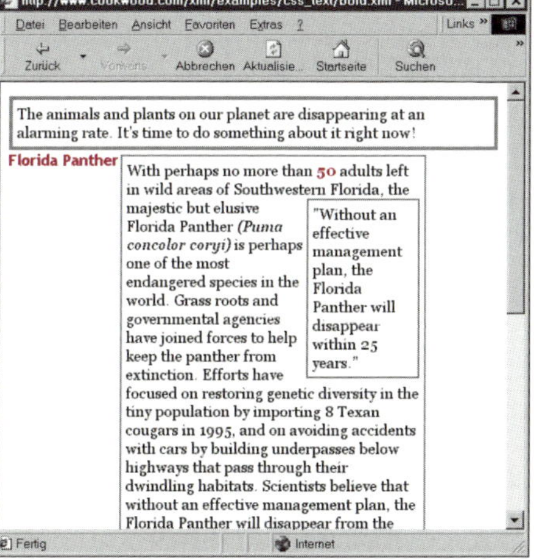

Abbildung 15.8: Die Elemente `name` (Florida Panther) und `population` (50) sind jetzt deutlicher hervorgehoben und schneller zu erfassen.

Texte fett auszeichnen

Auch die Fettauszeichnung ist neben der Kursivschrift eine recht populäre Methode zur Hervorhebung von Text. Stylesheets bieten Ihnen eine Reihe von Optionen für die *Schriftstärke,* z.B. die Angabe eines relativen Werts oder die Möglichkeit, die Fettauszeichnung ganz zu entfernen.

So zeichnen Sie Text fett aus:

1. Geben Sie **font-weight:** ein.
2. Um eine normalfette Schriftstärke zuzuweisen, geben Sie **bold** ein.
3. Um einen Wert relativ zur aktuellen Schriftstärke anzugeben, geben Sie **bolder** oder **lighter** ein.
4. Oder geben Sie ein Mehrfaches von **100** zwischen 100 und 900 ein, wobei 400 in etwa für *halbfett* steht und 700 für normalfett.

So entfernen Sie die fette Auszeichnung:

1. Geben Sie **font-weight:** ein.
2. Geben Sie **normal** ein.

✔ Tipps

- Da verfügbare Schriftstärken bei den verschiedenen Schriften variieren, gelten die relativen Angaben *innerhalb* einer bestimmten Schriftfamilie.
- Verfügt eine Schriftfamilie über weniger als neun Schriftstärken oder wenn diese sich am Ende der Skala konzentrieren, ist es möglich, dass einige nummerische Werte derselben Schriftstärke entsprechen.
- Da einige untergeordnete Elemente die Eigenschaft `font-weight` vom übergeordneten erben, können Sie sie mit `font-weight:normal` wieder aufheben.

TEXT MIT CSS FORMATIEREN

Den Schriftgrad einstellen

Sie stellen den Schriftgrad (auch *Schriftgröße)* von Text, der mit einem bestimmten Element markiert ist, ein, indem Sie die Größe in Punkt oder Pixel angeben oder mit beschreibenden Wörtern oder in Relation zur Schriftgröße des übergeordneten Elements.

So stellen Sie den Schriftgrad ein:

1. Geben Sie **font-size:** ein.
2. Geben Sie den Schriftgrad absolut an: **xx-small**, **x-small**, **small**, **medium**, **large**, **x-large** oder **xx-large**.

   Oder geben Sie einen relativen Schriftgrad an: **larger** oder **smaller**.

   Oder geben Sie die exakte Größe an: Zum Beispiel **12pt** oder **15px**.

   Oder geben Sie einen Prozentwert an, der sich auf den Schriftgrad des übergeordneten Formats bezieht: zum Beispiel **150%**.

✔ Tipps

- Setzen Sie zwischen Zahl und Einheit kein Leerzeichen.
- Die relativen Werte (*larger, smaller* und die Prozentangaben) werden in Bezug auf das übergeordnete Element berechnet.
- Sie können den Schriftgrad auch zusammen mit den anderen Schrifteigenschaften einstellen (*siehe Seite 216*).
- Untergeordnete Elemente erben die Eigenschaft `font-size` vom übergeordneten.

code.css

```
@font-face {font-family: Trebuchet MS;
    src: url(TREBUCH0.eot)}
@font-face {font-family:Georgia;
    src:url(GEORGIA0.eot)}
name {font-family:Trebuchet MS;font-weight:
    bold; font-size:24pt;width:100;
    margin-top:10}
intro, description {font-family:Georgia;
    font-size:10pt}
latin_name {font-style:italic}
population {font-weight:bold}
```

Abbildung 15.9: Beachten Sie, dass nicht nur der Schriftgrad der Elemente `name`, `intro` und `description`, sondern auch die Breite und der obere Außenrand des Elements `name` (siehe *Seite 194* und *197*) geändert werden muss, damit der Name sich nicht in die anderen Textbereichen überlappt. Es kommt recht häufig vor, dass nach dem Ändern des Schriftgrads auch andere Layouteigenschaften angepasst werden müssen.

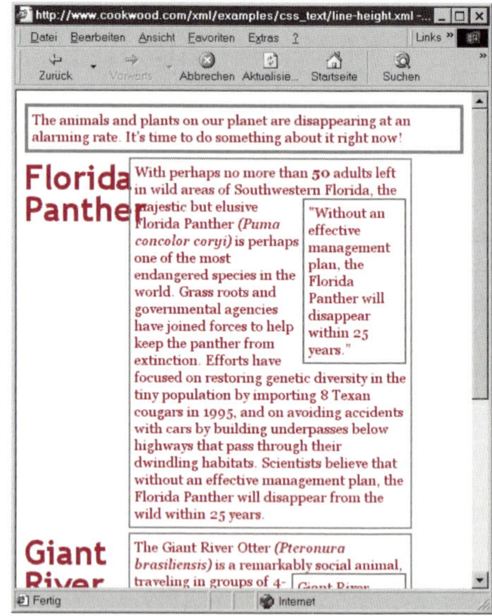

Abbildung 15.10: Das Element `name` (wenn auch etwas zu groß geraten) fällt jetzt wirklich auf.

```
code.css
@font-face {font-family: Trebuchet MS;
    src: url(TREBUCH0.eot)}
@font-face {font-family:Georgia;
    src:url(GEORGIA0.eot)}
name {font-family:Trebuchet MS;font-weight:
    bold; font-size:24pt;width:100;
    margin-top:10;
    line-height:22pt}
intro, description {font-family:Georgia;
    font-size:10pt}
latin_name {font-style:italic}
population {font-weight:bold}
```

Abbildung 15.11: Die Eigenschaft `line-height` bestimmt den Durchschuss oder Zeilenzwischenraum.

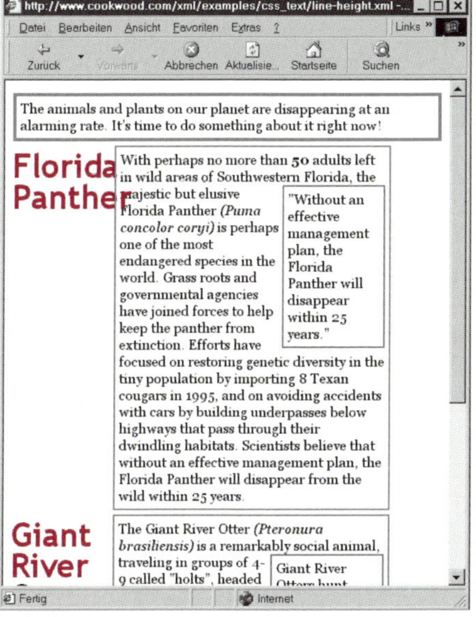

Abbildung 15.12: Groß gesetzter Text (wie hier die Namenüberschriften) sieht mit einem kleineren Durchschuss oft besser aus.

Den Zeilenzwischenraum einstellen

Den Zeilenzwischenraum nennt man auch den *Durchschuss* eines Absatzes, d.h. der Abstand zwischen den einzelnen Zeilen eines Absatzes. Durch eine Vergrößerung des Durchschusses wird die Lesbarkeit eines Texts oft verbessert. Überschriften wirken durch einen kleinen Zeilenzwischenraum (d.h. weniger als eine Zeile) oft eleganter.

So stellen Sie den Durchschuss ein:

1. Geben Sie **line-height:** ein.
2. Geben Sie **n** ein, wobei *n* eine Zahl darstellt, die mit dem Schriftgrad multipliziert den gewünschten Durchschuss ergibt.

   Oder geben Sie **p%** ein, wobei *p* einen prozentualen Anteil des Schriftgrades bezeichnet.

   Oder geben Sie **a** ein, wobei *a* für einen absoluten Wert in Punkt, Pixel oder einer sonstigen Einheit steht.

✔ Tipps

- Sie können den Durchschuss auch zusammen mit den anderen Schrifteigenschaften angeben (*siehe Seite 216*).
- Wenn Sie den Zeilenzwischenraum mithilfe einer Zahl angeben, vererbt sich dieser Faktor auf die untergeordneten Elemente. Verwenden Sie hingegen eine Prozentangabe, wird nur die resultierende Größe vererbt und nicht der prozentuale Faktor.
- Die Eigenschaft `line-height` wird vom übergeordneten Element an die untergeordneten vererbt.

TEXT MIT CSS FORMATIEREN

Alle Schrifteigenschaften gleichzeitig einstellen

Sie können den Schriftschnitt, die Schriftstärke, die Schriftvariante, den Durchschuss und die Schriftfamilie auch in einem Zug angeben.

So stellen Sie alle Schrifteigenschaften gleichzeitig ein:

1. Geben Sie **font:** ein.
2. Um den Schriftschnitt einzustellen, geben Sie **normal**, **oblique** oder **italic** ein (*siehe Seite 212*).
3. Um die Schriftstärke einzustellen, geben Sie **normal**, **bold**, **bolder**, **lighter** oder ein Vielfaches von 100 (bis 900) an (*siehe Seite 213*).
4. Um den Text in Kapitälchen zu setzen, geben Sie **font-variant: small-caps** ein (*siehe Seite 222*).
5. Um den Schriftgrad einzustellen, verwenden Sie die Werte aus Schritt 2 auf *Seite 214*.
6. Um den Zeilenzwischenraum einzustellen, geben Sie **/Durchschuss** ein, wobei *Durchschuss* in derselben Form wie der Schriftgrad ausgedrückt wird (*siehe Seite 215*).
7. Geben Sie ein Leerzeichen ein und dann die gewünschte(n) Schriftfamilie(n) in der Reihenfolge ihrer Präferenz und durch Kommata voneinander abgetrennt (*siehe Seite 210*).

✔ Tipps

- Sie können auch jede Option separat einstellen. Weitere Erläuterungen erhalten Sie in den Seitenverweisen in den einzelnen Schritten.
- Die oben angeführte Reihenfolge ist nach den offiziellen Spezifikation und für den Netscape-Browser erforderlich. Beim Explorer scheint die Reihenfolge keine Rolle zu spielen.
- Nur die Angabe der Größe und Familie einer Schrift ist obligatorisch. Alle anderen Eigenschaften können auch weggelassen werden – sodass der jeweilige Standardwert verwendet wird.
- Den Zeilenzwischenraum können Sie mit `font` nur einstellen, wenn Sie auch die Schriftgröße eingestellt haben.
- Die Eigenschaft `font` wird vom übergeordneten Element an die untergeordneten vererbt.

code.css

```
@font-face {font-family: Trebuchet MS; src:
    url(TREBUCH0.eot)}
@font-face {font-
    family:Georgia;src:url(GEORGIA0.eot)}
name {font: bold 24pt/22pt Trebuchet MS;
    width:100;margin-top:10}
intro, description {font: 10pt Georgia}
latin_name {font-style:italic}
population {font-weight:bold}
```

Abbildung 15.13: Für die Eigenschaft `font` müssen Sie mindestens den Schriftgrad und die Schriftfamilie angeben. Alle anderen Eigenschaften sind optional (d.h. die Standardwerte werden angenommen, wenn sie nicht explizit gesetzt werden).

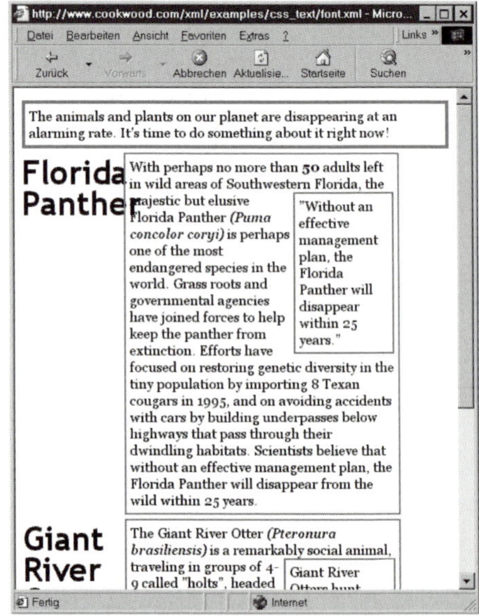

Abbildung 15.14: Das Ergebnis ist genau dasselbe wie bei einer separaten Definition der einzelnen Eigenschaften (vgl. Abbildung 15.12).

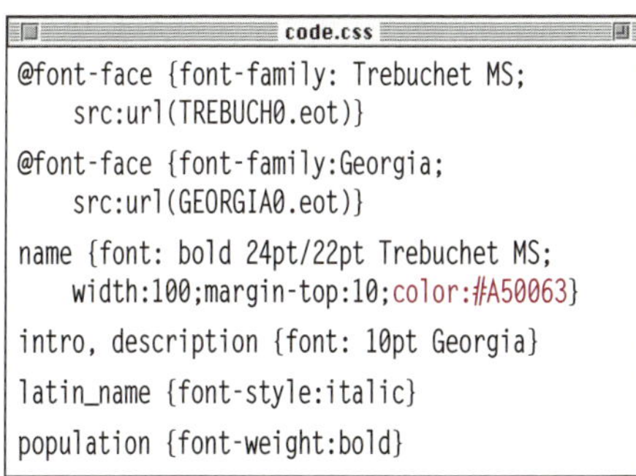

```
code.css
@font-face {font-family: Trebuchet MS;
    src:url(TREBUCH0.eot)}
@font-face {font-family:Georgia;
    src:url(GEORGIA0.eot)}
name {font: bold 24pt/22pt Trebuchet MS;
    width:100;margin-top:10;color:#A50063}
intro, description {font: 10pt Georgia}
latin_name {font-style:italic}
population {font-weight:bold}
```

Abbildung 15.15: Hier wurde mithilfe des Standardhexadezimalsystems die Farbe Lila festgelegt.

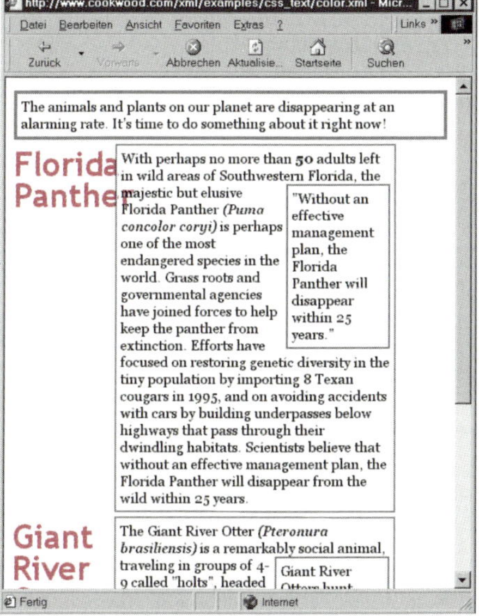

Abbildung 15.16: Beim Einsatz von Farben sollten Sie darauf achten, dass zwischen Text- und Hintergrundfarbe (in diesem Fall Weiß) genügend Kontrast besteht.

Die Textfarbe einstellen

Sie können die Farbe von jedem Text ändern. Das kann ein ganzer Absatz, aber auch nur ein paar Wörter sein.

So stellen Sie die Textfarbe ein:

1. Geben Sie **color:** ein.
2. Geben Sie dann **Farbname** ein, wobei *Farbname* eine von 16 vordefinierten Farben steht.

   Oder geben Sie **#rrggbb** ein, wobei *rrggbb* die hexadezimale Darstellung der gewünschten Farbe ist.

   Oder geben Sie **rgb(r, g, b)** ein, wobei *r*, *g*, und *b* ganze Zahlen zwischen 0 und 255 sind, die den Rot-, Grün- bzw. Blauanteil der gewünschten Farbe repräsentieren.

   Oder geben Sie **rgb(r%, g%, b%)** ein, wobei *r*, *g*, und *b* den prozentualen Anteil an Rot, Grün bzw. Blau in der gewünschten Farbe darstellen.

✔ Tipps

- Weitere Erläuterungen zur Angabe von Farben erhalten Sie in Anhang D.
- Wenn Sie für *r*, *g* oder *b* einen Wert angeben, der höher ist als 255, so wird er durch 255 ersetzt. Entsprechend wird eine Prozentangabe höher als 100 % durch 100% ersetzt.
- Wie bereits erläutert, kann man mithilfe der Eigenschaft `color` auch die Farbe eines beliebigen anderen Elements ändern (*siehe Seite 200*). Das Ändern der Textfarbe funktioniert genau gleich, doch da es recht wichtig ist, wurde die Anleitung hier noch einmal wiederholt.
- Sie können **#rgb** zur Einstellung der Farbe verwenden, wobei die Hexadezimalwerte wiederholte Stellen sind. So können Sie #FF0099 als #F09 schreiben.
- Die Hexadezimalzahl sollte nicht in Anführungszeichen gesetzt werden.
- Die Eigenschaft `color` wird vererbt.

TEXT MIT CSS FORMATIEREN

Den Hintergrund des Texts ändern

Mit Hintergrund ist nicht der Hintergrund der gesamten Seite, sondern der Hintergrund eines bestimmten Tags gemeint. Anders ausgedrückt heißt das, Sie können den Hintergrund einiger weniger Absätze oder Wörter ändern, indem Sie dort für den Hintergrund eine andere Farbe einstellen.

So ändern Sie den Hintergrund des Texts:

1. Geben Sie **background:** ein.
2. Geben Sie **transparent** oder **Farbe** ein, wobei *Farbe* für einen Farbnamen oder dessen hexadezimale Darstellung steht (vgl. Anhang D).
3. Um ein Bild festzulegen, das im Hintergrund erscheint, geben Sie **url(Bild.gif)** ein, wobei *Bild.gif* für den Namen des Bilds steht.

   Soll das Bild sowohl horizontal als auch vertikal gekachelt werden, geben Sie **repeat** ein; soll es nur horizontal gekachelt werden, geben Sie **repeat-x** ein; soll es nur vertikal gekachelt werden, geben Sie **repeat-y** ein und um eine Kachelung des Bilds zu verhindern, geben Sie **no-repeat** ein.

   Um festzulegen, ob der Hintergrund fest oder beweglich mit der Anzeige sein soll, geben Sie **fixed** bzw. **scroll** ein.

   Um die Position des Hintergrundbilds festzulegen, geben Sie **x y** ein. Dabei können Sie *x* und *y* als Prozentsatz oder als absoluten Abstand von der Ecke links oben angeben, oder Sie verwenden die Werte **top** (oben), **center** (Mitte) oder **bottom** (unten) für *x* und **left** (links), **center** (Mitte) oder **right** (rechts) für *y*.

✓ Tipps

- Sie können für den Hintergrund sowohl eine Farbe als auch ein GIF-Bild angeben. Die Farbe wird dann verwendet, solange das Bild noch geladen wird – bzw. wenn es aus irgendeinem Grund nicht geladen werden kann – und scheint zudem an transparenten Stellen des Bilds hindurch.
- Die Eigenschaft `background` wird nicht vererbt.

code.css

```
@font-face {font-family: Trebuchet MS;
    src:url(TREBUCH0.eot)}
@font-face {font-family:Georgia;
    src:url(GEORGIA0.eot)}
endangered_species {background:#ffe7c6}
name {font: bold 24pt/22pt Trebuchet MS;
    width:100;margin-top:10;color:#a50063}
intro, description {font:10pt Georgia;
    background:#ffffcc}
blurb {background:#ffc6a5}
latin_name {font-style:italic}
population {font-weight:bold}
```

Abbildung 15.17: Hier wurde eine Hintergrundfarbe für das Wurzelelement (`endangered_species`) und die Elemente `intro` und `description` und `blurb` eingerichtet. Klingt vielleicht nach etwas viel Farbe, doch passen diese Farben recht gut zusammen.

Abbildung 15.18: Ein wohlüberlegter Einsatz von Farben kann zur Vereinheitlichung einer Site beitragen, indem das Auge auf wichtige und verwandte Informationsbereiche gelenkt wird. (In den richtigen Farben sieht das besser aus als hier im Buch. Schauen Sie auf der Webseite vorbei!

TEXT MIT CSS FORMATIEREN

```
code.css
@font-face {font-family: Trebuchet MS;
    src:url(TREBUCH0.eot)}
@font-face {font-family:Georgia;
    src:url(GEORGIA0.eot)}
endangered_species {background:#ffe7c6}
name {font: bold 24pt/22pt Trebuchet MS;
    width:100;margin-top:10;color:#A50063}
intro, description {font:10pt
    Georgia;background:#ffffc6}
blurb {background:#ffc6a5;letter-spacing:.1em;
    text-indent:15pt}
latin_name {font-style:italic}
population {font-weight:bold}
```

Abbildung 15.19: Der Buchstabenzwischenraum im Element `blurb` wird nun um 0,1 em verbreitert und zudem wird ein Einzug von 15 Punkt definiert.

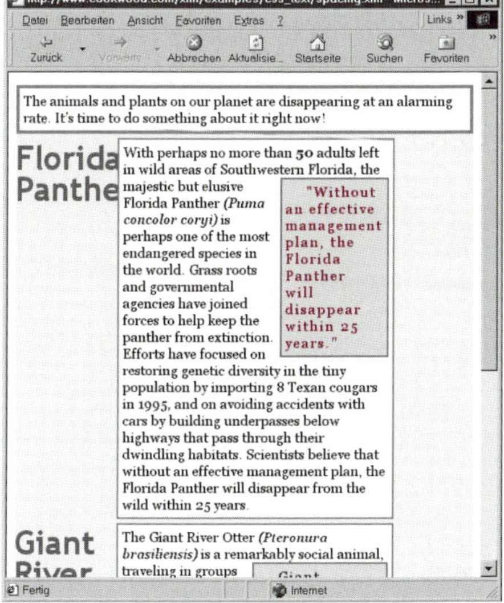

Abbildung 15.20: Der Explorer unterstützt momentan Texteinzüge und Buchstabenzwischenräume, aber keine Wortzwischenräume. Netscape unterstützt momentan nur Texteinzüge.

Zwischenräume festlegen

Sie können den *Wortzwischenraum* (auch *Ausschluss* oder *Tracking*) und den *Buchstabenzwischenraum (Kerning)* vergrößern oder verkleinern. Auch ist es möglich, vor bestimmten Absätzen ein Stück Zwischenraum *(Einzug)* einzufügen.

So legen Sie den Wortzwischenraum fest:

1. Geben Sie **word-spacing:** ein.
2. Geben Sie **Länge** ein, wobei *Länge* für einen nummerischen Wert in Pixel, Punkt, ems usw. steht.

So legen Sie den Buchstabenzwischenraum fest:

1. Geben Sie **letter-spacing:** ein.
2. Geben Sie **Länge** ein, wobei *Länge* für einen nummerischen Wert in Pixel, Punkt, ems usw. steht.

So fügen Sie Einzüge ein:

1. Geben Sie **text-indent:** ein.
2. Geben Sie einen Wert für den Texteinzug ein, entweder als absoluten Wert (positiv oder negativ) oder als Prozentwert.

✓ Tipps

- Wie Sie Zeilenzwischenräume festlegen, erfahren Sie auf *Seite 215*.
- Es ist zulässig, auch negative Werte für Wort- und Buchstabenzwischenräume festzulegen, wenngleich die richtige Anzeige von den Fähigkeiten des Browsers abhängt.
- Die Werte für Wort- und Buchstabenzwischenräume sollten auch mit der gewählten Ausrichtung abgestimmt werden.
- Mit dem Wert `normal` setzen Sie die Buchstaben- und Wortzwischenräume auf den Standardwert zurück.
- Wenn Sie Lücken im Blocksatz vermeiden wollen, verwenden Sie den Wert 0 für den Buchstabenzwischenraum.
- Momentan unterstützt nur Netscape Texteinrückungen.
- Alle drei Zwischenraumeigenschaften werden vererbt.

Text ausrichten

Es ist möglich, für bestimmte Tags festzulegen, dass sie immer rechtsbündig, linksbündig, zentriert oder im Blocksatz ausgerichtet werden.

So richten Sie Text aus:

1. Geben Sie **text-align:** ein.
2. Um den Text linksbündig auszurichten, geben Sie **left** ein.

   Um den Text rechtsbündig auszurichten, geben Sie **right** ein.

   Um den Text in der Mitte des Bildschirms zu zentrieren, geben Sie **center** ein.

   Um den Text im Blocksatz auszurichten, geben Sie **justify** ein.

✔ Tipps

- Wenn Sie den Text im Blocksatz ausrichten, sollten Sie sich darüber im Klaren sein, dass davon die Wort- und Buchstabenzwischenräume beeinflusst werden. Weitere Erläuterungen zu Zwischenräumen erhalten Sie im Abschnitt *Zwischenräume festlegen* auf *Seite 219*.
- Untergeordnete Elemente erben die Eigenschaft `text-align` vom übergeordneten.

code.css

```
@font-face {font-family: Trebuchet MS;
    src:url(TREBUCH0.eot)}
@font-face {font-family:Georgia;
    src:url(GEORGIA0.eot)}
endangered_species {background:#ffe7c6}
name {font: bold 24pt/22pt Trebuchet MS;
    width:100;margin-top:10;color:#A50063}
intro, description {font:10pt Georgia;
    background:#ffffc6;text-align:justify}
blurb {background:#ffc6a5;margin:8 10 2;
    text-align:center;}
latin_name {font-style:italic}
population {font-weight:bold}
```

Abbildung 15.21: Der Text für `intro` und `description` wurde im Blocksatz gesetzt. Dadurch geerbte (ungewollte) Eigenschaften im Element `blurb` werden aufgehoben, indem dieser Text zentriert wird. (Auch der Außenrand von `blurb` muss mit dem Blocksatz abgestimmt werden – siehe auch *Seite 197*.)

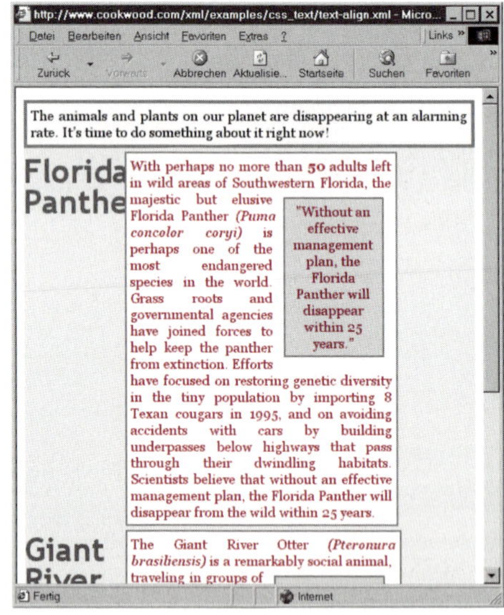

Abbildung 15.22: Durch den Blocksatz im Element `description` (und die Außenrandanpassungen) hebt sich das Element `blurb` deutlicher vom Rest ab und durch die Zentrierung des Blurb-Texts wirkt das Element eleganter.

```
code.css
@font-face {font-family: Trebuchet MS;
    src:url(TREBUCH0.eot)}
@font-face {font-family:Georgia;
    src:url(GEORGIA0.eot)}
endangered_species {background:#ffe7c6}
name {font: bold 24pt/22pt Trebuchet MS;
    width:100;margin-top:10;color:#A50063}
intro, description {font:10pt Georgia;
    background:#ffffc6;text-align:justify}
blurb {background:#ffc6a5;margin:8 10 2;
text-align:center;}
latin_name {font-style:italic}
population {font-weight:bold}
more_info {text-decoration:underline}
```

Abbildung 15.23: Das Element `more_info` ist als Link konzipiert (sobald XLink und XPointer in die Browser implementiert sind – *vgl. Seite 223*). Konform mit dem Webstandard wird das Element unterstrichen formatiert.

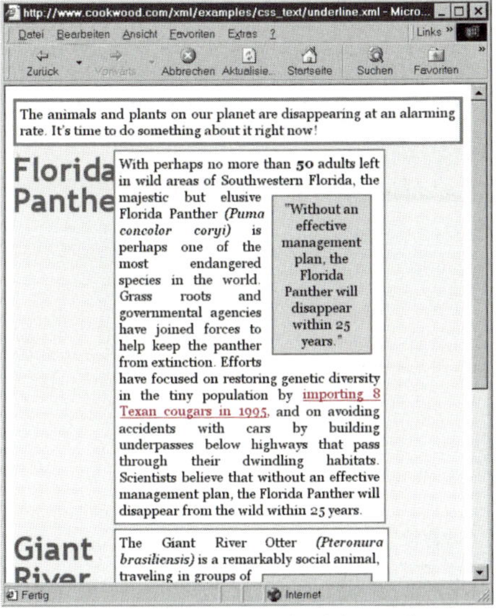

Abbildung 15.24: Vergessen Sie nicht: Auch wenn das Element unterstrichen ist, ist es noch lange kein Link. Dieser Text ist noch nicht anklickbar – na ja, das schon, aber er führt nirgendwo hin. (Dazu fehlt die Unterstützung von XLink und XPointer – *siehe Seite 225*.) Sie können Unterstreichungen zwar auf jede Textstelle anwenden (auch auf Nicht-Links), doch würden Sie dadurch die Besucher nur verwirren.

Text unterstreichen

Sie haben die Möglichkeit, unter, über und selbst in der Mitte des Texts (zum Durchstreichen) eine Linie einzufügen.

So unterstreichen Sie Text:

1. Geben Sie **text-decoration:** ein.
2. Um den Text zu unterstreichen, geben Sie **underline** ein.

   Um über dem Text eine Linie einzufügen, geben Sie **overline** ein.

   Um den Text durchzustreichen, geben Sie **line-through** ein.

So heben Sie eine Textlinie auf:

1. Geben Sie **text-decoration:** ein.
2. Geben Sie **none** ein.

✔ Tipps

- Sie können Linien aus Tags entfernen, die diese normalerweise haben (z.B. `u`, `strike`, `del`, `ins` oder insbesondere `a` in HTML).
- Die meisten Setzer und Grafik-Designer mögen keine Unterstreichungen und betrachten sie als Relikte aus der Zeit der Schreibmaschinen. Wenn Sie gleicher Meinung sind, können Sie z.B. die Option `none` verwenden, um die Unterstreichung von Links aufzuheben. Die Links müssen dann aber auf andere Weise deutlich als Links gekennzeichnet werden, damit Ihre Besucher wissen, wo sie hinklicken müssen.
- Die Eigenschaft `text-decoration` wird nicht vererbt.

Die Groß-/Kleinschreibung umwandeln

Mit der Eigenschaft `text-transform` können für ein Format die Verwendung von Groß- und Kleinbuchstaben festgelegt werden. Damit lässt sich der Text nur in Großbuchstaben, nur in Kleinbuchstaben oder mit lauter Großbuchstaben am Wortanfang darstellen, oder Sie können den Text wieder in der Schreibung anzeigen, wie er eingegeben wurde.

So ändern Sie die Groß-/ Kleinschreibung:

1. Geben Sie **text-transform:** ein.
2. Um jeweils den Wortanfang groß zu schreiben, geben Sie **capitalize** ein.

   Um alle Buchstaben groß zu schreiben, geben Sie **uppercase** ein.

   Um alle Buchstaben klein zu schreiben, geben Sie **lowercase** ein.

   Um den Text wie eingegeben zu belassen (und etwa geerbte Umwandlungen aufzuheben), geben Sie **none** ein.

Viele Schriften besitzen eine Variante für Kapitälchen, d.h. die Kleinbuchstaben werden zwar kleiner als die großen, aber in der Form von Großbuchstaben dargestellt. Kapitälchen definieren Sie mithilfe der Eigenschaft `font-variant`.

So setzen Sie einen Text in Kapitälchen:

1. Geben Sie **font-variant:** ein.
2. Geben Sie **small-caps** ein.

✔ Tipps

- Um die Schriftvariante eines abhängigen Formats wieder aufzuheben, verwenden Sie **font-variant: none**.
- Beim Kombinieren von `text-transform` mit anderen Schrifteigenschaften (*siehe Seite 216*) gibt es mitunter Probleme. Wenn Sie daher planen, `text-transform` einzusetzen, sollten Sie die Schrifteigenschaften gesondert spezifizieren.
- Sowohl die Eigenschaft `text-transform` als auch `font-variant` werden vererbt.

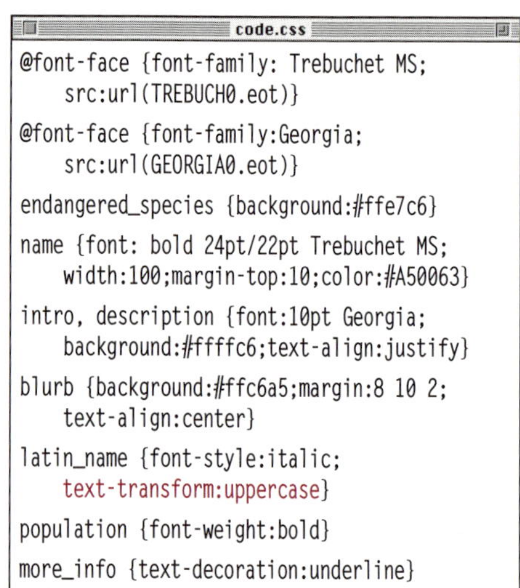

```
code.css
@font-face {font-family: Trebuchet MS;
    src:url(TREBUCH0.eot)}
@font-face {font-family:Georgia;
    src:url(GEORGIA0.eot)}
endangered_species {background:#ffe7c6}
name {font: bold 24pt/22pt Trebuchet MS;
    width:100;margin-top:10;color:#A50063}
intro, description {font:10pt Georgia;
    background:#ffffc6;text-align:justify}
blurb {background:#ffc6a5;margin:8 10 2;
    text-align:center}
latin_name {font-style:italic;
    text-transform:uppercase}
population {font-weight:bold}
more_info {text-decoration:underline}
```

Abbildung 15.25: Hier wird dafür gesorgt, dass alle `latin_name`-Elemente in Großbuchstaben gesetzt werden. Die Eigenschaft `text-transform` erspart es Ihnen, den Inhalt erneut in Großbuchstaben einzugeben.

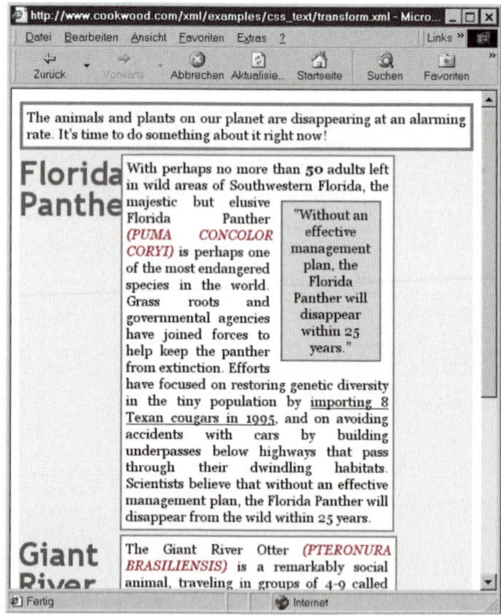

Abbildung 15.26: Jetzt erscheinen die latin_name-Elemente in Großbuchstaben.

Teil 6

XLink und XPointer

16

XLINK UND XPOINTER

Die Popularität von HTML stützt sich sicherlich auf zwei Dinge: Hyperlinks und Bilder. Erstere ermöglichen Ihnen, die Informationen auf Ihren Seiten mit Informationen auf allen anderen Webseiten dieser Welt zu verknüpfen, letztere geben Ihren Seiten visuelles Interesse.

Doch waren die Entwickler von XML mit dem HTML-Basissystem nicht zufrieden. Statt dessen wollten Sie robustere Methoden schaffen, die Verknüpfungen in mehrere Richtungen erlauben und die steuern können, wie und wann Links aktiviert werden u. a. m. Dieses neue System gründet sich auf zwei Sprachen, die in diesem Kapitel ausführlich erläutert werden: *XML Linking Language* (XLink) und *XML Pointer Language* (XPointer).

Da gibt es nur ein Problem. Weder XLink noch XPointer werden von einem der gängigen Browser unterstützt. D. h. Sie können XML-Seiten mit funktionalen Links oder eingebetteten Bildern nicht bedienen. Sie können schon, nur wird niemand die Links oder Bilder sehen. Das ist ein sehr, sehr großes Hindernis. Bis XLink und XPointer in die Browser integriert sind, wird es weiterhin notwendig sein, die resultierenden Dateien in HTML zu konvertieren, sodass jedermann und -frau die Links und Bilder in ihren Browsern sehen kann.

Es bedeutet auch, dass die Beschreibungen in diesem Buch zwar auf den neuesten Spezifikationen für XLink (*http://www.w3.org/TR/xlink/*) und XPointer (*http://www.w3.org/TR/xptr/*) basieren, jedoch weitestgehend hypothetischer Natur sind. Wie die Browser dereinst Links behandeln werden, kann man erahnen, doch gibt es keine Möglichkeit, irgendetwas zu testen oder zu sehen, wie die Spezifikationen in der Wirklichkeit bestehen. Sie können sich in diesem Kapitel also einen Vorgeschmack auf XLink und XPointer verschaffen, doch müssen Sie sich noch etwas gedulden, um zu sehen, wie die Technik tatsächlich umgesetzt wird.

Einen einfachen Link erstellen

In HTML werden Links und Bilder als zwei ganz unterschiedliche Objekte erachtet, doch sind sie im Prinzip recht ähnlich. Sie haben ein Element mit einer Referenz auf eine externe Datei. Handelt es sich dabei um eine andere Webseite, wird per Klick auf den Link der aktuelle Fensterinhalt oft durch die andere Webseite ersetzt. Handelt es sich bei der externen Datei um ein unterstütztes Dateiformat wie JPEG oder GIF, so wird sie oft direkt auf der Webseite angezeigt. In XML erstellen Sie beide Referenzen mithilfe desselben Mechanismus, unabhängig davon, was die externe Datei darstellt.

So erstellen Sie einen einfachen Link:

1. Deklarieren Sie im Wurzelelement Ihres Dokuments (oder, wenn Sie das vorziehen, im Element, in dem Sie den Link erstellen) den XLink-Namensraum, indem Sie **xmlns:xlink= "http://www.w3.org/1999/xlink"** eingeben. Weitere Erläuterungen zur Deklaration von Namensräumen finden Sie in Kapitel 8.
2. Geben Sie innerhalb des Start-Tags des Links, den Sie mit einem anderen verknüpfen wollen, **xlink:type="simple"** ein.
3. Geben Sie dann **xlink:href="URL"** ein, wobei *URL* für die Position der Datei steht, auf die Sie verweisen wollen. Wollen Sie auf einen bestimmten Abschnitt oder eine bestimmte Stelle in der Datei verweisen, müssen Sie noch einen XPointer anhängen (*siehe Seite 232*).
4. Geben Sie bei Bedarf **xlink:role="use"** ein, wobei *use* – für eine Maschine oder ein Programm, das die Information liest – beschreibt, welchem Zweck der Verweis dient.
5. Geben Sie bei Bedarf **xlink:title="Beschreibung"** ein, wobei *Beschreibung* von einem Parser verwendet werden kann, um dem Besucher eine Vorstellung zu geben, wo der Link hinführt (etwa in Form einer Quickinfo).

```
code.xml
<endangered_species xmlns:xlink=
    "http://www.w3.org/1999/xlink">
```

Abbildung 16.1: Deklarieren Sie den XLink-Namensraum im Wurzelelement Ihres Dokuments (oder in dem Element, in dem Sie die Attribute und Elemente verwenden), bevor Sie eines der XLink-Attribute oder -Elemente verwenden.

```
code.xml
<endangered_species xmlns:xlink=
    "http://www.w3.org/1999/xlink">
<animal>
<name language="English">Tiger</name>
...
<source xlink:type="simple" xlink:href=
    "http://www.worldwildlife.org/species/
    species.cfm?sectionid=120&newspaperid=21"
    xlink:role="info source"
    xlink:title="Source of Information"
    xlink:show="replace"
    xlink:actuate="onRequest"/>
...
```

Abbildung 16.2: Das Element source im XML-Dokument enthält nun einen Link auf eine externe Datei, die im Browser den Inhalt des aktuellen Dokuments ersetzen wird, wenn die Aktion angefordert wird.

```
code.xml
...
<picture xlink:type="simple"
xlink:href="tiger.jpg" xlink:role="image"
xlink:title="Tiger: Panthera tigris"
xlink:show="embedded" xlink:actuate="onLoad"
x="200" y="197"/>
...
```

Abbildung 16.3: In diesem Auszug des Dokuments aus Abbildung 16.2 beinhaltet das Element picture nun einen Verweis auf eine externe Datei namens *tiger.jpg*, die beim *Laden* in das Dokument eingebettet wird. Beachten Sie, dass das Element picture weiterhin einige Attribute umfasst (x und y), die mit XLink nichts zu tun haben.

```
code.xml
...
<xlink:simple xlink:href="tiger.jpg"
    xlink:role="image" xlink:title="Tiger:
    Panthera tigris" xlink:show="embedded"
    xlink:actuate="onLoad"/>
...
```

Abbildung 16.4: Anstatt aus einem vorhandenen Element einen Link zu erstellen, können Sie auch ein eigenständiges XLink-Element erstellen, das die Referenz enthält. Das Attribut `xlink:type= "simple"` wird zum Namen des Elements (xlink:simple) und der Rest der Attribute bleibt gleich.

6. Geben Sie als Nächstes **xlink:show=** ein, um zu bestimmen, wo die externe Datei erscheinen soll.

   Geben Sie dann **"replace"** ein für einen Standard-Link im HTML-Stil, der das gesamte aktuelle Dokument im Browser ersetzt.

   Oder geben Sie **"embedded"** ein für einen Standard-Link im HTML-Stil, der direkt im aktuellen Dokument angezeigt wird.

   Oder geben Sie **"new"** ein, um ein neues Fenster für die angesprochene Datei zu öffnen.

7. Geben Sie schließlich **xlink:actuate=** ein, um zu bestimmen, wann die externe Datei aufgerufen wird.

   Geben Sie dann **"onRequest"** ein, wenn der Besucher etwas machen soll (z.B. klicken), damit die angesprochene Datei erscheint (die typische Form eines Hyperlinks).

   Oder geben Sie **"onLoad"** ein, wenn die angesprochene Datei automatisch geladen werden soll, wenn der Link geladen wird (typisch für eingebettete Bilder).

✔ Tipps

- Die hier beschriebene Methode besteht darin, ein XLink-Attribut in das Element im XML-Dokument einzufügen, das Sie mit einer anderen Datei verknüpfen wollen. Sie können ebenso ein ganz neues XLink-Element erstellen (**Abbildung 16.4**). **xlink:type="simple"** wird dann im Namen des Elements absorbiert und alle anderen Attribute bleiben gleich: **<xlink:simple xlink:href="URL" ...>**. Es macht keinen Unterschied, welche Methode Sie verwenden.
- Alle XLink-Attribute (bzw. Elemente mit XLinks) sollten auch in der DTD zu Ihrem Dokument definiert werden, damit Sie Gültigkeit haben. Weitere Informationen über DTDs erhalten Sie in Kapitel 2.

Ein Linkset erstellen

Anhand eines Linksets können Sie in einem Schritt eine Verknüpfung herstellen zu mehreren Dateien oder spezifischen Stellen in einer Datei, bzw. zu beidem. Sie erstellen ein zentrales Element, das alle Informationen über die zu verknüpfenden Dateien enthält, und definieren dann die Verknüpfungen zwischen diesen Dateien. Das Ergebnis ist ein *Linkset.*

So erstellen Sie ein Linkset:

1. Deklarieren Sie im Wurzelelement Ihres Dokuments (oder, wenn Sie das vorziehen, im Element, in dem Sie den Link erstellen) den XLink-Namensraum, indem Sie **xmlns:xlink= "http://www.w3.org/1999/xlink"** eingeben. Weitere Erläuterungen zur Deklaration von Namensräumen finden Sie in Kapitel 8.
2. Geben Sie in das Element, das die Link-Information enthalten soll, **xlink:type="extended"** ein.
3. Erstellen Sie bei Bedarf die Elemente **xlink:role** und **xlink:title**, wie in Schritt 4–5 auf *Seite 226* beschrieben.
4. Definieren Sie, wie auf *Seite 229* beschrieben, die zu verknüpfenden Dateien bzw. Stellen.
5. Definieren Sie, wie auf *Seite 230* beschrieben, die Verknüpfungen zwischen diesen Dateien.

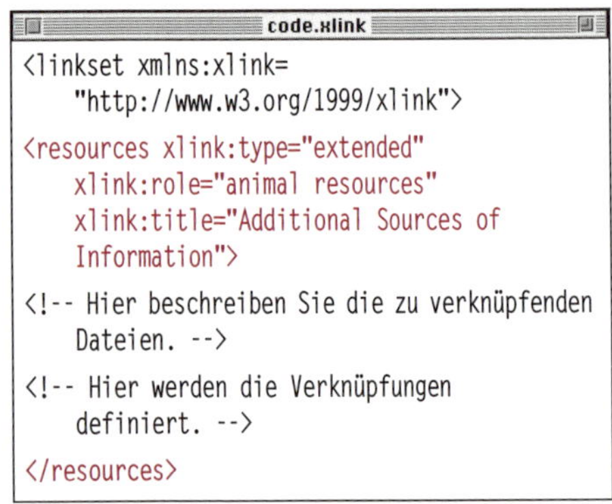

```
<linkset xmlns:xlink=
   "http://www.w3.org/1999/xlink">
<resources xlink:type="extended"
   xlink:role="animal resources"
   xlink:title="Additional Sources of
   Information">
<!-- Hier beschreiben Sie die zu verknüpfenden
   Dateien. -->
<!-- Hier werden die Verknüpfungen
   definiert. -->
</resources>
```

Abbildung 16.5: Ein Linkset beginnt mit einem Element, das `xlink:type="extended"` enthält.

✓ Tipps

- Die Definition eines Linkset kann sich in einer der Dateien befinden, deren Verknüpfungen definiert werden, oder in einer unabhängigen, externen Datei.
- Wie bereits auf *Seite 227* beschrieben, können Sie in derselben Weise anstelle von **<your_element xlink:type="extended"...>** das Element **<xlink:extended...>** verwenden. Es ist derselbe Unterschied.
- Ein Linkset wird auch als *erweiterter Link* bezeichnet (im Gegensatz zu einem einfachen Link, siehe *Seite 226*).

code.xlink

```
<linkset xmlns:xlink=
    "http://www.w3.org/1999/xlink">
<resources xlink:type="extended
    xlink:role="animal resources"
    xlink:title="Additional Sources of
    Information">
<animal_info xlink:type="locator"
    xlink:href="tiger.xml" xlink:role="tiger"
    xlink:title="Tiger"/>
<animal_info xlink:type="locator"
    xlink:href="panther.xml"
    xlink:role="panther" xlink:title="Florida
    Panther"/>
<animal_info xlink:type="locator"
    xlink:href="rhino.xml" xlink:role="rhino"
    xlink:title="Black Rhino"/>
<animal_info xlink:type="locator"
    xlink:href="otter.xml" xlink:role="otter"
    xlink:title="Great River Otter"/>
<!-- Hier werden die Verknüpfungen
    definiert. -->
</resources>
```

Abbildung 16.6: Jeder Referenzpunkt im Linkset identifiziert eine bestimmte Datei (oder einen Teil davon), die entweder als Anfang oder Ende eines Links dient.

Referenzpunkte definieren

Ein Link beginnt und endet mit einem *Referenzpunkt.* Befindet sich der Referenzpunkt innerhalb der Datei mit den Link-Informationen, wird er *Ressource* genannt. Befindet er sich in einer anderen Datei, wird er *Lokator* genannt. Der Referenzpunkt kann auf eine ganze Datei oder (mithilfe von XPointer) auf ein Stück aus einer Datei verweisen.

So definieren Sie Referenzpunkte:

1. Erstellen Sie die erste Referenz auf eine Datei (bzw. auf eine bestimmte Stelle in einer Datei). Geben Sie **<Ref_element** ein, wobei *Ref_element* für das Element in Ihrem XML-Dokument steht, das die Informationen über den Referenzpunkt enthalten wird.
2. Geben Sie dann **xlink:type="locator"** ein, wenn sich der Referenzpunkt außerhalb der Datei mit diesem Linkset befindet.

   Oder geben Sie **xlink:type="resource"** ein, wenn sich der Referenzpunkt in der Datei mit diesem Linkset befindet.
3. Geben Sie dann **xlink:href="URL"** ein, wobei *URL* für die Position des externen Punkts steht, auf den Sie verweisen wollen. Wollen Sie auf einen bestimmten Teil oder eine bestimmte Stelle in einer Datei verweisen, müssen Sie noch einen XPointer anhängen (*siehe Seite 233*)
4. Geben Sie **xlink:role="id"** ein, wobei *id* den gegebenen Referenzpunkt identifiziert. Diese ID wird später beim Verknüpfen der Punkte verwendet.
5. Bei Bedarf können Sie auch **xlink:title** hinzufügen.
6. Fügen Sie nach Bedarf weitere Attribute oder Inhalt ein.
7. Schließen Sie das Tag wie gewohnt.
8. Wiederholen Sie Schritt 1 bis 6 für jeden Referenzpunkt, zu bzw. von dem Sie eine Verknüpfung herstellen wollen.

Verknüpfungen definieren

Jetzt kommt der interessante Teil. Sobald Sie die möglichen Link-Punkte definiert haben, verknüpfen Sie diese.

So definieren Sie Verknüpfungen:

1. Definieren Sie die Verknüpfung von einem Punkt zum Nächsten, indem Sie **<Verknüpfungselement** eingeben, wobei *Verknüpfungselement* für das Tag steht, das die Verknüpfungsinformationen enthält.
2. Geben Sie dann **xlink:type="arc"** ein, um anzuzeigen, dass Sie eine Verknüpfung definieren werden.
3. Geben Sie **xlink:from="id"** ein, wobei *id* dem Wert von `xlink:role` entspricht, durch den Sie im Referenzpunkt (in Schritt 4 auf *Seite 229*) festgelegt haben, *wo der Link beginnen soll.*
4. Geben Sie dann **xlink:to="id"** ein, wobei *id* dem Wert von `xlink:role` entspricht, durch den Sie im Referenzpunkt (in Schritt 4 auf *Seite 229*) festgelegt haben, *worauf der Link verweisen soll.*
5. Geben Sie als Nächstes **xlink:show="wo"** ein, wobei *wo* beschreibt, wo und wie die verknüpften Daten anzuzeigen sind. Die zulässigen Optionen für *wo* sind **replace**, **embedded** und **new** und werden in Schritt 6 auf *Seite 227* ausführlich beschrieben.
6. Geben Sie dann **xlink:show="wann"** ein, wobei *wann* beschreibt, ob die verknüpften Daten mit der Seite (**onLoad**) oder nach einer bestimmten Benutzeraktion (**onRequest**) geladen werden sollen. Weitere Informationen dazu finden Sie in Schritt 7 auf *Seite 227.*
7. Fügen Sie weitere Attribute nach Bedarf ein und schließen Sie das in Schritt 1 begonnene *Verknüpfungselement.*
8. Wiederholen Sie Schritt 1–7 für jede weitere Verknüpfung, die Sie definieren wollen.

code.xlink

```
<linkset xmlns:xlink=
   "http://www.w3.org/1999/xlink">
<resources xlink:type="extended
   xlink:role="animal resources"
   xlink:title="Additional Sources of
   Information">
<animal_info xlink:type="locator"
   xlink:href="tiger.xml" xlink:role="tiger"
   xlink:title="Tiger"/>
<animal_info xlink:type="locator"
   xlink:href="panther.xml"
   xlink:role="panther" xlink:title="Florida
   Panther"/>
<animal_info xlink:type="locator"
   xlink:href="rhino.xml" xlink:role="rhino"
   xlink:title="Rhino"/>
<animal_info xlink:type="locator"
   xlink:href="otter.xml" xlink:role="otter"
   xlink:title="Great River Otter"/>
<connection xlink:type="arc"
   xlink:from="otter" xlink:to="panther"
   xlink:show="replace"
   xlink:actuate="onRequest"/>
<connection xlink:type="arc"
   xlink:from="panther" xlink:to="rhino"
   xlink:show="replace"
   xlink:actuate="onRequest"/>
<connection xlink:type="arc"
   xlink:from="rhino" xlink:to="tiger"
   xlink:show="replace"
   xlink:actuate="onRequest"/>
</resources>
```

Abbildung 16.7: Hier drei einfache *arcs,* die die Seite über die Otter mit der Pantherseite verknüpfen, die Pantherseite mit der Rhinoseite und die Rhinoseite mit der Tigerseite.

code.xlink

```
<linkset xmlns:xlink=
    "http://www.w3.org/1999/xlink">
<foodchain xlink:type="extended
    xlink:role="prey" xlink:title=
    "Tiger Food">
<animal_info xlink:type="locator"
    xlink:href="tiger.xml"
    xlink:role="predator" xlink:title=
    "Tiger"/>
<animal_info xlink:type="locator"
    xlink:href="deer.xml" xlink:role="prey"
    xlink:title="Deer"/>
<animal_info xlink:type="locator"
    xlink:href="wild_pig.xml"
    xlink:role="prey" xlink:title="Wild Pig"/>
<animal_info xlink:type="locator"
    xlink:href="fish.xml" xlink:role="prey"
    xlink:title="Fish"/>
<connection xlink:type="arc"
    xlink:from="predator" xlink:to="prey"
    xlink:show="replace"
    xlink:actuate="onRequest"/>
</foodchain>
```

Abbildung 16.8: Hier ein weiteres Beispiel für ein Linkset, doch diesmal soll die Datei *tiger.xml* mit jeder der drei „prey"-Dateien verknüpft werden. Es muss nur eine Verknüpfung zwischen allen „predators" (in diesem Fall nur einer) und allen drei „preys" erstellt werden.

✔ Tipp

- Sie können mehrere Referenzpunkte in einem Schritt miteinander verbinden, indem Sie jedem der beteiligten Referenzpunkte denselben Wert für `xlink:role` zuweisen. Wenn Sie dann `xlink:from` oder `xlink:to` verwenden, werden alle Referenzpunkte mit der zugewiesenen „Rolle" (role) verknüpft (**Abbildung 16.8**).

Ein Linkset anwenden

Eine Sammlung an erweiterten Links, die in einer separaten, unabhängigen Datei (und nicht in einer der Dateien mit dem Referenzpunkt) definiert worden sind, nennt man ein Linkset. Damit eine Datei das Linkset verwenden kann, müssen Sie ihr erst mitteilen, dass das Linkset existiert.

So wenden Sie ein Linkset an:

1. Deklarieren Sie im Wurzelelement Ihres Dokuments (oder, wenn Sie das vorziehen, im Element, in dem Sie den Link erstellen) den XLink-Namensraum, indem Sie **xmlns:xlink= "http://www.w3.org/1999/xlink"** eingeben. Weitere Erläuterungen zur Deklaration von Namensräumen finden Sie in Kapitel 8.
2. Geben Sie in das XML-Dokument **<Element** ein, wobei *Element* für das Element steht, das die Informationen über das Linkset enthalten wird.
3. Geben Sie **xlink:type="extended"** ein.
4. Geben Sie dann **xlink:role="external-linkset"** ein, um die Existenz eines externen Linksets anzuzeigen.
5. Geben Sie **>** ein.
6. Geben Sie **<xlink:locator="URL"/>** ein, wobei *URL* die Position des Linksets bezeichnet.
7. Geben Sie **</Element>** ein, um das in Schritt 2 begonnene Element zu schließen.

✔ Tipp

- Wer weiß wie das tatsächlich in den Browsern implementiert werden wird!?

code.xml

```
<endangered_species xmlns:xlink=
   "http://www.w3.org/1999/xlink">
<animal>
<name language="English">Tiger</name>
...
<foodsupply xlink:type="extended"
   xlink:role="external-linkset">
<xlink:locator="tigerfood.xml"/>
</foodsupply>
```

Abbildung 16.9: Angenommen, es wird das in Abbildung 16.8 erstellte Dokument tigerfood.xml aufgerufen. Um diese Links im XML-Dokument über bedrohte Tierarten zu verwenden, muss das externe Linkset wie hier gezeigt aufgerufen werden.

```
code.xlink
...
<source xlink:type="simple" xlink:href=
    "http://www.cookwood.com/xml/examples
    xlink/tiger.xml#xpointer(animal[position
    ()=1])" xlink:role="info source"
    xlink:title="Source of Information"
    xlink:show="replace"
    xlink:actuate="onRequest"/>
...
```

Abbildung 16.10: Dieser XPointer zeigt auf das erste `animal`-Element im Dokument *tiger.xml*.

Links zu einer bestimmten Stelle einer Datei

Anstatt eine Verknüpfung zu einer ganzen Datei zu definieren, können Sie auch auf ein bestimmtes Element oder auf einen Bereich von Elementen verweisen. Sie realisieren das mithilfe von XPointer, das wiederum mithilfe von XPath bestimmte Teile in einer Datei identifiziert und eine Verknüpfung zu diesen Teilen erlaubt.

So verweisen Sie in einem Link auf eine bestimmte Stelle einer Datei:

Wenn Sie den Wert des Attributs `xlink:href` eingeben (siehe Schritt 3 auf *Seite 226* oder Schritt 3 auf *Seite 229*), geben Sie nach oder anstelle der URL **#xpointer(Ausdruck)** ein, wobei *Ausdruck* einen XPath-Ausdruck darstellt, der die spezifische Stelle der Datei identifiziert, auf die Sie verweisen wollen.

✔ Tipps

- Wenn Sie die URL auslassen, verweist XPointer auf eine Stelle in der aktuellen Datei (d.h. die Datei mit dem Link).
- Weitere Erläuterungen zu XPath-Ausdrücken erhalten Sie in Kapitel 11.
- Jeder einzelne Klammer in einem XPointer-Ausdruck muss das Escape-Zeichen ^ vorangestellt werden. Für zusammengehörige Klammerpaare ist das nicht erforderlich. Dem ^ muss ebenfalls das Escape-Zeichen vorangestellt werden (mit einem zusätzlichen ^, wie in ^^.)
- Auch < muss ersetzt werden, wenn es Teil eines XPointers ist, der im Wert eines Attributs vorkommt. Verwenden sie stattdessen `<`.
- XPointer umfasst einige zusätzliche Funktionen, die in XPath nicht verfügbar sind. Einige davon werden auf den nachfolgenden Seiten behandelt.
- Es wird hier nur ein leichter Vorgeschmack auf XPointer gegeben. Bevor die Sprache in echten Situation getestet werden kann, lohnt es sich einfach nicht, die Spezifikationen zu beschreiben.

Die einfachste Form eines XPointers

XPointer sind dafür konzipiert, Attribute vom Typ ID leicht zu identifizieren. Wenn Sie ein Element mit einem ID-Attribut verknüpfen wollen, besteht der XPointer nur aus dem Wert für dieses Attribut.

So erstellen Sie einen einfachen XPointer:

1. Geben Sie **#** ein, um den XPointer zu beginnen.
2. Geben Sie **id** ein, wobei *id* dem Wert des ID-Attributs des Elements entspricht, auf das Sie verweisen wollen (*siehe Seite 52*).

✔ Tipps

- Beachten Sie, dass das Wort *xpointer* und die Klammern vollständig ausgelassen werden.
- Verwechseln Sie Attribute vom Typ ID (wie auf *Seite 52* beschrieben) nicht mit Attributen, deren Name ID (oder id) ist. Im letzteren Fall würde der XPointer **xpointer(//*[@id="value"])** lauten.

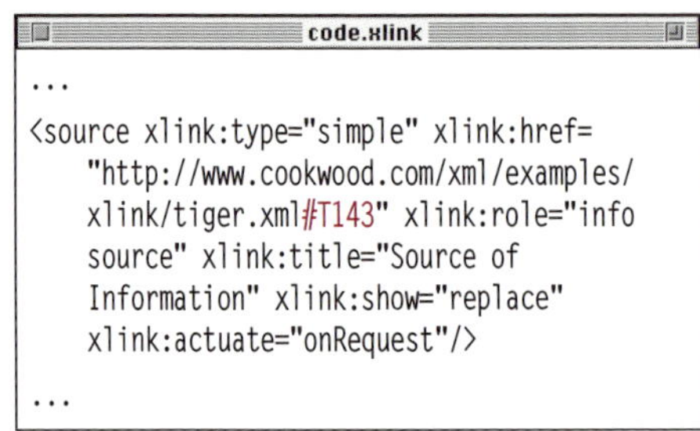

code.xlink

```
...
<source xlink:type="simple" xlink:href=
   "http://www.cookwood.com/xml/examples/
   xlink/tiger.xml#T143" xlink:role="info
   source" xlink:title="Source of
   Information" xlink:show="replace"
   xlink:actuate="onRequest"/>
...
```

Abbildung 16.11: Dieser XPointer verweist auf ein Element mit einem ID-Attribut, dessen Wert T143 ist.

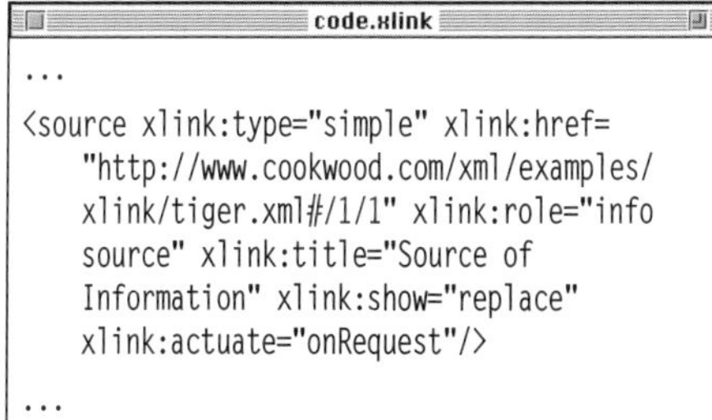

```
code.xlink
...
<source xlink:type="simple" xlink:href=
   "http://www.cookwood.com/xml/examples/
   xlink/tiger.xml#/1/1" xlink:role="info
   source" xlink:title="Source of
   Information" xlink:show="replace"
   xlink:actuate="onRequest"/>
...
```

Abbildung 16.12: Das erste Child der Wurzel im Dokument *tiger.xml* ist `endangered_species`. Das erste Child von `endangered_species` ist `animal`. Also zeigt der hervorgehobene XPointer in diesem Beispiel auf dieses erste `animal`-Element, nämlich das erste Child des ersten Childs der Wurzel.

„Wandernde" XPointer erstellen

Der nächsteinfachste Typ eines XPointer ist einer, der tatsächlich die XML-Dokumenthierarchie „durchwandert", bis er beim gesuchten Element angelangt ist. Offiziell nennt man diese Art eines XPointers eine *Child-Sequenz.*

So erstellen Sie einen wandernden XPointer:

1. Geben Sie **#** ein, um den XPointer zu beginnen.
2. Geben Sie **/n** ein, wobei *n* für das n-te Child des Wurzeldokuments des Elements steht.
3. Geben Sie **/m** ein, wobei *m* das m-te Child des in Schritt 2 ermittelten Childs ist.
4. Wiederholen Sie Schritt 3 für beliebig viele Stufen.

✔ Tipp

- Sie können diese Technik mit der auf *Seite 234* beschriebenen ID-Technik kombinieren. So können Sie beispielsweise #T143/3/1 für die Suche nach dem ersten Child des dritten Childs des Elements mit einem ID-Attribut mit dem Wert T143 verwenden.

Einen XPointer-Bereich erstellen

Wenn Sie auf einen Bereich zwischen zwei bestimmten Punkten eines Dokuments verweisen wollen, verwenden Sie die XPointer-Funktion `range-to`.

So erstellen Sie einen XPointer-Bereich:

1. Geben Sie **#xpointer(** ein, um den XPointer zu beginnen.
2. Geben Sie **(Startausdruck)** ein, wobei *Startausdruck* für den XPath-Ausdruck steht, der den Anfang des gewünschten Bereichs bezeichnet.
3. Geben Sie **/range-to** ein, um anzugeben, dass Sie einen Bereich benötigen.
4. Geben Sie **(Endausdruck)** ein, wobei *Endausdruck* für den XPath-Ausdruck steht, der das Ende des gewünschten Bereichs bezeichnet.
5. Schreiben Sie schließlich eine **)**, um den XPointer abzuschließen.

✔ Tipps

- Seien Sie vorsichtig mit den ganzen Klammern!
- Weitere Erläuterungen über das Erstellen von XPath-Ausdrücken erhalten Sie in Kapitel 11.

code.xlink

```
...
<source xlink:type="simple" xlink:href=
    "http://www.cookwood.com/xml/examples/
    xlink/tiger.xml#xpointer((animal
    [position()=1])/range-to (animal
    [position()=2]))" xlink:role="info source"
    xlink:title="Source of Information"
    xlink:show="replace"
    xlink:actuate="onRequest"/>
...
```

Abbildung 16.13: Dieser XPointer identifiziert den Bereich zwischen dem ersten und zweiten `animal`-Element im Dokument *tiger.xml*.

TEIL 7

ANHANG

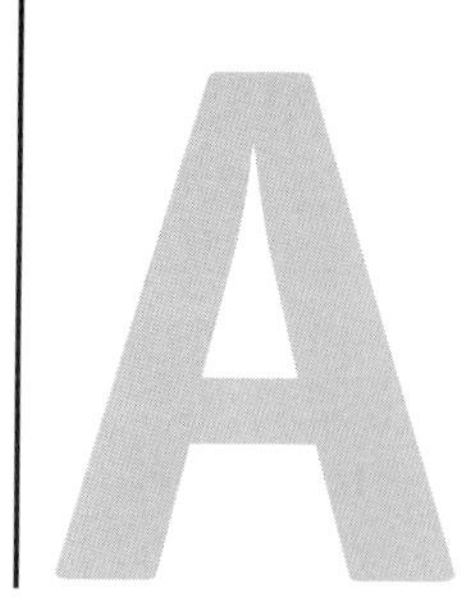

XHTML

Wie bereits in der Einführung erörtert, und wie Sie vermutlich im Verlauf dieses Buchs auch selbst gesehen haben, kommt XML nicht ganz dem Ruhm entgegen, der es umgibt – zumindest bis jetzt noch nicht. Viele Browser unterstützen kein XML und die Browser, die das machen, unterstützen die Hilfstechnologien wie XSLT, XPath, XLink und XPointer noch nicht ganz. Das gestaltet die Übermittlung von XML-Seiten direkt zu den Browsern der Besucher etwas riskant.

Das W3C hat eine zwischenzeitliche Sprache entwickelt, die beim Übergang von HTML nach XML helfen soll. Diese „neue" Sprache nennt sich *XHTML*. Oberflächlich betrachtet ist sie nichts anderes als HTML-Tags, die gemäß den strengen XML-Syntaxregeln geschrieben sind (*http://www.w3.org/MarkUp/*).

XHTML eignet sich zur Kombination von HTML und XML. Tatsächlich haben Sie XHTML bereits in Kapitel 10, *XSLT*, angewendet. HTML-Code (in Kleinbuchstaben) in ein XML-Dokument eingebettet, muss den strengen Anforderungen von XML genügen, und schon ist es XHTML.

XHTML unabhängig von XML einzusetzen macht jedoch nicht allzu viel Sinn. Da XHTML die etwas ärgerliche Striktheit von XML besitzt, ohne die Informationen nach XML-Manier mit klassifizierbaren Labeln zu versehen, heißt es, sich viel Mühe für wenig Nutzen zu machen.

Kein Browser-Hersteller, der seinen Aktionären gegenüber seine Pflicht erfüllt, wird die Unterstützung von HTML und damit von Milliarden von darauf gestützten Webseiten einstellen. Bis es Browser gibt, die wirklich nützliche XML-Seiten anzeigen können, ergibt es wohl mehr Sinn, XML zum Speichern und Verwalten von Informationen einzusetzen und es dann für die Anzeige in einem Browser in HTML zu konvertieren. Und wenn dabei dann XHTML-Code entsteht, wunderbar!

Woher weiß es der Browser?

XHTML und HTML sehen nicht sehr unterschiedlich aus. Die Tag-Namen sind identisch und die Syntax ist sehr ähnlich. Woher weiß ein Browser also, ob Sie ihm XHTML oder HTML füttern? Die Antwort liegt in der Dateierweiterung.

Haben Sie eine Datei mit der Erweiterung .htm oder .html gespeichert, wird der Browser den Inhalt als HTML-Code behandeln. Verwenden Sie für dieselbe Datei die Erweiterung .xml, wird der Browser den Inhalt als XML-Code behandeln. (Eine Erweiterung .xhtml wird nicht unterstützt.)

Da momentan kein Web-Browser XML-Seiten richtig anzeigt, insbesondere nicht Seiten mit Links und Bildern, heißt das in der Praxis, dass Sie XHTML-Seiten dem Browser als HTML-Seiten anbieten, obwohl Sie sich soviel Mühe mit der Syntax gegeben haben.

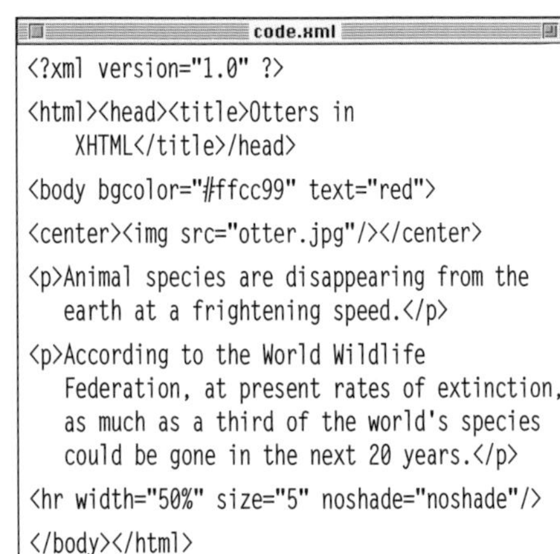

code.xml

```
<?xml version="1.0" ?>
<html><head><title>Otters in
   XHTML</title>/head>
<body bgcolor="#ffcc99" text="red">
<center><img src="otter.jpg"/></center>
<p>Animal species are disappearing from the
  earth at a frightening speed.</p>
<p>According to the World Wildlife
  Federation, at present rates of extinction,
  as much as a third of the world's species
  could be gone in the next 20 years.</p>
<hr width="50%" size="5" noshade="noshade"/>
</body></html>
```

Abbildung A.1: Hier ein Beispiel für ein XHTML-Dokument. Beachten Sie, dass man es leicht mit HTML verwechseln kann, es jedoch nach strengeren Syntaxregeln geschrieben ist.

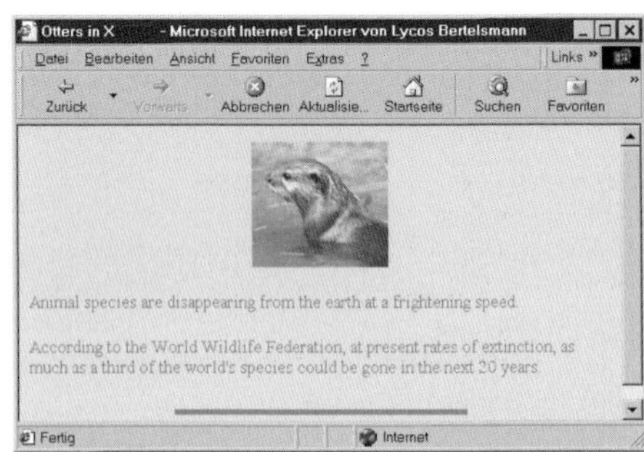

Abbildung A.2: Speichern Sie das Dokument mit der Erweiterung .htm oder .html, wird es wunderbar dargestellt.

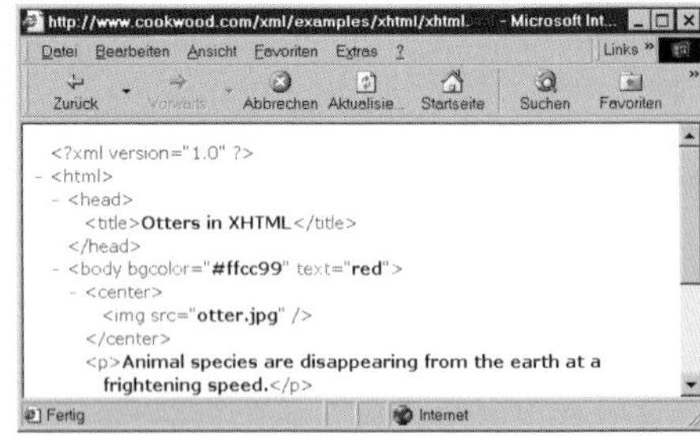

Abbildung A.3: Mit der Erweiterung .xml (und ohne Stylesheet oder andere Erweiterungen) wird der identische Code in hierarchischer Form dargestellt. Hmm...

```
<?xml version="1.0" ?>
<html><head><title>Otters in XHTML</title>
   </head>
```

Abbildung A.4: Die HTML-Tags wie Sie sie kennen und lieben: Schreiben Sie sie einfach in Kleinbuchstaben. Attribute und Werte ebenfalls!

```
<body bgcolor="#ffcc99" text="red">
<center><img src="otter.jpg"/></center>
```

Abbildung A.5: Schließen Sie alle Attribut-Werte in Anführungszeichen ein.

```
<center><img src="otter.jpg"/></center>
<p>Animal species are disappearing from the
earth at a frightening speed.</p>
<p>According to the World Wildlife Federation,
   at present rates of extinction, as much as
   a third of the world's species could be
   gone in the next 20 years.</p>
<hr width="50%" size="5" noshade="noshade"/>
```

Abbildung A.6: Achten Sie darauf, dass alle Elemente korrekt abgeschlossen werden – entweder durch ein Ende-Tag, wie bei `center` und `p`, oder durch einen integrierten Schrägstich am Ende eines leeren Elements, wie bei `img` und `hr`.

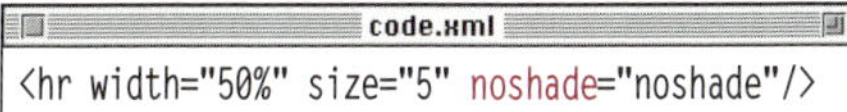

```
<hr width="50%" size="5" noshade="noshade"/>
```

Abbildung A.7: Verwenden Sie explizite Attributnamen. (Beachten Sie, dass Sie in HTML den Wert `noshade` ohne Attributnamen verwenden könnten.)

Schreiben von XHTML-Code

XHTML sieht HTML 4 sehr ähnlich. Wenn Sie HTML 4 bereits kennen, müssen Sie nur wenige Zusatzregeln lernen, um XHTML-Code schreiben zu können.

So schreiben Sie XHTML-Code:

1. Verwenden Sie dieselben Namen für Elemente und Attribute wie in HTML 4, doch schreiben Sie sie ausschließlich in Kleinbuchstaben.
2. Befolgen Sie die Regeln zum Schreiben von XML-Code, wie sie in diesem Buch beschrieben wurden, insbesondere die Regeln für Wohlgeformtheit auf *Seite 23*. (Kurz: Stellen Sie sicher, dass Elemente – auch leere – stets ein Ende-Tag besitzen und korrekt verschachtelt sind. Setzen Sie zudem alle Attributwerte in Anführungszeichen und machen Sie alle Attributnamen explizit.)
3. Stellen Sie sicher, dass Sie Skripte und Styles in CDATA-Abschnitte einbinden, die in den Abschnitten *Elemente als Text anzeigen* auf *Seite 32* und *Interne Stylesheets* auf *Seite 187* erläutert werden.
4. Verwenden Sie nicht das Namensattribut für die Elemente `a`, `applet`, `form`, `frame`, `iframe`, `img` und `map`, sondern erstellen Sie ein Attribut vom Typ ID mit dem Namen id, das den Wert enthält.

✔ Tipps

- Wie bei allen XML-Dokumenten können Sie ein XHTML-Dokument mit der XML-Deklaration beginnen (*siehe Seite 24*).
- Wenn Sie Ihr XHTML-Dokument an einer DTD validieren möchten, sollten Sie die geeignete DTD spezifizieren. Weitere Erläuterungen hierzu erhalten Sie im Abschnitt *Eine DTD für XHTML deklarieren* auf *Seite 242*.
- Genaueres über die (X)HTML-Tags selbst finden Sie in dem Bestseller der Autorin, *HTML 4 fürs World Wide Web. digital studio one*, erschienen beim Markt+Technik Verlag. Mehr dazu unter *http://www.cookwood.com/html4_4e/*.

Eine DTD für XHTML deklarieren

Ebenso wie es drei Arten von HTML-Code gibt, gibt es drei Arten von XHTML-Code: Strikten Code, transitionellen und Framesets. Jeder Typ besitzt seine eigene DTD, die beschreibt, welche Elemente und Attribute mit diesem Typ in geschriebenen Dokumenten erlaubt sind. Wenn Sie Ihr Dokument validieren wollen, um sicherzustellen, dass es die Regeln in einem bestimmten XHTML-Typ befolgt, so müssen Sie die zugehörige DTD deklarieren.

So deklarieren Sie eine DTD für XHTML:

1. Geben Sie am Anfang des XHTML-Dokuments, hinter der XML-Deklaration, **<!DOCTYPE html PUBLIC "-//W3C//DTD XHTML 1.0** ein.
2. Geben Sie ein Leerzeichen ein und dann **Strict**, **Transitional** oder **Frameset**, je nachdem, welchen XHTML-Typ Sie validieren wollen.
3. Geben Sie ohne irgendwelche Leerzeichen **//EN" SYSTEM "http://www.w3.org/ TR/xhtml1/ DTD/ xhtml1-** ein.
4. Geben Sie (ohne extra Leerzeichen) noch einmal **strict**, **transitional** oder **frameset** ein (in Kleinbuchstaben).
5. Schreiben Sie schließlich **.DTD">**, um die DTD-Deklaration abzuschließen (ohne extra Leerzeichen).

✔ Tipps

- Verwenden Sie Strict DTD, wenn der XHTML-Code von allen missbilligten Tags und Framesets frei sein soll. Missbilligte Tags sind Tags, deren Elimination das W3C bereits für die Zukunft – wenn auch nicht sofort – beschlossen hat.
- Verwenden Sie Transitional DTD, wenn Ihr XHTML-Code einige dieser missbilligten Tags enthält.
- Verwenden Sie Frameset DTD, wenn Ihr XHTML-Code Framesets (mit oder ohne missbilligte Tags) enthält.
- Weitere Erläuterungen zu DTDs erhalten Sie auf *Seite 35*.

code.xml

```
<?xml version="1.0"?>
<!DOCTYPE html PUBLIC "-//W3C//DTD XHTML
   1.0 Transitional//EN" SYSTEM
   "http://www.w3.org/TR/xhtml1/DTD/xhtml1
   -transitional.dtd">
<html><head><title>Otters in
   XHTML</title></head>
<body bgcolor="#ffcc99" text="red">
<center><img src="otter.jpg"/></center>
<p>Animal species are disappearing from the
   earth at a frightening speed.</p>
<p>According to the World Wildlife Federation,
   at present rates of extinction, as much as
   a third of the world's species could be
   gone in the next 20 years.</p>
<hr width="50%" size="5" noshade="noshade"/>
</body></html>
```

XML-Tools

Sie können XML-Code zwar auch in einem einfachen Texteditor wie Notepad für Windows oder SimpleText für Macintosh erstellen und ihn dann im Explorer anzeigen (zumindest in seinem rohen Zustand), doch werden Sie für die Validierung und Umwandlung Ihrer XML-Dateien andere Tools benötigen.

Bevor Sie sich jedoch ärgern, weil Sie diese Tools nicht finden oder Sie ihre Funktionsweise nicht recht verstehen oder weil sie auf Ihrer Plattform nicht funktionieren, sollten Sie wissen, dass die hier angeführten Tools nur Beispielcharakter haben. Sie sollen die Verfahren kennen lernen und sehen, wie sie ausgeführt werden. Doch gibt es viele, viele Tools, die die Aufgabe meistern und Sie werden sicherlich eines finden, das sich für Ihre Situation am besten eignet. Vielleicht ist es das hier erörterte Tool, vielleicht ein anderes. Lange Rede kurzer Sinn: Dieses Kapitel soll Ihnen eine Vorstellung davon vermitteln, was geschehen sollte und keine schrittweise Anleitung zur Bedienung der angeführten Tools darstellen.

Anstatt eine riesige Liste an URLs hier im Buch abzudrucken, die bald veraltet sein wird, finden Sie eine stets aktualisierte Liste mit Links auf nützliche XML-Tools auf der Webseite zum Buch (*siehe Seite 18*).

Validierung von XML-Dateien an einer DTD

Jeder XML-Parser muss einen Fehler ausgeben, wenn die XML-Daten nicht wohlgeformt (korrekt strukturiert) sind. Wenn Sie jedoch prüfen wollen, ob ein XML-Dokument nach den Regeln einer bestimmten DTD gültig ist, benötigen Sie einen Validator. Es sind zwar mehrere Validatoren online verfügbar, doch ist der XML-Validator der Scholarly Technology Group von der Brown University durchaus zu empfehlen.

So validieren Sie XML-Dateien an einer DTD:

1. Stellen Sie sicher, dass Sie die DTD in Ihrem Dokument deklariert haben. Weitere Erläuterungen hierzu erhalten Sie in den Abschnitten *Interne DTD deklarieren* auf *Seite 36*, *Persönliche externe DTD deklarieren* auf *Seite 39* und *Öffentliche externe DTD deklarieren* auf *Seite 40*.
2. Öffnen Sie in Ihrem Browser die Seite *http://www.stg.brown.edu/service/xmlvalid/* (**Abbildung B.1**).
3. Geben Sie entweder die URL Ihrer öffentlich zugänglichen XML-Datei ein (d.h. Sie muss irgendwo auf einem Server publiziert sein), oder kopieren Sie das XML-Dokument in das Textfeld.
4. Klicken Sie auf *Validate*. Der XML-Validator gibt Ihnen einen nützlichen Bericht über die gefundenen Fehler aus (**Abbildung B.2**).

✔ Tipps

- Wenn Sie eine externe DTD verwenden, muss sie auch öffentlich verfügbar sein – andernfalls kann der XML-Validator nicht darauf zugreifen.
- Oft sorgt ein Fehler dafür, dass der gesamte darunter liegende Code falsch interpretiert wird. Es empfiehlt sich auf jeden Fall nach der Korrektur des ersten Fehlers eine erneute Validierung durchzuführen, um zu sehen, ob die weiteren Fehler real waren oder nur abhängig vom ursprünglichen Fehler.

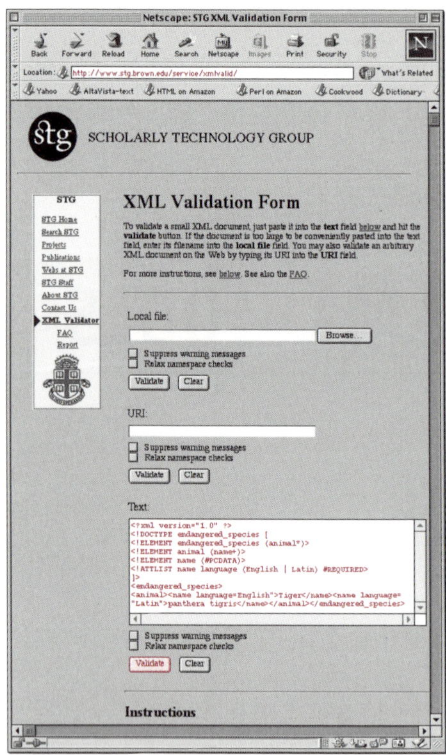

Abbildung B.1: Insbesondere wenn Sie viele Tests durchführen, ist es oft einfacher, die XML-Datei zu kopieren und ins Textfeld einzufügen. (Erkennen Sie den Fehler?)

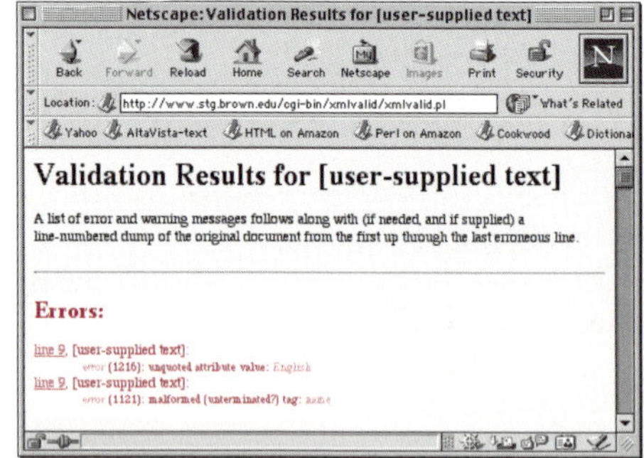

Abbildung B.2: Der Validator hat herausgefunden, dass das erste Anführungszeichen im Attributwert "English" fehlt. Beachten Sie, dass dieses Problem mehrere „Geisterfehler" zur Folge hatte, die nach Ergänzung des Anführungszeichens wieder verschwinden.

Validierung von XML-Code an einem Schema

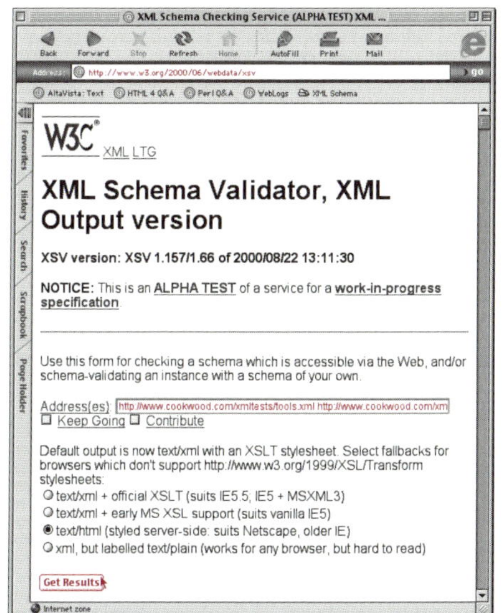

Abbildung B.3: Im XML Schema Validator (XSV) geben Sie die URL der XML-Datei und (falls nicht bereits in der XML-Datei angegeben) der Schemadatei ein. (Die hier getesteten Dateien sind *tools.xml* und *tools.xsd*, die unter *http://www.cookwood.com/xml-tests* zu finden sind. Testen Sie sie ruhig selbst einmal.)

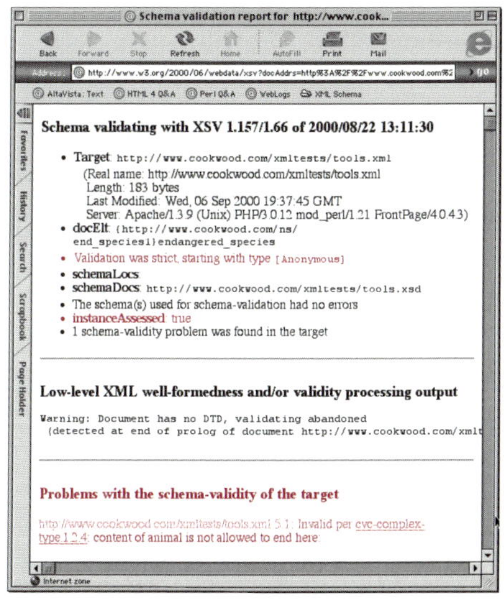

Abbildung B.4: Diesmal enthält die XML-Datei nur ein `name`-Element (obwohl das Schema mindestens zwei verlangt). Folglich meldet der XSV, dass das Element `animal` zu früh endet.

Das World Wide Web Consortium stellt online einen XML Schema Validator (XSV) zur Verfügung, mit dem Sie eine XML-Datei mit dem entsprechenden Thema vergleichen können.

So validieren Sie XML-Code an einem Schema:

1. Laden Sie Ihren XML-Code und Ihre Schemadateien auf Ihren Server.
2. Öffnen Sie im Browser die Seite *http://www.w3.org/2000/09/webdata/xsv* (**Abbildung B.3**).
3. Geben Sie die URL für die XML-Datei erst in das Feld *Addresses* ein.
4. Wenn Sie die Position der Schemadatei nicht in der XML-Datei angegeben haben (wie in den Abschnitten *Die Position eines einfachen Schemas* auf *Seite 73* und *Die Position eines Schemas angeben* auf *Seite 130* erläutert), geben Sie direkt nach der URL der XML-Datei ein Leerzeichen ein und dann die URL des zugehörigen Schemas.
5. Wählen Sie ein Ausgabeformat. (*text/html* erwies sich bisher als erfolgreich.)
6. Klicken Sie unten auf der Seite auf *Get Results.* Der XSV gibt Ihnen einen nützlichen Bericht über die gefundenen Fehler aus (**Abbildung B.4**).

✔ Tipp

- Der Bericht sollte „Validation was strict" ausgeben und für *instanceAccessed* den Wert „true" liefern (**Abbildung B.4**). Ist dies der Fall, können Sie beginnen, den berichteten Fehlern in der dritten bis letzten Zeile zu trauen.

XML mithilfe eines XSLT-Prozessors umwandeln

Einer der einfachsten und besten XSLT-Prozessoren heißt Instant SAXON und wurde von Michael Kay geschrieben (der Autor des Standardwerks über XSLT, *XSLT Programmers Reference*, erschienen bei Wrox Press). Sein größter Nachteil: Er ist nur für Windows verfügbar. Sollte sich ein guter XSLT-Prozessor für andere Plattformen (insbesondere Macintosh) finden, werden Sie einen Link auf der Webseite zum Buch finden (*siehe Seite 18*).

So wandeln Sie XML mit SAXON um:

1. Besorgen Sie sich Instant SAXON per Download *(http://users.iclway.co.uk/mhkay/saxon/instant.html)* und entpacken Sie die ZIP-Datei.
2. Öffnen Sie ein DOS-Fenster und öffnen Sie darin das Verzeichnis, in dem Saxon installiert wurde.
3. Geben Sie **saxon** ein.
4. Geben Sie bei Bedarf **-o ergebnis.url** ein, wobei *ergebnis* für den Namen der Ausgabedatei steht und *url* die Standardausgabemethode bezeichnet.
5. Geben Sie dann **datei.xml** ein, wobei *datei.xml* die zu wandelnde XML-Datei bezeichnet.
6. Geben Sie **stylesheet.xsl** ein, wobei *stylesheet.xsl* das XSLT-Stylesheet bezeichnet, das Sie in der Transformation verwenden wollen.
7. Drücken Sie [↵]. Wenn Sie in Schritt 4 keinen Dateinamen angegeben haben, wird die Ergebnisdatei an die Standardausgabe, also den Bildschirm, gesendet.

✔ Tipps

- Ausführlichere Erläuterungen zu Saxon erhalten Sie in der mitgelieferten Dokumentation.
- Sie können Saxon auch in Verbindung mit einem Texteditor wie UltraEdit ausführen (wählen Sie *Advanced > DOS Command*). Es macht die Sache um Einiges einfacher.

code.xslt

```
<?xml version="1.0" ?>
<xsl:stylesheet xmlns:xsl="http://www.w3.org/
   1999/XSL/Transform" version="1.0">
<xsl:template match="/">
<html><head><title>Endangered
   Species</title></head>
<body><xsl:apply-templates /></body></html>
</xsl:template></xsl:stylesheet>
```

Abbildung B.5: Hier das verwendete XSLT-Stylesheet.

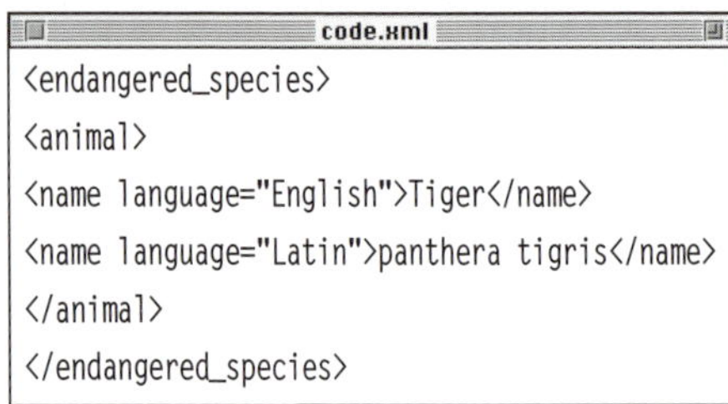

code.xml

```
<endangered_species>
<animal>
<name language="English">Tiger</name>
<name language="Latin">panthera tigris</name>
</animal>
</endangered_species>
```

Abbildung B.6: Die XML-Datei besteht aus den ersten inzwischen recht vertrauten Elementen.

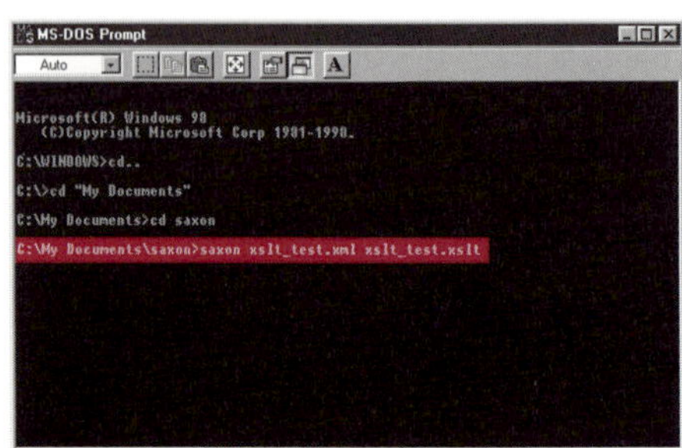

Abbildung B.7: Sie können Saxon von der DOS-Eingabeaufforderung aus ausführen, wie hier gezeigt, oder in einem Texteditor wie UltraEdit.

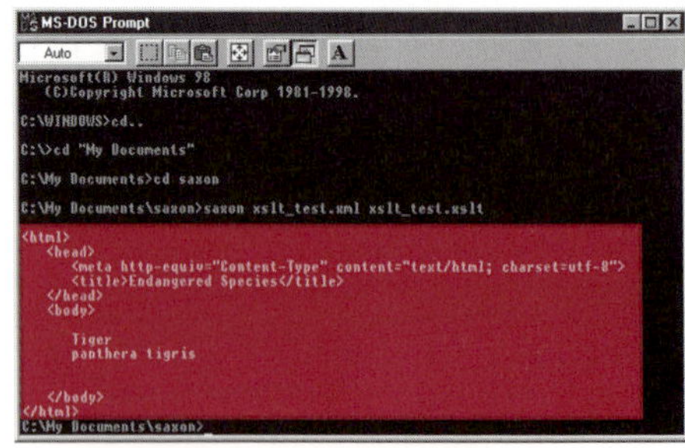

Abbildung B.8: Wenn Sie keine Ausgabedatei angeben, wird das umgewandelte Ergebnis an den Bildschirm gesendet.

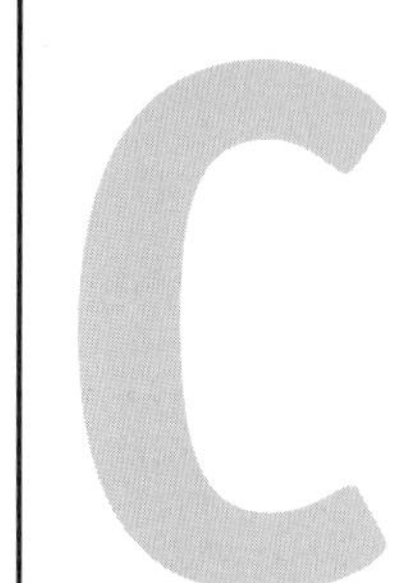

Sonderzeichen und Symbole

Bei den meisten Zeichen und Zahlen des englischen Alphabets, die Sie in Ihr XML-Dokument eingeben, können Sie darauf vertrauen, dass sie von Ihrem Computersystem korrekt interpretiert werden. Wenn Ihr Dokument jedoch Umlaute, Akzente, ausländische Zeichen oder andere Sonderzeichen enthält, müssen Sie möglicherweise einen besonderen Code eingeben, sollen die Zeichen korrekt auf der Seite angezeigt werden.

Der Unicode-Zeichensatz ist der Standardzeichensatz für XML-Dokumente. Er weist jedem Zeichen, jeder Ziffer und jedem Symbol im Zeichensatz eine Zahl zu.

Leider unterstützen noch wenige Texteditoren (bzw. die Betriebssysteme, auf denen sie laufen) den Unicode-Zeichensatz vollständig. Es gibt zwei einfache Lösungen. Eine besteht darin, das Dokument wie üblich zu erfassen und dann in Unicode zu konvertieren. Die Zweite, die sich insbesondere für Umlaute und einzelne ausländische Zeichen eignet, besteht darin, eine Zeichenreferenz zu verwenden, die auf diese Zeichen verweist.

Für die folgenden Sonderzeichen benötigen Sie keine Zeichenreferenz (wenngleich die zugehörigen Werte zu Ihrer Information in den nachfolgenden Tabellen angeführt sind): Das Ausrufezeichen (!), Nummernzeichen (#), Dollarzeichen ($), Prozentzeichen (%), die öffnende und schließende runde Klammer "( )", das Sternchen (*), das Pluszeichen (+), das Minuszeichen (-), der Punkt (.), das Komma (,), der normale Schrägstrich (/), der Doppelpunkt (:), das Semikolon (;), das Gleichheitszeichen (=), das Fragezeichen (?), der Zirkumflex (^), der Unterstrich (_), die öffnende und schließende geschweifte Klammer ({}), der senkrechte Strich (|), die Tilde (~).

Zeichenreferenzen

127 Zeichen des Unicode-Zeichensatzes sind gleich wie im ASCII-Zeichensatz, dem Standardsystem für die meisten Texteditoren und Betriebssysteme. D.h. dass jedes ASCII-Zeichen, einschließlich der Buchstaben des englischen Alphabets, alle Ziffern und viele allgemeine Symbole direkt über die Tastatur jedes Systems eingegeben werden können. Jedes Unicode-Zeichen über 128 kann mithilfe einer Zeichenreferenz ins Dokument eingegeben werden.

So verwenden Sie eine Zeichenreferenz:

1. Geben Sie **&#** ein
2. Geben Sie entweder **n** ein, wobei *n* für die Zahl steht, die dem gewünschten Symbol entspricht.

   Oder geben Sie **xn** ein, wobei *n* dem Hexadezimalwert des gewünschten Symbols entspricht (vergessen Sie das *x* nicht!).
3. Geben Sie **;** ein

✓ Tipps

- Auf der Tabelle auf der nächsten Seite sind die in westeuropäischen Sprachen üblichen Zeichen aufgeführt.
- Die Tabelle auf *Seite 250* umfasst die Zahlen einiger häufig verwendeter Sonderzeichen.
- Den Hexadezimalcode für andere Zeichen können Sie auf der Seite *http://charts.unicode.org/* nachschlagen.
- Ohne das richtige Betriebssystem oder wenn eine Schrift nicht installiert ist, wird der Browser wohl nicht jedes Unicode-Zeichen anzeigen können.
- Wenn Sie Entity-Referenzen wie **à** oder **¨** verwenden wollen, die in HTML üblich sind, müssen Sie diese zuerst in der DTD deklarieren (*siehe Seite 56*).

code.xml

```
<?xml version="1.0" encoding="ISO-8859-1"?>
<endangered_species language="Catalan">
<animal>
<name language="Catalan">Tigre</name>
<name language="Latin">panthera tigris</name>
<threats><threat>ca&#231;adors
   furtius</threat>
<threat>destrucci&#243; de l'ambient</threat>
<threat>tr&#xe0;ffic de ossos de tigre per la
   medicina tradicional xinesa (TCM)</threat>
</threats>
</animal>
</endangered_species>
```

Abbildung C.1: In diesem Stück XML-Code kommen drei Akzentzeichen vor, die durch drei Zeichenreferenzen repräsentiert werden. Beachten Sie, dass die ersten zwei nummerisch sind, während das dritte einen Hexadezimalcode verwendet. Beide Systeme sind gleichwertig.

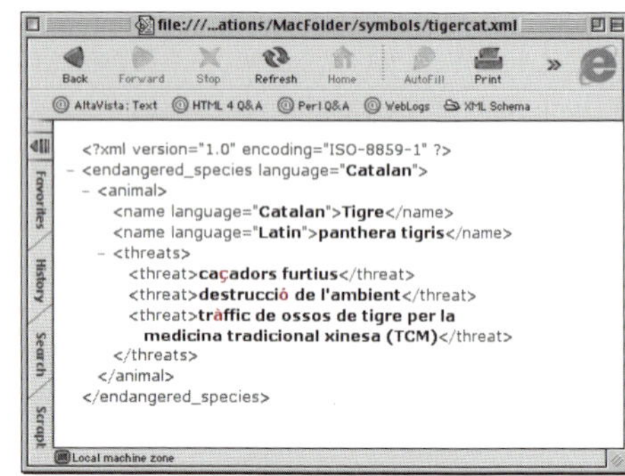

Abbildung C.2: Im Browser wird die Zeichenreferenz durch das richtige Akzentzeichen (oder sonstige Sonderzeichen) ersetzt.

Tabelle I: Zeichen

FÜR DIESES ZEICHEN	... GEBEN SIE DIESEN ...	ODER DIESEN WERT EIN
à	à	à
á	á	á
â	â	â
ã	ã	ã
ä	ä	ä
å	å	å
æ	æ	æ
À	À	À
Á	Á	Á
Â	Â	Â
Ã	Ã	Ã
A	Ä	Ä
Å	Å	Å
Æ	Æ	Æ
è	è	è
é	é	é
ê	ê	ê
ë	ë	ë
È	È	È
É	É	É
Ê	Ê	Ê
Ë	Ë	Ë
ì	ì	ì
í	í	í
î	î	î
ï	ï	ï
Ì	Ì	Ì
Í	Í	Í
Î	Î	Î
Ï	Ï	Ï

FÜR DIESES ZEICHEN	... GEBEN SIE DIESEN ...	ODER DIESEN WERT EIN
ò	ò	ò
ó	ó	ó
ô	ô	ô
õ	õ	õ
ö	ö	ö
ø	ø	ø
œ	œ	œ
Ò	Ò	Ò
Ó	Ó	Ó
Ô	Ô	Ô
Õ	Õ	Õ
Ö	Ö	Ö
Ø	Ø	Ø
Œ	Œ	Œ
ù	ù	ù
ú	ú	ú
û	û	û
ü	ü	ü
Ù	Ù	Ù
Ú	Ú	Ú
Û	Û	Û
Ü	Ü	Ü
ÿ	ÿ	ÿ
Ÿ	Ÿ	Ÿ
ç	ç	ç
Ç	Ç	Ç
ñ	ñ	ñ
Ñ	Ñ	Ñ
ß	ß	ß

Tabelle II: Symbole

Für dieses Zeichen	... geben Sie diesen ...	oder diesen Wert ein
HTML, XML und Web		
&	&	&
#	#	#
/	/	/
~	~	~
@	@	@
_	_	_
<	<	<
>	>	>
(	(	(
)	)	)
[	[	[
]	]	]
|				
\	\	\
Zeichensetzung und andere		
,	,	,
.	.	.
:	:	:
;	;	;
!	!	!
¡	¡	¡
?	?	?
¿	¿	¿
'	'	'
"	"	"
“	“	“
”	”	”
‘	‘	‘
’	’	’
«	«	«
»	»	»
{	{	{
}	}	}

Für dieses Zeichen	... geben Sie diesen ...	oder diesen Wert ein
Mathematik und Wissenschaft		
=	=	=
+	+	+
-	-	-
×	×	×
÷	÷	÷
±	±	±
¬	¬	¬
%	%	%
‰	‰	‰
°	&176;	°
µ	µ	µ
Währung		
¢	¢	¢
$	$	$
£	£	£
¥	¥	¥
Recht		
™	™	™
©	©	©
®	®	®
Typographie		
*	*	*
†	†	†
¶	¶	¶
§	§	§
º	º	º
ª	ª	ª
•	·	·
Weicher Trennstrich		
Festes Leerzeichen		

D

Farben in hexadezimaler Darstellung

Farben können Sie für den Hintergrund Ihrer Seite ebenso festlegen wie für Text und Links. Sowohl Netscape als auch Internet Explorer unterstützen sechzehn vordefinierte Farbnamen: Silver, Gray, White, Black, Maroon, Red, Green, Lime, Purple, Fuchsia, Olive, Yellow, Navy, Blue, Teal und Aqua. Einige Browser erkennen auch die Namen Magenta (= Fuchsia) und Cyan (= Aqua).

Sie können jede Farbe auch über Ihren Rot-, Grün- und Blauanteil bestimmen. Dazu verwenden Sie eine Zahl zwischen 0 und 255. Um die Sache noch komplizierter zu machen, müssen Sie diesen Farbanteil auch noch mit dem Hexadezimalwert der Zahl eingeben. Die Tabelle auf *Seite 253* führt zu jedem möglichen Rot-, Grün- und Blauwert den entsprechenden Hexadezimalwert an.

Auf der Webseite finden Sie verschiedene Farbtabellen mit zugehörigen Hexadezimalcodes: *http://www.cookwood.com/html4_4e/colors.* Die Seite gehört eigentlich zum HTML-Buch der Autorin in derselben Reihe, doch können Sie dasselbe System auch in XML-Dokumenten verwenden.

Den RGB-Anteil einer Farbe bestimmen (in Hex)

Wenn Sie die gewünschte Farbe nicht finden, können Sie Photoshop (oder ein anderes Bildbearbeitungsprogramm verwenden), um den Rot-, Grün- und Blauanteil einer Farbe zu bestimmen, die Sie auf Ihrer Webseite verwenden wollen. Dann suchen Sie in der Tabelle auf *Seite 253* nach dem Hexadezimalwert, der dieser Komponente entspricht.

So ermitteln Sie den RGB-Wert einer Farbe:

1. Klicken Sie in Photoshop auf eines der Farbfelder in der Werkzeugleiste (**Abbildung D.1**).
2. Wählen Sie im Farbwähler die gewünschte Farbe aus.
3. Notieren Sie sich die Werte, die in den Feldern *R*, *G* und *B* angezeigt werden. Diese Werte repräsentieren den Rot-, Grün- bzw. Blauanteil der Farbe (**Abbildung D.2**).
4. Schlagen Sie in der Tabelle auf der nächsten Seite die hexadezimal Entsprechung des in Schritt 3 gefundenen Werts nach.
5. Setzen Sie die Hexadezimalzahlen in der Form *#rrggbb* zusammen, wobei *rr* den Hexadezimalwert des Rotanteils, *gg* den Hexadezimalwert des Grünanteils und bb den dem Hexadezimalwert des Blauanteils darstellt.

✔ Tipp

- Eine Anleitung zur Festlegung der Hintergrundfarbe finden Sie auf *Seite 201* und zur Festlegung der Textfarbe auf den *Seiten 217* und *218*.

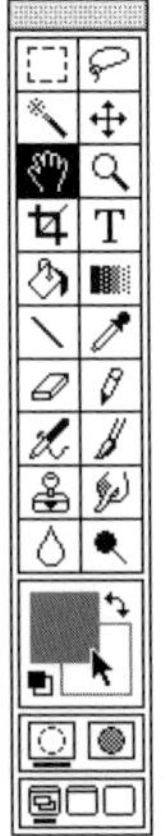

Abbildung D.1: Klicken Sie in Photoshop auf eines der Farbfelder in der Werkzeugleiste, um das Dialogfenster *Farbwähler* einzublenden.

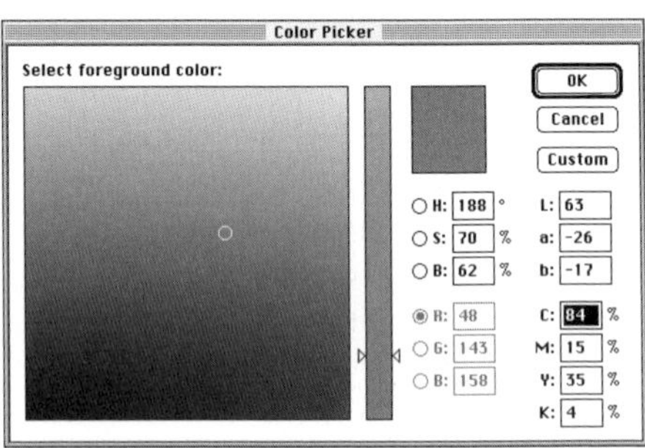

Abbildung D.2: Wählen Sie die gewünschte Farbe aus, und notieren Sie sich dann die Werte, die in den Feldern *R*, *G* und *B* angezeigt werden. Diese Farbe, ein Teal-Blau, hat folgende Werte: R 48 (Hex=30), G 143 (Hex=8F) und B 158 (Hex=9E). Die hexadezimale Entsprechung dieser Farbe ist somit #308F9E.

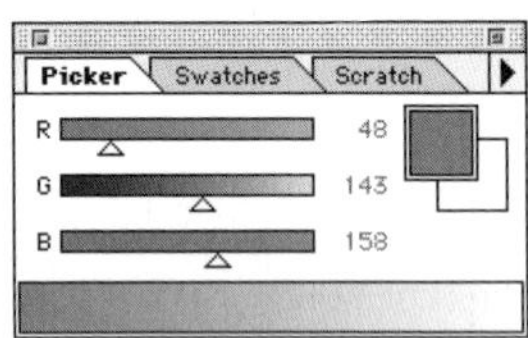

Abbildung D.3: Sie können zur Auswahl von Farben und zur Anzeige der RGB-Anteile auch die Farbwahlpalette verwenden.

Hexadezimale Entsprechungen

#	Hex.	#	Hex.	#	Hex.	#	Hex.	#	Hex.	#	Hex.	#	Hex.	#	Hex.
0	00	32	20	64	40	96	60	128	80	160	A0	192	C0	224	E0
1	01	33	21	65	41	97	61	129	81	161	A1	193	C1	225	E1
2	02	34	22	66	42	98	62	130	82	162	A2	194	C2	226	E2
3	03	35	23	67	43	99	63	131	83	163	A3	195	C3	227	E3
4	04	36	24	68	44	100	64	132	84	164	A4	196	C4	228	E4
5	05	37	25	69	45	101	65	133	85	165	A5	197	C5	229	E5
6	06	38	26	70	46	102	66	134	86	166	A6	198	C6	230	E6
7	07	39	27	71	47	103	67	135	87	167	A7	199	C7	231	E7
8	08	40	28	72	48	104	68	136	88	168	A8	200	C8	232	E8
9	09	41	29	73	49	105	69	137	89	169	A9	201	C9	233	E9
10	0A	42	2A	74	4A	106	6A	138	8A	170	AA	202	CA	234	EA
11	0B	43	2B	75	4B	107	6B	139	8B	171	AB	203	CB	235	EB
12	0C	44	2C	76	4C	108	6C	140	8C	172	AC	204	CC	236	EC
13	0D	45	2D	77	4D	109	6D	141	8D	173	AD	205	CD	237	ED
14	0E	46	2E	78	4E	110	6E	142	8E	174	AE	206	CE	238	EE
15	0F	47	2F	79	4F	111	6F	143	8F	175	AF	207	CF	239	EF
16	10	48	30	80	50	112	70	144	90	176	B0	208	D0	240	F0
17	11	49	31	81	51	113	71	145	91	177	B1	209	D1	241	F1
18	12	50	32	82	52	114	72	146	92	178	B2	210	D2	242	F2
19	13	51	33	83	53	115	73	147	93	179	B3	211	D3	243	F3
20	14	52	34	84	54	116	74	148	94	180	B4	212	D4	244	F4
21	15	53	35	85	55	117	75	149	95	181	B5	213	D5	245	F5
22	16	54	36	86	56	118	76	150	96	182	B6	214	D6	246	F6
23	17	55	37	87	57	119	77	151	97	183	B7	215	D7	247	F7
24	18	56	38	88	58	120	78	152	98	184	B8	216	D8	248	F8
25	19	57	39	89	59	121	79	153	99	185	B9	217	D9	249	F9
26	1A	58	3A	90	5A	122	7A	154	9A	186	BA	218	DA	250	FA
27	1B	59	3B	91	5B	123	7B	155	9B	187	BB	219	DB	251	FB
28	1C	60	3C	92	5C	124	7C	156	9C	188	BC	220	DC	252	FC
29	1D	61	3D	93	5D	125	7D	157	9D	189	BD	221	DD	253	FD
30	1E	62	3E	94	5E	126	7E	158	9E	190	BE	222	DE	254	FE
31	1F	63	3F	95	5F	127	7F	159	9F	191	BF	223	DF	255	FF

Das Hexadezimalsystem

„Normale" Zahlen basieren auf dem Basis-10-System, d.h. es existieren zehn Symbole (die wir Zahlen nennen): 0, 1, 2, 3, 4, 5, 6, 7, 8 und 9. Wenn wir größere Zahlen als 9 darstellen wollen, verwenden wir eine Kombination dieser Symbole, wobei die erste Stelle (von rechts) angibt, wie viele Einer, die zweite wie viele Zehner usw. es sind.

Im Hexadezimalsystem mit der Basis 16 existieren sechzehn Symbole: 0, 1, 2, 3, 4, 5, 6, 7, 8, 9, a, b, c, d, e und f. Um Zahlen größer als f (was wir auf Basis 10 als 15 verstehen) darzustellen, wird wieder eine Kombination der Symbole verwendet. Diesmal bestimmt die erste Stelle (wieder von rechts) die Anzahl der Einer, doch die zweite Stelle bestimmt die Anzahl der Sechzehner. Daher ist 10 ein Sechzehner und kein Einer bzw. einfach 16 (in Basis 10 repräsentiert).

Neben Farben können Sie mit hexadezimalen Zahlen auch Sonderzeichen und Symbole darstellen (siehe die Tabellen auf den *Seiten 149–150*).

Farben in hexadezimaler Darstellung

INDEX

E

H

I

J

K

L

R

S

W

X

Z

Bücher für Profis

Webpublishing mit Dreamweaver 3.0

Lynda Weuinman

Dreamweaver ist einer der erfolgreichsten Web-Editoren auf dem Markt. In leicht verständlichen Lektionenzur neuesten Version 3.0 zeigt die Autorin, Web-Design-Profi der ersten Stunde, alles zu den Themen Web Design, Site Managment, HTML mit allen Rafinessen wie Rahmen, Tabellen und vieles mehr bis hin zu Javascript und Animationen. Auf CD alle Übungen aus dem Buch die der Leser auch in eigene Projekte einbauen und abändern kann und eine 30-Tage-Testversion von Dreamweaver 3.0 in Deutsch.

456 Seiten, 1 CD-ROM, ISBN 3-8272-5797-2, DM 89,95

Erfolg des Einfachen

Jakob Nielsen

Form follows function – konsequent wendet Jakob Nielsen, der ungekrönte König des Webdesigns, dieses eherne Gesetz einer guten Gestaltung auf die besonderen Bedingungen des Internet an. Dieses Buch zeigt Ihnen in leicht nachvollziehbarer Weise, wie Sie Websites und – pages, aber auch Intranet-seiten gestalten können, die an Anwendbarkeit orientiert sind. Leitprinzip ist »Simplicity«, das ein umfassendes und flexibles Design erlaubt und damit dem internationalen Charakter des WWW gerecht wird. Sie werden sehen, das Ergebnis ist schlicht schön. Weitere Infos auf der Website des Autors: *http://www.useit.com*

400 Seiten, ISBN 3-8272-5779-4, DM 99,95

Design Essentials

Luanne S: Cohan

Dieser komplett farbige Grafik-Klassiker zeigt spannende Profi-Techniken für die beiden wichtigsten Grafik-Programme von Adobe. In den Bereichen zeichnen, Malen, Muster und Texturen, Texteffekte, Spezialeffekte und Webtechniken werden jeweils bis zu 11 Design-Möglichkeiten vorgestellt, die mit Photoshop oder Illustrator oder mit beiden Programmen gemeinsam umgesetzt werden. Die Anleitung dazu befindet sich immer auf zwei Doppelseiten.

224 Seiten, ISBN 3-8272-5698-0, DM 79,95

Markt+Technik-Produkte erhalten Sie im Buchhandel, Fachhandel und Warenhaus.

Markt+Technik · Martin-Kollar-Straße 10 – 12 · 81829 München · Telefon (0 89) 4 60 03-0 · Fax (0 89) 4 60 03-100

Aktuelle Infos rund um die Uhr im Internet: **www.mut.de** · E-Mail: **bestellung@mut.de**

digital studio pro

Effizient durch Profi-Tricks!

Peter Winkler/Marco Lindenbeck

blackbook photoshop 6.0

Die Autoren schlagen für Sie ihr »Black Book« auf, in dem durch jahrelange Praxis erworbene Tricks und Finessen notiert werden.

Der Profi kann seine Arbeit effizienter machen, der Anfänger kann sich in kürzester Zeit Profiwissen aneignen.

ca. 230 Seiten, 1 CD-ROM
ISBN 3-827**2-5897**-9, DM 89,95

Markt+Technik

Markt+Technik-Produkte erhalten Sie im Buchhandel, Fachhandel und Warenhaus.
Markt+Technik · Martin-Kollar-Straße 10–12 · 81829 München · Telefon (0 89) 4 60 03-0 · Fax (0 89) 4 60 03-100
Aktuelle Infos rund um die Uhr im Internet: **www.mut.de** · E-Mail: **bestellung@mut.de**

Bücher für Kreative

Classroom in a Book

Adobe InDesign 1.5
544 Seiten, 1 CD-ROM
ISBN 3-8272-**5856**-1

Adobe After Effects
480 Seiten, 1 CD-ROM
ISBN 3-8272-**5745**-X

Adobe Illustrator 9.0
512 Seiten, 1 CD-ROM
ISBN 3-8272-**5893**-9

Adobe Photoshop 6.0
ca. 600 Seiten, 1 CD-ROM
ISBN 3-8272-**5894**-4

Adobe GoLive 5.0
512 Seiten, 1 CD-ROM
ISBN 3-8272-**5895**-2

Adobe LiveMotion
ca. 400 Seiten, 1 CD-ROM
ISBN 3-8272-**5872**-3

Markt+Technik

Markt+Technik-Produkte erhalten Sie im Buchhandel, Fachhandel und Warenhaus.
Markt+Technik · Martin-Kollar-Straße 10 – 12 · 81829 München · Telefon (0 89) 4 60 03-0 · Fax (0 89) 4 60 03-100
Aktuelle Infos rund um die Uhr im Internet: **www.mut.de** · E-Mail: **bestellung@mut.de**

3D-AnimationStudio

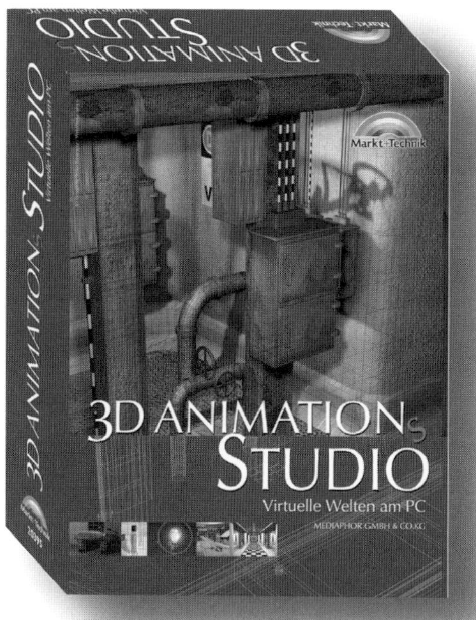

3D-AnimationStudio

ISBN 3-827**2-0395**-3

1 CD-ROM

200 Seiten mit Handbuch

DM 99,00

- Erstellt 3D-Häuser, Räume, Objekte, Produkte, Küchen, Landschaften
- Generiert komplette 3D-Animation (Spielfilme, Produktpräsentationen, Computerspiele)

Markt+Technik

Markt+Technik-Produkte erhalten Sie im Buchhandel, Fachhandel und Warenhaus.

Markt+Technik · Martin-Kollar-Straße 10–12 · 81829 München · Telefon (0 89) 4 60 03-0 · Fax (0 89) 4 60 03-100

Aktuelle Infos rund um die Uhr im Internet: **www.mut.de** · E-Mail: **bestellung@mut.de**

GRAPHICS OPTIMIZER

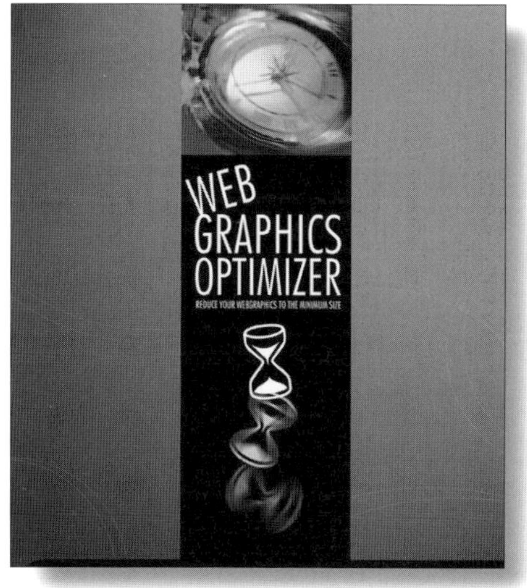

ISBN 3-827**2-0320**-1
1 CD-ROM, 200 Seiten mit Handbuch
DM 89,95

- Erstellt Grafiken für das Internet
- Sofortige Anzeige der Ergebnisse und Größen
- Batchfunktion für automatische Abarbeitung
- Unterstützt alle gängigen Grafikformate
- Twain-Unterstützung zum Scannen
- Vergrößern, verkleinern, drehen, aufhellen, spiegeln, Weichzeichner, Schärfe ...

Markt+Technik

Markt+Technik-Produkte erhalten Sie im Buchhandel, Fachhandel und Warenhaus.
Markt+Technik · Martin-Kollar-Straße 10–12 · 81829 München · Telefon (0 89) 4 60 03-0 · Fax (0 89) 4 60 03-100
Aktuelle Infos rund um die Uhr im Internet: www.mut.de · E-Mail: **bestellung@mut.de**